U0555068

封面设计：周小玮
责任编辑：张庆玲

图书在版编目(CIP)数据

宜都城背溪/湖北省文物考古研究所编著 . - 北京：
文物出版社,2001 .11
ISBN 7 - 5010 - 1256 - 3

Ⅰ. 宜… Ⅱ. 湖… Ⅲ. 文物 - 考古 - 宜都市
Ⅳ. K872.633

中国版本图书馆 CIP 数据核字(2001)第 02211 号

宜 都 城 背 溪
湖北省文物考古研究所
*
文物出版社出版发行
(北京五四大街 29 号)
http://www.wenwu.com
E - mall:web@wenwu.com
北京安泰印刷厂
新 华 书 店 经 销
787×1092 1/16 印张:27
2001 第 11 月第一版 2001 年 11 月第一次印刷
ISBN 7 - 5010 - 1256 - 3/K·5 24 定价:260.00 元

Chengbeixi In Yidu

(*WITH AN ENGLISH ABSTRACT*)

The Hubei Provincial Institute of Cultural Relics and Archaeology

Cultural Relics Publishing House

Beijing·2001

目 次

表 格 目 录

插 图 目 录

彩 版 目 录

图 版 目 录

序

严 文 明

　　由湖北省文物考古研究所编写的《宜都城背溪》是一部考古发掘报告集，其中汇集了1983年至1984年由湖北省博物馆（当时省文物考古研究所还没有从博物馆分出来）、宜昌地区博物馆和北京大学考古学系等单位合作发掘的宜都城背溪等12处遗址的资料，主要涉及新石器时代的城背溪文化和石家河文化两个阶段。报告写好后送到我手里，说是要我审查，还要我写几句话。我知道他们这样做是出于客气。报告写得很好，从考古发掘、资料整理到编写报告的经过，遗址的自然环境、文化遗存的内容和特点、文化性质、文化分期和年代等等，都一五一十地讲清楚了。插图和图版也编排得不错。作为一部发掘报告，这些基本要求都达到了，该讲的话也都讲了，似乎不必再要我来浪费笔墨。但既然提出了要求，不写几句又不好交差，只好勉为其难。

　　说起城背溪遗址来，我在1974年春带领学生在宜都红花套进行田野考古实习时，便抽空去看过。那个遗址太不起眼，捡了几块陶片也不认识，完全没有放在心上。直到1983年考古发掘后，参加工作的高崇文和王文建等把陶片和照片拿给我看，才知道它十分重要。因为那时已经发现了磁山·裴李岗文化和老官台文化，城背溪的陶器有些和它们相似，所以我断定那是比较早的遗存。后来陈振裕又带我比较全面地看了城背溪等几个遗址的器物，才有了比较深刻的印象。

　　城背溪、金子山、栗树窝、花庙堤、孙家河、枝城北和青龙山这一群遗址的重要性在于：第一，它们把长江流域新石器时代文化的起始年代提早了一千多年。以前在长江流域发现的新石器时代文化基本上都属于晚期和铜石并用时代，更早的江西仙人洞遗址又多有疑问。城背溪一类遗存资料比较丰富，特征明确，年代较早，完全可以作为长江中游新石器时代中期的代表。所以我于1986年出席在美国召开的学术会议时提交的论文中，第一次提出了城背溪文化的名称，现在这一名称已经为学术界广泛接受。第二，当1981年发掘秭归柳林溪的新石器时代文化遗存时，觉得它既有些像大溪文化，又有许多不同的地方，一时间对于它的文化性质和年代都不大好确定。在城背溪等遗址发掘后，按照本报告集的分析，城背溪文化可以分为五期，最后一期比较接近柳林溪。这样就不但确定了柳林溪遗址的相对年代，也把鄂西地区新石器时代中期到晚期的发展脉络基本上理清楚了。第三，城背溪文化的陶器普遍夹炭，其中可以明显地看出有稻壳和稻草的痕迹，说明当时已经种植水稻。从而把我国种植水稻的历史提早了一千多年。当然，后来发现的河南贾湖和湖南玉蟾岩等地的稻谷年代更早，但在 80 年代初期，城背溪的稻谷却是最早的。第四，城背溪等一群遗址大多紧靠长江岸边，面积很小。从所出遗物的情况来看，不大像农业聚落的样子。居民的生业应该主要是捕鱼和采集江边鹅卵石制造石器。为什么陶器里面夹稻壳呢？我想当时的农业聚落应该在离江稍远一点的平原地带，陶器大概也应该在那里制造。要么江边的人同他们交换了陶器，要么江边的城背溪等遗址原来不过是临时营地，那里的陶器是从平原上相对稳定的农村带过来的。不论是哪一种情况，都是聚落考古研究中难得的好资料。第五，城背溪这一群遗址分处长江两岸，说明从三峡以东到宜都的这一段河床十分稳定，经过七八千年也没有发生什么摆动，否则一边或两边的遗址就不会存在了。但这不等于说河床一点变化也没有，因为这些遗址一发洪水就会被淹没，文化层上面还有相当厚的淤积层，这说明河床比几千年以前抬高了许多。这两方面的水文资料对于考古学者来说并不费多大力气，但是对于治理长江来说却是极其宝贵的信息。基于以上几点，我认为这一部报告无论对于考古学者还是对于其他有关方面的学者来说，都是值得一读的。

这部报告的另一部分内容是石板巷子、鸡脑河、茶店子、蒋家桥和王家渡五个遗址的发掘报告。这一群遗址的文化面貌主要是属于石家河文化的。按照本报告集的分析，它们也可以分为五期。前三期大致相当于石家河文化的早中期，后两期相当于石家河文化的晚期。早中期文化面貌接近，晚期的变化比较大，这同石家河文化中心地区的情况是相似的。但是从这一群遗址的总体文化面貌来说，既与石家河文化中心地区的文化面貌相近，又有比较明显的区别，与邻近的当阳季家湖遗址的文化面貌则基本相同，所以被称为季家湖类型，或与石板巷子相联系而称为季石类型。这在石家河文化的研究中是一个重要的突破。对于理顺整个湖北地区新石器时代文化的发展谱系来说，也是一项重要的工作。

到现在为止，长江中游地区的新石器时代考古工作已经做了不少，而正式发掘报告却出得不多。这种情况虽然全国各地都不同程度地存在，却是一个应该引起足够重视的大问题。城背溪等遗址的资料整理工作本来开始得比较早，后来因为三峡大坝地区的抢救性发掘工作十分紧迫而不得不暂时搁置下来。所幸前不久终于挤出时间集中人力把资料整理和报告编写工作一鼓作气地完成了，这是一件大好事。希望其他地方的考古资料也能抓紧时间整理发表，那对于我们的考古事业将会起到莫大的推动作用。

壹　城背溪

　　城背溪遗址位于宜都县（现为枝城市，下同）城关北约 10.5 公里处，西南与吴家岗相距约 0.5 公里，北与红花套大溪文化遗址[①]距离约 3.5 公里。遗址东边为长江，西边相隔 10 至 40 米处为长江防护堤（图一）。长江自西而东穿流三峡，出峡后折向东南，进入宜都县境内，遗址即坐落在此江段西岸。这一带地势基本平坦，是长江和清江的冲积平原（图版一）。经历年江水冲刷，遗址破坏相当严重。

　　1973 年，长江流域第二期文物考古干部训练班在红花套发掘时首次发现了城背溪遗址，1982 年宜昌地区进行文物普查时作过调查。1982 年 12 月和 1983 年 4 月，北京大学考古学系、湖北省博物馆和宜昌地区博物馆的考古人员，在俞伟超教授的率领下对该遗址进行了两次复查。1983 年 10 月 2 日至 10 月 28 日，由湖北省博物馆、北京大学考古学系、宜昌地区博物馆和宜都县文化馆联合组成的宜都考古发掘队进行了第一次发掘。1984 年 4 月至 5 月，湖北省博物馆考古部接着进行了第二次发掘。

　　从地面调查，城背溪遗址在长江岸边断面上可以看到南、北两部分堆积，中间被大量的石灰石风化物相隔。根据这两部分堆积，发掘分成南、北两个区域。第一次发掘，在北区一级台地上开 5 米×5 米的探方二个（T1、T2）；在南区的一级台地上发掘 5 米×5 米的探方三个（T3～T5），在南区的河漫滩上开 5 米×10 米的探方一个（T6）。北区的 T2 与南区的 T3 之间相距 123.5 米。发掘面积共计 175 平方米。第二次发掘，共开探方四个（T7～T10）。其中南区开 5 米×5 米的探方三个（T7～T9），T7 在河漫滩上（西部紧靠 T6，后又扩方 2.5 米×1 米），T8、T9 在一级台地上（西部紧靠 T4、T5，东部因江岸崩塌被截去一部分）。T7 西边与 T8、T9 相距 7 米；北区河漫滩上开10 米×2 米的探沟一条（T10）。发掘面积共计 97.5 平方米。两次发掘总面积为 272.5平方米（图二）。

　　1983 年 11 月上旬至 1984 年 2 月，宜都考古发掘队对第一次发掘资料进行了初步整理。第二次发掘结束以后，湖北省博物馆江陵考古工作站陆续对第二次发掘的器物进行修复和绘图工作。1996 年，湖北省文物考古研究所（1989 年成立）对两次发掘的资料进行重新整理和综合工作。

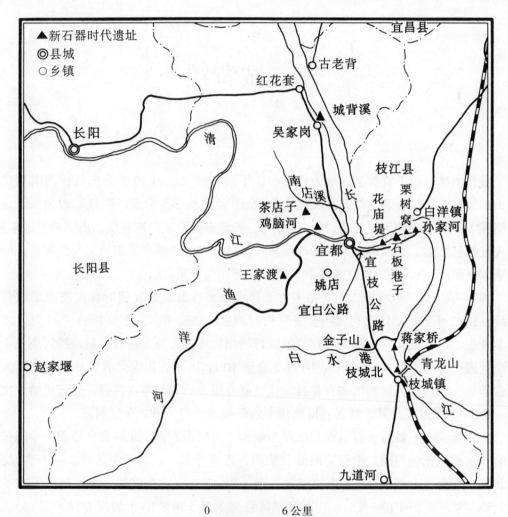

图一　宜都新石器时代遗址分布图

第一节　地层堆积

城背溪遗址南区和北区之间有岩石分隔,地层堆积有较大差异,因而将南、北区分别叙述。

一　南区地层堆积

南区的 T6、T7,地层是从一级台地上随江岸崩塌而滑到河漫滩的"断层",涨水季节即被江水淹没，文化层已错乱，但出土遗物最为丰富，集中了大量陶器和一部分石器、骨器及动物骨骼。南区一级台地上的 T8、T9 和 T3、T4、T5，成东、西两排，位于遗址残存部分的中间，地表为农耕地。T3、T4、T5 的文化层较薄，遗物较少。T8、T9 截于江岸断壁（此段江岸断壁属近年受江水冲刷而崩裂的新断面，T6、T7 的堆积就是此处的"断层"）。地层堆积自西而东向长江倾斜，未见下滑现象，应为原生堆积（图版二，1、2；图版三，1、2）。堆积层一般厚约 1.5 米。五个探方的堆积可分为四大层，以 T9 西壁（图三；图版四，1）为

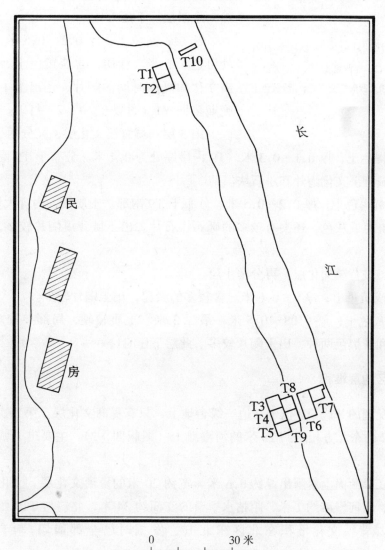

图二　城背溪遗址发掘探方位置图

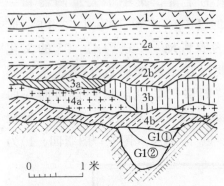

图三　城背溪遗址南区 T9 西壁剖面图
1. 灰褐色土　2a. 深灰色土　2b. 灰色土
3a. 褐色土　3b. 黄褐色土　4a. 浅黄色土
4b. 灰色土

例，具体说明如下：

第 1 层：表土层（耕土层），灰褐色土，厚 0.2～0.3 米，含淤沙较多的沙质土，基本不见遗物。

第 2 层：晚期淤土层，据土色还可分两小层。

2a 层：深灰色土，厚 0.65～0.7 米。含沙较多，有白瓷片和小石块，厚薄相当均匀平整，显然为水淤层。下压 Y1。

2b 层：灰色土，厚 0.2～0.5 米，T9 内最厚处可达 1.5 米。沙质，含淡黄色土。出少量城背溪文化和夏商时期的陶片，还出土了白瓷片。被晚期窑址 Y1（图版五，1、2）打破。

第 3 层：城背溪文化层，又分两小层。

3a 层：褐色土，厚 0.1～0.3 米，T9 内最厚处为 0.4 米。分布于 T9 南部，土质较硬，有少量城背溪文化陶片和小石块。

3b 层：黄褐色土，厚 0.2～0.5 米。分布于 T9 南部。土质硬，内含大量红烧土块，有些烧土为青色或灰色。还夹有较多的砾石、石片。出土城背溪陶片较多，有陶支座、盘和鼎足。

第 4 层：城背溪文化层，再分两小层。

4a 层：浅黄色土，厚 0～0.6 米。含较多的淤泥，出土陶片较少。

4b 层：灰色土，厚 0.08～0.5 米，最深 3 米。土质较硬，局部夹较多的烧土块，烧土有红色和灰黑色两种，出土陶片较多。此层下压 G1。

二　北区地层堆积

第一次发掘的 T1、T2 位于江边一级台地上，只有夏商文化层。第二次发掘的 T10 位于 T1、T2 的东北方相距约 25 米的河漫滩上（图版四，2），主要出土城背溪文化的陶器和石器。

在北区江岸断面上暴露出厚约 0.6 米、宽约 20 米的夏商文化层。文化层距江岸地表约 1.5 米、距河漫滩约 1 米，距枯水季节的江面约 34 米，北端与 T10 西南角相距约 18 米。推测城背溪文化堆积在北区东北方，发掘时已全部崩塌，T10 属于再生堆积。

北区保存的原生堆积，以 T2 西壁（图四）为例说明如下：

第 1 层：表土层，灰褐色土，厚 0.34～0.39 米。

第2层：晚期淤土层，深灰色土，厚1.35～1.4米。有近代瓷片、砖块和少量东周陶鬲足、豆盘等物。

第3层：夏商文化层，黄褐色土，厚0.55～0.7米。出土遗物不丰富，有陶罐、豆、豆形器及石斧、凿等。

第4层：夏商文化层，黄灰色土，厚1.45～1.5米。土质较硬。出土少量陶罐、豆形器和石器残片。

T10为10米×2米的探沟，依堆积分布，布方方向为西偏南30°，西高东低，高差约4.3米。第1、第2层为近现代淤积层。第3层为文化层，厚约0.3～1.2米，黄褐色土，相当坚实，含淤泥、细砂和砾石，夹城背溪文化陶片和石器，并有少量鱼骨和夏商文化陶片。

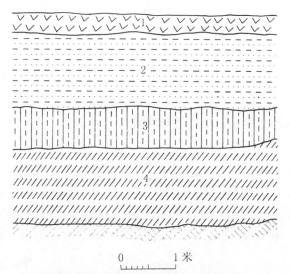

图四 城背溪遗址北区T2西壁剖面图
1. 灰褐色土 2. 深灰色土 3. 黄褐色土 4. 黄灰色土

第二节 文化遗迹

城背溪遗址文化遗迹少见，仅发现灰坑2个（H1、H2），灰沟1条（G1）。H2暴露于北区江岸断面上，未清理，采集有夏商文化陶器，为夏商时期的灰坑。

一 灰坑（H1）

H1位于T8中部偏东，被4b层所压，打破生土层，其东部又被G1打破，仅存西半部。

H1残存部分较大，坑口呈不规则形，坑壁为凹弧形，坑底下凹而呈锅底状。坑口南北宽3.4、东西残长3.8米（图五；图版六，1）。

坑内堆积有两层。第1层，褐色土，厚约0.8米，夹大量陶片和石器。陶片中夹大量黑炭，主要器形有釜、罐、钵、盘等。第2层，

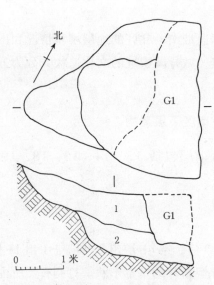

图五 城背溪遗址南区H1平、剖面图

浅褐色土，厚约 0.6 米。也含有大量夹炭陶片和石器。陶器有釜、钵、罐、盘和少量支座残片。

二 灰沟（G1）

G1 位于 T9 北部和 T8 东部，被第 4b 层所压，打破 H1 和生土层。

G1 自西南向东北、由高而低倾向长江，斜度较大。沟两边壁不规整，西南端宽度约 1 米，东北端逐渐增宽至 2 米以上，沟面至沟底最深处约 1 米，暴露部分底部高差约 1 米（图六）。

沟内填土可分两层。第 1 层，黄色土，厚 0.3～0.4 米，内夹较多的烧土块，一部分烧土块呈红色。包含物主要有陶釜、钵、盘和兽骨，数量不多。第 2 层，浅黄色土，厚约 0.6 米。土质较纯，包含物较丰富，有大量陶片、一部分石器和少量兽骨。陶器主要有釜、钵、盘、罐等。纹饰除绳纹外，还有刻划纹、戳印纹和镂孔花纹等。石器中，有磨制石斧。

G1 沟壁不规整，流向弯曲（图版六，2），应为遗址的自然排水沟。

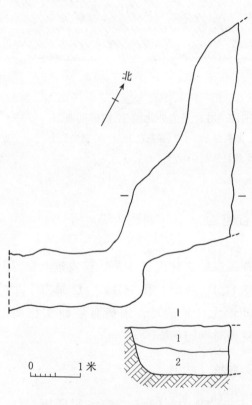

图六　城背溪遗址南区 G1 平、剖面图

第三节　文化遗物

根据遗址南、北区的地层堆积情况和出土遗物特点，城背溪遗址的文化遗物共分为五部分。

一 南区下层遗物

南区下层包括 T3、T4、T5、T8、T9 的第 4 大层及其所属的 H1、G1。

南区下层遗物有较丰富的陶器和石器。共 180 件。

（一）石器

共 51 件。主要集中于 T8 内，其中第 4a 层出 7 件，第 4b 层出 22 件，H1 出 11 件。这些石器多为砾石打制或局部磨制而成，许多还保留石片的基本形状。打制石器所占比例较大，一般保留砾石自然面和打击脱落面，周边有较明显的琢制痕迹。磨制石器也以打制品为基本形状，通体磨平的较少，磨制重点在刃部，侧、顶、面之间多未磨出边线，器面残存一些打击疤痕。器形种类不很规范，尺寸大小也差别较大。主要器形有斧、锛、小锛、铲、刀、坠、弹丸、片、饼、棒、块等。

斧 22件。大体分三型。

A型 7件。长窄形。分二式。

I式 4件，打制，周身有明显的打击疤痕。标本T8④:68，器侧和刃部都有打击疤痕，较窄，两边较直，弧刃，器身较厚。长21.1、宽6～7.2、厚5.2厘米（图七，1）。标本T8④:66，两侧有断裂和打击痕迹，弧刃，刃部略宽，顶部较窄。长22、宽6.3～8、厚5.1厘米（图七，2；图版七，1）。标本H1②:31，残存顶端。两侧琢制痕迹明显，弧顶。残长13.6、宽7.6、厚5.3厘米（图七，3）。

II式 3件。磨制，较为规整。标本H1①:83，残存刃端。较薄，弧刃。残长8.7、宽8.7、厚3厘米（图七，4）。标本T8④:60，残存顶端。弧顶。残长11.2、宽7.6～8.1、厚4厘米（图七，5）。标本H1①:84，残存顶端。较厚。残长13.4、宽8.4、厚4.8厘米（图七，6）。

B型 8件。长形，较宽。

标本H1②:29，打制。用石片两边琢打而成。弧刃，弧顶。长18、宽9、厚4厘米（图七，7）。标本T8④:76，打制。两侧打制较平整，器身残留有脱落疤痕。长18.2、宽7～9、厚3.7厘米（图七，8；图版七，2）。标本T8④:67，打制。较宽较薄，刃部不平。长17.3、宽9.5、厚2.6厘米（图七，9；图版七，3）。标本T8④:69，打制。较宽，刃部弧度较大。长19.5、宽9.2、厚3.8厘米（图七，10）。标本H1①:85，打制。中部较宽，刃较平。长18、宽9.6、厚3.5厘米（图八，1）。标本T5④:4，器形较小，两侧打制痕迹明显，窄刃。长14.2、宽7.4、厚2.5厘米（图八，2）。标本H1②:30，磨制。顶较平，刃部用残。长14.3、宽6.2～8.6、厚3.5厘米（图八，3）。标本T8④:63，刃部残片。磨制锐利。残长6.8、残宽5.8、厚2.7厘米（图八，4）。

C型 7件。小型石斧，分二式。

I式 3件。打制，形状各异。标本T8④:77，长形。长12、宽5.2～5.8、厚2.3厘米（图八，5）。标本T8④:62，宽形。长11.5、宽8.4、厚2.4厘米（图八，6）。标本T8④:58，梯形，弧刃。长9.9、宽5～6.6、厚1.9厘米（图八，7；图版七，4）。

II式 4件。磨制。标本H1②:32，顶残。长形，较宽，刃较窄。残长12.6、宽8.4、厚3.4厘米（图八，8）。标本G1②:24，略呈梯形，弧刃。长12.2、宽8、厚2.7厘米（图八，9）。标本T8④:32，长方形，弧刃。长13、宽7.2、厚2.7厘米（图八，10；图版七，5）。标本T8④:61，长形，刃端略宽。长11.9、宽5.5～6.7、厚1.2厘米（图八，11；图版七，6）。

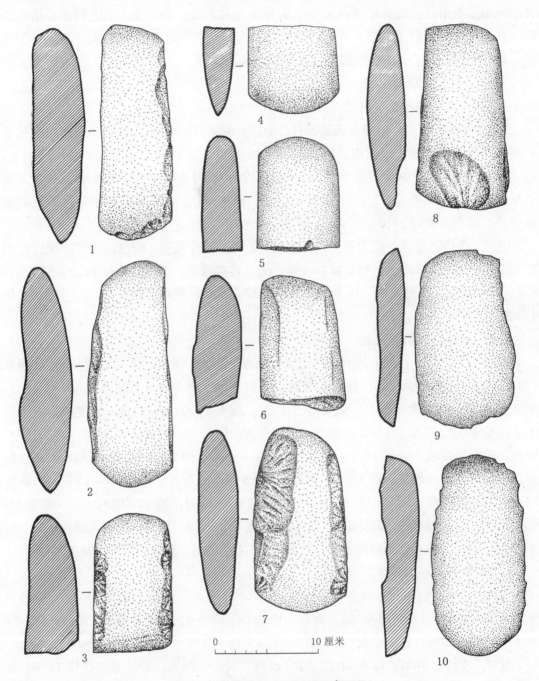

图七　城背溪遗址南区下层出土石斧

1.A型Ⅰ式 T8④:68　　2.A型Ⅰ式 T8④:66　　3.A型Ⅰ式 H1②:31　　4.A型Ⅱ式 H1①:83

5.A型Ⅱ式 T8④:60　　6.A型Ⅱ式 H1①:84　　7.B型 H1②:29　　8.B型 T8④:76

9.B型 T8④:67　　　10.B型 T8④:69

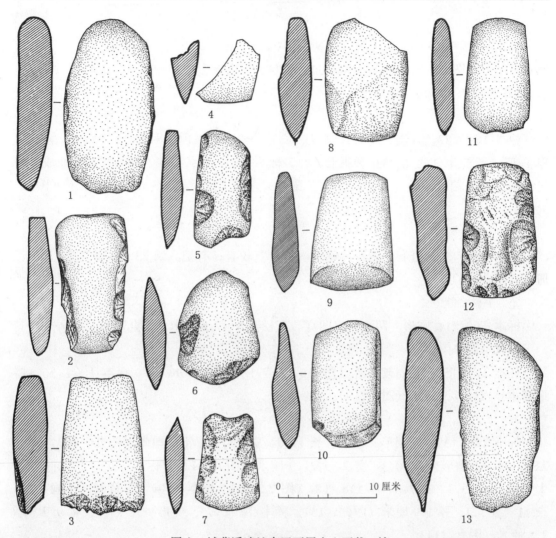

图八　城背溪遗址南区下层出土石斧、锛

1.B型斧 H1①:85　　2.B型斧 T5④:4　　3.B型斧 H1②:30　　4.B型斧 T8④:63　　5.C型Ⅰ式斧 T8④:77
6.C型Ⅰ式斧 T8④:62　　7.C型Ⅰ式斧 T8④:58　　8.C型Ⅱ式斧 H1②:32　　9.C型Ⅱ式斧 G1②:24
10.C型Ⅱ式斧 T8④:32　　11.C型Ⅱ式斧 T8④:61　　12.锛 T8④:31　　13.锛 T8④:71

锛　3件。

标本 T8④:31，打制，周身都有打制疤痕。刃端较宽，弧刃，两边直，顶微弧。长
14、宽7.6、厚3.8厘米（图八，12；图版七，7）。标本 T8④:71，打制。两边较直，
刃端较窄，窄刃，斜顶。长18.9、宽6.4~8.8、厚4.1厘米（图八，13）。标本 T8④:
59，打制，周边有打制痕迹。顶端较窄而厚，宽薄刃。长12.6、宽6.8、厚3.4厘米
（图九，1；图版七，8）。

小锛　2件。

标本 G1②:25，磨制。梯形，扁薄。刃部一边直，一边弧。长 7.9、宽 3.1～5.4、厚 0.8 厘米（图九，2）。标本 T8④:64，磨制。长扁形，中部较宽，窄刃。长 6.9、宽 2、厚 0.9 厘米（图九，3）。

铲　2件。

标本 T8④a:33，打制，薄石片制成。长形，较窄。弧顶，平刃。长 19.3、宽 8.8、厚 1.1～1.6 厘米（图九，4；图版七，9）。标本 T8④:70，打制，厚石片加工而成。略呈椭圆形。顶端较厚较窄，刃端较宽，宽弧刃。长 23.5、宽 13.6、厚 5 厘米（图九，5）。

刀　1件。

标本 T8④a:34，打制，用石片制作。刃、背较直，有把。长 23.2、宽 9.7、厚 3.7 厘米（图九，6）。

坠　1件。

标本 T9④a:1，圆形。两边打出凹窝。直径 9.8～7.8 厘米（图九，7）。

弹丸　2件。

标本 T8④:57，表面较平滑。直径 6.6～7.1 厘米（图九，8）。标本 T8④b:56，器形较小。直径 4.9 厘米（图九，9）。

片　5件。

标本 T8④a:35，椭圆形，较薄。长 11.3、宽 7.4、厚 1.3 厘米（图九，10）。标本 T8④:36，近圆形，长 10.3、宽 7、厚 1.9 厘米（图九，11）。标本 T9④:1，蚌壳形，大弧刃。长 13.2、宽 7.8、厚 1.8 厘米（图九，12）。标本 T9④a:2，打制，不规则形。长 11、宽 7.1、厚 1.9 厘米（图九，13）。标本 T8④:75，尖形。长 13.6、宽 9.2、厚 2.8 厘米（图九，14）。

饼　1件。

标本 T8④:65，有使用痕迹。椭圆形，两面平，较薄。直径 15.3～19.8、厚 2.1 厘米（图一〇，1）。

棒　2件。

标本 T8④a:37，扁长形，两端圆形。长 26.8、宽 6.8、厚 2.9 厘米（图一〇，2）。标本 T8④:72，较短小，两端圆形。长 14.3、宽 4.6、厚 2.8 厘米（图一〇，3）。

块和其他残石器　10件。

块　有的有使用或加工痕迹。残石器中，有的为磨制，如标本 T8④:73（图一〇，4）。

（二）陶器

共 129 件。陶质有夹砂夹炭、夹砂、夹炭和泥质四种。据所有陶片统计（表一），

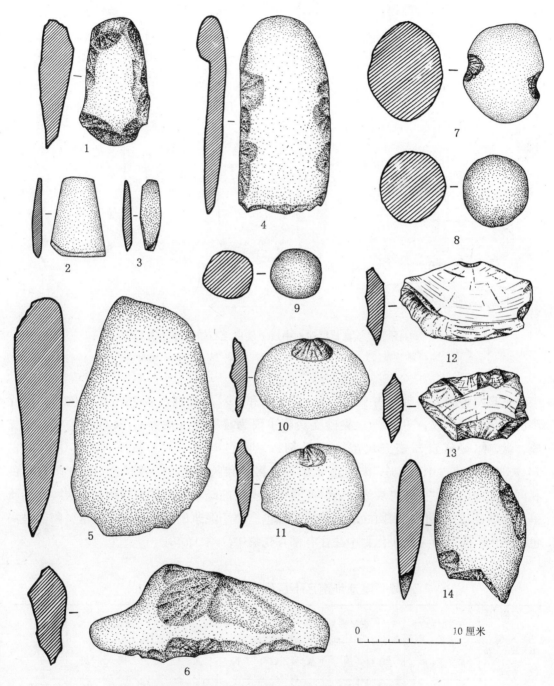

图九　城背溪遗址南区下层出土石锛、铲、刀、坠、弹丸、片

1. 锛 T8④:59　　2、3. 小锛 G1②:25、T8④:64　　4、5. 铲 T8④a:33、T8④:70　　6. 刀 T8④a:34

7. 坠 T9④a:1　　8、9. 弹丸 T8④:57、T8④:56　　10～14. 片 T8④a:35、T8④a:36、T9④:1、T9④:2、T8④:75

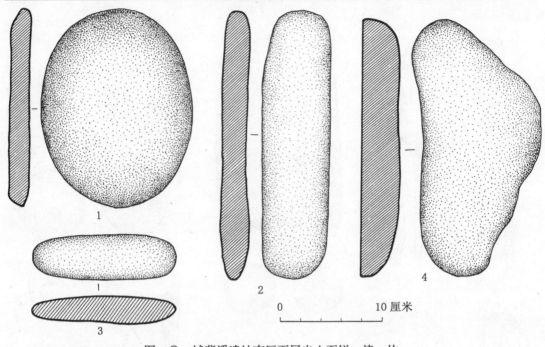

0　　　　　　　　　10 厘米

图一〇　城背溪遗址南区下层出土石饼、棒、块

1. 饼 T8④ₐ :65　　2、3. 棒 T8④ₐ :37、T8④ₐ :72　　4. 块 T8④ₐ :73

夹砂夹炭陶为绝大多数，占 90.57%，而夹砂和夹炭陶分别占 4.78% 和 4.06%；泥质陶的数量极少，仅占 0.59%。夹砂夹炭陶主要为罐釜类（炊器），夹砂陶主要见于支座，盘、钵等盛食器多夹炭或夹少量细砂。陶色有红、褐、灰三种，其中褐色占 74.93%，红色占 16.46%，灰色占 8.61%。褐色和灰色陶，一般颜色不纯，多有红色相间。此两色陶主要是夹炭的原因，并非火候不均的结果。夹砂夹炭陶和夹炭陶，胎质一般为黑色或乌黑色，表面涂刷泥浆而呈红色。由于泥浆的渗透或部分脱落，陶器呈褐色或灰色。陶胎所夹的炭化物中往往有稻谷壳痕迹。

表一　　　　　　　　　　城背溪遗址南区下层陶器陶质陶色统计表

陶质 陶色 数量 单位	泥质		夹砂夹炭			夹砂			夹炭			合计
	红	褐	红	褐	灰	红	褐	灰	红	褐	灰	
T8④ₐ	15	3	344	2861	152	177	171	3	44	46	15	3831
T8④ᵦ	29		1406	10760	867	201	56		148	36	68	13571
T9④ₐ	12			788		20	15	9	37	66		947
T9④ᵦ	52	23	417	1437	48	79	25	14	69	59		2223
H1①	15	4	646	2953	622	115	317		171	83	129	5055

续表一

单位\数量\陶色	泥质		夹砂夹炭			夹砂			夹炭			合计
陶质	红	褐	红	褐	灰	红	褐	灰	红	褐	灰	
H1②	6		107	72	84	21			38	11	35	374
G1①	1	1	127	439	116	40	22		25	2	13	786
G1②	1		96	101	165	7	7		5		2	384
合计	131	31	3143	19411	2054	660	613	26	537	303	262	27171
%	0.48	0.11	11.57	71.44	7.56	2.43	2.26	0.09	1.98	1.12	0.96	100
	0.59		90.57			4.78			4.06			

陶器制法均为手制。许多陶器胎壁厚薄不均，形状不规整，器表有凹窝，而且有分层脱落的现象。从陶片断面观察，一般可分内、外表层和里层。里层往往还有层次，并有互相叠压现象。内、外表层多为成型后修整时涂刷的泥浆层，里层才是成型的坯体。坯体制法为泥片贴筑法。

1983 年该遗址第一次发掘之后，俞伟超先生仔细观察了城背溪遗址 T6 出土的陶器，认为"皆无泥条盘筑之痕，在许多器皿上，可以看出是由若干块大小不一的泥片互相粘接成型，而每块这样的泥片，又是由好几层薄泥片相贴而成的"[②]。俞先生把这种成型方法称为"泥片贴筑法"。这种陶器成型方法早于"泥条盘筑法"。1990 年春李文杰先生专门对城背溪文化遗址出土的陶器进行了全面观察、研究，认为城背溪文化陶容器的成型方法，有泥饼拼筑法、泥片贴筑法和泥圈接筑法三种，以第一种为主。另外，陶支座采用捏塑法成型。

陶容器的附件，如圈足、双耳是另加的。陶容器和附件分别制成后，再相互安装捏接而成。有的圈足器底部可以看到安装捏接的痕迹，保留着器体制作时所压印的绳纹。有的双耳罐可以看出双耳的安装方法：将制成的器耳两端捏成圆柱状，又将罐体安耳部位的器壁上捅两个圆孔，然后把器耳两端穿过圆孔，并在器外用圆棍捺压耳的两端根部，在器内用陶垫捺压接耳部位。这样器耳两端和器壁一起被挤压，器耳根部呈现一道凹槽，器耳两端圆柱体变成了扁饼形，分别连贴于器壁内外而不脱落。在遗址中没有发现明确的制陶模具，只有一些光滑的卵石，推测这些光滑的卵石可能是制陶模具。

陶器的烧制温度较低。从陶质较松软，器表颜色深浅不均，并有黑、灰斑块等情况估计，烧成温度在 600℃～750℃之间。陶窑较原始，未另设火膛。

据南区下层陶片纹饰统计（表二），素面陶占 9.68％。主要纹饰为绳纹，占陶片总数的 89.85％。绳纹可分为粗、中、细三种，以中绳纹为主，其次为粗绳纹，细绳纹较少。还出现不少刻划纹和少量镂孔器。素面陶片主要为盘、碗和一部分釜、罐的口沿。

器表绳纹是制陶成型时的拍印痕迹，一般纹络较浅，相互交错。刻划纹多见于罐颈、肩部和圈足盘的圈足部。镂孔见于圈足盘圈足部和支座。刻划纹和镂孔具有明显的装饰作用。

罐釜类造型特点为圜底鼓腹，口部较直，重叠口沿，即在口沿外另加一圈泥条，并压平（图版八，1、2）。平底器极少。盘钵类造型特点为直口，腹、底连成半球体或腹、底壁连成弧形，盘多加圈足。同类器形之间，区别不明显，说明其用途没有严格区分。主要器形有釜、罐、瓮、钵、碟、盆、盘、碗、壶、支座等。

表二　　　　　　　　　　　城背溪遗址南区下层陶器纹饰统计表

单位 ＼ 数量 ＼ 纹饰	绳　纹			刻划纹	镂孔	素面	合计
	粗	中	细				
T8④a	735	2186	803	10		97	3831
T8④b	828	11146	245	30		1322	13571
T9④a	337	234	161	3		212	947
T9④b	928	908	277			110	2223
H1①	1022	3350	242	32	5	404	5055
H1②	101	147	50	2	2	72	374
G1①	147	187	53	21		378	786
G1②	145	166	14	12	13	34	384
合计	4243	18324	1845	110	20	2629	27171
%	15.62	67.44	6.79	0.4	0.07	9.68	100
	89.85						

釜　24件。出土陶片数量多，为主要器形之一。可分三型。

A型　11件。大口，腹壁较直，圜底。分四式。

Ⅰ式　2件。口较直。标本H1①：78，夹砂夹炭陶。口沿稍外侈。饰交错绳纹，纹络较细。口径26.8、残高8.2厘米（图一一，1）。标本H1①：80，夹砂夹炭陶。尖唇外侈。颈以下饰交错细绳纹。口径28、残高7厘米（图一一，2）。

Ⅱ式　3件。微侈口，腹壁略外鼓。标本H1①：18，夹砂夹炭陶。重叠口沿，口沿外壁有压印绳纹。口径26、残高13.2厘米（图一一，3）。标本H1①：1，夹砂和夹少量的炭，胎壁较薄。口沿外壁不见绳纹。口径21、腹径23.4、高21.9厘米（图一一，4；图版八，3）。

Ⅲ式　4件。侈口。标本T8④b：27，夹砂夹炭陶。颈部内弧，圆唇。颈以下饰交错

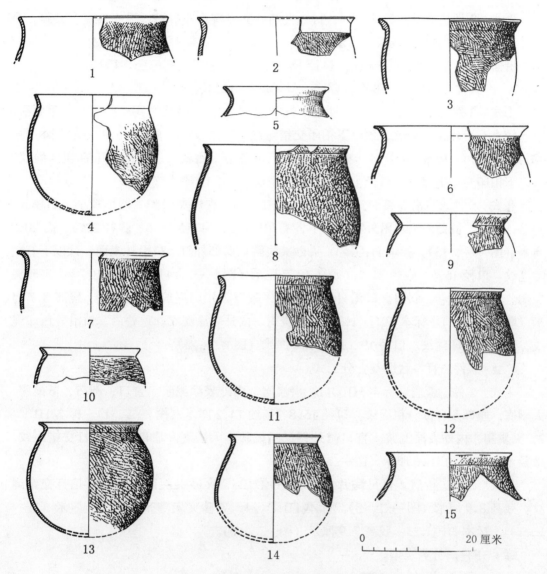

图一一　城背溪遗址南区下层出土陶釜

1、2.A型Ⅰ式 H1①:78、H1①:80　　3、4.A型Ⅱ式 H1①:18、H1①:1　　5.B型Ⅱ式 T5④:1

6~8.A型Ⅲ式 T8④b:27、T8④b:30、T9④:8　　9、10.A型Ⅳ式 T9④a:11、T9④a:10

11、12.B型Ⅰ式 H1①:2、H1①:4　　13~15.B型Ⅱ式 H1①:5、H1①:3、G1①:4

绳纹。口径28、残高10厘米（图一一，6）。标本 T8④b:30，夹砂夹炭陶。口沿外卷，腹壁较直。颈部以下饰交错绳纹。口径27、残高10.8厘米（图一一，7）。标本 T9④a:8，夹炭陶。敛口，重叠沿略外侈。沿外有压印绳纹，颈部以下为滚压绳纹。口径26、残高18.2厘米（图一一，8）。

Ⅳ式   2件。折沿。标本T9④a:11，夹细砂夹炭陶。仰折沿，沿面较宽。鼓腹。全身饰细绳纹。口径22、残高7.2厘米（图一一，9）。标本T9④a:10，夹炭陶。器形较小，沿面较窄。饰横向交错绳纹。口径18、残高6.8厘米（图一一，10）。

B型   8件。口较小，鼓腹，圜底，呈罐形。分二式。

Ⅰ式   3件。口沿较直，颈不明显。标本H1①:2，夹砂夹炭陶。胎较厚。重叠沿，腹壁较直。沿外压印绳纹，颈以下拍印交错绳纹。口径20.5、腹径23.9、残高14厘米（图一一，11）。标本H1①:4，夹砂夹炭陶。重叠沿，唇较尖。口沿外下部压印绳纹，颈以下拍印交错细绳纹。口径19.3、腹径23.8、残高15厘米（图一一，12）。

Ⅱ式   5件。口沿卷弧形，束颈。标本H1①:5，夹砂夹炭陶。器形较小，胎较薄。卷沿，束颈，圆鼓腹。口沿外和颈以下皆有拍印绳纹。口径18.6、腹径22.7、高20.9厘米（图一一，13）。标本H1①:3，夹砂夹炭陶。肩部外斜。口沿外素面，颈以下有交错绳纹。口径16.6、腹径21.1、残高12.8厘米（图一一，14）。标本G1①:4，夹砂夹炭陶。重叠沿微卷，斜肩。口沿外压印绳纹，颈以下拍印绳纹。口径23、残高8.7厘米（图一一，15）。标本T5④:1，夹砂夹炭陶，内外表涂红衣。重叠沿。口沿外压印绳纹，颈以下拍印绳纹。口径19、残高5.4厘米（图一一，5）。

C型   5件。直口盆形釜。分二式。

Ⅰ式   2件。弧肩。标本H1②:1，夹炭陶，内外表涂泥浆。直口，圆唇，微鼓腹，大圜底。腹部残存部分粗绳纹。口径15.8、高约14.2厘米（图一二，1）。标本H1②:2，夹炭陶，内外表涂泥浆。直口微外侈，略鼓腹，大圜底。肩部以下拍打交错绳纹。口径19.6、高约16.6厘米（图一二，2）。

Ⅱ式   3件。折肩，仅见陶片。标本H1①:25，夹砂夹炭陶。肩以下拍打交错绳纹。残高8.9厘米（图一二，3）。标本H1①:24，夹砂夹炭陶。残高7.2厘米（图一二，4）。标本H1①:23，残高7.9厘米（图一二，5）。

罐   31件。分为二型。

A型   13件。分为五亚型。

Aa型   4件。长领，直口，斜肩，深鼓腹。分三式。

Ⅰ式   2件。圆唇，直沿，沿外下部一周凹沟。标本H1①:51，夹炭褐陶。沿部有稀疏的绳纹，颈部素面，肩部以下为交错绳纹。口径20、残高13.8厘米（图一二，6）。标本H1①:56，器形较小，口径14、残高8.6厘米（图一二，7）。

Ⅱ式   1件。长领内敛。标本T9④b:14，夹砂褐陶。圆唇。有绳纹。口径20、残高7厘米（图一二，8）。

Ⅲ式   1件。仅见碎片。标本G1②:15，夹炭褐陶。领部素面，肩部有1周刻划纹，腹部饰绳纹（图一二，9）。

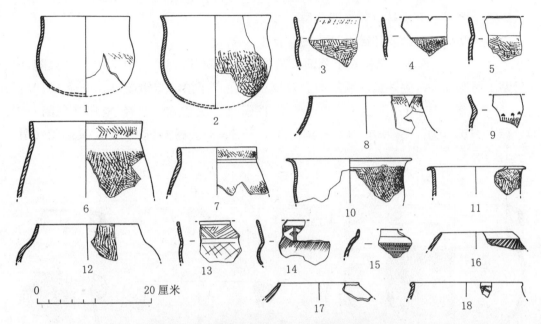

图一二　城背溪遗址南区下层出土陶釜、罐

1、2.C型Ⅰ式釜 H1②:1、H1②:2　　3~5.C型Ⅱ式釜 H1①:25、H1①:24、H1①:23
6、7.Aa型Ⅰ式罐 H1①:51、H1①:56　　8.Aa型Ⅱ式罐 T9④b:14　　9.Aa型Ⅲ式罐 G1②:15
10、11.Ab型罐 T8④b:32、T9④b:19　　12.Ac型罐 T9④b:13　　13、14.Ad型罐 H1①:70、T8④b:40
15~18.Ae型罐 H1①:74、T9④a:16、T9④a:17、T9④a:20

Ab型　2件。大口，深腹，腹壁较直。

标本 T8④b:32，夹砂夹炭褐陶。卷沿。颈以下有交错绳纹。口径23、残高7.9厘米（图一二，10）。标本 T9④b:19，夹炭陶。卷沿，上部呈筒状。口径17.6、残高5.5厘米（图一二，11）。

Ac型　1件。敛口，有肩。仅见碎片。

标本 T9④b:13，泥质陶。饰粗绳纹。口径18、残高7厘米（图一二，12）。

Ad型　2件。泥质陶。领下部外折，饰刻划纹。

标本 H1①:70，领部上、下各有1周凹沟，微鼓腹，饰编织形和网形刻划纹。残高8.4厘米（图一二，13）。标本 T8④b:40，扁鼓腹。饰刻划纹，用斜线、竖线组成图案（图一二，14）。

Ae型　4件。为小罐，敛口，泥质陶或夹炭陶。

标本 H1①:74，泥质陶。尖唇，沿向上，鼓腹。腹部饰平行刻划纹。残高5.1厘米（图一二，15）。标本 T9④a:16，泥质陶。口沿部有一凹沟。饰斜行刻划纹。口径12.8、残高3厘米（图一二，16）。标本 T9④a:17，夹炭陶。口径14厘米（图一二，17）。标本 T9④a:20，夹炭陶。圆唇，唇下有凹线。饰刻划纹。口径20厘米（图一二，18）。

B型　18件。有双耳。分为四亚型。

Ba型　7件。釜形双耳罐，双耳在口沿部。分二式。

Ⅰ式　4件。直领，双耳安于领部口沿外侧，扁形耳。标本H1②：4，夹炭陶。领部另贴1周泥片，内侧外弧。圆鼓腹。领部素面，腹部拍印交错绳纹。口径19、高约23.6厘米（图一三，1；图版八，4）。标本T8④a：9，夹炭陶。口径20厘米（图一三，2）。标本H1①：60，夹砂陶。耳部有绳纹（图一三，3）。标本H1①：59，夹砂陶（图一三，4）。

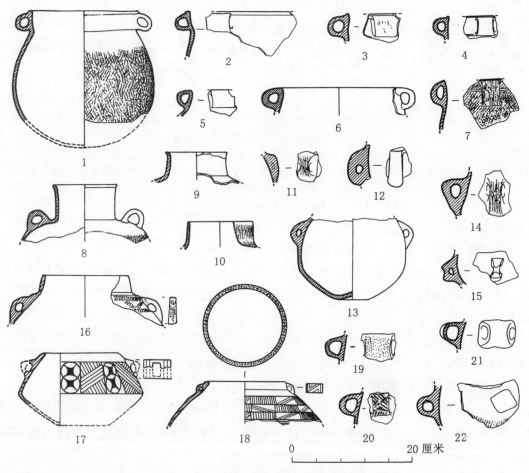

图一三　城背溪遗址南区下层出土陶罐

1～4.Ba型Ⅰ式 H1②：4、T8④a：9、H1①：60、H1①：59　　5～7.Ba型Ⅱ式 G1②：23、T9④a：18、H1①：58
8～10.Bb型 T8④a：24、T9④a：12、T9④a：15　　11～15.Bc型 T8④a：27、H1①：63、H1①：16、T8④a：46、T8④a：48
16.Bd型式 T9④a：5　　17.Bd型Ⅰ式 G1②：8　　18.Bd型Ⅲ式 T8④a：10　　19～22.器耳 G1②：22、T8④：
23、T8④：45、H1①：61

Ⅱ式 3件。无领，敛口。标本H1①:58，夹砂夹炭陶。口沿和耳部都有压印绳纹（图一三，7）。标本T9④:18，夹砂夹炭陶。耳部有压印绳纹。耳宽2.8、耳高3.6厘米（图一三，6）。标本G1②:23，夹砂夹炭陶。口沿、颈腹间的绳纹被抹平（图一三，5）。

Bb型 3件。小口，高领，圆鼓肩。双环耳，耳在肩部。

标本T8④:24，夹炭陶。唇外有凹线，领下有外折棱。肩以上素面，腹部有绳纹。口径11.2、残高10厘米（图一三，8）。标本T9④:12，夹炭夹细砂陶。口沿残片，未见双耳（图一三，9）。标本T9④:15，口沿残片，领部有绳纹（图一三，10）。

Bc型 5件。双贯耳，耳在腹部。

标本H1①:16，夹细砂夹炭陶。肩以上残缺。器形较小，圜底内凹。耳较窄。素面。腹径18.5、残高14.2厘米（图一三，13）。标本T8④:27、标本H1①:63、标本T8④:46、标本T8④:48，夹细砂夹炭陶。均为器耳（图一三，11、12、14、15）。

Bd型 3件。刻划纹敛口双耳罐。分三式。

Ⅰ式 1件。无领，折腹。标本G1②:8，夹炭陶。上腹壁至口基本垂直，两耳为宽扁形。上腹部饰1周精细的刻划纹图案，由圆线、平行线相交组成。耳部也有竖线刻划纹。口径13、腹径21.6、残高9厘米（图一三，17；图版八，5）。

Ⅱ式 1件。有领，内敛。双耳在肩部。标本T9④:5，夹炭陶。领、肩之间有折棱。双耳较窄。肩部和耳上有刻划纹图案，肩部用短平行线组成宽带形纹和人字形纹。口径15、残高8.5厘米（图一三，16）。

Ⅲ式 1件。有矮领，两耳在口沿部。标本T8④:10，夹炭陶。厚唇。两宽扁耳，较小，一端安于沿部，一端安于肩部。唇部有叶脉状压印纹，耳上和肩上有精细的刻划纹图案。肩部图案由长方形平行竖线和长方形平行斜线相间组成。口径14、残高7.8厘米（图一三，18）。

B型罐的耳出土数量较多，以扁形圆孔的最常见（图一三，19~22）。

瓮 12件。是一种较大型的罐釜类器皿，有的器形与釜相似。共分四型。

A型 5件。釜形，器形较大，应为瓮，属储器。分三式。

Ⅰ式 1件。敛口，卷沿，鼓肩。标本G1②:11，夹砂夹炭陶。口沿较薄，重叠沿。沿部无绳纹，颈部至腹部为滚压绳纹。口径26、残高16.4厘米（图一四，1）。

Ⅱ式 2件。颈较明显，微卷沿。标本T8④:31，夹砂夹炭陶。重叠唇。沿外有压印绳纹。颈以下拍压绳纹，纹络较粗。口径32、残高14.4厘米（图一四，2）。

Ⅲ式 2件。束颈，敞口。标本T8④:26，夹砂夹炭陶。重叠唇。颈壁外弧。颈以下饰交错绳纹。口径29、残高15厘米（图一四，3）。

B型 3件。有领瓮。分二式。

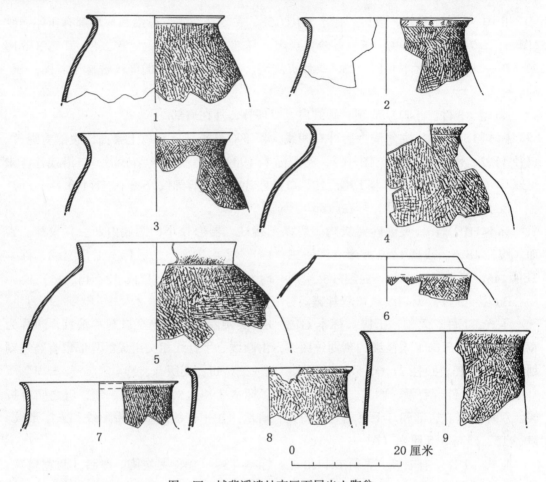

图一四　城背溪遗址南区下层出土陶瓮
1.A型Ⅰ式 G1②:11　　2.A型Ⅱ式 T8④b:31　　3.A型Ⅲ式 T8④b:26　　4.B型Ⅰ式 T9④b:7
5.B型Ⅱ式 T8④a:11　　6.C型 T9④b:10　　7~9.D型 H1①:81、T9④a:6、T8④b:28

　　Ⅰ式　2件。领、肩之间无折棱。标本 T9④b:7，夹炭较多。重叠沿，微外卷。沿部有压印绳纹。肩、腹部拍印的绳纹较粗。口径 30、残高 19.6 厘米（图一四，4）。

　　Ⅱ式　1件。领较直，鼓肩，领、肩之间有折棱。标本 T8④a:11，夹砂夹炭陶，夹炭量较多。尖唇，领部有少量绳纹。肩以下绳纹比较细。口径 30、残高 20 厘米（图一四，5）。

　　C型　1件。敛口瓮。标本 T9④b:10，夹砂陶。口沿内敛，有折棱。肩以下有绳纹。口径 27、残高 8.8 厘米（图一四，6）。

　　D型　3件。大口瓮。

　　标本 H1①:81，夹砂夹炭陶。重叠沿，薄唇。口沿和器身皆有绳纹。口径 30、残高 8.95 厘米（图一四，7）。标本 T9④b:6，夹炭陶。重叠沿，口沿以下器壁较直。口沿和器表皆拍打绳纹。口径 32、残高 11.2 厘米（图一四，8）。标本 T8④b:28，夹砂夹炭陶。器壁直，口沿微外弧，呈侈口。唇部以下施交错绳纹。口径 32、残高 15.8 厘米（图一四，9）。

钵　22 件。数量多，为主要器形之一。可分四型。

A 型　14 件。直沿，弧壁，圜底，施绳纹。又分四式。

Ⅰ式　4 件。器体接近半圆球。标本 H1②:6，夹砂夹炭陶。圆唇，绳纹从唇边施至底部。口径 18、高 8.4 厘米（图一五，1；彩版一，1；图版八，6）。标本 H1②:9，夹砂夹炭陶。圆唇。腹上部残存交错绳纹。口径 17.7、高 7.6 厘米（图一五，2；图版九，1）。标本 H1②:5，夹砂夹炭陶。方唇，口沿外的绳纹被抹掉。口径 18.6、高 9.6 厘米（图一五，3；图版九，2）。标本 H1②:8，口沿外无绳纹，腹部饰交错绳纹。口径 20.6、高 9.7 厘米（图一五，4；图版九，3）。

Ⅱ式　5 件。腹较深较直，器体大于半圆球。标本 H1①:7，夹砂夹炭陶。圆唇，唇外有凹线，凹线至底施交错绳纹。口径 19.8、腹径 20.1、高 12.9 厘米（图一五，5）。标本 T8④b:2，夹砂夹炭陶。半球形，施交错绳纹。口径 22.7、高 15.2 厘米（图一五，6；图版九，4）。标本 G1①:1，夹砂夹炭陶。深腹，微侈口，施交错绳纹。口径 16.3、约高 11.6 厘米（图一五，7；图版九，5）。

Ⅲ式　2 件。侈口，腹较深。标本 T8④b:5，夹砂夹炭陶。口较大，底较小，唇至底皆施交错绳纹。口径 20.4、高 9.4 厘米（图一五，8；彩版一，2；图版九，6）。标本 G1②:2，夹砂夹炭陶。腹较宽。口沿外素面。口径 21.2、高 10.2 厘米（图一五，9；图版一〇，1）。

Ⅳ式　3 件。浅腹。标本 H1①:10，夹少量砂。外表拍打绳纹。口径 18、高 5 厘米（图一五，10；图版一〇，2）。标本 H1①:11，夹砂夹炭陶。唇面向外，外表拍打绳纹。口径 15.5、高 4.1 厘米（图一五，11；图版一〇，3）。标本 T8④b:4，夹砂夹炭陶。口径 21.5、高 6.8 厘米（图一五，12；图版一〇，4）。

B 型　4 件。小形钵，圜底，直口，外表施绳纹。此型钵可作杯用。

标本 T8④b:1，夹砂夹炭陶。口径 10.4、高 6 厘米（图一五，13；彩版二，1；图版一〇，5）。标本 T8④b:11，夹砂夹炭陶。器壁较直。口径 11.4、高 8 厘米（图一五，14；图版一〇，6）。标本 G1②:9，夹砂夹炭陶。腹较浅。口径 11.2、高 5.5 厘米（图一五，15）。标本 T8④b:10，夹砂夹炭陶。口径 11、残高 4.9 厘米（图一五，16）。

C 型　2 件。素面。分二式。

Ⅰ式　1 件。上腹较直。标本 H1①:66，夹砂夹炭陶。口径 20、残高 6 厘米（图一五，17）。

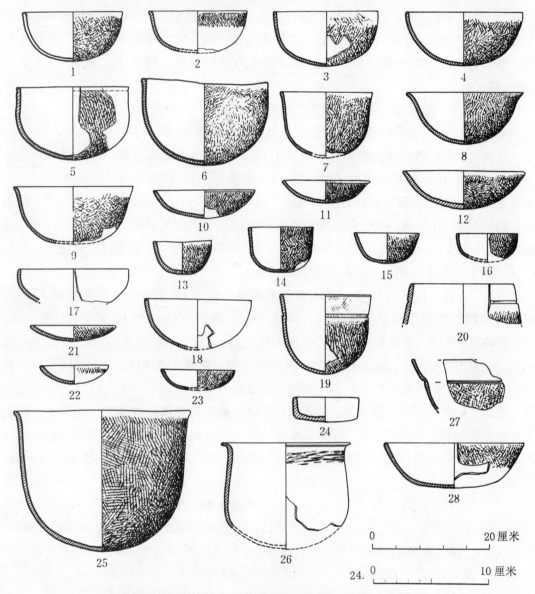

图一五　城背溪遗址南区下层出土陶钵、碟、盆、盘

1~4.A型Ⅰ式钵 H1②:6、H1②:9、H1②:5、H1②:8　　5~7.A型Ⅱ式钵 H1①:7、T8④a:2、G1①:1
8、9.A型Ⅲ式钵 T8④b:5、G1②:2　　10~12.A型Ⅳ式钵 H1①:10、H1①:11、T8④a:4　　13~16.B
型钵 T8④b:1、T8④b:11、G1②:9、T8④b:10　　17.C型Ⅰ式钵 H1①:66　　18.C型Ⅱ式钵 T9④a:3
19、20.D型钵 H1①:15、T9④a:18　　21~23.A型碟 T8④b:13、T8④b:12、T8④b:15　　24.B型碟 H1①:17
25.A型盆 T8④a:6　　26.B型盆 H1②:3　　27.C型盆 G1②:19　　28.A型盘 G1①:2

　　Ⅱ式　1件。上腹内斜。标本 T9④a:3，夹砂夹炭陶。较窄，弧壁。口径19、残高
8.4厘米（图一五，18）。

D型　2件。深腹，腹壁直，圜底。上腹部有1周凹沟纹。

标本 H1①:15，夹砂夹炭陶。口沿上的绳纹被抹。口径 16、高 14.2 厘米（图一五，19；图版一一，1）。标本 T9④ₐ:18，夹砂夹炭陶。残片。口略内敛，绳纹较粗。口径 18、残高 6.8 厘米（图一五，20）。

碟　6件。分二型。

A型　5件。腹壁弧形，深腹，外壁施绳纹，与A型Ⅳ式钵相同而尺寸更小。

标本 T8④ᵦ:13，夹砂夹炭陶。口径 13.6、高 2.8 厘米（图一五，21）。标本 T8④ᵦ:12，夹砂夹炭陶。口径 12.5、高 3.5 厘米（图一五，22）。标本 T8④ᵦ:15，口径 13、高 3.6 厘米（图一五，23）。

B型　1件。直壁，圜底。

标本 H1①:17，夹砂夹炭陶。厚胎，素面。口径 5.9、高 2.2 厘米（图一五，24）。

盆　4件。分三型。

A型　2件。口较直，深腹，腹壁较直，圜底，外施交错绳纹。

标本 T8④ₐ:6，夹炭陶。圆唇微外侈，绳纹较粗。口径 31.2、高 25.2 厘米（图一五，25；图版一一，2）。

B型　1件。卷沿外侈，深腹，圜底。

标本 H1②:3，夹炭陶。下腹壁稍外鼓，宽圜底。颈部有横向粗绳纹。口径 22.8、腹径 22、残高 15.6 厘米（图一五，26）。

C型　1件。仅见残片，折腹。

标本 G1②:19，夹炭陶。敞口，腹较浅。折腹外1周凹沟，上腹素面，下腹有交错绳纹（图一五，27）。

盘　19件。分为二型。

A型　1件。器形与A型钵相近，但尺寸较大，底较平。

标本 G1①:2，夹砂夹炭陶。上腹施交错绳纹，下腹至底为素面。口径 24.6、高 8 厘米（图一五，28）。

B型　18件。圈足盘。出土数量较多，为主要器形之一。分三亚型。

Ba型　1件。大型圈足盘。

标本 T8④ᵦ:8，夹炭陶，胎较厚，内外层红衣易脱落。盘壁呈弧形，底部略下凹。圈足捏于盘外中腹部，捏接部内凹。圈足部有刻划花纹。口径 37、残高 9.8 厘米（图一六，1）。

Bb型　12件。器形较小，浅盘，圜底，圈足部饰刻划纹或镂孔花纹。可分三式。

Ⅰ式　8件。制作较粗糙，盘底有的下凹。圈足上部内折，底部外撇。标本 H1①:67，夹炭陶。盘腹较深。圈足与盘之间略内凹，并有刻划花纹。口径 20、残高 7.9 厘

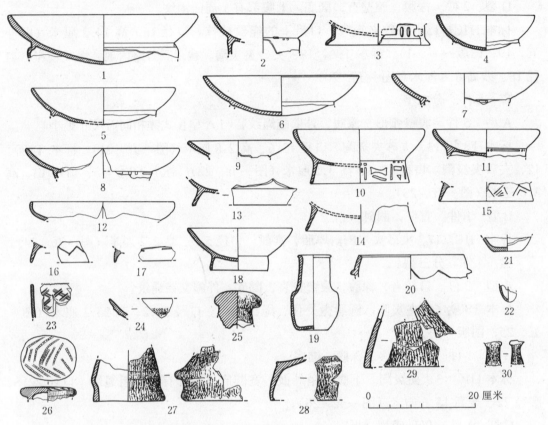

图一六　城背溪遗址南区下层出土陶盘、碗、壶、钵形器、平底器、
小圈底器、刻划纹片、支座

1.Ba 型盘 T8④b:8　　2～8.Bb 型Ⅰ式盘 H1①:67、T9④b:17、G1②:6、H1②:10、H1②:12、H1②:54、T8④b:
17　　9.Bb 型Ⅱ式盘 H1①:55　　10～12.Bb 型Ⅲ式盘 G1②:7、G①:3、T5④:2　　13～17.Bc 型盘 H1①:53、
T9④a:14、T8④b:52、G1②:21、T8④a:24　　18.碗 T8④b:18　　19.壶 T8④b:3　　20.钵形器 T9④a:9　　21.
平底器 T8④b:51　　22.小圈底器 T8④b:26　　23、24.刻划纹片 T9④b:16、T8④b:13　　25～30.支座 T9④a:21、
T8④b:54、T8④a:27、T8④a:30、T8④a:29、T8④a:21

米（图一六，2）。标本 T9④b:17，为圈足。圈足壁垂直，底沿外折。饰长形镂孔花纹。
底径 20、残高 4 厘米（图一六，3）。标本 G1②:6，夹炭陶。盘壁弧形，较深。口径
18.8、残高 6.8 厘米（图一六，4）。标本 H1②:10，夹炭陶。盘壁弧形。口径 28、残
高 7 厘米（图一六，5）。标本 H1②:12，夹炭陶。口径 29.9、残高 7.9 厘米（图一六，
6）。标本 H1②:54，夹炭陶。口径 28、残高 6.2 厘米（图一六，7）。标本 T8④b:17，夹
炭陶，盘较浅，有刻划纹。口径 30、残高 6.4 厘米（图一六，8）。

　　Ⅱ式　1件。盘壁斜直外侈。标本 H1①:55，夹炭陶。圈足上部有凹沟。口径 20、
残高 3.4 厘米（图一六，9）。

Ⅲ式　3件。制作较精细，盘底较平，盘口沿较直。圈足壁直。标本 G1②:7，夹炭陶。盘口圆唇，盘较深，圈足底稍外撇。圈足上边刻划 1 周方点纹。中部镂孔，由长方形、梯形、对角三角形组成。口径 25.4、足底径 18.8、通高 10.4 厘米（图一六，10；图版一一，3）。标本 G1①:3，夹炭陶。圈足上刻划 1 周纹饰，为一直线间以两方点组成。口径 20.6、残高 5.4 厘米（图一六，11）。标本 T5④:2，夹炭陶，内外涂红衣。盘口微敛。口径 28、残高 3.7 厘米（图一六，12）。

Bc 型　5件。深盘，圈足较矮，素面或饰刻划纹。

标本 H1①:53，为残片，夹炭陶。盘壁弧形，圜底，矮圈足，外撇。残高 4.8 厘米（图一六，13）。标本 T9④a:14，夹炭陶。为素面圈足片。底径 21、足高 5.2 厘米（图一六，14）。标本 T8④b:52，夹砂夹炭陶，为圈足残片。有折线形刻划纹。底径 18 厘米（图一六，15）。标本 G1②:21，折线刻划纹圈足残片（图一六，16）。标本 T8④a:24，夹炭陶。虚线形刻划纹圈足残片，矮圈足。足高 2.6 厘米（图一六，17）。

碗　1件。

标本 T8④b:18，夹炭陶。碗壁微弧，圜底。碗圈足较直较高。素面。口径 20.6、足径 11.5、通高 8.2 厘米（图一六，18；图版一一，4）。

壶　1件。

标本 T8④b:3，泥质陶。器形较小。口沿微卷，长颈，微鼓腹。内凹底。素面。口径 6、腹径 9.3、底径 5.72、高 14.4 厘米（图一六，19；图版一一，5）。

钵形器　1件。

标本 T9④a:9，泥质陶，胎较厚。敛口，方唇。口沿下有两凸耳。素面。口径 20、残高 5 厘米（图一六，20）。

平底器　1件。

标本 T8④b:51，夹炭陶。小平底。底径 5.6 厘米（图一六，21）。

小圜底器　1件。

标本 T8④b:26，夹细砂陶。残高 3.3 厘米（图一六，22）。

另有两块刻划纹陶片，标本 T9④b:16，夹砂夹炭陶。刻划网状纹（图一六，23）。标本 T8④a:13，夹砂夹炭陶。刻划圆点纹和绳纹（图一六，24）。

支座　6件。

下层出土的支座数量不多，未见完整器。标本 T9④a:21，夹炭化谷壳。顶呈馒头形，内实。座上部微倾，内空。顶沿和座颈部有压印绳纹。顶径 8.8、残高 7.3 厘米（图一六，25）。标本 T8④b:54，夹砂陶。为支座顶部陶片。顶面较平，内空。顶面有较深的疏绳纹状印痕，器身绳纹较细。顶径 9～10.8 厘米（图一六，26）。标本 T8④a:27、标本 T8④a:30，夹砂陶。均为底座残片，背部突起呈坎状。滚压绳纹。残高分别为

10.4 和 8.4 厘米（图一六，27、28）。标本 T8④₄:29，夹砂陶。座壁中部有方形镂孔。残高 13 厘米（图一六，29）。标本 T8④₄:21，夹砂陶。为小型支座，饰绳纹。直径 1.5~3、残高 4.6 厘米（图一六，30）。

二 南区上层遗物

南区上层，即 T3、T4、T5 的第 3 层，T8、T9 的第 3a 层和第 3b 层。

南区上层遗物，也分为石器和陶器两类。共 78 件。

（一）石器

共 35 件。主要出土于 T8③ₐ 内，计 18 件。T9 内基本未见石器。上层石器的原料、制作方法和器形种类都与下层石器基本相同，特点是打制石器比较规整，磨制石器有所增加。主要器形有斧、小锛、铲、弹丸、片、板、条等。

斧 14 件。分二型。

A 型 8 件。长窄型。分二式。

Ⅰ式 3 件。打制，周边琢制较细，有的器形甚为规整。标本 T5③:12，器形较规整，器身较薄而刃较厚。有明显的使用痕迹。长 24.4、宽 9、厚 4 厘米（图一七，1）。标本 T8③ᵦ:31，器身较厚，器形不甚规整，刃更厚。长 21.3、宽 8.8、厚 5.6 厘米（图一七，2；图版一二，1）。标本 T8③ₐ:5，为顶端残件。残长 16.3、宽 8.6、厚 4.3 厘米（图一七，3）。

Ⅱ式 5 件。磨制，均为刃端残件。标本 T5③:9，通体均磨，两面磨刃，刃较窄，锋利。残长 9.1、刃宽 6.5、厚 3.6 厘米（图一七，4）。标本 T4③:5，青沙石质，通体磨平。弧刃，锋利。残长 8.8、刃宽 8、厚 3.2 厘米（图一七，5）。标本 T8③ᵦ:17，磨制较精，锋利。残长 6.4、宽 8、厚 2.8 厘米（图一七，6）。标本 T5③:11，质硬。刃残。残长 8.2、刃宽 6.4、厚 2.4 厘米（图一七，7）。标本 T8③ᵦ:18，较薄。残长 5.2、残宽 6.4、厚 2 厘米（图一七，8）。

B 型 6 件。长形，较宽。分二式。

Ⅰ式 3 件。宽形，打制。标本 T8③ᵦ:24，用石片两边打制。长 16.3、宽 7.6~8.5、厚 3.1 厘米（图一七，9）。标本 T8③ᵦ:29，长 13.5、宽 8.7、厚 2.5 厘米（图一七，10）。标本 T8③ᵦ:25，打制疤痕十分明显。长 12.5、宽 9.3、厚 3.2 厘米（图一七，11）。

Ⅱ式 3 件。磨制。标本 T8③ᵦ:15，平面略呈梯形，器体较薄。长 11.3、宽 6.6、厚 1.9 厘米（图一七，12；图版一二，2）。标本 T8③ᵦ:16，顶端残缺。磨制规整，刃被用残。残长 9.4、宽 8.5、厚 1.8 厘米（图一七，13）。标本 T8③ₐ:8，器体较厚，刃被磨掉。长 11.3、宽 7.6、厚 4.1 厘米（图一七，14）。

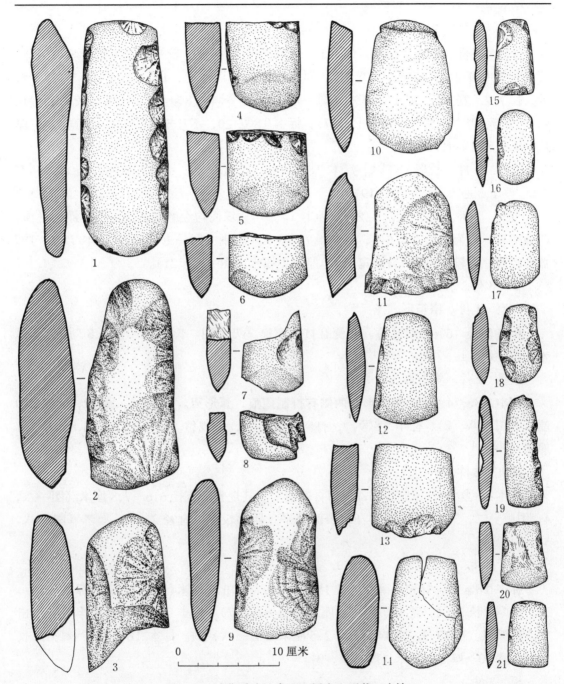

图一七　城背溪遗址南区上层出土石斧、小锛

1～3.A型Ⅰ式斧 T5③:12、T8③:31、T8③b:5　　4～8.A型Ⅱ式斧 T5③:9、T4③:5、T8③b:17、T5③:11、T8③b:17、T5③:11、T8③b:18　　9～11.B型Ⅰ式斧 T8③b:24、T8③b:29、T8③b:25　　12～14.B型Ⅱ式斧 T8③b:15、T8③b:16、T8③b:8　　15～18.Ⅰ式小锛 T5③:10、T8③b:22、T8③b:21、T8③b:20　　19.Ⅱ式小锛 T8③b:23　　20、21.Ⅲ式小锛 T4③:4、T8③b:19

小锛　7件。分三式。

Ⅰ式　4件。打制。标本T5③:10，用石片打制而成，较规整，未磨。两边精琢，刃部有使用痕迹。长7.6、刃宽4.2、厚1.2厘米（图一七，15）。标本T8③b:22，较薄，长7.7、宽3.8、厚1.2厘米（图一七，16）。标本T8③b:21，较薄，较锋利。长9.1、宽5、厚1.3厘米（图一七，17）。标本T8③b:20，不甚规整。长8.1、宽4.4、厚1.8厘米（图一七，18）。

Ⅱ式　1件。长形，打制。标本T8③b:23，弧刃较宽，一边有琢疤。长11.4、宽3.8、厚1.5厘米（图一七，19）。

Ⅲ式　2件。略呈梯形，磨制。标本T4③:4，双面均经磨制，残留凹凸面。平顶。两面磨刃，刃为弧形。长6.6、刃宽4.7、厚1.4厘米（图一七，20）。标本T8③b:19，器形较薄。刃较平。长7.1、宽3.4、厚1.1厘米（图一七，21）。

铲　3件。分二型。

A型　1件。窄长形。

标本T8③a:6，刃端甚薄。两侧有打制疤痕。刃锋利。长22.6、宽9.8、厚2.5厘米（图一八，1）。

B型　2件。宽短形。

标本T8③a:4，顶为圆弧形，两侧有打制疤痕，弧形刃。长16.3、宽12.4、厚2.9厘米（图一八，2）。标本T8③a:7，打制，弧形刃，不规整。长12.8、宽8.8、厚1.7厘米（图一八，3）。

弹丸　2件。

标本T8③b:32，琢制，局部保留自然面。不甚规整。直径6.6~7.8厘米（图一八，4；图版一二，3）。标本T8③:8，表面磨平。器形较小。直径2~4.6厘米（图一八，5）。

片　6件。

标本T8③a:9，蚌壳形薄片。长15.6、宽9、厚0.9厘米（图一八，6）。标本T8③b:28，较厚。长12.2、宽10、厚1.6厘米（图一八，7）。标本T8③a:10，大半边有打击疤。斜弧刃。长17.3、宽14.2、厚2.5厘米（图一八，8）。标本T8③b:26，斜刃。长12.2、宽10、厚2.2厘米（图一八，9）。

板　2件。

略呈长方形。标本T4③:7，两面平整。未见明显的加工与使用痕迹。长12.8、宽7.8、厚1.6厘米（图一八，10）。

条　1件。

标本T4③:6，长条形。无明显加工或使用痕迹。残长14、厚1.7厘米（图一八，11）。

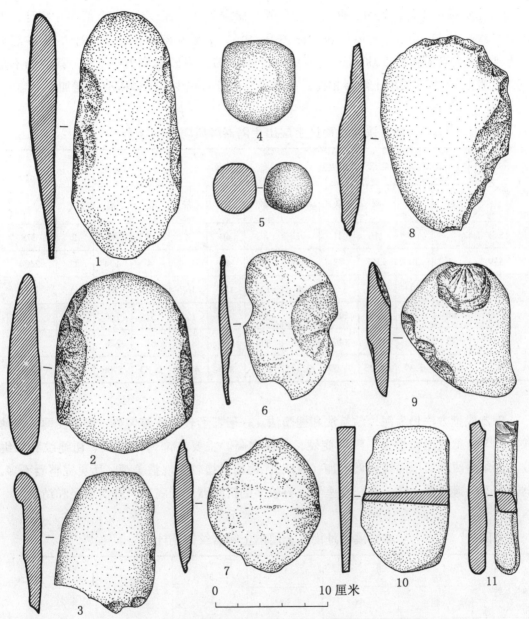

图一八　城背溪遗址南区上层出土石铲、弹丸、片、板、条

1.A型铲 T8③a:6　　2、3.B型铲 T8③a:4、T8③a:7　　4、5.弹丸 T8③b:32、T8③:8　　6~9.片 T8③a:9、
T8③b:28、T8③a:10、T8③b:26　　10.板 T4③:7　　11.条 T4③:6

（二）陶器

　　共选出标本 42 件。主要为夹砂夹炭褐陶，其次为夹砂夹炭红陶，再依次为夹砂夹

炭灰陶、夹砂红陶、夹炭褐陶、夹砂灰陶、夹砂褐陶，另外还有少量的泥质红陶、夹炭红陶、泥质褐陶和夹炭灰陶。据 T8、T9 两个探方第 3a、3b 层出土全部陶片统计，夹砂夹炭褐陶占 61.23%，夹砂夹炭红陶占 9.49%，夹砂夹炭灰陶占 8.09%，夹砂红陶占 5.4%，夹炭褐陶占 5.06%，夹砂灰陶占 4.61%，夹砂褐陶占 3.6%，其他均不足 1%。（表三）。与下层出土陶器相比，夹砂夹炭陶有所减少，夹砂陶有所增加。

表三 　　　　　　　　城背溪遗址南区上层出土陶器陶质陶色统计表

陶质陶色 / 单位 / 数量	泥质		夹砂夹炭			夹砂			夹炭			合计
	红	褐	褐	灰	红	红	褐	灰	红	褐	灰	
T8③ₐ			110	31	91	46	40	4	7	47	2	378
T8③ᵦ	4	10	1367	72	306	125	40		4	134	22	2084
T9③ₐ	3	11	1188	111	29	133	184	165		87		1911
T9③ᵦ	66	8	1886	388	280	98	4	174	51	108		3063
合计	73	29	4551	602	706	402	268	343	62	376	24	7436
%	0.98	0.39	61.23	8.09	9.49	5.4	3.6	4.61	0.83	5.06	0.32	100

陶器成型方法仍为泥片贴筑法和捏塑法。一般器形较为规整匀称，陶胎变薄，厚薄较为均匀，器表比较平整。陶质变硬，火候增高。主要纹饰为中绳纹、粗绳纹和细绳纹。而细绳纹和滚压绳纹明显增加（表四），因而显得较为规整美观。所见完整器不多，器形有釜、罐、瓮、钵、盘、支座等。有较多的折腹器、平底器，并有鼎足和纺轮。

表四 　　　　　　　　城背溪遗址南区上层出土陶器纹饰统计表

纹饰 / 单位 / 数量	绳纹			刻划纹	素面	合计
	粗	中	细			
T8③ᵦ	75	152	109		42	378
T8③ᵦ	184	1199	535		166	2084
T9③ₐ	447	565	424	6	469	1911
T9③ᵦ	1243	886	616	13	305	3063
合计	1949	2802	1684	19	982	7436
%	26.21	37.68	22.65	0.25	13.2	100

釜　10件。比较规范化，釜口较小，未见大口釜和直口盆形釜。分二式。

Ⅰ式　4件。卷沿或重叠卷沿。标本 T9③b：6，夹砂夹炭陶。重叠沿，肩较斜。饰绳纹，口沿外有少量压印绳纹。口径 16、残高 6.3 厘米（图一九，1）。标本 T9③b：4，夹砂夹炭陶。重叠沿，尖唇，肩较鼓。饰绳纹，口沿外有少量压印绳纹。口径 24、残高 9.5 厘米（图一九，2）。标本 T5③：6，夹砂夹炭红衣陶。圆唇，重叠卷沿，束颈。

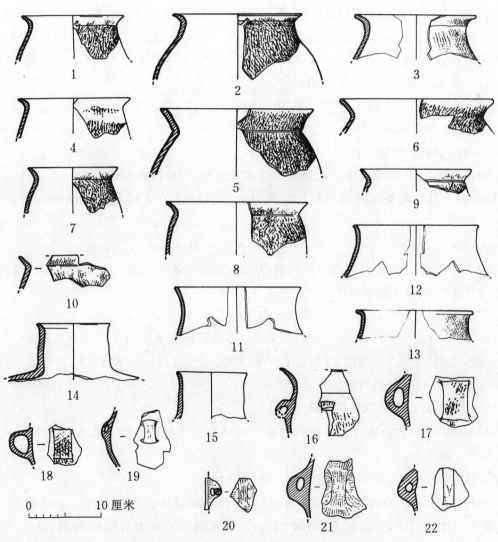

图一九　城背溪遗址南区上层出土陶釜、罐

1~4.Ⅰ式釜 T9③b：6、T9③b：4、T5③：6、T9③a：3　5~10.Ⅱ式釜 T9③b：2、T9③b：5、T9③b：5、T9③b：6、T9③b：4、T9③b：7　11、12.Aa 型罐 T5③：5、T5③：4　13.Ab 型罐 T4③：1　14、15.Ba 型罐 T9③b：2、T9③b：3　16.Bb 型罐 T9③a：18　17~22.B 型罐耳 T9③b：33、T9③b：21、T9③b：19、T5③：8、T5③：7、T9③b：24

饰绳纹，口沿外有压印交错绳纹，已抹。口径 18 厘米，残高 7.5 厘米（图一九，3）。标本 T9③a：3，夹砂夹炭陶。卷沿，器壁较直。口沿外无绳纹，肩以下滚压绳纹。口径 16、残高 5.8 厘米（图一九，4）。

Ⅱ式　6 件。折沿上仰。标本 T9③a：2，夹砂夹炭陶。沿面较宽，鼓肩。从沿外开始向下滚压绳纹，绳纹较规整。口径 24、残高 9.7 厘米（图一九，5）。标本 T9③a：5，夹砂夹炭陶。为口沿残片。口径 24、残高 5 厘米（图一九，6）。标本 T9③b：5，夹砂夹炭陶。器形较小。尖唇。口径 14、残高 6.7 厘米（图一九，7）。标本 T9③a：6，夹砂夹炭陶。口较大，器壁较直，绳纹较细。口径 20、残高 7.6 厘米（图一九，8）。标本 T9③b：4，夹砂夹炭陶。口径 16、残高 3.9 厘米（图一九，9）。标本 T9③b：7，夹砂夹炭陶。口沿残片。残高 4.5 厘米（图一九，10）。

罐　6 件。分为二型。

A 型　3 件。无耳。分为二亚型。

Aa 型　2 件。长领，直沿。

标本 T5③：5，夹砂褐陶，口微外侈，未见纹饰。口径 18 厘米（图一九，11）。标本 T5③：4，夹砂褐陶，外表有红衣。未见纹饰。口径 18、残高 7.5 厘米（图一九，12）。

Ab 型　1 件。

标本 T4③：1，夹砂夹炭陶，外表有红衣。卷沿，唇略外翻。施交错绳纹，近似网状。口径 17、残高 4 厘米（图一九，13）。

B 型　3 件。有双耳，均为夹砂夹炭陶。分二亚型。

Ba 型　2 件。小口，高领，广肩，未见到双耳。应属下层出土的 B 型双耳罐。

标本 T9③b：2，口径 10、残高 8.1 厘米（图一九，14）。标本 T9③b：3，口径 9.5、残高 6.6 厘米（图一九，15）。

Bb 型　1 件。大口宽腹双耳罐。

标本 T9③a：18，沿微卷，外侈，鼓腹，扁环耳在上腹部。腹部施浅细绳纹。残高 9.4 厘米（图一九，16）。

B 型罐耳　6 件。均为夹砂夹炭陶。分两种。

一种为扁形耳。标本 T9③b：33，扁形，耳孔呈椭圆形，耳上有绳纹。耳高 6、宽 3.6 厘米（图一九，17）。标本 T9③b：21，孔眼近圆形。耳上有绳纹和刻划纹。耳高 4.4、宽 2.4 厘米（图一九，18）。标本 T9③b：19，孔眼很小，为罐腹耳。绳纹被抹平。耳高 3.2、宽 1.6 厘米（图一九，19）。另一种为环形耳。标本 T5③：8，孔眼小，呈椭圆形（图一九，20）。标本 T5③：7，耳高 5、宽 1.8 厘米（图一九，21）。标本 T9③b：24，有绳纹，被抹（图一九，22）。

瓮 2件。发现数量少。

标本T5③:1，夹砂夹炭红陶，有领，斜肩。肩部施绳纹。口径24、残高10.6厘米（图二〇，1）。标本T8⑤b:2，夹砂夹炭陶。有领瓮残片（图二〇，2）。

钵 5件。分为二型。

A型 1件。平底。

标本T8⑤b:6，夹砂陶。器形较小，浅腹，直壁外侈。上腹1周凹沟，并有压印痕迹。口径14、底径9.2、高4.2厘米（图二〇，3）。

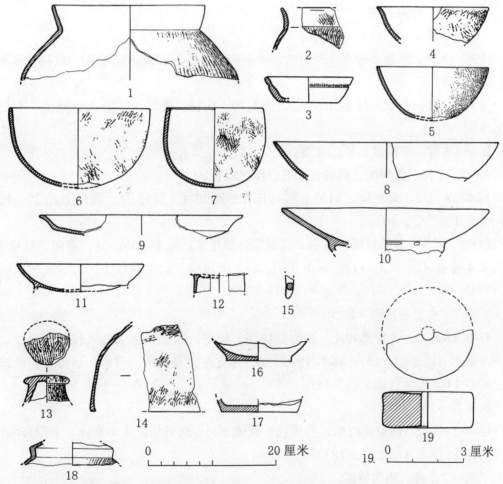

图二〇 城背溪遗址南区上层出土陶瓮、钵、盘、支座、鼎足、平底器、折腹器、纺轮
1、2.瓮 T5③:1、T8⑤b:2 3.A型钵 T8⑤b:6 4、5.B型Ⅰ式钵 T9⑤:7、T5③:3
6.B型Ⅱ式钵 T9⑤b:1 7.B型Ⅲ式钵 T9⑤:1 8.A型Ⅰ式盘 T9⑤:17 9.A型Ⅱ式盘 T5③:2
10.Ba盘 T4③:9 11、12.Bb型盘 T9⑤:35、T5③:14 13.支座 T8⑤b:2、T9⑤:26 14.支座 T8⑤b:2
15.鼎足 T8⑤b:3 16、17.平底器 T8⑤b:12、T4③:3T9〇 18.折腹器 T4③:2 19.纺轮 T5③:13

B型　4件。圜底。可分三式。

Ⅰ式　2件。浅腹，底较窄，有绳纹。标本T9③a：7，夹砂陶。尖唇，交错绳纹。口径18、残高5.6厘米（图二〇，4）。标本T5③：3，夹砂陶。施交错绳纹。口径18、残高8.2厘米（图二〇，5）。

Ⅱ式　1件。腹较深，底较宽，施绳纹。标本T9③a：1，夹砂陶。所施绳纹较浅。口径22.2、高12.6厘米（图二〇，6；图版一二，4）。

Ⅲ式　1件。深腹，器壁较直，底较宽。标本T9③b：1，夹砂陶。方唇，圆圜底，部分绳纹被抹。口径15、腹径16.1、高12.6厘米（图二〇，7；图版一二，5）。

盘　4件。分为二型。

A型　2件。无圈足。分二式。

Ⅰ式　1件。弧腹。标本T9③a：17，夹炭陶。尖唇，素面。口径36、残高5.7厘米（图二〇，8）。

Ⅱ式　1件。折腹。标本T5③：2，夹炭陶。浅腹，素面。口径32、残高2.6厘米（图二〇，9）。

B型　3件。有圈足。分二亚型。

Ba型　1件。盘厚胎，斜壁，圜底。圈足内折。

标本T4③：9，夹炭陶。圈足上部有长方形刻划纹。口径33、圈足上径19、残高6.8厘米（图二〇，10）。

Bb型　2件。盘胎较薄，弧壁，宽圜底。圈足直。标本T9③b：35，素面。口径20、残高4.4厘米（图二〇，11）。标本T5③：14，圈足残片。足径较小，为8厘米（图二〇，12）。

支座　2件。发现陶片较少。

标本T8③a：2，为顶部残片。顶为圆饼形，较平，内空。座下部外侈。施绳纹。顶径7.5厘米（图二〇，13）。标本T9③b：26，为支座座身残片。薄胎，呈弯形，外施绳纹。残高14.7厘米（图二〇，14）。

折腹器　1件。

标本T4③：2，羼谷壳红胎，浅褐色。腹壁下折，后外折。上部素面，下部饰绳纹。中间直径15厘米（图二〇，18）。

平底器　2件，均为器底。

标本T8③b：12，夹炭红陶。近似假圈足。素面。可能为碗底。底径10.2厘米（图二〇，16）。标本T4③：3，羼炭化稻谷壳，褐色。底径12厘米（图二〇，17）。

鼎足　3件。

标本T8③a：3，夹砂红陶，呈圆锥形。残高3.8厘米（图二〇，15）。另二件出土于

T9③b，夹砂红陶，略呈圆柱体。

纺轮　1件。

标本 T5③：13，夹炭红陶。圆柱饼形，中间一圆孔。素面。直径 3.6、高 1.3 厘米（图二〇，18）。

三　南区 T6、T7 遗物

第一次发掘的 T6 和第二次发掘的 T7，位于南区 T8、T9 东边的河漫滩上，为紧接 T8、T9 的"断层"（图版三，2），原文化层应与 T8、T9 相同。发掘时，由于下塌和江水冲击，地层已被破坏，存在错乱现象。第 1 层、第 2 层都是下塌后的次生淤积层，第 1 层含近现代遗物较多；第 2 层近江边处较厚（最厚 0.40 米），靠岸边逐渐消失，含有少量早期陶片，文化遗物全部集中于第 3 层。第 3 层为浅黄色土，含淤砂较多，最厚处可达 1 米。在 T6 中部有一条宽约 2.5～3.5 米的沟状地带，发现长度约 5 米。此沟状地带出土的遗物最为丰富。根据南区堆积和 G1 流向，以及 T6、T7 遗物最集中的情况，推测 T6、T7 堆积原属遗址江边的沟地堆积，遗物的大部分属下层和 G1。

（一）石器

共有标本 43 件，其中包括南区河漫滩上采集的石器 29 件，T7 第 3 层出土的 12 件，T6 第 3 层出土的 2 件。基本器形有斧、锛、铲、小石器、凿、刀、坠、弹丸、片、条等。

斧　23 件。分三型。

A 型　8 件。长窄形。分二式。

Ⅰ式　2 件。打制，周身有许多打击脱落凹疤。标本 T7③：68，较厚，打制较粗糙。长 24、宽 11、厚 5.8 厘米（图二一，1）。标本 T7③：69，横剖面近长方形，刃较尖。长 23.2、宽 7.7、厚 4 厘米（图二一，2）。

Ⅱ式　6 件。磨制，有的磨制较规整，有的局部残留打疤。标本采：05，磨制较规整。顶端较窄，刃端较宽，弧顶弧刃。横剖面呈椭圆形，纵剖面呈梭形。长 19.6、宽 8.4、厚 4.5 厘米（图二一，3）。标本采：04，顶端残。残长 7、宽 7.8、厚 3.1 厘米（图二一，4）。

B 型　11 件。长形，较宽。分三式。

Ⅰ式　2 件。打制，周身有较大的打疤。标本采：08，石质极硬。平面略呈梯形，中部较厚。长 21.2、宽 10.5、厚 5.4 厘米（图二一，5；彩版二，2；图版一三，1）。标本采：011，用砾石打制加工而成。长 20.4、宽 10.2、厚 5 厘米（图二一，6；彩版二，3；图版一三，2）。

Ⅱ式　4 件。用砾石片两侧打制，刃端略宽。标本采：019，顶端较厚。长 17.2 厘

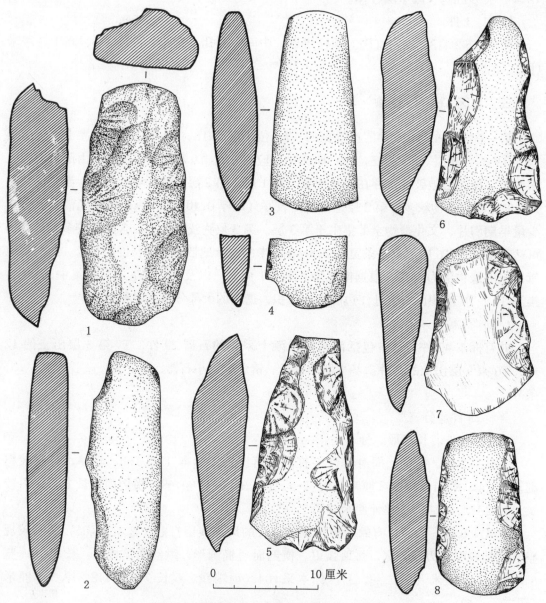

图二一　城背溪遗址南区 T6、T7 出土石斧
1、2.A型 I 式斧 T7③:68、T7③:69　　3、4.A型 II 式斧采:05、采:04
5、6.B型 I 式斧采:08、采:011　　7、8.B型 II 式斧采:019、采:01

米（图二一，7）。标本采:01，较规整，弧顶，两侧较直，弧刃。长15.9、宽8.7厘米
（图二一，8）。标本采:02，较薄，弧刃较宽。长14厘米（图二二，1）。标本采:012，
较薄，两侧琢打较精细。长13.7厘米（图版二二，2；图版一三，3）。

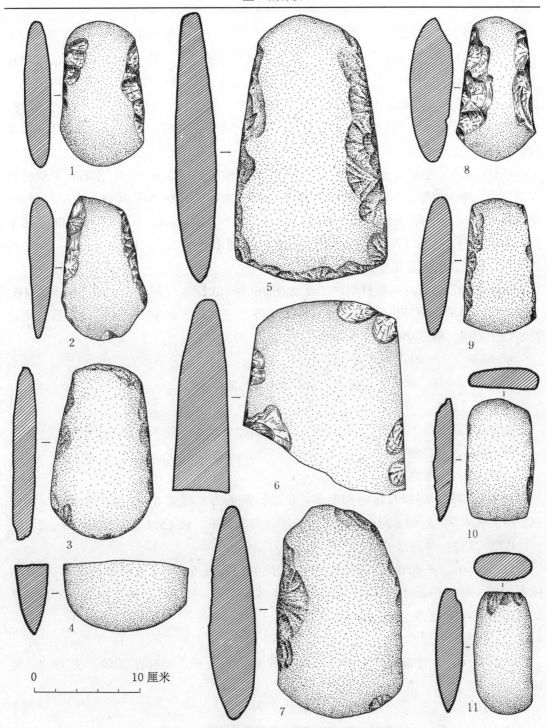

0　　　　　　　　10 厘米

图二二　城背溪遗址南区采集与 T7 出土石斧

1、2.B 型Ⅱ式采:02、采:012　　3～7.B 型Ⅲ式 T7③:71、T7③:62、采:016、采:010、采:03

8～11.C 型采:018、采:013、T7③:64、T7③:65

Ⅲ式　5件。多经磨制，器形较规整，上窄下宽，两边呈梯形，弧顶，弧刃。标本T7③：71，两面较平，较薄。长16.8、厚2.2厘米（图二二，3）。标本T7③：62，仅存刃部，磨制较精，锋利。残长6.8、厚3.2厘米（图二二，4）。标本采：016，两侧和刃部均保留疤痕，顶端较薄。长25.8、厚3.6厘米（图二二，5）。标本采：010，较薄。长20.5、厚4.4厘米（图二二，6）。标本采：03，为顶端残件。残长9.3、厚2.6厘米（图二二，7）。

C型　4件。小型石斧，平面呈长方形或略呈梯形。标本采：018，用石片两侧打制加工而成。略呈梯形。长14、厚4.1厘米（图二二，8）。标本采：013，刃部经磨制。略呈梯形。长13、厚2.9厘米（图二二，9）。标本T7③：64，长方形。长11.8厘米（图二二，10）。标本T7③：65，长方形。长11.8厘米（图二二，11）。

锛　3件，制作不规整，形状不一。

标本采：07，用石片两侧打制加工而成。长16、厚4.3厘米（图二三，1）。标本采：06，打制，未磨。平面略呈梯形。长14.9厘米（图二三，2）。标本T7③：67，用石片周边打制加工而成。器形小。长9.8厘米（图二三，3）。

铲　1件。

标本T7③：73，束腰形。薄刃，斜形。长12厘米（图二三，4）。

小石器　1件。

标本T7③：66，较薄，平面呈梯形。单面磨刃。长5.6厘米（图二三，5）。

凿　5件。有二型。

A型　2件。厚扁形。

标本采：020，周身打琢疤痕明显。长形，两面刃。残长8.9、厚1.9厘米（图二三，6）。标本T7③：63，局部磨制。长条形，刃部磨平。长13.4厘米（图二三，7）。

B型　3件。薄扁形。

标本采：09，平面梯形，平顶，平刃。长12、宽6.5、厚1.6厘米（图二三，8）。标本T6③：39，平面近长方形。长11.6、厚1.4厘米（图二三，9）。标本采：014，平面略呈梯形。长12.3、厚1.4厘米（图二三，10）。

刀　1件。

标本采：021，背部厚，刃端逐渐减薄成刃。大弧刃。背部凹弧状。长19.2、宽10.2、厚2.9厘米（图二四，1）。

坠　1件。

标本T6③：38，用砾石打制加工成扁圆状束腰形。长径9.3、宽径8、厚3厘米（图二四，3；图版一三，4）。

弹丸　1件。

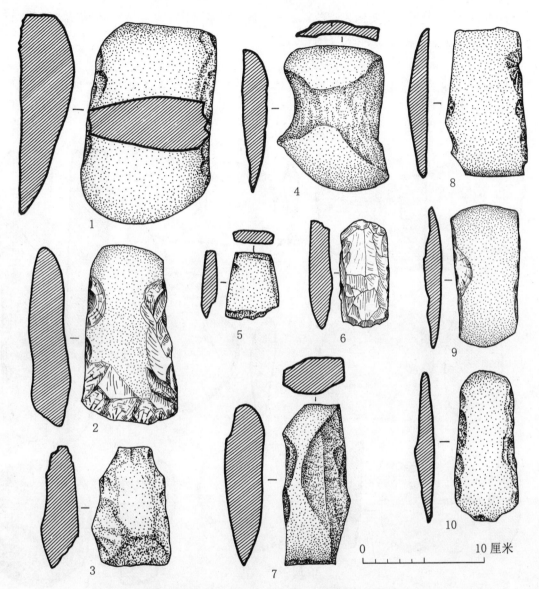

图二三 城背溪遗址南区采集与 T6、T7 出土石锛、铲、凿，小石器
1～3. 锛采:07、采:06、T7③:67   4. 铲 T7③:73   5. 小石器 T7③:66
6、7. A 型凿采 020、T7③:63   8～10. B 型凿采:09、T6③:39、采:014

标本采:017，扁圆球形。直径 10.4～10.6、厚 5.2 厘米（图二四，2）。

片 3 件。分二型。

A 型 1 件。蚌壳形。

标本采:029，砾石片，大弧刃，顶部有明显打击点。长 13.9 厘米（图二四，4）。

B 型 2 件。平面呈桃形。刃部及两侧均有细琢疤痕。

标本采:015，较厚。长9.2、宽8.2、厚2.2厘米（图二四，5）。标本采:022，较薄。长9.7、宽12、厚1.6厘米（图二四，6）。

条　1件。

标本采:028，方条形，有打磨加工痕迹。长25.6、厚3.5厘米（图二四，7）。

核　1件。

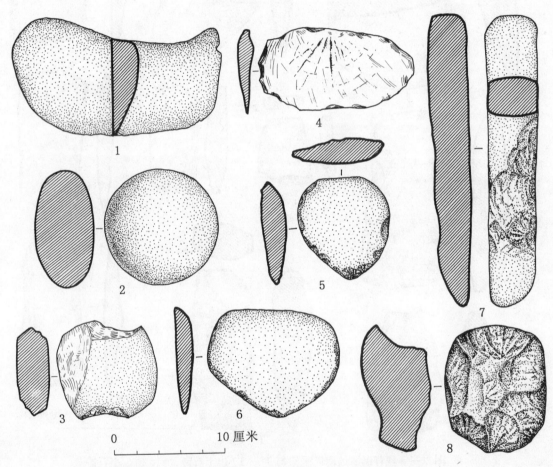

图二四　城背溪遗址南区采集与T6出土石刀、坠、弹丸、片、条、核

1. 刀采:021　2. 弹丸采:017　3. 坠T6③:38　4. A型片采:029
5、6. B型片采:015、采:022　7. 条采:028　8. 核采:023

标本采:023，扁圆形，一侧保留自然面。长11.5、宽9.3、厚6.4厘米（图二四，8）。

其他残石器　2件。

（二）陶器

　　T6 和 T7 出土数量很多，从中选出标本 160 件，器形包括大量南区下层陶器和一部分南区上层陶器。这些器物出土时往往较集中，大块陶片和能复原的器物较多。许多器物表面不平整，整个器形歪斜不正。陶质松散，火候较低，胎内多羼炭、羼砂。所羼炭、砂数量多少不等，炊器羼粗砂较多，盛器羼炭、细砂较多。所羼的炭化物多为植物枝叶，有的像稻草、谷壳。陶胎多分表、里层。表层一般呈泥红色，较细腻，是陶器成型后修整时所刷的泥浆层，为早期的"红陶衣"。个别陶衣呈黄色或白色。里层颜色深、浅不同，多呈炭黑色，并有双层或三层相叠现象，是用泥片贴筑成型的痕迹（图版一四，1～4）。个别器物的颈、口部出现泥条盘筑现象。在一件圈足盘的底部保留着明显的手制痕迹，在盘与圈足之间用手安装捏压，再拍打加固、修整（图三五，21；图版一四，2）。主要纹饰为绳纹，有粗绳纹和细绳纹之分（图二五）。绳纹又多属拍印纹，纹络相互叠压、交错。另外出现滚压的细绳纹，较规整。具有装饰作用的锥刺纹、刻划纹和镂孔（图二六）多见于罐、盘和支座上。一件盘的内壁涂有红色朱砂。

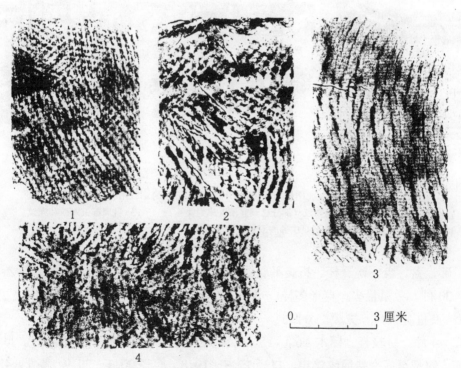

图二五　城背溪遗址南区 T6 出土陶器绳纹拓片
1. 罐腹部细绳纹　　2、4. 一般釜腹部绳纹　　3. 釜腹部粗绳纹

　　大部分陶器为圆圜底，底部陶胎一般较厚。还有一部分陶器（主要为盛器）底部加圈足。支座发达，平底器极少。支座特点是器形较大，形式多样。陶器器形有釜、罐、

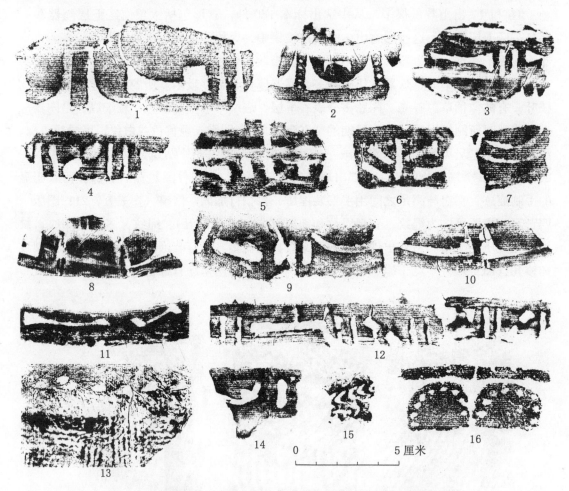

图二六　城背溪遗址南区 T6 出土陶器锥刺纹、刻划纹和绳纹拓片
1～12、14. 盘圈足中部的刻划纹（部分已刻穿器壁成为镂孔）　　13. 罐肩部锥刺纹和绳纹
15. 罐肩部刻划纹　　16. 盘圈足中部的刻划纹和锥刺纹

瓮、钵、碟、盆、盘、碗、杯、折腹平底器、壶、支座等。另外还有一件方块形器。

釜　30 件。数量最多，器形多样。可分为三型。

A 型　9 件。大口，宽腹。分四式。

Ⅰ式　4 件。口较直。标本 T6③:15，夹砂夹炭褐陶。口近直，腹壁微鼓。口沿外绳纹较细，腹部至底交错绳纹略粗。口径 17.7～19.8、腹径 20.1～20.9、高 19.4 厘米（图二七，1；图版一五，1）。标本 T6③:24，夹砂和少量炭，红胎，器表上部红色，下部褐色。质地松软，器形不规整。重叠口沿，较直。腹壁微鼓，宽圜底。沿外有浅细绳纹。腹、底部饰细密的交错绳纹。口径 23.7、腹径 22.9～24.4、高 19.2 厘米（图二七，2）。标本 T6③:67，夹砂夹炭褐陶，表面以红色为主，局部褐色。口沿内壁红陶衣

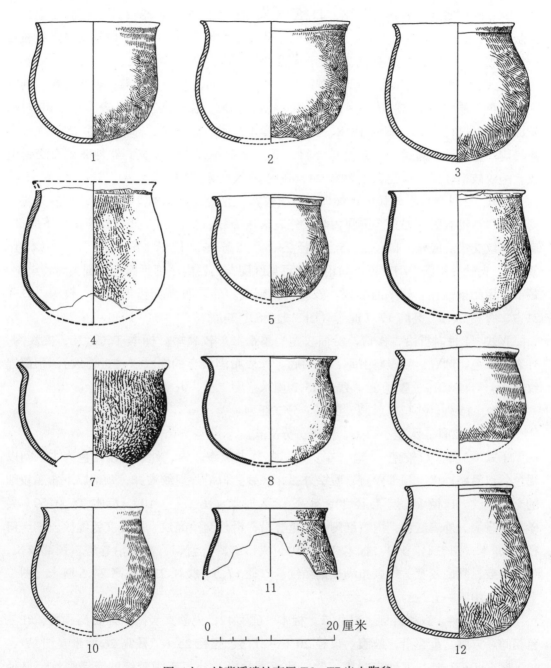

图二七 城背溪遗址南区 T6、T7 出土陶釜

1~4.A 型Ⅰ式 T6③:15、T6③:24、T6③:67、T6③:53　　5、6.A 型Ⅱ式 T6③:46、T6③:70　　7、8.A 型
Ⅲ式 T7③:12、T6③:92　　9.A 型Ⅳ式 T6③:30　　10~12.Ba 型Ⅰ式 T6③:68、T6③:59、T6③:94

经磨，光亮。重叠沿。腹壁一边较直，另一边外鼓。底部较厚，稍下凹。沿外有交错绳

纹，腹、底交错绳纹较深而清晰。口径 19.8、腹径 23.5、高 22.2 厘米（图二七，3；图版一五，2）。标本 T6③:53，夹砂红陶，器形不规整。沿、底残。腹部交错绳纹较浅较粗。腹径 23.5~24.2、残高 20 厘米（图二七，4）。

Ⅱ式　2件。口沿微卷，沿面较窄。标本 T6③:46，夹砂夹炭陶，表面红色，局部间以黑色，器内红陶衣脱落而呈黑色。重叠沿，圆唇，微鼓腹。器外表满布交错绳纹，较深较细。口径 18.1、腹径 18.8、高约 17 厘米（图二七，5）。标本 T6③:70，夹砂夹炭褐陶。重叠沿，圆唇。上腹壁稍外斜，下腹壁微外鼓，底较宽。器外壁满布交错绳纹，绳纹较粗较深。口径 22、腹径 24、高约 20.5 厘米（图二七，6）。

Ⅲ式　2件。口沿外弧形，侈口，沿面较宽，腹变浅。标本 T7③:12，夹砂夹炭深褐陶。口沿没有附加泥条。下腹内收。外表滚压绳纹，从口沿下部开始滚压至下腹部，底部绳纹交错。底残。口径 24.5、腹径 23.6、残高 16.4 厘米（图二七，7）。标本 T6③:92，夹砂夹炭深褐陶，器内口沿局部可见红陶衣，器内底部近黑色。圆尖唇，束颈，颈部有用泥条贴补、打平的痕迹。鼓腹，宽圈底。外表布满交错细绳纹，较深。口径 21.7、腹径 21.6、高约 17.7 厘米（图二七，8）。

Ⅳ式　1件。折沿，侈口，沿面较宽，整个器形较扁矮。标本 T6③:30，夹炭陶，外表呈红色。圆唇，鼓腹略下垂，宽圈底。外表布满较直的绳纹（接近篮纹），颈部绳纹重压。口径 19.9、腹径 22、残高 15.2 厘米（图二七，9；彩版三，1）。

B型　15件。小口，鼓腹，圈底。分二亚型。

Ba型　12件。大型小口釜，深腹。分三式。

Ⅰ式　3件。口较直。标本 T6③:68，夹砂夹炭陶。内、外表均以红色为主，间以褐色。口沿略外侈，颈部较直，腹壁外弧，底残。口沿外绳纹被抹，颈部以下布满较细的交错绳纹。口径 16.8、腹径 20、残高 18.8 厘米（图二七，10）。标本 T6③:59，夹砂和少量炭，外表红色，内表红陶衣。重叠沿，沿外交错绳纹，腹部交错绳纹较细。口径 19 厘米（图二七，11）。标本 T6③:94，夹砂红陶。直口，重叠沿卷唇。颈部较长，下腹外鼓，圈底较宽。外表布满交错绳纹。口径 17.5、腹径 23.6、高 24.5 厘米（图二七，12；图版一五，3）。

Ⅱ式　6件。颈微外弧，略侈口。标本 T6③:47，夹砂夹炭陶。外表黑、褐、红三色相间。方唇，重叠沿，鼓腹。口径 20.6~21.5、腹径 25.6、残高 26 厘米（图二八，1）。标本 T6③:45，夹砂夹炭陶。胎较薄，重叠沿。外表布满较细的交错绳纹。口径 19.8、腹径 24.8~25.2、高约 24.3 厘米（图二八，2）。标本 T6③:85，夹砂夹炭红褐陶。重叠沿，圆球形腹。外表布满较细密的交错绳纹。口径 20.6、腹径 24.3、高 22.5 厘米（图二八，3）。标本 T6③:52，夹砂夹炭红褐陶，内壁涂红衣。器形较大，不规整。重叠沿。外壁布满交错绳纹。口径 24.3、腹径 30~30.8、残高 28 厘米（图二八，

4）。标本 T6③:21，口径 19~20、腹径 22.7~23.6、高 22 厘米（图二八，5；彩版三，2）。标本 T6③:54，夹砂夹炭褐陶，局部红色。内壁红陶衣经打磨。肩、颈较长，下腹外鼓。绳纹较深，较紧密。口径 19~20、腹径 25、残高约 25.5 厘米（图二八，6）。

Ⅲ式 3件。卷沿，颈较长，器形较高大。标本 T6③:48，夹砂夹炭红陶，内壁褐

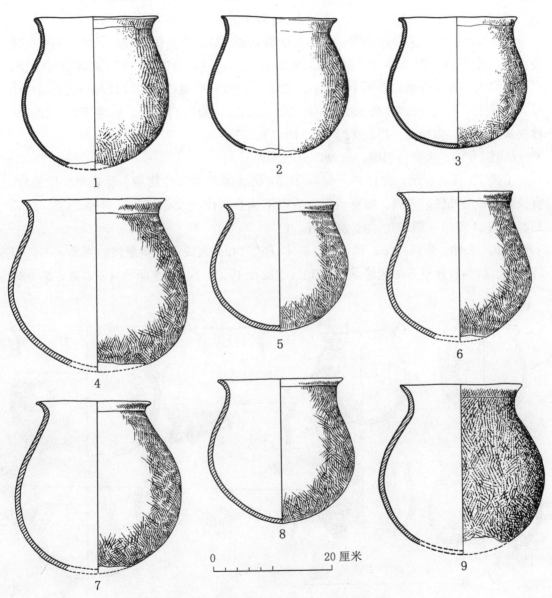

图二八 城背溪遗址南区 T6、T7 出土陶釜

1~6.Ba 型Ⅱ式 T6③:47、T6③:45、T6③:85、T6③:52、T6③:21、T6③:54

7~9.Ba 型Ⅲ式 T6③:48、T6③:17、T7③:17

色。口较小，重叠沿，外表布满较深的交错绳纹。口径20.1、腹径28.2、残高28.5厘米（图二八，7；图版一五，4）。标本T6③：17，夹砂夹炭红陶，外表局部红陶衣脱落而呈褐色。重叠沿。从口沿下部开始施交错绳纹。口径21.3、腹径25.1、高25厘米（图二八，8；图版一六，1）。标本T7③：17，夹砂夹炭陶。重叠沿，尖唇，颈较直，底残。外表布满交错绳纹。口径21.2、腹径28.7、残高27.6厘米（图二八，9）。

Bb型　3件。小型小口釜。口径不足15厘米，腹径在15厘米上下。

标本T6③：11，夹砂红褐陶，局部有烟熏痕迹。口沿微外弧，器外表满布细密交错绳纹。口径13.4、腹径14.8、高14.5厘米（图二九，1；彩版四，1）。标本T6③：25，夹砂夹炭陶，内红外褐。器形不规整。重叠沿。外壁满布绳纹。绳纹较规整，为滚压印纹。口径13、腹径16.4、高15.6厘米（图二九，2；彩版四，2）。标本T7③：23，夹砂夹炭陶。残，重叠沿。口径12厘米（图二九，3）。

C型　6件。大口，扁腹，有颈。分三式。

Ⅰ式　1件。直颈，微侈口。标本T6③：65，羼草木灰红褐陶，胎较厚，质地软。直长颈，口沿外侈，有肩，腹壁微弧。肩以下满布较浅的交错绳纹。口径25.5、腹径25、残高21厘米（图二九，4；彩版五，1）。

Ⅱ式　2件。颈微外弧，稍侈口。标本T6③：49，夹细砂和少量炭。器表不平，口沿、颈、腹均有较整齐的绳纹。口径16.2、腹径19.2、残高15厘米（图二九，5）。标

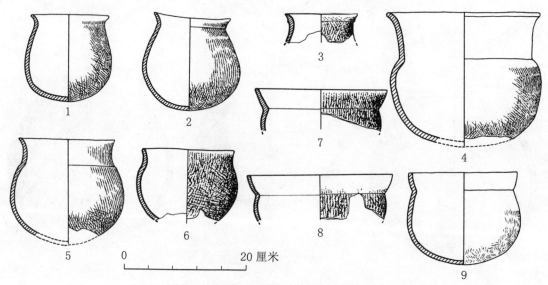

图二九　城背溪遗址南区T6、T7出土陶釜

1～3.Bb型 T6③：11、T6③：25、T7③：23　　4.C型Ⅰ式 T6③：65　　5、6.C型Ⅱ式
T6③：49、T7③：16　　7～9.C型Ⅲ式 T7③：19、T7③：34、T6③：10

本 T7③：16，肩不很明显。器外表满布绳纹。口径 15.7、腹径 15.9、残高 10 厘米（图二九，6）。

Ⅲ式 3 件。折沿，沿面较宽并略内弧。标本 T7③：19，方唇，唇朝上。口沿外至腹部均有滚压绳纹。口径 22 厘米（图二九，7）。标本 T7③：34，夹砂夹炭陶。口沿外绳纹被抹平。口径 24 厘米（图二九，8）。标本 T6③：10，夹炭陶，有红陶衣，外红里褐。下腹部有浅绳纹，局部被抹平。口径 18.4、腹径 19.1、高 15.5 厘米（图二九，9；彩版五，2）。

罐 23 件。分为二型。

A 型 16 件。无器耳。分为五亚型。

Aa 型 7 件。长颈，斜肩，鼓腹，圜底，整个器形较瘦高。可分为四式。

Ⅰ式 2 件。口较直而颈长，口沿外有绳纹。标本 T7③：25，夹砂夹炭陶。直口，圆唇微外翻。口径 14 厘米（图三〇，1）。标本 T7③：36，夹砂夹炭陶。口沿微外侈，肩部微外斜。外表布满交错绳纹。口径 16 厘米（图三〇，2）。

Ⅱ式 2 件。口微敛，口沿外至肩部为素面。标本 T7③：20，夹砂夹炭陶。胎较厚。绳纹较细。口径 16 厘米（图三〇，3）。标本 T7③：35，夹砂夹炭陶。胎较薄。颈较矮短。口径 16 厘米（图三〇，4）。

Ⅲ式 1 件。口颈较长，口微外侈。口颈部素面，肩部有刻划纹。标本 T7③：30，夹砂夹炭红褐陶。肩部刻划纹为一周圆点或方点状凹窝。刻划纹以下为绳纹。口径 17.5 厘米（图三〇，5）。

Ⅳ式 2 件。短束颈，肩部增宽。口沿至肩部均有刻划纹装饰。标本 T6③：43，夹炭红衣陶。口沿外刻划网状纹，肩部锥刺三周三角点状纹，腹部交错绳纹。口径 15.4、残高 9.4 厘米（图三〇，6）。标本 T7③：27，口沿残片，外有刻划网状纹（图三〇，7）。

Ab 型 4 件。大口，深腹，腹壁较直。分二式。

Ⅰ式 1 件。直沿。标本 T7③：4，夹砂夹炭陶。直口，直沿，方唇，微鼓腹，底残。口沿外素面，腹至底拍印绳纹。口径 12.6、腹径 14.1、残高 14.4 厘米（图三〇，8；图版一六，2）。

Ⅱ式 3 件。卷沿。标本 T7③：50，夹砂夹炭陶。颈部稍内束，腹壁微外鼓。颈部素面，腹部施绳纹。口径 16 厘米（图三〇，9）。标本 T7③：48，夹砂夹炭陶。口沿微卷。口径 22 厘米（图三〇，10）。标本 T7③：41，夹炭陶。器形较大，绳纹较整齐，颈部绳纹被抹掉。口径 24 厘米（图三〇，11）。

Ac 型 2 件。直领，腹扁鼓。分二式。

Ⅰ式 1 件。直沿，肩较斜。标本 T7③：55，夹炭陶。胎较厚。领外表有绳纹，肩部素面，腹部有绳纹。口径18厘米（图三〇，12）。

Ⅱ式　1件。口沿微外侈，鼓肩。标本T7③:47，夹炭陶。领外表素面，肩部以下施较粗的绳纹。口径16厘米（图三〇，13）。

Ad型　2件。折领，小腹。分二式。

Ⅰ式　1件。领较直，窄肩。标本T6③:42，夹炭陶，涂红衣。腹壁较直。腹部施交错绳纹。口径17、残高6.7厘米（图三〇，14）。

Ⅱ式　1件。领较宽，微外弧。标本T6③:36，夹炭陶，器表呈浅灰色。领部外表

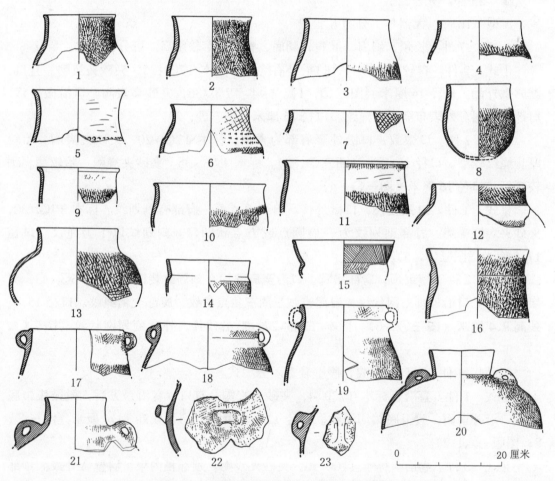

图三〇　城背溪遗址南区 T6、T7 出土陶罐

1、2.Aa型Ⅰ式 T7③:25、T7③:36　　3、4.Aa型Ⅱ式 T7③:20、T7③:35　　5.Aa型Ⅲ式 T7③:30
6、7.Aa型Ⅳ式 T6③:43、T7③:27　　8.Ab型Ⅰ式 T7③:4　　9～11.Ab型Ⅱ式 T7③:50、T7③:48、T7③:
41　12.Ac型Ⅰ式 T7③:55　13.Ac型Ⅱ式 T7③:47　14.Ad型Ⅰ式 T6③:42　15.Ad型Ⅱ式 T6③:36
16.Ae型 T7③:59　17.Ba型Ⅰ式 T6③:75　18.Ba型Ⅱ式 T6③:60　　19.Ba型Ⅲ式 T6③:33
20.Bb型Ⅰ式 T6③:73　21.Bb型Ⅱ式 T6③:72　22、23.Bc型 T6③:74、T7③:18

饰刻划斜线纹，呈编织状图案。肩、腹部有人字形压印纹。口径 20、残高 6.7 厘米（图三〇，15）。

Ae 型　1 件。胎较厚，微侈口。

标本 T7③:59，夹炭陶。肩部胎壁较厚，微内弧，外壁有一圈凸棱。腹壁直，腹较深。口沿外至腹部均施绳纹。口径 20 厘米（图三〇，16）。

B 型　7 件。有双器耳。分三亚型。

Ba 型　3 件。双耳在口沿上，大口。分三式。

Ⅰ式　1 件。敛口，口沿较直，无肩。标本 T6③:75，夹砂夹炭陶，涂红衣。口沿外、耳部及腹部皆施交错绳纹，颈部为素面。口径 19、残高 8.9 厘米（图三〇，17）。

Ⅱ式　1 件。敛口，口沿微内弧。标本 T6③:60，夹砂夹炭陶，有红衣。肩略外鼓，扁形贯耳。口沿外及肩以下皆施交错绳纹，颈部素面。耳面有刻划竖线纹。口径 20、残高 9 厘米（图三〇，18）。

Ⅲ式　1 件。颈部较长，微侈口。标本 T6③:33，夹炭和少量细砂。器表以红色为主，间以黑色和褐色。颈壁微内弧，肩较斜，鼓腹。口沿和肩以下施交错绳纹，绳纹较细而浅。颈部素面。口径 16、残高 14.8 厘米（图三〇，19）。

Bb 型　2 件。双耳在肩上，小口，高领。分二式。

Ⅰ式　1 件。斜肩，弧领。标本 T6③:73，夹砂夹炭红衣陶，胎壁较厚。半环形耳。肩以下施浅绳纹，耳部也有绳纹。口径 12、残高 10.7 厘米（图三〇，20）。

Ⅱ式　1 件。圆鼓肩，折领。标本 T6③:72，夹细砂红褐陶，胎壁较薄。直领略外侈。领部素面，肩、腹、耳部有交错绳纹。口径 12.9、腹径约 31.2、残高 10 厘米（图三〇，21）。

Bc 型　2 件。双耳在腹部。仅见陶片。

标本 T6③:74，夹炭红衣陶。半环形耳。腹、耳部均有交错绳纹。腹径约 31、胎厚 0.5~1.1 厘米（图三〇，22）。标本 T7③:18，耳较细长，腹、耳部也有交错绳纹（图三〇，23）。

瓮　11 件。分三型。

A 型　5 件。釜形。分三式。

Ⅰ式　1 件。直沿。标本 T6③:66，夹砂夹炭褐陶。沿唇较尖，球形腹。从口沿起至底均拍印粗绳纹，绳纹较深。口径 22、腹径 31、残高 25.5 厘米（图三一，1）。

Ⅱ式　2 件。卷沿，侈口，束颈。标本 T6③:56，夹砂夹炭红褐陶。重叠沿，微卷沿，斜肩。口沿以下布满交错绳纹。口径 27.3~28、残高 20 厘米（图三一，2）。标本 T6③:40，夹砂夹炭红衣陶，局部褐色。重叠沿，外卷。颈壁外弧形，球形腹。口沿以下布满较细密的交错绳纹。口径 27.3、腹径 33.2~33.7、高 32.7 厘米（图三一，3）。

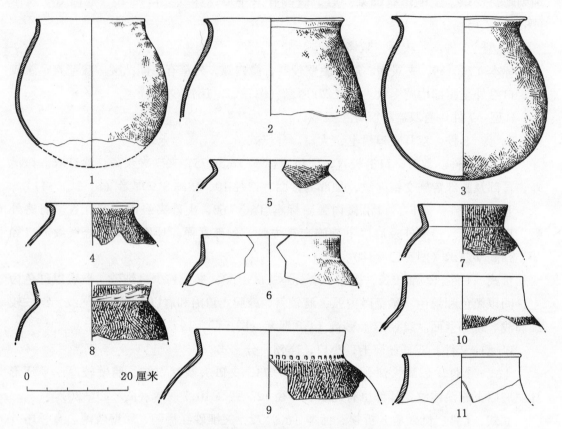

图三一　城背溪遗址南区 T6、T7 出土陶瓮

1.A 型 I 式 T6③:66　　2、3.A 型 II 式 T6③:56、T6③:40　　4、5.A 型 III 式 T7③:61、T7③:31　　6～8.B
型 I 式 T6③:93、T7③:58、T7③:45　　9.B 型 II 式 T7③:57　　10、11.C 型 T7③:53、T7③:21

III 式　2 件。卷沿，沿较窄，短颈。标本 T7③:61，夹砂夹炭陶。卷沿，圆唇，斜肩。唇部以下布满交错绳纹。口径 26 厘米（图三一，4）。标本 T7③:31，夹砂夹炭陶。为口沿陶片。口径 24 厘米（图三一，5）。

B 型　4 件。有领广肩瓮。分二式。

I 式　3 件。领外有绳纹，制作较粗糙。标本 T6③:93，夹砂夹炭陶。直领直沿，唇较尖。领、肩之间有重压绳纹。局部绳纹较整齐。口径 28、残高 10.2 厘米（图三一，6）。标本 T7③:58，夹砂夹炭陶。胎较厚，方唇。口径 26 厘米（图三一，7）。标本 T7③:45，夹砂夹炭陶。口沿部有泥条贴筑痕迹。口径 24 厘米（图三一，8）。

II 式　1 件。器形较规整，口沿外素面。标本 T7③:57，夹砂夹炭陶。领下部有一圈方形刻划纹，肩以下有较粗的交错绳纹。口径 30 厘米（图三一，9）。

C 型　2 件。高领，斜肩，仅见口沿残片。

标本 T7③:53，夹砂夹炭陶。直沿，方唇朝上。肩以下有交错绳纹。口径 24 厘米（图三一，10）。标本 T7③:21，夹砂夹炭陶。口沿唇部微外卷。口径 24 厘米（图三一，11）。

钵 34 件。分二型。

A 型 32 件。圜底钵。为出土数量最多的器物。分为四亚型。

Aa 型 5 件。浅腹，饰绳纹钵。分两式。

Ⅰ式 3 件。盘形，弧壁，器外布满绳纹。标本 T6③:50，夹细砂红褐陶。圆唇，饰交错绳纹。口径 25、高 8.3 厘米（图三二，1）。标本 T6③:3，夹细砂夹炭红陶，外壁局部黑色，内壁涂红衣。沿唇朝外。器外有浅绳纹，局部被抹。口径 20.8、高 6.4 厘米（图三二，2）。标本 T6③:29，夹少量细砂和炭，褐色，局部可见红陶衣，绳纹大部分被抹。口径 22.1、高 6 厘米（图三二，3；图版一六，3）。

Ⅱ式 2 件。器型较小，腹显得较深。标本 T6③:2，夹细砂夹炭陶，黑胎，表面黑、褐、红三色相间。整个器形接近半圆球状，绳纹较密而深。口径 15.2、高 5.6 厘米（图三二，4）。标本 T7③:33，夹细砂夹炭陶。口径 15 厘米（图三二，5）。

Ab 型 18 件。深腹，器外布满交错绳纹。分三类。

A 类 9 件。整器为半球形。分二式。

Ⅰ式 8 件。制作较粗糙，无刻划纹。多为夹砂夹炭红衣陶，有的红陶衣脱落而显出黑色或褐色。标本 T6③:78，夹砂夹炭陶。圆唇。口径 14.4、高 8.4 厘米（图三二，6）。标本 T6③:18，夹砂夹炭陶。唇较方，局部绳纹相交呈网状。口径 18.5、高约 11.4 厘米（图三二，8）。标本 T6③:5，夹砂夹炭陶。器形不规整，绳纹细密。口径 14.2、高 8.8 厘米（图三二，7；彩版六，1）。标本 T6③:89，夹砂夹炭陶。器内经抹平。口沿较直，方唇。绳纹较深。口径 19、高约 11.1 厘米（图三二，9）。标本 T7③:6，夹砂夹炭陶。口沿微侈。口径 17、高 9.2 厘米（图三二，10）。标本 T6③:13，夹砂夹炭陶。器内红衣经打磨，有亮光。口径 20.3、高 10.1 厘米（图三二，11）。标本 T6③:90，夹砂夹炭陶。方唇。口径 22.8、高 11.1 厘米（图三二，12）。标本 T7③:5，夹砂夹炭陶。绳纹较浅。口径 23、高 9 厘米（图三二，13；图版一六，4）。

Ⅱ式 1 件。制作较精细，有刻划花纹。标本 T7③:28，残，夹细砂。唇较尖，绳纹被抹，另加刻划纹。口径 18 厘米（图三二，14）。

B 类 6 件。整器大于半球体。分三式。

Ⅰ式 3 件。敛口，底较宽。夹砂红陶或夹砂夹炭红褐陶。标本 T6③:91，夹砂红陶。直沿，方唇。绳纹较细。口径 19、残高 14.1 厘米（图三二，15）。标本 T6③:55，方唇，绳纹细密。口径 22、腹径 22.5、高 15.5 厘米（图三二，16）。标本 T6③:7，夹砂夹炭红褐陶。中腹和内底有黑斑。器形不规整。方唇。口径 14~17.2、腹径 14.9~

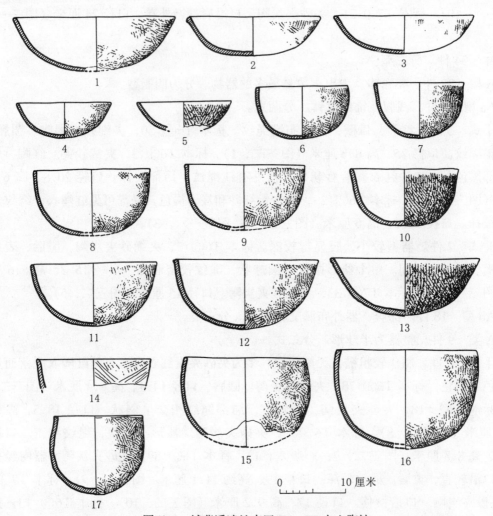

图三二 城背溪遗址南区 T6、T7 出土陶钵

1~3.Aa 型Ⅰ式 T6③:50、T6③:3、T6③:29 4、5.Ab 型Ⅱ式 T6③:2、T7③:33 6~
13.Ab 型 A 类Ⅰ式 T6③:78、T6③:5、T6③:18、T6③:89、T7③:6、T6③:13、T6③:90、T7
③:5 14.Ab 型 A 类Ⅱ式 T7③:28 15~17.Ab 型 B 类Ⅰ式 T6③:91、T6③:55、T6③:7

17.3、高 12.4 厘米（图三二，17；彩版六，2）。

Ⅱ式 2 件。口较直，底略尖。标本 T7③:8，夹砂红陶。口沿部无绳纹。口径
22.2、高 14.8 厘米（图三三，1）。标本 T7③:40，口微外侈。口径 18 厘米（图三三，
2）。

Ⅲ式 1 件。器腹较直，口沿有刻划纹。标本 T7③:43，夹砂红陶。残。上腹壁较
直，口沿外绳纹被抹掉，颈部一周半月形刻划纹，腹外壁施绳纹。口径 20 厘米

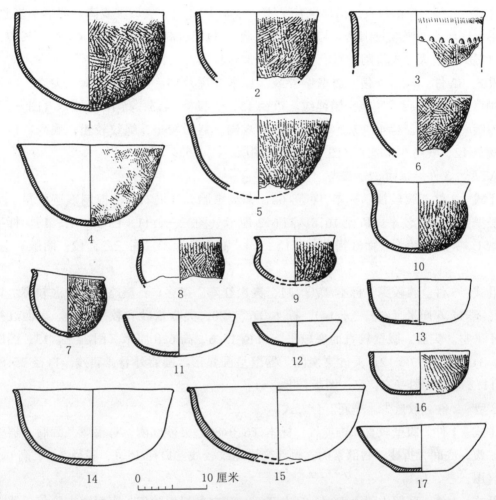

图三三 城背溪遗址南区 T6、T7 出土陶钵

1、2.Ab 型 B 类Ⅱ式 T7③:8、T7③:40　　3.Ab 型 B 类Ⅲ式 T7③:43　　4～6.Ab 型 C 类 T6③:6、
T7③:14、T7③:54　　7、8.Ac 型Ⅰ式 T7③:7、T7③:24　　9、10.Ac 型Ⅱ式 T7③:13、T7③:15
11、12.Ad 型Ⅰ式 T6③:63、T6③:51　　13～15.Ad 型Ⅱ式 T6③:20、T7③:11、T7③:2　　16.B
型Ⅰ式钵 T6③:86　　17.B 型Ⅱ式钵 T6③:35

（图三三，3）。

C 类　3 件。敞口，略呈锅状。

标本 T6③:6，夹砂红陶，红衣，底部有褐斑。底较小，施交错细纹。口径 22、高
12 厘米（图三三，4；彩版七，1）。标本 T7③:14，夹砂红陶。圆唇，下腹内收。口径
21.4、残高 11 厘米（图三三，5）。标本 T7③:54，夹砂红陶。器形较小，底残。口径
16、残高 8.7 厘米（图三三，6）。

Ac 型　4 件。束颈。分二式。

Ⅰ式　2 件。口沿较直，沿部也有绳纹。标本 T7③：7，夹砂夹炭陶。器形不规整。微卷沿，底较小，绳纹较细密。口径 11.3、腹径 11.5、高 9～10.3 厘米（图三三，7）。标本 T7③：24，夹砂夹炭陶。直沿。口径 12 厘米（图三三，8）。

Ⅱ式　2 件。口沿外侈，腹壁微外鼓。标本 T7③：15，夹砂夹炭陶。尖唇，底较宽。颈以上素面，腹至底施交错绳纹。口径 15.2、腹径 14.3、高 10.6 厘米（图三三，10；图版一六，5）。标本 T7③：13，夹砂夹炭陶。器形较小，绳纹较粗，底残。口径 12、腹径 12、残高 6.4 厘米（图三三，9；图版一六，6）。

Ad 型　5 件。素面。分二式。

Ⅰ式　2 件。腹较浅。标本 T6③：63，夹炭黑胎，红褐衣，手捏制痕迹明显。尖唇，腹壁内斜，底较平。口径 16.8、高 6.2 厘米（图三三，11，图版一七，1）。标本 T6③：51，夹炭黑胎，表面红褐色。口径 13.4、高 3.7 厘米（图三三，12；图版一七，2）。

Ⅱ式　3 件。腹较深。标本 T7③：11，夹炭红陶。微侈口，唇略外卷，底较宽。口径 23、高 11.6 厘米（图三三，14）。标本 T6③：20，夹少量砂和较多的炭。表面红褐色，不平整。尖唇，腹壁较直而底较平。口径 15.6、高 6.8 厘米（图三三，13；图版一七，3）。标本 T7③：2，夹砂夹炭陶。器壁呈圆弧形，圆唇外卷，底残。口径 25.8、残高 11.2 厘米（图三三，15；图版一七，4）。

B 型　2 件。数量少。平底。分二式。

Ⅰ式　1 件。腹壁较直，饰绳纹。标本 T6③：86，夹砂红陶，有褐斑。圆唇，器壁较直，腹、底间无折棱。唇部素面。腹部交错绳纹较浅。口径 15.1、底径 7.6、高 6.5 厘米（图三三，16）。

Ⅱ式　1 件。腹壁内斜，素面。标本 T6③：35，夹炭黑胎陶，表面陶衣脱落，器表不平。圆唇，敞口。腹壁弧形，平底较窄。口径 19.6、底径 7.7、高 7 厘米（图三三，17；图版一七，5）。

碟　10 件。为小型盘钵类器皿。分二型。

A 型　3 件。素面，手捏制，盘形。

标本 T6③：82，泥质红陶。器形很小。口径 7.3、高 1.3 厘米（图三四，1）。标本 T6③：84，夹细砂红陶，表面不平。口径 12～12.5、高 2.7 厘米（图三四，2）。标本 T6③：81，夹砂红陶，有黑斑。器表不平。口径 8.8、高 2.1 厘米（图三四，3）。

B 型　7 件。有绳纹，手捏制，钵形。分二式。

Ⅰ式　3 件。口较小，腹较深。标本 T6③：64，泥质红陶。近半球体。绳纹较深较粗。口径 10.4、高 4.3 厘米（图三四，4）。标本 T6③：87，夹炭红陶，有褐斑。局部

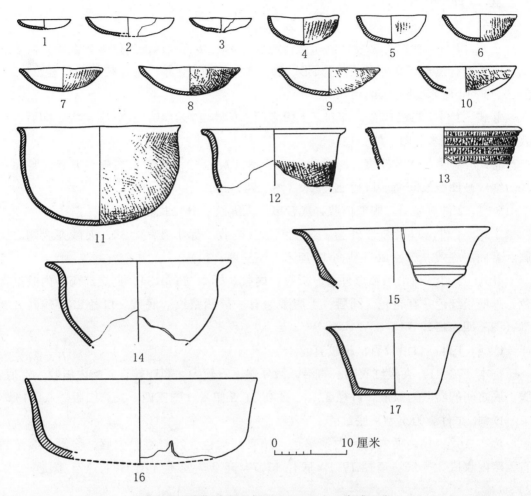

图三四　城背溪遗址南区 T6、T7 出土陶碟、盆

1～3.A 型碟 T6③:82、T6③:84、T6③:81　　4～6.B 型 I 式碟 T6③:64、T6③:87、T6③:83　　7～10.B 型
II 式碟 T6③:79、T6③:1、T6③:80、T7③:32　　11.A 型 I 式盆 T6③:14　　12.A 型 II 式盆 T7③:49
13.A 型 III 式盆 T7③:42　　14.B 型 I 式盆 T7③:38　　15.B 型 II 式盆 T6③:34　　16.C 型盆 T7③:1　　17.D
型盆 T6③:16

有浅绳纹。口径 10.2、高 4 厘米（图三四，5）。标本 T6③:83，泥质红陶，器内底部
为黑色。绳纹较粗。口径 10.6、高 4 厘米（图三四，6）。

　　II 式　4 件。大敞口，腹较浅。标本 T6③:79，夹砂红褐陶，器表不平。圆唇。绳
纹较粗。口径 11.9～12.4、高 3.5 厘米（图三四，7）。标本 T6③:1，夹砂红陶，有黑
斑，器表不平。外表交错绳纹较浅。口径 14.4、高 3.9 厘米（图三四,8）。标本 T6③:
80，夹细砂红陶。圆唇。浅绳纹。口径 13.8～14.4、高 3.7 厘米（图三四，9）。标本
T7③:32，夹细砂红陶。底残。口径 14 厘米（图三四，10）。

盆　7件。分四型。

A型　3件。侈沿，绳纹，圜底。分三式。

Ⅰ式　1件。窄沿，微卷，满布交错绳纹。标本T6③:14，夹砂夹炭红陶，内表有褐斑，外表有黑斑。口平面呈椭圆形，腹壁较直，底较宽。绳纹较细。口径23.2～25.9、高14厘米（图三四，11；图版一七，6）。

Ⅱ式　1件。口沿较宽，外卷，上腹素面。标本T7③:49，夹砂夹炭陶。圆唇。底残。口径20厘米（图三四，12）。

Ⅲ式　1件。口沿较直，腹壁内收。标本T7③:42，夹砂夹炭陶。方唇，唇面朝外。绳纹被凹弦纹间断。口径22厘米（图三四，13）。

B型　2件。敞口。腹壁内收，底较窄。无绳纹。分二式。

Ⅰ式　1件。口沿弧形外卷。腹壁弧形，内收。标本T7③:38，夹砂夹炭陶。圆唇。素面。底残。口径26、残高12厘米（图三四，14）。

Ⅱ式　1件。口沿为弧形外卷。折腹，内收。标本T6③:34，夹炭红陶，内壁呈褐色，外壁呈红色并有亮光。圆唇，上腹下边有一周凹弦纹。底残。口径28、残高8厘米（图三四，15）。

C型　1件。口沿较直，腹较直。

标本T7③:1，夹炭红衣陶。直沿，微外侈，唇较尖。腹壁较直，略内斜收，宽底，腹、底之间的器壁为弧形。口径32.6、残高11.5厘米（图三四，16；图版一八，1）。

D型　1件。为小型平底盆。

标本T6③:16，夹炭陶。内壁褐色，外表红褐色，经打磨。尖唇，侈沿。腹壁较直，略内收成大平底。口径19.1、底径11.7、高9.7厘米（图三四，17；图版一八，2）。

盘　21件。分二型。

A型　3件。无圈足。分三式。

Ⅰ式　1件。浅腹，整器呈圆弧体。标本T7③:9，夹炭红陶。圆唇，外表中腹有交错浅绳纹。口径23.6、高4.8厘米（图三五，1）。

Ⅱ式　1件。腹较深，上腹壁较直，底较宽。标本T6③:76，夹炭红陶，有灰、褐斑。器表不平，陶衣松散易脱落。口沿胎较薄。直沿。素面。口径24.2、高6.9厘米（图三五，2）。

Ⅲ式　1件。腹较浅，敞口，底较平。标本T6③:61，夹炭红陶，带褐斑。器表不平整。器内涂红彩（似朱砂），无图案。口径27、高5厘米（图三五，3）。

B型　18件。有圈足。分四亚型。

Ba型　6件。大型镂孔圈足盘。一般胎壁较厚，多数胎内羼入大量黑炭，外涂红

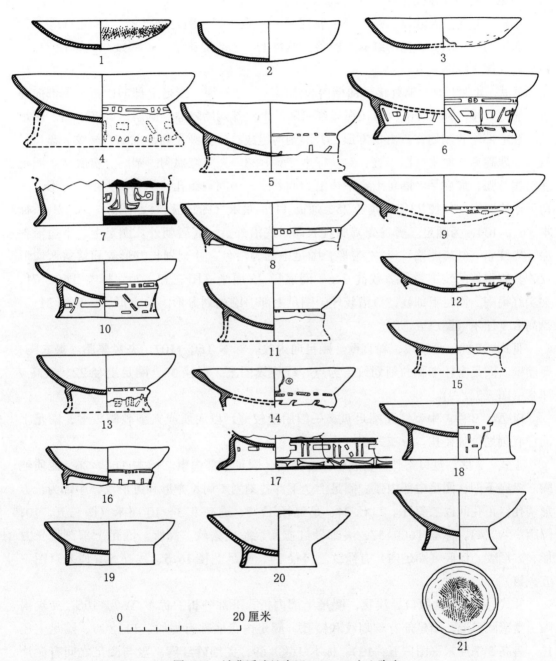

图三五 城背溪遗址南区 T6、T7 出土陶盘

1.A 型Ⅰ式 T7③:9　2.A 型Ⅱ式 T6③:76　3.A 型Ⅲ式 T6③:61　4.Ba 型Ⅰ式盘 T6③:62　5～8.Ba 型Ⅱ式盘 T6③:71、T6③:23、T6③:104、T6③:71　9.Ba 型Ⅲ式盘 T6③:107　10、11.Bb 型Ⅰ式盘 T6③:26、T6③:57　12～17.Bb 型Ⅱ式盘 T6③:106、T6③:69、T6③:110、T6③:88、T6③:22、T6③:105　18.Bb 型Ⅲ式盘 T6③:27　19.Bc 型盘 T6③:19　20、21.Bd 型盘 T7③:3、T6③:9

衣，圈足上刻划和镂孔花纹。分三式。

Ⅰ式　1件。大敞口，弧形壁里收成圜底，腹较深。圈足向外撇。标本 T6③：62，夹炭灰褐陶，黑胎。盘内的红衣已脱落。圈足上、下部刻花纹，中部镂孔。口径 31.4、残高 8.3 厘米（图三五，4）。

Ⅱ式　4件。盘口略外侈，曲壁内收成圜底，腹较深。圈足上部向内折，下部向外折，底口外侈。标本 T6③：71，泥质红衣陶，上腹部陶胎较厚。圆唇，底壁下凹。圈足上部和中部均有刻划纹，由长方形、方形刻沟组成纹带，圈足内盘底部有绳纹。盘口径 31.1、残高 8.7 厘米（图三五，5）。标本 T6③：23，夹炭红褐陶。圆唇，盘底残。圈足底沿略外弧，底唇平。圈足上、下边沿为刻划纹，中间为镂孔，均为长方形、方形、三角形连续图案。口径 33、足底径 25、通高 11.1 厘米（图三五，6；图版一八，3）。标本 T6③：104，为圈足。羼谷壳褐胎红衣陶。底沿外折，底唇朝外。圈足上、下边沿各涂一周红彩（红彩泥浆），呈宽带形；圈足中部为白色，并刻划长方形纹和镂空弯勾形纹，具有很好的装饰效果。残高 7.6、圈底径 25 厘米（图三五，7）。标本 T6③：71，夹炭红褐陶。圈足下部残，口沿较厚。圈足上部一圈刻划方形、长方形纹。口径 31.2、盘高 8.9 厘米（图三五，8）。

Ⅲ式　1件。盘较浅，斜直壁。圈足向内收。标本 T6③：107，夹炭黑胎。褐衣陶，厚胎壁。圈足有较细腻的刻划纹，为点、线连续图案。口径 35、圈足上径 22、残高 7 厘米（图三五，9）。

Bb 型　9件。中型镂孔圈足盘。一般胎壁较薄，以泥质或夹细砂陶较多，圈足上同样有刻划纹和镂孔。分三式。

Ⅰ式　2件。盘口略外侈，腹较深。圜底，圈足中部内束。标本 T6③：26，泥质红陶。盘底下凹，圈足中部内弧。圈足上、下部各刻划 1 周长方形和方形纹，中部为长方形镂孔，正孔间以二斜孔。口径 24、足底径 17.8、通高 9.3～10 厘米（图三五，10；图版一八，4）。标本 T6③：57，夹细砂红衣陶，胎质松软。深腹。圈足上部刻划长方形、方形纹。盘底（圈足内）有绳纹。口径 24、圈足上径 16.5、残高 5.6 厘米（图三五，11）。

Ⅱ式　6件。盘敞口，浅腹，圈足上部内折，下部外折。标本 T6③：106，夹炭褐陶。盘壁圆弧形。圈足部有刻划纹和镂孔。圈足内盘底部有绳纹。口径 27、圈足上径 16、盘高 5.7 厘米（图三五，12）。标本 T6③：69，夹细砂红陶。盘与圈足之间有泥片补贴痕迹。圈足部有刻划纹和镂孔。口径 22.4～25、圈足上径 14.2、残高 6.8 厘米（图三五，13）。标本 T6③：110，羼谷壳陶质，涂灰白陶衣。口沿厚。盘中壁有一圆孔，从外向里钻成。圈足上有刻划纹和镂孔，长方形、方形纹中保存刻划细痕。口径 28、残高 6.5、盘壁圆孔外径 1 厘米（图三五，14）。标本 T6③：88，夹细砂红衣陶，质地松散。圈足有长方形、方形刻划纹。口径24.3、圈足上径15、残高5厘米（图三五，15）。标本T6③：22，夹炭陶，有少量细砂，褐衣。器形较小，方唇，底较平。圈足部刻划长方形、方形纹和长方形镂孔。口径21.3、残高6.4厘米（图三五，16；图版一八，5）。标本T6③：105，为圈足，泥质橙红陶。圈足上部下折，较直，底沿外折。圈足的橙、红地表面上、下部各有1周带状红彩和1周刻划纹；中部有1周连续的镂孔和刻划纹。圈足底径20、残高4.8厘米（图三五，17）。

Ⅲ式　1件。盘腹较浅，圈足壁上部垂直，底沿外撇。标本T6③：27，夹炭红衣陶。盘口沿平唇。圈足上有刻划纹和镂孔。长方形镂孔，孔眼较小。口径27.2、高9.6厘米（图三五，18；图版一八，6）。

Bc型　1件。素面，直圈足。

标本T6③：19。夹炭红衣陶，有褐斑。盘壁弧形，较深，圈足壁垂直。整器素面。口径22.3、圈足径15.3、通高7.4厘米（图三五，19；图版一九，1）。

Bd型　2件。碗形，但圈足较高。

标本T7③：3，夹炭红衣陶。器形不规整。外表素面。口径23.5～24.4、圈足底径13.2、通高9.8厘米（图三五，20）。

标本T6③：9，夹细砂和少量黑炭，内外表有磨光红陶衣。口沿外侈，腹壁弧收成圜底，腹较深。圈足较小，底部外侈。碗底圈足内有细密的交错绳纹和泥条捏接的痕迹。器外表素面。口径23～23.2、圈足底径12.5～13、通高9.8～10.2厘米（图三五，21；彩版七，2）。

碗　4件。分三式。

Ⅰ式　1件。仅见底部残片，圈足直径较大。标本T6③：109，夹砂夹炭红衣陶，有褐斑。先制成圜底钵后再加接矮圈足而成，用手捏合。腹部和底部（圈足内）有较粗的绳纹。圈足底径15厘米（图三六，1）。

Ⅱ式　2件。仅见底部残片，圈足直径较小。标本T7③：29，夹砂夹炭红衣陶。腹底较宽，小圈足外侈。素面。圈足底径10厘米（图三六，2）。标本T7③：51，夹砂夹炭红衣陶。腹底较窄，圈足较矮。素面。圈足底径11.2厘米（图三六，3）。

Ⅲ式　1件。圈足较矮。标本T6③：8，夹炭红衣陶，有褐斑。碗壁微弧形，圈足直径较大而矮。素面。口径20.6、圈足底径12.9、通高7.2厘米（图三六，5；图版一九，2）。

杯　1件。

标本T6③：4，夹细砂褐陶。口沿外侈，窄沿，有颈，肩部有凸棱，腹壁弧收。底残。颈至腹部有较深的绳纹。口径8.1、高约6.6厘米（图三六，4）。

折腹平底器　1件。

标本 T6③:108，夹炭磨光红衣陶。口、底残。腹部内折略收成平底，下腹壁略内弧。素面无纹。腹径 22、残高 7.8 厘米（图三六，6）。

壶　3件。分二型。

A型　2件。敞口，细颈，两肩明显，扁腹（横剖面呈椭圆形）。

标本 T7③:10，夹细砂夹炭红衣陶，红衣经打磨光亮。尖唇，口平面呈椭圆形，耸肩，肩部有鼻形耳突，腹壁外鼓，下腹内收，平底。素面。口径 6.6～7.8、腹径 13.5～18、底径 8～10.4、高约 20.4 厘米（图三六，7；彩版八，1）。标本 T6③:41，夹细砂夹炭红衣陶，红陶衣经磨光。口较大，平面圆形，尖唇，耸肩，肩部有两鼻形耳突，耳孔未穿。素面。口径 9.7、领高 5.4 厘米（图三六，8）。

B型　1件。仅见口沿残片，颈较粗，斜肩，圆腹。

标本 T7③:46，夹细砂夹炭红衣陶。仅存颈部，内弧形，侈口，圆唇，斜肩。口径 11 厘米（图三六，9）。

支座　14件。可分四型。

A型　2件。用泥块略加捏制而成，陶质松疏。顶面倾斜，器体微弯，实心，底部略内凹。分为二式。

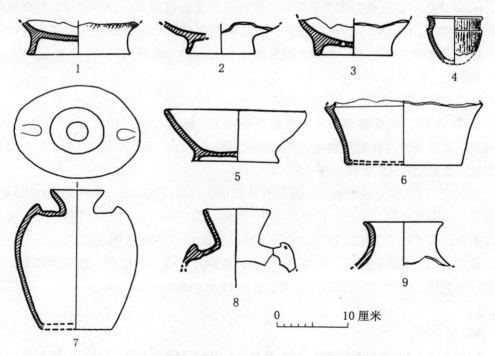

图三六　城背溪遗址南区 T6 出土陶碗、杯、折腹平底器、壶

1. I 式碗 T6③:109　　2、3.II 式碗 T7③:29、T7③:51　　4. 杯 T6③:4　　5.III 式碗 T6③:8
6. 折腹平底器 T6③:108　　7、8.A 型壶 T7③:10、T6③:41　　9.B 型壶 T7③:46

Ⅰ式 1件。横剖面近方形。标本 T6③：31，泥质红陶。顶面倾斜。器体前弯，三面有刻划斜方格纹。顶径6～6.6、底宽11.7、高21.7厘米（图三七，1；图版一九，3）。

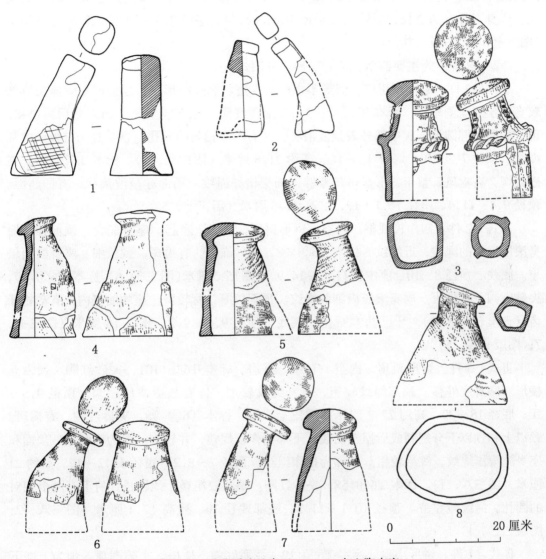

图三七 城背溪遗址南区 T6、T7 出土陶支座

1.A型Ⅰ式 T6③：31　2.A型Ⅱ式 T6③：77　3.B型 T6③：44　4、5.C型Ⅰ式 T6③：
102、T6③：99　6、7.C型Ⅱ式 T6③：28、T6③：97　8.C型Ⅲ式 T6③：101

Ⅱ式 1件。横剖面为长方形。标本 T6③：77，泥质红陶，火候低，质松。底部内凹较深。顶宽2.3、顶长4.3、底宽7、底长8、通高17.8厘米（图三七，2）。

B型 1件。器体内空，弯颈，有附加堆纹。

标本 T6③:44，夹少量砂和炭，红色，带褐斑。空心体，方形底座，底沿直，顶和颈部为圆形。顶、颈向一边弯斜。座身中部有一周突出的附加堆纹。颈部周围有四条竖向的附加堆纹与顶和中部附加堆纹相连。顶面、顶四周、座身及附加堆纹上皆有细绳纹。座身下部有四个长方形镂孔。顶径 10.8～11.4、座径 7.5～10.5、通高 21.9 厘米（图三七，3；图版一九，4）。

C 型　8 件。为主要器型。顶为饼形。分四式。

Ⅰ式　2 件。制作较粗糙，器形不规整。内空。椭圆饼形顶，顶面倾斜。座身背部较直，颈部前侧略弯。标本 T6③:102，夹细砂红陶，先制成上、下两部分后再拼接。顶、底面呈椭圆形。腹中部外表呈波浪状，并有两个相对的方孔。顶、身均有较细的乱绳纹。顶径 7.2～10、底径 12～16、高约 21.8 厘米（图三七，4）。标本 T6③:99，夹砂红陶，有褐斑。整个器形显得较矮胖，饰交错细绳纹，局部亦呈波浪状，有凹凸面。顶径 9.4～11.4、座径 15.1～17.1、高 21.3 厘米（图三七，5）。

Ⅱ式　2 件。制作较规整。内空。饼形斜顶，顶面微隆起。座身驼背，颈前伸。周身滚压极细的绳纹，近线纹。标本 T6③:28，夹砂红陶，有褐斑。颈较细。座身前面较平。底残。顶径 8～10、座中径 11.6～14.9、残高 15.5 厘米（图三七，6）。标本 T6③:97，夹砂红陶，有褐班。周身滚压极细的绳纹。顶部较厚，背较斜。座的胎壁内夹有动物牙齿（青鱼右咽喉齿），牙已基本石化。底残。顶径 9.4～9.7、残高 16 厘米（图三七，7；图版一四，5）。

Ⅲ式　3 件。饼形斜顶，内空。有颈，有肩。标本 T6③:101，夹砂红陶。颈为五棱形。座身底外侈。颈部绳纹较粗，下部绳纹较细，皆有数道按压棱沟。顶径 9.5～10、底径 18～22、高约 22.2 厘米（图三七，8）。标本 T6③:98，夹砂红陶，有褐斑。颈以上和颈以下分别制成后捏接而成。下部制作较规整，并较直。颈为椭圆形。顶面和座身施滚压绳纹，纹络较粗。颈部为拍印绳纹。顶径 7～8.2、底径 15.2～17、高约 21 厘米（图三八，1）。标本 T6③:58，夹砂红陶。整器较粗矮。颈较长，肩下有两个相对的圆孔。绳纹较整齐。顶径 10.1～11.2、底部残径 16、残高 17.4 厘米（图三八，2；图版二〇，1）。

Ⅳ式　1 件。饼形小顶。标本 T6③:12，泥质红陶，质松。小椭圆顶。颈为上细下粗，上实下空。颈以下为厚胎壁（器底部呈深窝形），圆形座底。肩部两侧有相对的圆孔。全器布满交错绳纹（图三八，3）。

D 型　3 件。平顶，弯头形。分二式。

Ⅰ式　1 件。内空。标本 T6③:32，夹细砂红陶。顶为椭圆斜形，较扁，内空。座身略呈圆锥体。顶面和器身布满较粗的绳纹。顶径 5～8.2、座底径 15、高 19.1 厘米（图三八，4；图版二〇，2）。

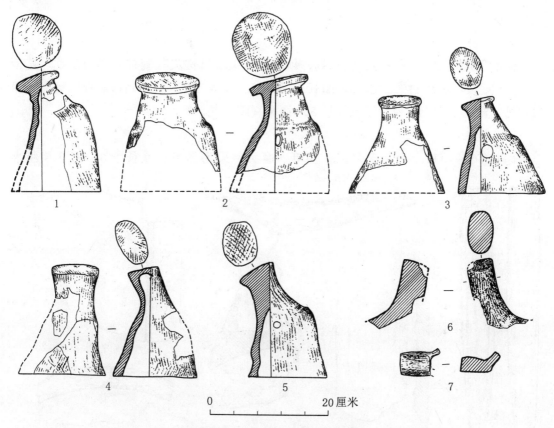

图三八　城背溪遗址南区 T6、T7 出土陶支座、方块形器
1、2.C型Ⅲ式支座 T6③:98、T6③:58　3.C型Ⅳ式支座 T6③:12　4.D型Ⅰ式
支座 T6③:32　5、6.D型Ⅱ式支座 T6③:100、T7③:44　7.方块形器 T7③:56

　　Ⅱ式　2件。上半部内实。标本 T6③:100，夹砂红陶。顶面较宽，内实。座身略
呈圆柱体，内空，有背脊，中部两圆孔相对。顶面滚压绳纹相交呈网状。座身滚压绳纹
较深而粗。顶径6.5~8、座底径13.2~14、高20厘米（图三八，5）。标本 T7③:44，
为顶端残件。滚压绳纹较细而密。顶面4.5~7.2、残高12.4厘米（图三八，6）。

　　方块形器　1件。

　　标本 T7③:56，夹砂红陶。扁长方块形，一角有短柄。表面有细绳纹。长5.2、宽
4、厚2.2厘米（图三八，7）。

　　（三）骨器及动物遗骸

　　共有标本20件，主要有骨针、锥、铲、片、烧骨以及牛头骨、鹿角、贝壳、鳖甲、
鱼骨、蚌器、蚌壳等。

　　针　1件。

　　标本 T6③:95。用筒形骨的半边磨制而成，保留骨槽，针尖略扁。长10、宽径1.2

厘米（图三九，1；图版二〇，3）。

锥　2件。

标本 T6③:103，圆柱体，经磨制，顶端残。尖端近锥尖处刻有六道凹弦纹。直径 1.1、残长 7.1 厘米（图三九，2；图版二〇，4）。标本 T7③:77，用弯形骨片磨成，保留骨槽。宽径 2.2、长 14.1、锥尖长 5.4 厘米（图三九，3）。

铲　1件。

标本 T6③:112。为一骨片，一端单面磨刃，刃为弧形。残长 5.6、宽 2.6 厘米

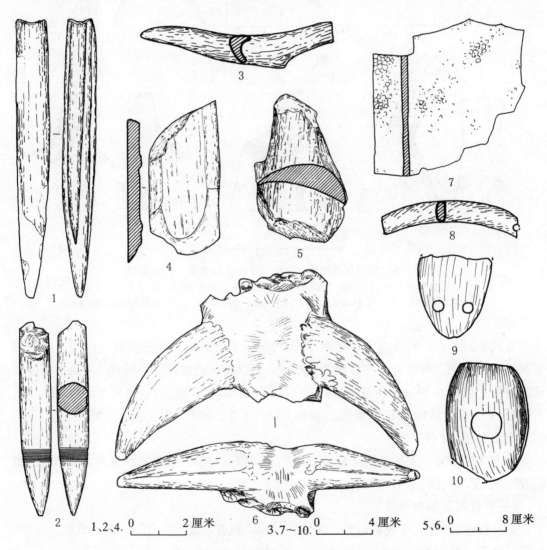

图三九　城背溪遗址南区 T6、T7 出土骨、蚌器，鳖甲

1. 骨针 T6③:95　　2、3. 骨锥 T6③:103、T7③:77　　4. 骨铲 T6③:112　　5. 烧骨 T6③:116
6. 牛头骨 T6③:96　　7. 鳖甲 T6③:111　　8~10. 蚌器 T7③:75、T7③:74、T7③:76

（图三九，4）。

片　2件。

标本 T6③:113。骨片上有浅刻沟痕（图版二〇，5）。

烧骨　1件。

标本 T6③:116。有火烧痕迹（图三九，5）。

牛头骨　1件。

标本 T6③:96，头骨及两角保存基本完整，并已初步石化。头残长 18、两角尖间宽 43.2、通高 10.5 厘米，重约 3.25 公斤。经初步鉴定，属圣水牛头骨（图三九，6；图版二一，1、2）。还有牛的上颌（附二齿）、下颌（附一齿）、单牙、脊椎、肱骨、桡骨、肋骨、盆骨、胫骨、趾骨等（图版二二，1~4）。

鹿角　1件。

标本 T6③:114，已残（图版二二，5）。还有鹿下牙床、枢椎、胛骨、肱骨滑车、桡骨、趾骨等 7 件。

贝壳　1件。完整。

鳖甲　有若干块，已破碎，近石化。

其中标本 T6③:111 较大，长 12、宽 10.5、厚 0.4~0.6 厘米（图三九，7；图版二二，6）。

鱼骨　骨骼若干。其中有青鱼右咽喉齿 1 颗，草鱼牙 2 颗。

蚌器　3件。

标本 T7③:75，残弧形，有一孔。残长 9.9 厘米（图三九，8）。标本 T7③:74，残蚌壳，钻有 2 个圆形孔。残长 6.3 厘米（图三九，9）。标本 T7③:76，蚌壳中间有一圆孔。残长 8、宽 6 厘米（图三九，10）。

蚌壳　在 T6③ 内还出土蚌壳 4 件。

四　北区 T10 遗物

T10 所在的河漫滩处于急流冲击区，遗物经洪水冲刷淘洗，多沉积于石缝和砾石之间。主要有石器和陶器，共 49 件。

（一）石器

8 件。有斧、锛和小锛三种。

斧　4件。分三型。

A 型　2件。长窄形。

标本 T10③:49，磨制，规整。刃端稍宽。弧刃，弧顶。长 25.2、宽 6~8.3、厚 4 厘米（图四〇，1；图版二三，1）。标本 T10③:54，斧中部残件。打制。宽 8.8、厚

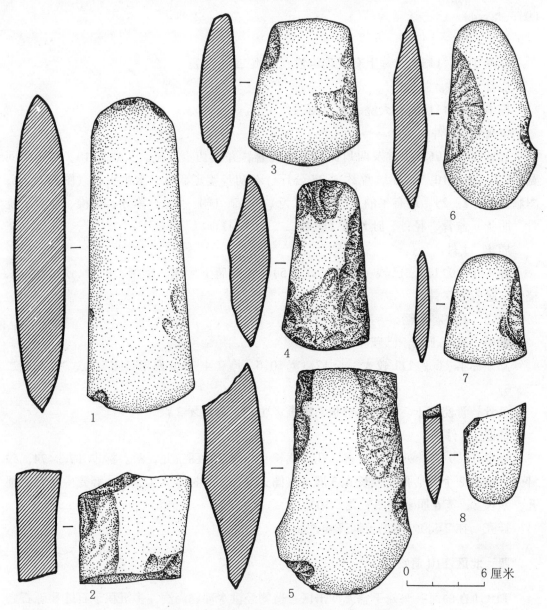

图四〇　城背溪遗址北区 T10 出土石斧、锛

1、2.A 型斧 T10③:49、T10③:54　　　3.B 型斧 T10③:56　　　4.C 型斧 T10③:50

5、6. 锛 T10③:52、T10③:53　　　7、8. 小锛 T10③:51、T10③:55

3.2 厘米（图四〇，2）。

　　B 型　1 件。长宽形。

　　标本 T10③:56，磨制，规整。上窄下宽，宽弧刃，顶较平。长 11.6、宽 6～8.8、厚 2.8 厘米（图四〇，3；图版二三，2）。

C型 1件。长形，比B型窄。

标本T10③:50，打制。表面有琢疤。上窄下宽，弧刃，弧顶。长13.5、宽4.8～8、厚3.2厘米（图四〇，4；图版二三，4）。

锛 2件。

标本T10③:52，打制。宽圆弧刃，顶端内束成柄把。长17.7、宽8.4～10.8、厚4.8厘米（图四〇，5；图版二三，3）。标本T10③:53，用石片单面磨成，不规整。圆弧刃，顶较尖。长15.3、宽4～6.4、厚2.6厘米（图四〇，6）。

小锛 2件。长宽形，较规整。

标本T10③:51，较薄。弧顶，弧刃。长8.9、宽2.8～6.6、厚1厘米（图四〇，7）。标本T10③:55，刃端残件。上宽下窄，窄弧刃，较薄。残长7.8、残宽4.8、厚1.4厘米（图四〇，8）。

（二）陶器

共41件。陶质有夹砂夹炭、夹砂、夹炭三种。以夹砂陶最多，占54.16%；夹砂夹炭陶次之，占41.39%；夹炭陶占4.45%。陶色以褐色为主，占77.8%，红陶占15.55%，灰陶占6.65%（表五）。纹饰以绳纹为主，占89.01%，其中中绳纹和细绳纹占84.02%，素面占10.83%；刻划纹占0.16%（表六）。总的情况是夹砂陶和较规整的中绳纹陶较多。所见主要器形有釜、罐、瓮、钵和支座。

表五　　城背溪遗址北区T10③出土陶器陶质陶色统计表

单位	陶质 陶色 数量	夹砂夹炭			夹砂			夹炭			合计
		褐	灰	红	红	褐	灰	红	褐	灰	
T10③		2165	222		897	2097	130		225	32	5768
%		37.54	3.85		15.55	36.36	2.25		3.9	0.55	100
		41.39			54.16			4.45			

表六　　城背溪遗址北区T10③出土陶器纹饰统计表

单位	纹饰 数量	绳纹			刻划纹	素面	合计
		粗	中	细			
T10③		288	4653	193	9	625	5768
%		4.99	80.67	3.35	0.16	10.83	100

釜　13件。器形比较规范。细分为三式。

Ⅰ式　5件。口沿较直。标本T10③:30,夹砂夹炭陶。尖唇,口略外侈,束颈,斜肩。沿、肩、腹部施滚压绳纹。口径23、残高10.6厘米(图四一,1)。标本T10③:25,尖唇,绳纹局部交错。口径20、残高6.5厘米(图四一,2)。标本T10③:23,夹砂夹炭陶。口沿较窄,较直。口径22、残高6.1厘米(图四一,3)。标本T10③:18,夹砂夹炭陶。口沿沿面微弧。口径18、残高5.2厘米(图四一,4)。标本T10③:10,夹砂夹炭陶。口沿折棱较明显,沿面微内弧。饰滚压绳纹。口径20.6、残高9.8厘米(图四一,5)。

Ⅱ式　2件。卷沿外侈,斜肩。标本T10③:37,夹砂夹炭陶。器形较小,沿、肩、腹部均施滚压绳纹。口径16、残高8.8厘米(图四一,6)。标本T10③:34,夹砂夹炭陶。圆唇,沿外绳纹被抹去。口径20、残高8.4厘米(图四一,7)。

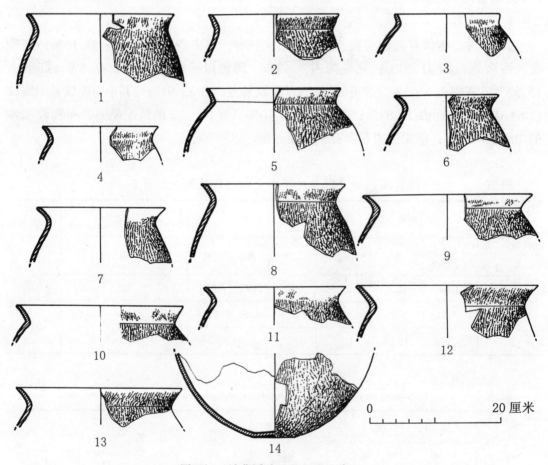

图四一　城背溪遗址北区出土陶釜

1~5. Ⅰ式 T10③:30、T10③:25、T10③:23、T10③:18、T10③:10　　6、7. Ⅱ式 T10③:37、T10③:34
8~13. Ⅲ式 T10③:32、T10③:33、T10③:31、T10③:12、T10③:19、T10③:17　　14. 釜底 T10③:40

Ⅲ式 6件。折沿外侈，沿面较宽，口较大，沿外绳纹一般被抹，使绳纹变浅。标本 T10③:32，夹砂夹炭陶。饰滚压绳纹。纹络较规整，较细密。口径 22、残高 11.3 厘米（图四一，8）。标本 T10③:33，夹砂夹炭陶。口径 26、残高 7.3 厘米（图四一，9）。标本 T10③:31，夹砂夹炭陶。口径 26、残高 5.5 厘米（图四一，10）。标本 T10③:12，夹砂夹炭陶。口径 22、残高 6 厘米（图四一，11）。标本 T10③:19，夹砂夹炭陶。宽沿，沿外绳纹较清晰。口径 28、残高 8 厘米（图四一，12）。标本 T10③:17，夹砂夹炭陶。口径 26、残高 6 厘米（图四一，13）。

釜底 1件。

标本 T10③:40，夹砂夹炭陶。圜底，饰交错绳纹。腹径约31、残高13.2厘米（图四一，14）。

罐 4件。分为二型。

A 型 能辨别器形的仅2件。无耳。

标本 T10③:11，夹炭陶。胎壁较薄。长领，直沿，微敛口。口沿至腹部有交错绳纹，并有三道旋纹间断。口径 16、残高 9.1 厘米（图四二，1）。标本 T10③:24，夹炭陶。口沿残片，口沿壁较直，唇部微外侈。颈部以下施绳纹。口径14、残高4.2厘米（图四二，2）。

B 型 2件。有双耳。分为二亚型。

Ba 型 1件。双耳在口沿部，仅见残片。

标本 T10③:9，夹炭陶。制作较精细，胎壁均较薄。口沿微卷，外侈。扁环耳。肩、耳部有绳纹，颈部刻划一周点状纹。残高 6.4 厘米（图四二，3）。

Bb 型 1件。双扁环耳在肩部。

标本 T10③:8，夹炭陶。侈领，弧肩。口沿至肩部素面，耳、腹部有绳纹。口径 16.8、残高 4.6 厘米（图四二，5）。

B 型罐口沿 1件。

标本 T10③:42，夹炭陶。小口，直领，素面。口径10.6、残高4.2厘米（图四二，4）。

B 型罐耳 3件。

标本 T10③:28，夹炭陶。扁环耳，耳上刻划叉形纹。耳高 4.3 厘米（图四二，6）。标本 T10③:26，夹炭陶。扁环耳上有浅绳纹。耳高 6.1 厘米（图四二，7）。标本 T10③:27，夹炭陶。扁环耳上有刻划纹。耳高 4.2 厘米（图四二，8）。

瓮 1件。

标本 T10③:35，夹炭陶。仅存残口沿，有领，微外侈。广肩。口沿外的绳纹被抹去。肩部滚压细绳纹。口径 28、残高 7.2 厘米（图四二，9）。

钵 13件。分二型。

A 型 12件。直沿，圜底。分四式。

Ⅰ式 8件。深腹。标本 T10③:2，夹砂夹炭陶。胎壁为圆弧形，施交错绳纹。口

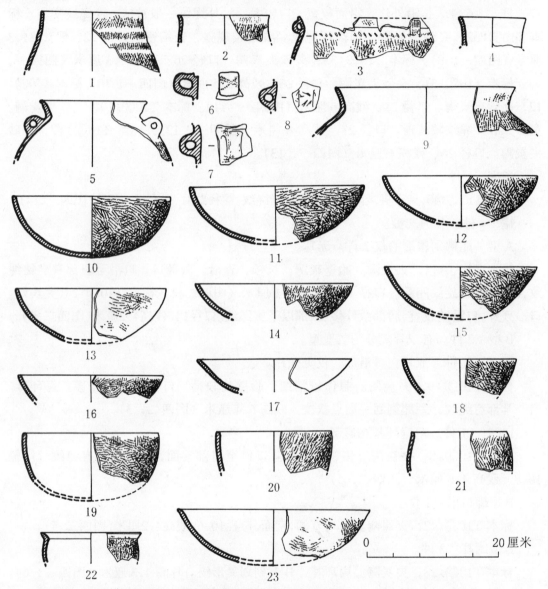

图四二　城背溪遗址北区 T10 出土陶罐、瓮、钵、盘

1、2.A 型罐 T10③:11、T10③:24　　3.Ba 型罐 T10③:9　　4.B 型罐口沿 T10③:42　　5.Bb 型罐 T10③:8
6～8.B 型罐耳 T10③:28、T10③:26、T10③:27　　9. 瓮 T10③:35　　10～17.A 型Ⅰ式钵 T10③:2、T10
③:1、T10③:7、T10③:3、T10③:20、T10③:5、T10③:21、T10③:22　　18.A 型Ⅱ式钵 T10③:13　　19、
20.A 型Ⅲ式钵 T10③:6、T10③:15　　21.A 型Ⅳ式钵 T10③:14　　22.B 型钵 T10③:39　　23. 盘 T10③:4

径 25.2、高 9.5 厘米（图四二，10）。标本 T10③:1，夹砂夹炭陶。口径 27.3、残高
9.2 厘米（图四二，11）。标本 T10③:7，夹砂夹炭陶。口径 24.6、残高 8 厘米（图四
二，12）。标本 T10③:3，夹砂夹炭陶。大部绳纹被抹去。口径 24、残高 8.6 厘米（图

四二，13）。标本 T10③:20，夹砂夹炭陶。饰绳纹。口径 25、残高 5.3 厘米（图四二，14）。标本 T10③:5，夹砂夹炭陶。饰绳纹。口径 24、残高 7.7 厘米（图四二，15；图版二三，5）。标本 T10③:21，夹砂夹炭陶。饰绳纹。口径 23 厘米（图四二，16）。标本 T10③:22，夹砂陶。素面。口径 24、残高 5.1 厘米（图四二，17）。

Ⅱ式　1件。腹壁内斜，腹较深。标本 T10③:13，夹砂夹炭陶。满施交错绳纹。口径 18、残高 5.4 厘米（图四二，18）。

Ⅲ式　2件。腹壁略外弧，内收。腹较深。标本 T10③:6，夹砂夹炭陶。微敛口。布满绳纹。口径 21.8、残高 8 厘米（图四二，19）。标本 T10③:15，夹砂夹炭陶。口径 18、残高 6.2 厘米（图四二，20）。

Ⅳ式　1件。敛口，腹壁外鼓。标本 T10③:14，夹砂夹炭陶。外壁施满交错绳纹。口径 15、残高 6.1 厘米（图四二，21）。

B型　1件。折沿，外侈。

标本 T10③:39，夹砂夹炭陶。尖唇，束颈，深鼓腹。颈以下施绳纹。口径 16、残高 4.8 厘米（图四二，22）。

盘　1件。

标本 T10③:4，夹砂夹炭陶。浅钵形，唇外侈。底残。施浅绳纹，大部分绳纹被抹平。口径 30、残高 6.3 厘米（图四二，23）。

支座　4件。均残，为顶、颈部分。

标本 T10③:45，夹砂陶。椭圆形顶，较扁薄。颈微束。顶面有交错绳纹，颈部施细绳纹，有按痕。顶径 6.8～8.6、残高 6.8 厘米（图四三，1）。标本 T10③:46，夹砂陶。顶径 6.4～8、残高 7.6 厘米（图四三，2）。标本 T10③:48，夹砂陶。颈为圆扁形。顶径 6.4～8.2、残高 7.8 厘米（图四三，3）。标本 T10③:47，夹砂陶。颈为圆扁形。素面。顶径 6～8、残高 6.1 厘米（图四三，4）。

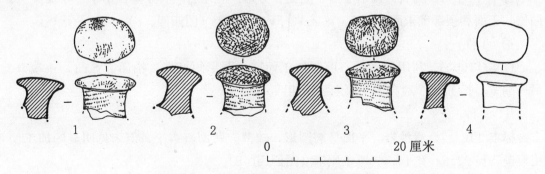

图四三　城背溪遗址北区 T10 出土陶支座
1～4.T10③:45、T10③:46、T10③:48、T10③:47

五　夏商周遗物

夏商周时期的文化遗物主要分布于北区一级台地上，见于 T1、T2 的第 3 层。北区江岸断面上和 T10 第 3 层中也有少量陶片出土。此外，在南区第 2 层也发现了这一时期的陶器。

夏商周遗物较少，主要有石器和陶器。共 47 件。

（一）石器

共 8 件，全部出土于 T1、T2 的第 3 层中。有斧、锛、钺、凿、拍和片六种。

斧　3 件。分二型。

A 型　1 件。打制，平面为长方形。

标本 T1③:4，灰色砂岩，两侧有打制加工痕迹，刃部没有明显的磨制和使用痕迹。长 15.2、刃宽 8.8、厚 3.8 厘米（图四四，1）。

B 型　2 件。磨制，平面梯形。

标本 T1③:6，青沙岩，带花斑。两侧、顶部保留打制琢痕。两面磨平，双面磨刃。顶平，刃为弧形。长 12.6、刃宽 7.6、厚 2.6 厘米（图四四，2）。标本 T1③:5，灰色沙岩，质硬。通体保留琢疤。长 16.4、刃宽 7.4、厚 4.4 厘米（图四四，3）。

锛　1 件。

标本 T2③:3。青砂岩，磨制。刃部锋利。甚残。残长 2.25、刃残宽 4 厘米（图四四，4）。

钺　1 件。

标本 T2③:22，为短薄形小钺。两侧、刃部都有磨制痕迹。顶部窄而平，两面平。宽弧刃，单面刃。长 5.4、顶宽 3.5、刃宽 5.8、厚 0.6 厘米（图四四，5）。

凿　1 件。

标本 T2③:2，为长方扁形小凿，断面长方形。利用自然石条单面磨平，单面磨刃。两侧、正面和顶部都未磨。长 5、宽 2.1、厚 0.8 厘米（图四四，6）。

拍　1 件。

标本 T1③:3，利用天然砾石磨制加工而成。圆形短柄握，拍面微弧凸。一端窄，另一端宽。长 11.6、通高 5.7 厘米（图四四，7）。

片　1 件。

标本 T1③:7，青沙岩。平面呈椭圆形，较薄。两面基本平，但未见明显的加工使用痕迹。长 22.6、宽 14.4、厚 1 厘米（图四四，8）。

（二）陶器

共有标本 39 件。陶质有夹砂和泥质两种。陶色较杂，有灰、红褐、褐、浅灰、橙

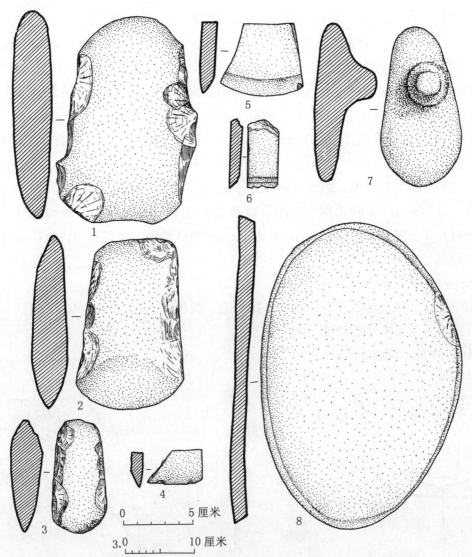

图四四 城背溪遗址北区出土夏商周时期石斧、锛、钺、凿、拍、片
1.A 型斧 T1③:4 2、3.B 型斧 T1③:6、T1③:5 4.锛 T2③:3
5.钺 T2③:22 6.凿 T2③:2 7.拍 T1③:3 8.片 T1③:7

黄、黑色等数种。其中以泥质灰陶最多，夹砂灰陶、夹砂红褐陶和泥质浅灰陶次之，还
有少量的泥质黑陶、夹砂橙黄陶和夹砂褐陶。素面陶较多，主要纹饰为绳纹、弦纹，并
有少量刻划纹、印纹和镂孔。主要器形有罐、瓮、盆、壶、碗、豆、豆形器、瓠和器盖
等。

罐 10件。分二型。

A型　9件。领较低。分三亚型。

Aa型　6件。薄胎，敛口，鼓肩，收腹，素面。

标本T8②b:1，夹砂灰陶，微卷沿，小平底。口径13~18、高12.8厘米（图四五，1；图版二三，6）。标本T2③:4，夹砂灰陶，卷沿。口径13.4、腹径16.2、残高5厘米（图四五，2）。标本H2:1，夹砂灰陶，卷沿方唇。口径16、腹径19.2、残高4厘米（图四五，3）。标本T10③:43，夹砂灰陶。有颈。口径14、腹径17.8、残高4.7厘米（图四五，4）。标本采:021，夹砂褐陶。方唇。口径17、腹径18.8、残高4.4厘米（图四五，5）。

Ab型　2件，胎较厚，短颈，腹部有绳纹。

标本T1③:1，夹砂褐陶。手制，口部慢轮修整。方唇外斜。施细绳纹。口径15.5、残高4.2厘米（图四五，6）。标本H2:3，夹砂黑陶。方唇外斜。口径17.3、残高2.8厘米（图四五，7）。

Ac型　1件。折沿，无颈。

标本T2③:11，夹砂灰陶。敛口，折平沿，圆唇，无颈，弧斜肩。下腹残。口径20.4、残高4.9厘米（图四五，8）。

B型　1件。高领。

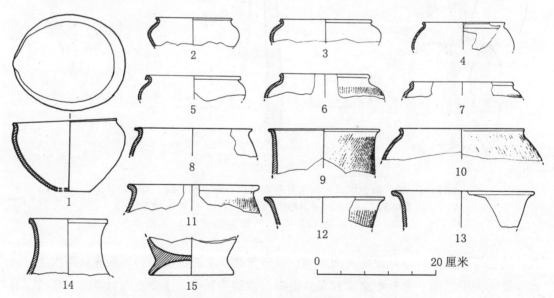

图四五　城背溪遗址北区出土夏商周时期陶罐、瓮、盆、壶、碗
1~5.Aa型罐T8②b:1、T2③:4、H2:1、T10③:43、采:021　6、7.Ab型罐T1③:1、H2:3
8.Ac型罐T2③:11　9.B型罐T2③:2　10、11.瓮T2③:3、H2:5　12、13.盆T2③:10、
采:020　14.壶T2③:1　15.碗T2③:7

标本 T2③:2，夹砂浅灰陶。折沿，沿较窄，圆唇。直高领，领以下残缺。领部饰规整的细绳纹。口径 19.2、残高 8.1 厘米（图四五，9）。

瓮　3 件。

标本 T2③:3，夹砂褐陶。敛口，卷沿，方唇。肩壁外弧。器表饰不清晰的细绳纹。口径 21.6、残高 6 厘米（图四五，10）。标本 H2:5，夹砂灰陶。敛口，卷沿，圆唇，斜肩。饰细绳纹。口径 23、残高 4.9 厘米（图四五，11）。

盆　3 件。

标本 T2③:10，夹砂橙黄陶。敞口，微卷沿，腹壁内收。腹部饰绳纹。口径 20.8、残高 5.1 厘米（图四五，12）。标本采:020，夹细砂浅灰陶。圆唇。素面。口径 25 厘米（图四五，13）。

壶　1 件。

标本 T2③:1，夹砂浅灰陶。微侈口，唇朝外。颈壁内弧，颈较长。颈以下残缺。素面。口径 14、残高 9.8 厘米（图四五，14）。

碗　1 件。

标本 T2③:7，为碗底部。夹砂浅灰陶，厚胎。圜底，圈足外侈，圈足内呈圜状。素面。圈足底径 15、残高 6.3 厘米（图四五，15）。

豆　5 件。

未出完整器，有豆盘和豆柄。标本 T2③:12，豆盘。泥质磨光黑陶。弧形壁，浅腹。外壁有数道暗纹。口径 17.7、残高 4 厘米（图四六，1）。标本采:023，豆柄。泥质灰陶。柄中部有二道凸棱和数道凹弦纹。近盘底的一侧镂一个小圆孔。柄最小直径 3.3 厘米（图四六，2）。标本 T2③:23，豆柄。夹细砂橙黄陶。中上部有一凸棱和数道凹弦纹，近豆盘处有一孔。柄最小直径 3.2 厘米（图四六，3）。标本 H2:8，豆柄。泥质褐陶。近豆盘处有一孔（图四六，4）。标本 T2③:14，豆柄，夹细砂浅灰陶，手制。柄中部外鼓，下部外侈。素面。柄上径 6、残高 14 厘米（图四六，5）。

豆形器　5 件，皆为残片。

标本 T2③:13，座底残片。泥质黑陶。呈喇叭形。底径 15 厘米（图四六，6）。标本 H2:4，口沿残片，泥质浅灰陶。口沿外侈。口径 22 厘米（图四六，7）。标本 H2:2，口沿残片。夹砂灰陶。口径 18 厘米（图四六，8）。标本采:022，柄下部残片。泥质黑陶。柄中部细长，中空，并有二道凹弦纹。柄最小直径 2.8、残高 12 厘米（图四六，9）。标本 H2:9，柄上部残片。泥质黑陶，手制。柄细长，略外鼓，中空，上部与上器相通。柄径 2.8~3.6、残高 11.8 厘米（图四六，10）。

瓿　1 件。

标本 T2③:21，口、底均残缺。夹砂深灰陶，器内壁有明显的泥条盘筑痕迹。腹中

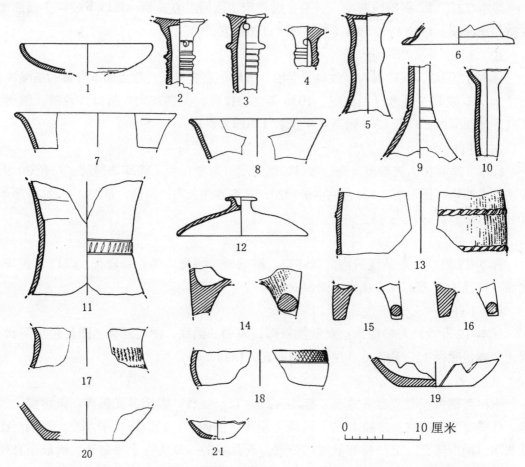

图四六　城背溪遗址北区出土夏商周时期陶豆、豆形器、瓿、器盖、缸片、鬲足、器腰、器底

1~5. 豆 T2③:12、采:023、T2③:23、H2:8、T2③:14　　6~10. 豆形器 T2③:13、H2:4、H2:2、采:022、H2:9　　11. 瓿 T2③:21　　12. 器盖 T10③:44　　13. 缸片 T2③:18　　14~16. 鬲足 T2③:15、T2③:16、T2③:17　　17、18. 器腰 T2③:8、T2③:19　　19~21. 器底 T2③:6、H2:7、T2③:5

部内束，并有 2 周凹弦纹。二凹弦纹之间有斜平行刻划纹。中腹最小直径 12.4、残高 15.4 厘米（图四六，11）。

器盖　1 件。

标本 T10③:44，泥质灰陶。盖壁呈弧形，纽为圈形。盖沿外卷。盖径 17.5、高 5.3 厘米（图四六，12；图版二三，7）。

缸片　1 件。

标本 T2③:18，泥质红陶。外饰规整绳纹和两道附加堆纹。残高约 8.7 厘米（图四六，13）。

鬲足　3 件。

标本 T2③:15，夹砂红陶。足根近裆部饰绳纹，足素面。残高 6.4 厘米（图四六，14）。标本 T2③:16，夹砂红陶。足素面。残高 4.7 厘米（图四六，15）。标本 T2③:17，夹砂红陶。足尖平。素面。残高 4.5 厘米（图四六，16）。

器腰　2 件。

标本 T2③:8，泥质红胎黑皮陶。中部内束，下部饰粗绳纹和旋纹。残高 5.6 厘米（图四六，17）。标本 T2③:19，夹砂黑陶。中部外鼓。上部一周压印方格纹和凹弦纹。残高 4.8 厘米（图四六，18）。

器底　3 件。

标本 T2③:6，泥质灰陶。平底。底径 10 厘米（图四六，19）。标本 H2:7，夹砂灰陶。平底。残高 4.5 厘米（图四六，20）。标本 T2③:5，夹砂褐陶。小圜底。底径约 4.5 厘米（图四六，21）。

第四节　小结

城背溪遗址虽然保存面积不大，发现遗迹很少，但出土遗物丰富，文化特征明显。以该遗址为代表的一种新石器时代文化遗存已被学术界命名为城背溪文化[③]。

城背溪遗址出土的石器，取料于当地河漫滩，用砾石打制或局部磨制而成。大部分石器的一面保留着砾石自然面，另一面为打击脱落面，周边往往还有明显的打击琢制疤痕。磨制着重于刃部，两面多未完全磨平，周边磨制出棱线的少见。器类不多，器形还不规范，尺寸大小差异较大，主要器形为斧、弹丸、片等。石斧是主要的砍伐、挖掘工具，以长窄形和长宽形为特色，一般为上窄下宽，弧顶，弧刃。弹丸、片、坠则是常用的渔猎工具，一般只作初步加工。

城背溪的陶器以羼入大量炭化物和内、外壁抹泥浆为最重要特点。胎里层颜色多呈乌黑色，而表层泥浆一般为红色。由于里、表层颜色的互相渗透、烧制火候较低而表层易脱落，以及燃料燃烧时贴近器壁等因素，器表颜色不一，多呈褐、红褐加黑斑。容器成型用泥片贴筑法，这是一种比泥条盘筑法更为原始的制陶成型法。容器器形大都不很规整，左右不对称，胎壁厚薄不均匀，内壁有凹凸，外表布满交错绳纹。基本造型可归纳为罐釜、盘钵和支座三大类。罐釜类属炊储器皿，造型特征是口、颈较直或弧曲状，口沿附加泥条成重叠沿，并拍打绳纹；腹鼓、圜底连为球体，器壁整体圆缓少变。盘钵类属盛食器皿，特点是直口、弧壁、圜底，整个器壁轮廓连成一弧线。此类器皿据用途不同而出现大小、深浅的区别，浅腹的盘多加圈足。支座是支撑圜底器的器具，形体较大，数量和形式都较多，并以压印绳纹为特色。

城背溪的陶器、石器都具有较原始的特点，基本特征表明其年代早于本地的大溪文化。T6③出土的兽骨，经^{14}C 年代测定为 6800±80 年④，达曼表校正年代为 7420±110 年。1987 年至 1989 年，长江流域规划办公室库区处红花套考古工作站在城背溪采集的夹炭陶片，经放射性碳素测定年代数据有两个（均未经树轮校正）：8220±250 年（公元前 6270），7988±250 年（公元前 6038）和 8274±234 年（公元前 6324），8040±234 年（公元前 6090）⑤。城背溪的陶器作风与湖南澧县彭头山出土的陶器⑥十分接近，应属于同一阶段的新石器时代文化，城背溪遗存的年代距今大约为 8500 年至 7500 年前。

城背溪南区遗存可分为下、上两层，实际就是前、后两期。而 T6 和 T7 第 3 层遗存则包含了前、后两期。北区 T10 所出陶器与南区上层陶器接近，可归为后期。后期陶器与前期陶器相比，夹砂陶增加，夹炭陶减少，陶器制作比较规整，绳纹变整齐、变细。重叠沿器减少，口沿外的绳纹许多被抹。在造型方面小型器皿有所增加，折沿、折腹、平底器也较多见。T6、T7 第 3 层均出现磨光红衣陶细颈扁腹壶（A 型壶），这是具有较高工艺水平的陶器，可能属于后期器物。

城背溪出土的陶器胎内有炭化稻谷，器类中有纺轮，兽骨中有水牛骨骸，蚌骨器中有装饰品，石器中有渔猎工具，还有较丰富的鹿骨、鳖甲、青鱼骨、蚌壳等，这些都是研究城背溪文化的社会经济、文化生活和我国南方稻作农业起源的珍贵资料。

北区所见的夏商周遗物应属早期巴文化遗存⑦，陶器有罐、瓮、壶、瓿、盆、豆和豆形器等残片。其中罐、瓮的特点是敛口，鼓肩，收腹，一般为小平底；豆和豆形器的柄细高；豆有一镂孔，豆形器上、下相通。这些器物作风见于川东和成都平原⑧，而非本地传统。在秭归鲢鱼山⑨和后来发掘的宜昌秭归朝天嘴、宜昌三斗坪⑩、中堡岛⑪、路家河⑫、杨家嘴⑬，长阳香炉石⑭等遗址中都有较丰富的同一性质的遗存发现，为探讨我国夏商周文化提供了一个新的文化类型。

注　释

① 黎泽高：《枝城市新石器时代文化概述》，《江汉考古》1991 年 1 期。

② 俞伟超：《中国早期的"模制法"制陶术》，《文物与考古论集》230 页，文物出版社，1987 年。

③ 严文明：《中国史前文化的统一性与多样性》表二，《文物》1987 年 3 期。

④ 北京大学考古学系碳十四实验室：《碳十四年代测定报告（七）》，《文物》1987 年 11 期。

⑤ 中国社会科学院考古研究所实验室：《放射性碳素测定年代报告（二〇）》，《考古》1993 年 7 期。

⑥ 湖南省文物考古研究所等：《湖南澧县彭头山新石器时代早期遗址发掘简报》，《文物》1990 年 8 期。

⑦ 杨权喜：《探索鄂西地区商周文化的线索》，《江汉考古》1986 年 4 期。

⑧ 四川省文物管理委员会等：《广汉三星堆遗址》，《考古学报》1987 年 2 期。

⑨ 杨权喜、陈振裕：《秭归鲢鱼山与楚都丹阳》，《江汉考古》1987 年 3 期。

⑩ 陈振裕、杨权喜：《宜昌县三斗坪新石器时代及商周遗址》，《中国考古学年鉴（1986 年）》，文物出版社。

⑪ 国家文物局三峡考古队：《湖北秭归朝天嘴遗址发掘简报》、《湖北宜昌中堡岛遗址发掘简报》，《文物》

1989 年 2 期。

⑫　林春:《长江西陵峡远古文化初探·路家河文化》,《葛洲坝工程文物考古成果汇编》40、41 页,武汉大学出版社,1990 年。

⑬　三峡考古队第三组:《湖北宜昌杨家嘴遗址发掘简报》,《江汉考古》1994 年 1 期。

⑭　王善才:《长阳香炉石遗址揭示出古代巴人早期文化类型》,《中国文物报》1994 年 12 月 18 日。

贰　金子山

1980 年春，根据宜都县文化馆提供的情况，俞伟超先生和湖北省博物馆、宜昌地区（现改为宜昌市）博物馆、宜都县的文物考古干部及有关领导，到金子山遗址调查（当时称该遗址为白水港）。那次调查的位置偏低，未发现文化层，仅见一些散落于溪边的具有特征的粗绳纹陶片和商周陶片。俞伟超先生依据《后汉书·南蛮西南夷传》等古文献有关早期巴人活动的记载，提出这类少见灰层、多见粗陶片的遗址可能与早期巴人有关[①]。

1984 年 4 月，在发掘城背溪、枝城北等新石器时代遗址的同时，对金子山遗址再次进行调查，发现了属于城背溪文化的陶片，并在较高的山坡上找到了相应的文化层。文化层分布于金子山的山顶，于是便将白水港遗址更名为金子山遗址。

遗址隶属于枝城镇白水港村，北距宜都县城关约 8 公里，东南离枝城镇和枝城北遗址约 1.5 公里，东距长江约 1.5 公里（图一）。

金子山为高出附近平地约 20 米的一座近圆形小山丘。其东北面紧靠公路（宜都至枝城镇）；南面有一条自西向东流入长江的小溪——白水港；西面和南面为断崖。金子山坐北朝南。这一带地形以白水港为界，南部至枝城镇为一片面积不大的冲积平原；北部是与鄂西南山地相连的丘陵地带。现存遗址断续分布于金子山东面和北面的缓坡上，范围约 300 平方米。发掘前，整座金子山是枝城酱品厂厂址。此厂于 1980 年兴建，开工时将金子山顶部推平（图四七；图版二四，1），现存金子山的东、北坡上还填有一部分移动过的土，并夹有少量城背溪文化碎陶片，说明金子山遗址大部分已被破坏。

遗址所保存的文化堆积不多，并随时有被破坏的可能，故于 1984 年 5 月对遗址进行发掘。根据文化层断续分布的情况，共布 3 条探沟（T1 为 3 米×5 米；T2 为 2.5 米×10 米，T3 为 1 米×5 米）和 1 个探方（T4 为 5 米×5 米；图版二四，2），发掘面积为 70 平方米，基本将有文化堆积的部分全面揭露。各探沟（探方）的方向依地形和保存情况而定，T1 为 15°，T2 和 T3 为 340°，T4 为 40°（图四七）。

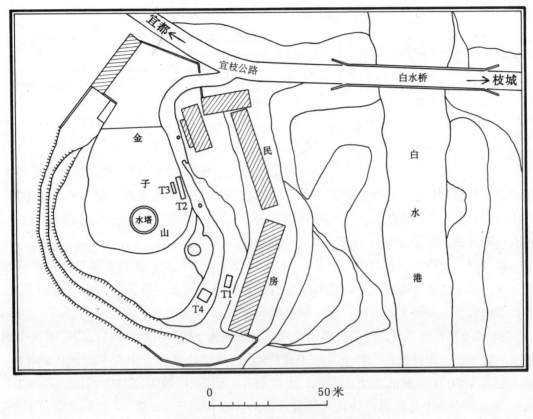

图四七　金子山遗址地形及探方位置图

第一节　地层堆积与文化遗迹

一　地层堆积

　　金子山表土为岩石风化而成，山坡较陡，水土流失比较严重。现存遗址范围内所保留的文化层并不能连成一片，山坡低凹处的文化层较厚，并往往有冲积现象。从金子山的地形观察，山顶是整个遗址的中心部位，应是房屋基址的分布区。而现存遗址当为房基脚下的堆积，故未见重要遗迹，所出陶片比较丰富，但受雨水冲刷较严重，完整器少见。

　　所发掘的文化层较薄，一般土质较纯净，草木灰、腐殖质和其他杂物均少见。T2至T4的文化层一致，以T2东壁（图四八）为例说明如下：

　　第1层　表土层。灰褐色土，厚0.05～0.3米。土质较硬，并富有黏性，上面生长着许多灌木和杂草。

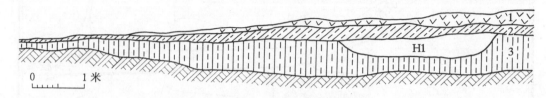

图四八　金子山遗址 T2 东壁剖面图

第 2 层　文化层。灰色土，厚 0.5～0.35 米。土质较松软，包含物主要为陶片和少量石器，其他杂物很少。陶器有釜、罐、圈足盘等，以双耳罐较多。大部分为夹砂陶，其次为夹炭陶。陶色以褐色为主，并有较多的红衣陶。纹饰以浅而乱的交错绳纹为主，还有一部分刻划纹。此层下压灰坑 1 个（H1）。

第 3 层　文化层。黄褐色土，厚 0.12～0.7 米。土质较硬，夹有少量草木灰和碎红烧土块。出土遗物除陶器以外，还有少量石器和石片。陶器与第 2 层出土的差别不大，但红衣陶较少，器形主要有罐、釜、圈足盘和杯等。

T1 的堆积也分三层，但情况略不相同：第 1 层为 1980 年枝城酱品厂建厂时从山顶推来的扰土层，灰褐色土，厚 0.07～0.77 米。土质很松散，土中夹有近现代砖瓦片。第 2 层为 1980 年以前的表土，土色、土质与 T2 至 T4 的第 1 层基本相同，厚 0.1～0.15 米。出土物中有近现代砖瓦片和瓷片。第 3 层相当于 T2 至 T4 的第 2 层，土色、土质和包含物都基本相同，厚 0～0.4 米。

二　文化遗迹

在 T2 中发现灰坑 1 个（H1）。它位于 T2 的南部，被第 2 层所压，打破第 3 层，同时打破生土层。H1 呈不规则的椭圆形，坑口南北长 4.3、东西宽 2.5、深 0.5 米。填土只有一层，呈黄黑色，夹有少量草木灰和较多的石块。出土遗物有较丰富的陶片和 1 件石斧。陶器的器形有罐、釜、圈足盘、杯等。

第二节　文化遗物

遗址保存和发掘面积较小，文化堆积亦较薄，出土遗物只有石器和陶器。共121 件。

一　石器

共 14 件。出于文化层和灰坑，有石斧、弹丸、片和核等。

斧　7 件。制作较粗糙，磨制和琢制均不够精细，器形不规整。分四型。

A型　1件。器形较细长。

标本 T2③:1，青砾石制成，长条形，上大下小，周身经磨制，弧形刃，有砍砸痕迹，断面较厚，顶部已残断。残长18.2、宽9.4、厚4.8厘米（图四九，1；图版二五，1）。

B型　2件。平面长方形，弧形刃，横断面呈椭圆形。

标本 T2③:2，青砾石，通体磨制，顶部残缺。残长6.8、宽6.6、厚2.8厘米（图四九，2）。标本 T2②:1，两面留有打击疤痕。残长10.8、宽7、厚2厘米（图四九，3）。

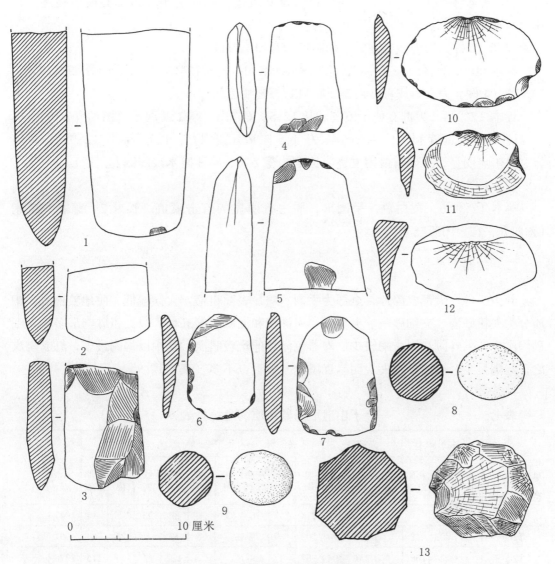

图四九　金子山遗址出土石斧、弹丸、片、核

1.A型斧 T2③:1　　2、3.B型斧 T2③:2、T2②:1　　4、5.C型斧 T4②:20、T4②:21　　6、7.D型斧 T2③:
5、H1:1　　8、9.弹丸 H1:2、H1:3　　10～12.片 T2③:4、T1③:1、T2②:2　　13.核 T2③:6

C型　2件。长形，上窄下宽，横断面较厚，呈椭圆形。

标本T4②：20，青麻石，通体磨制，顶部有琢痕。弧形刃，刃部有使用痕迹。长9.7、宽5.2～6.8、厚2.2厘米（图四九，4；图版二五，2）。标本T4②：21，青麻石，通体细琢，有磨痕。刃端残缺，顶端留琢疤。残长11.6、宽6.4～9、厚4厘米（图四九，5）。

D型　2件。器形较小，宽而薄，两端略呈弧形，是用石片琢制而成。

标本T2③：5，花斑石，未见磨痕，刃部有使用痕迹。长9.3、宽5.8厘米（图四九，6）。标本H1：1，灰砂岩，四周边有琢制痕迹，两面磨平，刃部有使用痕迹。长10.5、宽7、厚1.6厘米（图四九，7）。

弹丸　2件，均为砂岩制成，椭圆形，有加工痕迹。

标本H1：2，直径5～6厘米（图四九，8）。标本H1：3，直径4.8～5.6厘米（图四九，9）。

片　4件。为青石或青砂岩制成，只有打击痕迹和琢痕。

标本T2③：4，刃部有使用痕迹。长12.5、宽7.6、厚1.4厘米（图四九，10）。标本T1③：1，刃部锋利，长9、宽6、厚1.5厘米（图四九，11）。标本T2②：2，青砂岩，打击点明显，刃部有使用痕迹。长11、宽6.8、厚3厘米（图四九，12）。

核　1件。

标本T2③：6，黄白色，呈圆形，周边有明显的打击痕迹。长9.2、宽8.8厘米（图四九，13；图版二五，3）。

二　陶器

共107件。大都成碎片，全部为手制。陶片表面粗糙，火候偏低，质地较松散。陶质分为夹粗砂陶、夹细砂陶、夹炭陶、夹蚌陶和泥质陶等五种。以夹粗砂陶最多，夹细砂陶次之，夹蚌陶和泥质陶较少。陶器色泽总的比较暗淡，其中以褐陶最多，红衣陶次之，红陶最少。黑陶是因夹炭而呈现黑色，数量也不多（表七）。

表七　　　　　　　　　　　　　金子山遗址陶器陶质陶色统计表

陶质 数量 陶色 单位	夹粗砂			夹细砂			夹炭			夹蚌			泥质			合计
	红陶	褐陶	灰胎红衣	红陶	褐陶	灰胎红衣	黑陶	褐陶	灰胎红衣	红陶	褐陶	灰胎红衣	红陶	褐陶	灰胎红衣	
T1③	18	919				311	214	253	76	3		80	73			1947
T2②		403	28		690	170	305	169	79			52		23	72	1991
T2③		224	1081		221	204	187	4	156			127	51		115	2370
T2H1	7	1555	1677		644	372	385	61	30	1		247	1	75	82	5137
T3②		298	222		570	183		14	16			26	9			1338

续表七

单位\数量\陶色\陶质	夹粗砂			夹细砂			夹炭			夹蚌			泥质			合计
	红陶	褐陶	灰胎红衣	红陶	褐陶	灰胎红衣	黑陶	褐陶	灰胎红衣	红陶	褐陶	灰胎红衣	红陶	褐陶	灰胎红衣	
T3③		420	496	460	182		181	327	208			242	71			2587
T4②		1154	811	2017	64		51	501	225			364			757	5944
T4③		71	249			240						36	46		19	661
合计	9633			6328			3442			1178			1394			21975
%	43.84			28.80			15.66			5.36			6.34			

陶器纹饰有粗绳纹、细绳纹、刻划纹、镂孔和锥刺纹等五种（图五〇），素面陶比例增大。纹饰中以粗绳纹最多，占出土陶片总数的 49.78%，细绳纹占 26.03%；锥刺纹、刻划纹和镂孔器所占比例都较小（表八）。绳纹一般纹痕较浅，不整齐。

表八　　　　　　　　　　金子山遗址陶器纹饰统计表

单位\数量\纹饰	粗绳纹	细绳纹	刻划纹	镂孔	锥刺纹	素面	合计
T1③	690	492	27	6		732	1947
T2②	754	850	11	3		373	1991
T2③	1020	596	3	11		740	2370
T2H1	3266	1160	35	5		671	5137
T3②	375	86	14	8		855	1338
T3③	1045	995	9	1		537	2587
T4②	3350	1376	13	7		1198	5944
T4③	440	164	9	1	1	46	661
合计	10940	5719	121	42	1	5152	21975
%	49.78	26.03	0.55	0.19	0.005	23.45	

陶器器形主要有釜、罐、瓮、钵、碟、盆、盘、小杯、支座及器足等。

釜　11件。分四式。

Ⅰ式　1件。较直。标本 T3③：11，夹粗砂（羼炭）黑陶。口较直，略外侈。上腹壁较直，下腹残缺。腹外饰浅而细的绳纹。口径 15.5、残高 10 厘米（图五一，1）。

Ⅱ式　1件。口外侈。标本 T2③：10，夹砂褐胎红皮陶。沿内面呈弧形，斜肩。腹以下残缺。器外饰浅绳纹。口径23、残高5厘米（图五一，2）。

　　Ⅲ式　5件。侈口，口沿外卷，并附加泥条，圆尖唇，短颈略内束，微鼓腹，下腹均残缺。标本T2③:7，夹砂黑胎红皮陶，上腹饰绳纹，口径23、残高13.1厘米（图五一，3）。标本H1:14，夹粗砂褐陶，上腹饰浅绳纹。口径30、残高8厘米（图五一，

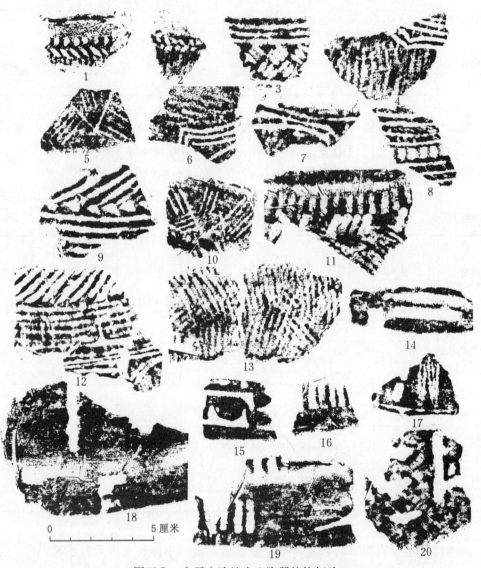

图五〇　金子山遗址出土陶器纹饰拓片

1、2.小罐肩部锥刺纹　　3～7.罐肩部刻划纹　　8、9.罐肩部刻划纹和戳印纹　　10～12.H1出土罐肩部刻划纹　　13.钵底部绳纹　　14.盘圈足上的刻划纹和镂孔　　15、16.T4第3层出土盘圈足底部的刻划纹　　17.H1出土盘圈足底部的刻划纹　　18、19.盘圈足上的刻划纹　　20.支座上的刻划纹

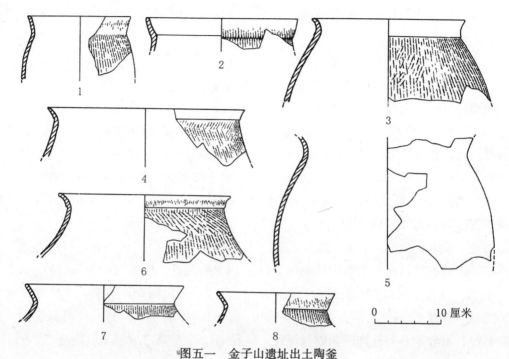

图五一　金子山遗址出土陶釜

1. I 式 T3③：11　　2. II 式 T2③：10　　3～6. III 式 T2③：7、H1：14、T3③：17、T4②：14
7、8. IV 式 H1：12、T4②：12

4）。标本 T3③：17，夹砂褐陶，绳纹已被抹掉。口径 26、最大腹径 33.6、残高 21 厘米
（图五一，5）。标本 T4②：14，夹砂（并羼少量炭）褐陶。方唇。颈部饰较粗的斜绳纹，
上腹饰绳纹。口径 26、残高 11 厘米（图五一，6）。

IV 式　4件。侈口，折沿上仰，束颈。上腹外鼓，下腹均残缺。标本 H1：12，夹砂
陶，略带橙黄色。圆唇，折沿。口沿外为素面，上腹饰细绳纹。口径 24、残高 5.5 厘
米（图五一，7）。标本 T4②：12，夹砂灰胎红皮陶，薄胎。折沿上仰，圆唇。口沿外与
上腹饰绳纹。口径 18、残高 5.2 厘米（图五一，8）。

罐　38件。分三型。

A 型　23件。器形较大。分五亚型：

Aa 型　5件。高领，广肩。

标本 T2②：9，夹砂褐陶。口沿略外侈，圆唇，肩部饰绳纹。口径 13、残高 5.5 厘
米（图五二，1）。

Ab 型　3件。敛口。又分二式。

I 式　2件。直沿内敛，圆唇或方唇，口壁略外鼓，无颈，下腹均残缺。标本 T2
③：12，夹砂黑陶（局部为红皮陶）。方唇，器外饰绳纹。口径 16、残高 6.6 厘米（图

五二，2）。标本T2③:16，夹炭褐陶，圆唇，口沿下饰较粗的斜绳纹。口径12、残高4.4厘米（图五二，3）。

Ⅱ式　1件。口较小，口沿略向上，口壁略内弧。标本T2③:17，夹炭黑陶。方唇。器外饰绳纹。口径13、残高5.4厘米（图五二，4）。

Ac型　6件。直口。分三式。

Ⅰ式　4件。口较小，直沿，领较长，圆唇，斜肩。腹部均残缺。标本T2③:11，夹炭黑陶（羼骨末）。颈外饰细绳纹。口径17、残高10厘米（图五二，5）。

Ⅱ式　1件。领较短，领、肩之间有界线。标本T4②:13，夹炭黑陶（内壁黑，外壁红略带黑），胎较厚，器表较平整。口也较小，圆唇，有领，领下内凹，斜腹。下腹残缺。腹部饰浅绳纹。口径14、残高6.5厘米（图五二，6）。

Ⅲ式　1件。短领，尖唇。标本T2③:21，夹砂褐陶。口沿内斜直，口略外敞。领部一凹沟，并有锥刺纹，上腹饰细绳纹。口径14、残高5.2厘米（图五二，7）。

Ad型　5件。大口，卷沿或折沿。标本T3③:4，夹炭褐陶。有领，上腹饰深而整齐的绳纹。口径23.6、残高5.2厘米（图五二，8）。标本T4②:17，夹炭深褐陶。圆唇，折沿，沿较窄。器外饰凹弦纹与绳纹。口径16.5、残高2.8厘米（图五二，9）。

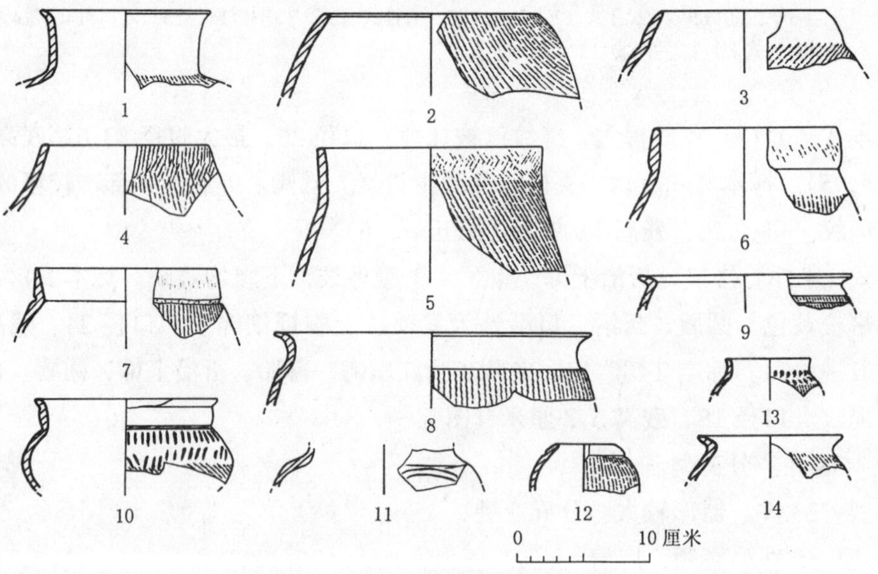

图五二　金子山遗址出土陶罐、小罐

1.Aa型罐T2②:9　2、3.Ab型Ⅰ式罐T2③:12、T2③:16　4.Ab型Ⅱ式罐T2③:17　5.Ac型Ⅰ式罐T2③:11　6.Ac型Ⅱ式罐T4②:13　7.Ac型Ⅲ式罐T2③:21　8、9.Ad型罐T3③:4、T4②:17　10、11.Ae型罐H1:6、T3③:16　12.B型Ⅰ式罐T4②:4　13.B型Ⅱ式罐T4③:9　14.B型Ⅲ式罐T4②:16

Ae 型　4 件。有领，鼓腹，颈部或上腹有压印纹或刻划纹，器形较小。下腹残缺。

标本 H1：6，夹砂灰胎红陶。口沿微外撇，圆唇，上腹压印条纹，下腹饰绳纹。口径 14、残高 6.8 厘米（图五二，10）。标本 T3③：16，饰刻划纹（图五二，11）。

B 型　4 件。器型较小。分为三式。

Ⅰ式　1 件。敛口，圆腹。标本 T4②：4，泥质灰胎红陶。圆唇，外叠沿，圆鼓腹。下腹残缺。腹外饰绳纹。口径 4.5、腹径 8.5、残高 4 厘米（图五二，12）。

Ⅱ式　2 件。直口，有领，微卷沿，鼓肩，鼓腹。下腹残缺。标本 T4③：9，夹细砂红褐陶。颈上有 2 排锥刺纹，上腹饰细绳纹。口径 6.5、残高 2.8 厘米（图五二，13）。

Ⅲ式　1 件。侈口，束颈。标本 T4②：16，泥质红陶。口较大，卷沿外侈，束颈，鼓肩，鼓腹。下腹残缺。颈上与上腹饰细绳纹。口径 11、残高 3.5 厘米（图五二，14）。

C 型　11 件。有双耳。分三亚型。

Ca 型　4 件。釜形，双耳安于口部两侧。又分二式。

Ⅰ式　1 件。敛口。标本 H1：27，夹炭褐陶。口沿内卷成敛口，圆唇，束颈，颈部安两个对称的方耳（方耳上刻四个长方形凹纹）。下腹残缺。罐表素面。口径 20、残高 8 厘米（图五三，1）。

Ⅱ式　3 件。直口，直沿微外侈，口沿外的两个附耳为扁形。下腹残缺。标本 T2③：30，夹炭黑胎红陶。唇较尖。饰绳纹。口径 25、残高 8.2 厘米（图五三，2）。标本 T2③：31，夹炭黑胎红陶。方唇。饰绳纹。口径 24、残高 6.5 厘米（图五三，3）。

Cb 型　3 件。小口，高领，鼓肩，双耳在肩部。

标本 T3③：14，夹砂红陶，略带橙黄色。口沿残，肩部双耳呈环形。肩以下饰浅而细的交错绳纹。残口径 14.5、残高 6 厘米（图五三，4）。

Cc 型　4 件。敛口，折腹，饰刻划纹或压印纹。分三式。

Ⅰ式　2 件，直沿内敛，方唇。折腹，上、下腹壁都较直。上腹外有两个对称的附耳，附耳呈束腰形。标本 T4②：1，夹炭黑胎深褐陶。器表较平整，但有许多麻点状小坑窝，整器较高。底残。上腹饰戳印纹、凸弦纹和细绳纹，下腹饰细绳纹。口径 16、腹径 25.2、残高 13.6 厘米（图五三，5；图版二五，4）。

Ⅱ式　1 件。短领内敛。标本 H1：16，夹炭褐陶。圆唇，肩部有器耳的残迹。腹外饰压印纹。口径 12、残高 3.8 厘米（图五三，6）。

Ⅲ式　1 件。有斜短领。标本 T4②：2，泥质灰陶。敛口，沿部略上撇呈斜短领，折腹，圜底略内凹，口沿上有两个对称附耳，附耳呈扁弧形。整器较矮胖，可以复原。上腹饰刻划的条纹和凹弦纹，下腹饰浅绳纹。口径 12.5、腹径 24、高 11.8 厘米（图五

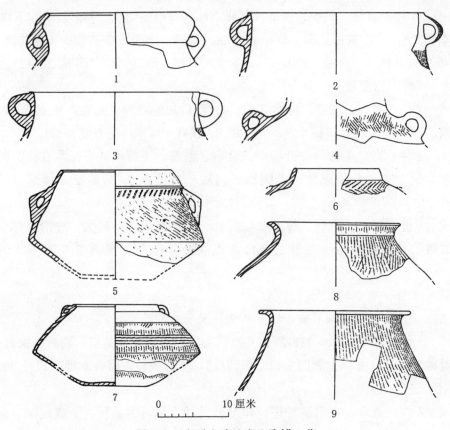

图五三　金子山遗址出土陶罐、瓮

1.Ca 型 I 式罐 H1:27　　2、3.Ca 型 II 式罐 T2③:30、T2③:31　　4.Cb 型罐 T3
③:14　　5.Cc 型 I 式罐 T4②:1　　6.Cc 型 II 式罐 H1:16　　7.Cc 型 III 式罐 T4
②:2　　8.I 式瓮 T3③:3　　9.II 式瓮 T3③:2

三，7；图版二五，5）。

瓮　2件。分二式。

I 式　1件。微卷沿。标本 T3③:3，夹粗砂红陶，略带黄色。侈口，尖唇，沿外附加泥条，颈部内束，鼓肩，下腹残缺。口沿外与上腹均饰较粗的绳纹。口径 19、残高 8 厘米（图五三，8）。

II 式　1件。平沿。标本 T3③:2，夹蚌壳红陶（内壁局部呈黑色）。敛口，斜肩。下腹残缺。口沿下饰较规整的浅绳纹。口径 22、残高 11.6 厘米（图五三，9）。

钵　18件。分为两型。

A 型　12件。深腹钵。又分为五式。

I 式　1件。敛口，鼓腹。标本 T2②:4，夹粗砂褐陶，胎较厚。圆唇，下腹残缺。器外饰较浅的粗绳纹。口径 16.4、残高 6.3 厘米（图五四，1）。

Ⅱ式　1件。口较直。标本 T3③:12，夹炭黑陶。圆唇，腹壁较直而深，下壁残缺。器外饰有刻划的直线与方格纹。口径12、残高4.3厘米（图五四，2）。

Ⅲ式　4件。口微敛，口沿略外侈，腹略外鼓，下腹残缺。标本 T2③:9，夹炭灰胎红陶。尖唇。器外饰浅而细的绳纹。口径14、残高8厘米（图五四，3）。标本 T4②:8，夹砂褐胎红陶。器外饰细绳纹。口径18、残高5厘米（图五四，4）。

Ⅳ式　3件。微敞口，圆唇，腹壁斜弧内收，下腹残缺。标本 T3③:6，夹粗砂带橙黄色红陶。器外饰粗绳纹。口径17、残高6.8厘米（图五四，5）。标本 H1:18，夹砂褐陶。器外饰粗绳纹。口径18、残高7.6厘米（图五四，6）。

Ⅴ式　3件。大敞口，圆唇，腹壁外弧并里收，下腹残缺。标本 H1:17，夹细砂红陶。器表饰浅绳纹。口径23、残高6厘米（图五四，7）。标本 T2②:4，夹砂褐陶。唇部略外撇，器表饰交错绳纹。口径21.5、残高5.6厘米（图五四，8）。

B型　6件。浅腹钵。又分为四式。

Ⅰ式　1件。敛口。标本 T2②:6，夹炭黑陶。方唇，弧形腹壁，里收，下腹残缺。

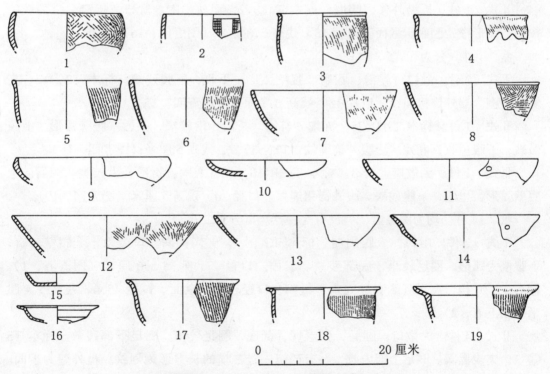

图五四　金子山遗址出土陶钵、碟、盆

1.A型Ⅰ式钵 T2②:4　2.A型Ⅱ式钵 T3③:12　3、4.A型Ⅲ式钵 T2③:9、T4②:8　5、6.A型Ⅳ式钵 T3③:6、H1:18　7、8.A型Ⅴ式钵 H1:17、T2②:4　9.B型Ⅰ式钵 T2②:6　10、11.B型Ⅱ式钵 T3②:2、T2③:15　12、13.B型Ⅲ式钵 T4②:3、T4③:6　14.B型Ⅳ式钵 T2③:27　15.Ⅰ式碟 T4③:1　16.Ⅱ式碟 T4③:2　17.Ⅰ式盆 T2③:5　18.Ⅱ式盆 T2③:25　19.Ⅲ式盆 T2③:18

素面。口径24、残高4.5厘米（图五四，9）。

Ⅱ式　2件。敞口，盘形，圆唇或方唇，弧形壁，下部残缺。标本T3②：2，泥质红陶。方唇。素面。口径19、残高2.8厘米（图五四，10）。标本T2③：15，夹炭黑陶。圆唇，上壁有一小圆孔（两面钻孔）。素面。口径28、残高3.5厘米（图五四，11）。

Ⅲ式　2件。大敞口，圆唇，斜直壁，壁里收，下部残缺。标本T4②：3，夹砂灰胎红陶。器外饰浅绳纹。口径30、残高5.2厘米（图五四，12）。标本T4③：6，夹砂黑胎红陶。素面。口径26、残高4.2厘米（图五四，13）。

Ⅳ式　1件。标本T2③：27，夹炭黑胎红陶。敞口，尖唇，略曲壁，下部残缺，上壁有一小圆孔。表面施有磨光红陶衣。口径24、残高4.4厘米（图五四，14）。

碟　2件。分为二式。

Ⅰ式　1件。斜壁，平底。标本T4③：1，泥质黑陶。敞口，圆唇，斜直壁，平底。素面。口径10、高2厘米（图五四，15）。

Ⅱ式　1件。折沿外侈，圜底。标本T4③：2，泥质褐陶。敞口，折沿，沿面较宽较平，弧形壁，圜底。素面。口径13、残高2.8厘米（图五四，16）。

盆　4件。分为三式。

Ⅰ式　2件。敞口，卷沿，圆唇。腹壁弧形，里收，下腹残缺。标本T2③：5，夹炭深褐陶。器外饰粗绳纹。口径18、残高6.7厘米（图五四，15）。

Ⅱ式　1件。标本T2③：25，夹细砂红陶。折沿，沿较窄，圆唇。腹壁弧形，上腹微鼓，下腹里收，底残缺。腹外饰绳纹。口径17.7、残高5厘米（图五四，18）。

Ⅲ式　1件。大敞口，折沿。标本T2③：18，夹砂灰陶。折沿，沿较宽，圆唇。上腹壁弧形，里收，下腹残缺。腹外饰粗绳纹。口径20、残高5厘米（图五四，19）。

盘　14件。均为圈足盘，但没有完整器。可分为二式。

Ⅰ式　2件。敞口，上腹内曲。标本T3③：7，夹炭褐陶。口微敞，上腹壁较直，下腹壁为弧形，圈足较小，底部残缺。素面。口径27、残高5.6厘米（图五五，1）。标本T2③：14，夹炭（羼有蚌壳末）黑陶，口径较大。素面。口径45.6、残高5.4厘米（图五五，2）。

Ⅱ式　4件。大敞口，圆唇，弧形壁，圜底，圈足较粗。圈足下部残缺。标本T3③：1，夹炭黑陶。圈足上部内收，并有四组一竖二横的长方形刻划纹。盘外壁为素面。口径29.4、残高7.8厘米（图五五，3）。标本T2③：8，夹炭灰胎红陶。器形较小，圈足上部刻有划纹和镂孔。盘外为素面。口径16.8、残高5厘米（图五五，4）。

盘的圈足部分差异较大，可分二型。

A型　5件。高圈足。又可分为二式。

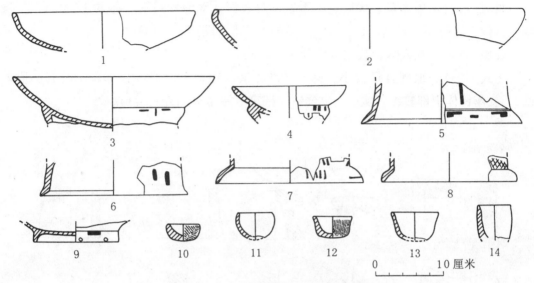

图五五 金子山遗址出土陶盘、小杯

1、2. I 式盘 T3③:7、T2③:14 3、4. II 式盘 T3③:1、T2③:8 5、6. A 型 I 式盘圈足 T1④:3、T2②:14
7、8. A 型 II 式盘圈足 T4③:4、T4②:9 9. B 型盘圈足 H1:21 10、11. I 式小杯 H1:4、T2②:3 12、
13. II 式小杯 H1:5、H1:7 14. III 式小杯 T3③:8

　　I 式　3 件。略呈喇叭形,较高大。标本 T4③:3,夹炭褐陶。圈足底沿外折,下部有横竖向的刻划纹。圈足径 22.5、残高 6 厘米(图五五,5)。标本 T2②:14,夹炭褐陶。圈足底沿外折,沿较窄,下部有镂孔与刻划纹。圈足径 22、残高 5 厘米(图五五,6)。

　　II 式　2 件。圈足的中部较直,呈筒状。底沿外折,沿较宽,呈喇叭状,上部残缺。标本 T4③:4,夹炭褐陶,圈足下部有长条形的刻划纹。圈足径 22、残高 3.8 厘米(图五五,7)。标本 T4②:9,夹炭黑陶。圈足下部有刻划纹,呈网状。圈足径 20、残高 4.2 厘米(图五五,8)。

　　B 型　3 件。矮圈足,足径较小。

　　标本 H1:21,夹炭黑陶。圈足径 12.8、残高 3.2 厘米(图五五,9)。

　　小杯　6 件。分为三式。

　　I 式　2 件。口略内敛,圆唇,弧形壁,圜底。标本 H1:4,泥质褐陶,厚胎,杯内空很小。器外饰绳纹。口径 5、高 2.6 厘米(图五五,10;图版二五,7)。标本 T2②:3,泥质红陶。素面。口径 5.2、高约 4 厘米(图五五,11)。

　　II 式　2 件。敞口,圆唇,斜弧壁,圜底。外饰绳纹。标本 H1:5,泥质褐陶。底较宽。口径 6、高 3.2 厘米(图五五,12;图版二五,6)。标本 H1:7,夹炭褐陶。器表较平整,底略残缺。素面。口径 7、残高 4 厘米(图五五,13)。

Ⅲ式　2件。微敛口，尖唇，弧形壁，腹较深，下部均残缺。标本T3③:8，夹炭灰胎红陶，胎较厚。素面。口径5、残高5.2厘米（图五五，14）。

支座　9件。均残缺，其顶端可分为三式。

Ⅰ式　1件。顶部直径较小。标本T2③:38，粗泥质红陶，顶部较小（有一边外凸）。支座柱体上部较细，实心。饰绳纹。残高6厘米（图五六，1）。

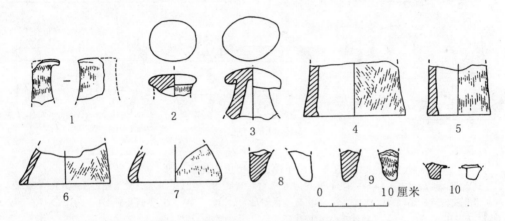

图五六　金子山遗址出土陶支座、器足

1.Ⅰ式支座T2③:38　　2.Ⅱ式支座T2③:37　　3.Ⅲ式支座T1③:8　　4、5.Ⅰ式支座底部T2
③:40、T2②:12　6.Ⅱ式支座底部H1:24　7.Ⅲ式支座底部T2③:39　　8、9.Ⅰ式器足T2
③:29、H1:26　　10.Ⅱ式器足H1:25

Ⅱ式　1件。顶部呈饼状，但直径较小。标本T2③:37，粗泥质红陶，质较松软。顶部与支座柱体上部的大小相近，支座柱体上部较粗大。顶部为素面，支座上部饰绳纹。顶径长6~7.2、残高3.2厘米（图五六，2）。

Ⅲ式　2件。顶部较大，呈椭圆饼形，中部隆起。支座柱体上部为喇叭状外侈。标本T1③:8，泥质红陶（羼有谷壳）。素面。顶径长6.4~8.4、残高7.8厘米（图五六，3）。

支座的底部，据其形制差别，也可分为三式。

Ⅰ式　3件。内空，下壁较直。标本T2③:40，粗泥质红陶（质松）。饰绳纹。底径15、残高8厘米（图五六，4）。标本T2②:12，夹细砂红陶。饰较浅的细绳纹。底径9、残高7.6厘米（图五六，5）。

Ⅱ式　1件。内空，斜喇叭形座。标本H1:24，泥质红陶。内空，斜喇叭形座。饰浅绳纹，并有镂孔。底径14、残高5.6厘米（图五六，6）。

Ⅲ式　1件。内空，覆钵形座。标本T2③:39，粗泥质红陶，饰绳纹（被抹平而不太明显）。底径14、残高5.6厘米（图五六，7）。

器足　3件。分为二式。

Ⅰ式　2件。锥形足。标本 T2③:29，夹砂灰胎红陶，有浅足窝。素面。残高 4.8 厘米（图五六，8）。标本 H1:26，夹砂褐陶。饰绳纹。残高 4.9 厘米（图五六，9）。

Ⅱ式　1件，短足。标本 H1:25，夹炭褐陶，短乳丁状足。素面。残高 2 厘米（图五六，10）。

第三节　小结

金子山遗址出土的陶器可复原的虽然不多，但其文化特征明显，表明这里是一处城背溪文化遗址。

金子山陶器为手制，表面不平，显得粗糙，火候不高，质地松软，以夹砂陶所占比例最大，其次为夹炭或夹蚌壳陶，泥质陶所占比例较小。陶器表面以褐色为主，红、褐色相间的情况较少。红衣陶占有较大比例，但其色泽较暗淡。还有少量黑陶和红陶。纹饰中以浅粗绳纹占多数，其次为浅细绳纹，素面陶也不少，还有一部分为刻划纹和镂孔器。器形种类不多，结构简单，基本造型为直口，弧壁，圜底，或加圈足。常见器物有釜、瓮、罐、钵、盆、碟、盘（有圈足）、杯和支座。鼎少见（仅见少量器足，当为鼎足）。

陶器的基本作风、陶质和纹饰、器形种类与形态的主要特点，特别是陶釜或罐的口沿外附加泥条，并压印绳纹的特征和圈足盘的特点与纹饰作风，与城背溪、枝城北等遗址的陶器大体相同。但各种陶系、纹饰、器形所占的比例多寡和器类形态变化等方面存在着明显差异。例如金子山遗址的陶器中，夹粗砂陶较多，夹炭陶较少；粗绳纹较多，刻划纹、镂孔器具有特色；有双耳的罐较多，扁平的器形形态和肩部饰刻划纹的小罐也很特殊。因此，金子山遗址的发现丰富了城背溪文化的内容，同时为城背溪文化的分期提供了资料。

金子山遗址坐落于小山之巅，它的位置高于当地一般遗址的相对高度。这为今后继续寻找新石器时代较早阶段的文化遗址提供了信息。从遗址的内涵来看，金子山遗址与已发掘的长江边上的同期遗址也有区别。例如长江边上的同期遗址，一般文化堆积较集中，并都有较丰富的石片和鱼骨，而金子山遗址则不见鱼骨和少见石片。推测这与当时人们的经济生活有关。但由于发掘面积有限，更深入的探讨还有待于今后的工作。

注　释

① 俞伟超：《先楚与三苗文化的考古学推测——为中国考古学会第二次年会而作》，《文物》1980 年 10 期。

叁　栗树窝

栗树窝遗址位于宜都县姚店区花庙乡清圣庵村附近的长江南岸，东距孙家河遗址0.8公里，南距宜（都）白（洋）公路（长江防护大堤）约50米，西距石板巷子遗址约0.5公里（图一）。

1984年11月，湖北省博物馆考古部在发掘孙家河遗址时调查发现了栗树窝遗址。当时遗址的绝大部分已被江水冲毁。为了解该遗址的内涵，同年12月对其进行了发掘。共布二个探方（T1、T2），实际发掘面积为40平方米。

第一节　地层堆积

发掘表明遗址仅存边缘部分，保存文化遗存极少。现以T2北壁（图五七）为例说明于下：

第1层　表土层。灰色沙质土，厚0.15～0.35米。上面种植白杨树，为江堤防护林。

第2层　淤土层。黄褐色土，厚1.69～1.95米。土质松软，无包含物。

第3层　文化层。浅褐色土，厚0.15～0.57米。土质松软，包含物有少量汉砖。

第4层　文化层。灰褐色土，厚0.45～0.5米。土质较硬，含少量红烧土块和少量陶片。其中有罐、釜口沿和鼎足，属石家河文化。

第5层　文化层。褐色土，厚0.75～1.2米。质地坚硬，包含物有褐陶夹砂罐、钵和石斧等，属城背溪文化。

第二节　文化遗物

一　城背溪文化遗物

仅有少量石器和陶器。共19件。

（一）石器

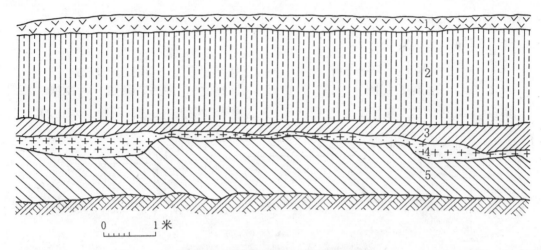

图五七　栗树窝遗址 T2 北壁剖面图

1. 灰色沙质土　　2. 黄褐色土　　3. 浅褐色土　　4. 灰褐色土　　5. 褐色土

仅发现石斧一种，数量也很少。

石斧　2件。

标本 T2⑤:1，砾石石片琢制而成，上窄下宽，顶和刃都呈不规则弧形，一侧边较直。长14.4、宽8.4、厚3厘米（图五八，1）。标本 T1⑤:7，上窄下宽，磨制。刃端残缺，两侧较直，弧顶，并保留有琢制痕迹。残长11、宽7.6、厚2.6厘米（图五八，2）。

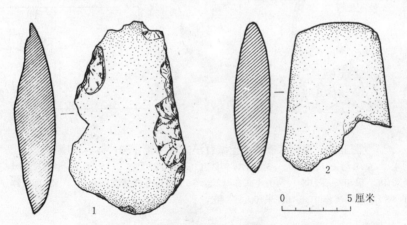

图五八　栗树窝遗址出土城背溪文化石斧

1. T2⑤:1　　2. T1⑤:7

（二）陶器

仅出土少量陶片（图版二六，1），能辨别器形的有釜、罐、钵、盆、盘和支座等共

17 件。现分述如下：

釜　3 件。分二型。

A 型　2 件。大口，浅腹。

标本 T2⑤:2，泥质褐陶。大口，口微敛，沿微外侈，圆唇，鼓腹，圆圜底。腹饰交错绳纹。口径 16.3、腹径 17、复原通高 13.5 厘米（图五九，1；图版二六，2）。

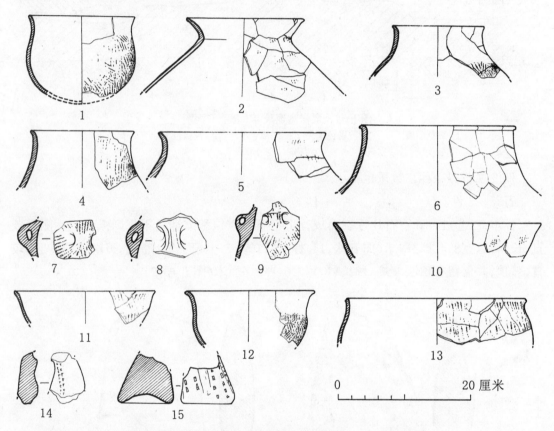

图五九　栗树窝遗址出土城背溪文化陶釜、罐、钵、支座

1.A 型釜 T2⑤:2　2.B 型釜 T1⑤:1　3、4.Aa 型罐 T1⑤:3、T2⑤:3　5、6.Ab 型罐 T2⑤:4、T1⑤:2　7～9.B 型罐采:06、采:07、采:08　10.Ⅰ式钵 T2⑤:5　11.Ⅱ式钵 T1⑤:5　12.Ⅲ式钵 T1⑤:4　13.盆 T2⑤:6　14、15.支座 T2⑤:8、采:09

B 型　1 件。小口，斜肩。

标本 T1⑤:1，夹细砂橙红陶。敞口，尖唇，束颈，斜广肩。颈、肩饰绳纹，抹平。口径 20、残高 12.8 厘米（图五九，2）。

罐　7 件。共二型。

A 型　4 件。无器耳。分二亚型。

Aa 型 2 件。口较小。

标本 T1⑤:3，夹粗砂红褐陶。侈口，圆唇，圆溜肩。腹饰交错绳纹。口径 14、残高 8 厘米（图五九，3）。标本 T2⑤:3，夹砂褐陶。侈口，尖唇。颈部饰中粗绳纹。口径 16、残高 8.8 厘米（图五九，4）。

Ab 型 2 件。口较大。

标本 T2⑤:4，夹砂褐陶。尖唇，唇部外侈，短颈。颈饰绳纹，抹平。口径 26、残高 7 厘米（图五九，5）。标本 T1⑤:2，夹砂褐陶。口微敛，沿面略外翻。口径 24、残高 11.2 厘米（图五九，6）。

B 型 3 件。有双耳。仅发现器耳，均为捏制。

标本采:06，细砂红褐陶，半圆形。陶片长 6 厘米（图五九，7）。标本采:07，夹砂褐陶。半圆形，似牛鼻。饰绳纹（图五九，8）。标本采:08，夹砂褐胎红衣陶。椭圆形。素面（图五九，9）。

钵 3 件。分三式。

Ⅰ式 1 件。口较大，腹较浅。标本 T2⑤:5，夹砂褐陶。侈口，圆唇，斜弧腹。腹部绳纹抹平。口径 32、残高 5.2 厘米（图五九，10）。

Ⅱ式 1 件。标本 T1⑤:5，泥质褐陶。斜腹。颈、腹饰粗绳纹。口径 22、残高 5 厘米（图五九，11）。

Ⅲ式 1 件。深腹。标本 T1⑤:4，夹细砂褐陶。敞口，圆唇，沿面外侈，微鼓腹。腹饰交错绳纹。口径 20、残高 8.4 厘米（图五九，12）。

盆 1 件。

标本 T2⑤:6，泥质红褐陶。尖唇，口微侈，腹壁外鼓。颈、腹饰粗绳纹。口径 28、残高 7.2 厘米（图五九，13）。

盘 1 件。

标本 T2⑤:7，泥质褐陶。圆唇，有圈足，斜弧壁。口径 28 厘米。

支座 2 件。均为残片。

标本 T2⑤:8，夹细砂红陶。形似鸟头，饰戳印纹。残高 8 厘米（图五九，14）。标本采:09，泥质红褐陶。座底为方形并内凹。周身饰戳印纹，每边两组，中间抹一小槽。残高 7.6 厘米（图五九，15）。

二 石家河文化遗物

均为陶器，共有 15 件。主要器形有鼎、鼎足、釜、罐、瓮、钵、盆、盘、圈足、器盖和盖纽等。现分述如下：

鼎 2 件。均残缺，仅存口沿。分二式。

Ⅰ式　1件。折沿，沿面内凹。标本 T2④:3，夹砂褐陶。圆唇，束颈。口径 18、残高 3.5 厘米（图六〇，1）。

Ⅱ式　1件。折沿上仰，沿面平。标本 T2④:4，泥质褐陶。唇下垂，束颈。残高 3 厘米（图六〇，2）。

鼎足　2件。

标本 T2④:14，夹粗砂红褐陶。扁形侧装足，残高 4 厘米（图六〇，3）。标本 T2④:15，夹细砂褐陶。扁锥形侧装足。残腹饰绳纹。残高 6 厘米（图六〇，4）。

釜　2件。分二式。

Ⅰ式　1件。敞口，器形较小。标本 T2④:10，夹细砂褐灰陶。尖唇，折沿上仰，沿外弧，束颈，圆鼓腹。腹饰中粗绳纹。口径 13、残高 5.6 厘米（图六〇，5）。

Ⅱ式　1件。大敞口，口径较大。标本 T2④:11，夹细砂褐陶。折沿，沿壁外弧，尖唇，束颈。口径 28、残高 3.6 厘米（图六〇，6）。

罐　1件。

标本 T2④:13，泥质褐陶，外施黑衣。小口，口微敞，圆唇，直颈，高领。罐身残。口径 14、残高 4.3 厘米（图六〇，7）。

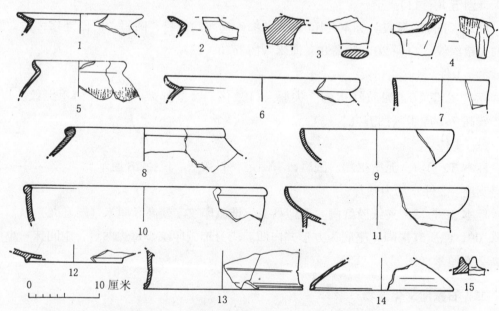

图六〇　栗树窝遗址出土石家河文化陶鼎、釜、罐、瓮、钵、盆、盘、器盖
1.Ⅰ式鼎 T2④:3　2.Ⅱ式鼎 T2④:4　3、4.鼎足 T2④:14、T2④:15　5.Ⅰ式釜 T2④:10
6.Ⅱ式釜 T2④:11　7.罐 T2④:13　8.瓮 T2④:1　9.钵 T2④:8　10.盆 T2④:5
11.盘 T2④:12　12、13.圈足 T2④:7、T2④:16　14.器盖 T2④:6　15.盖纽 T1④:1

瓮　1件。

标本 T2④:1，泥质褐陶。圆唇，敛口。口径 22、残高 6.2 厘米（图六〇，8）。

钵　1件。

标本 T2④:8，泥质灰陶。敛口，圆唇，弧壁，腹较浅，圜底。口径 21.5、残高 4.5 厘米（图六〇，9）。

盆　1件。

标本 T2④:5，泥质褐陶。敛口，圆唇，微鼓腹。素面。口径 35、残高 4.6 厘米（图六〇，10）。

盘　1件。

标本 T2④:12，泥质灰陶。盘较深，口微敛，尖唇，装圈足，圈足较高。素面。口径 26、残高 5.8 厘米（图六〇，11）。

圈足　2件。

标本 T2④:7，泥质灰褐陶。弧壁，矮圈足。底径 14 厘米（图六〇，12）。标本 T2④:16，泥质灰陶。高圈足，足底外撇。中底部各饰一道凹弦纹。底径 22.5 厘米（图六〇，13）。

器盖　1件。

标本 T2④:6，泥质褐陶。斜壁。有 2 道凹弦纹。口径 21、残高 4.3 厘米（图六〇，14）。

盖纽　1件。

标本 T1④:1，夹砂褐陶。羊角形。残高 2.3 厘米（图六〇，15）。

第三节　小结

栗树窝遗址距孙家河、石板巷子两遗址很近，为宜都境内长江南岸一处重要的新石器时代遗址。其文化内涵，从发掘的情况来看，主要包括城背溪文化和石家河文化两部分。该遗址出土的城背溪文化陶器比孙家河遗址的早，可惜遗址已被江水冲毁。

肆　枝城北

1983 年 12 月，湖北省博物馆考古部的研究人员和北京大学考古学系实习师生调查发现了枝城北遗址。

遗址位于宜都县枝城镇北部的西湖乡白水港村（图一）。长江在枝城镇附近的流向基本为自北而南。遗址坐落在长江西岸边缘上（图版二七），南距枝城镇北门约 300 米，西距长江防洪堤约 55 米。遗址常受江水冲刷，文化层已暴露于长江岸边的断面上，现存遗址分布范围仅长约 20、宽约 10 米。遗址所在地是长江的一条小支流——白水港的冲积平原。平原的面积不大，周围是连绵起伏的丘陵。这里土地肥沃，气候温和，适于古代人类居住。据初步调查，这一带分布着不少新石器时代遗址。在枝城北的西北方相距约 2000 米处有金子山遗址，北面相距约 300 米处有蒋家桥遗址。

1984 年 4 月至 5 月，湖北省博物馆考古部对该遗址进行了抢救性发掘，开 5 米×5 米的探方 2 个，编号为 T1、T2（图版二八，1），面积 50 平方米。由于受地形和长江堤防的限制，探方方向为 312°。

第一节　地层堆积与文化遗迹

一　地层堆积

遗址正处于长江江水的湍流回旋地段，岸壁陡立，显然由于长江河道不断向西移动，江岸崩塌，早年的遗址与长江岸边应有一定的距离。从目前保留的遗址断面观察，遗址的大部分已崩塌于江中。发掘的两个探方，地层堆积一致，共分五层。现以 T2 西壁（图六一）为例，说明如下：

第 1 层　表土层。呈灰黑色，属淤泥土，厚 0.1～0.2 米。含细砂多，较松软。此层不见文化遗物。

第 2 层　淤泥层。灰色土，厚 1.35～1.5 米。土质纯净，结构较为松软，也不见文化遗物。

第 3 层　汉代至六朝时期的文化层。灰黑色土，并夹有少量黄褐色土，厚 1.45～

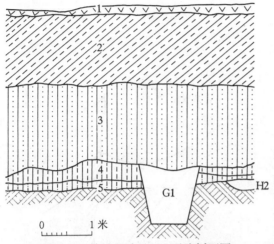

图六一　枝城北遗址 T2 西壁剖面图
1. 灰黑色淤泥　　2. 灰色淤泥　　3. 灰黑色夹黄褐色土
4. 浅棕色斑点黄褐色土　　5. 棕色斑点黄褐色土

1.9 米。土质结构较为疏松。包含物有汉代陶器，主要器形为宽沿盆（图六二），还有砖和六朝青瓷片。此层相当厚，并由东向西倾斜，即东部较薄，西部较厚。在此层下叠压着 1 条沟（G1）。

第 4 层　新石器时代城背溪文化层。黄褐色土，带有少许浅棕色斑点，厚 0.1～0.45 米。土质较纯而坚硬。包含物有碎陶片、石器等。陶器器形主要有罐、钵和盘的口沿，还有少量罐耳和支座残片。石器中有少量石斧和打制石片。

第 5 层　新石器时代城背溪文化层。黄褐色土，带有较多的棕色斑点，厚 0.08～0.5 米。土质结构紧密，相当坚

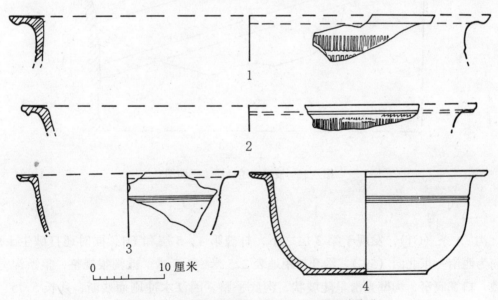

图六二　枝城北遗址第 3 层和 G1 出土汉代陶盆
1～4. T1③:2、T1③:3、T2③:2、G1:1

硬。除局部夹有木炭末以外，一般杂物少见。文化遗物有较多的陶片和少量石器。其中陶器的主要器形有釜、罐、鼎、尊、钵、盘、盆和支座。石器仅见少量石斧和打制石片。在此层下发现灰坑 2 个（H1、H2）。

二　文化遗迹

共发现沟 1 条和灰坑 2 个（图六三）。

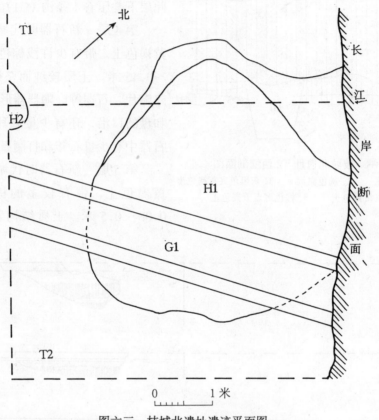

图六三　枝城北遗址遗迹平面图

（一）　沟

沟　1 条（G1），发现于第 3 层之下，打破第 4、5 层和 H1，同时还打破生土层。方向为西南—东北向（59°），沟开口距地表 2.5 米～3.5 米。此沟很规整，整条沟宽窄一致，口宽底窄，沟壁光滑呈陡坡状，沟底平整。因江水冲刷而残断，残长 5.75、口宽 1.2、底宽 0.68 米。

沟内填土纯净，比较坚硬，为淡黄色土，无杂物，也无灰烬或腐殖质，沟底无淤积现象，仅有少量汉代泥质灰陶盆（图六三）。

根据沟内填土中仅有汉代陶片，而未发现更晚的器物，沟的年代应为汉代。沟的形制规整，填土纯净，当是人工有意开凿的壕沟。

（二） 灰坑

共发现 2 个（H1、H2），均为不规则的近圆形灰坑，都较浅。

H1 是一个大型灰坑。大部分在 T2 内，小部分在 T1 内。直径 5～5.7 米，最深 0.55 米（图六四；图版二八，2）。它打破生土层，坑口被第 5 层叠压，其南部被 G1 打破，东部被长江冲毁。

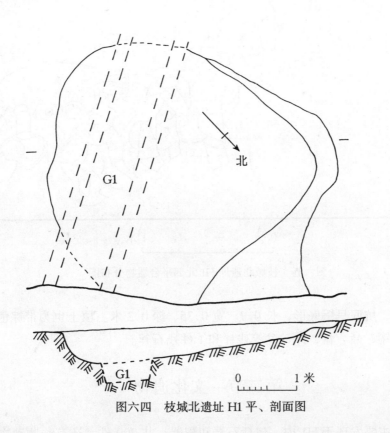

图六四 枝城北遗址 H1 平、剖面图

H1 北边和西边较直，南边和东边呈弧形，西北角也为弧形。坑底较平整，由北向南倾斜。在坑的北部和西北部边缘，宽约 0.2～1 米的平面上和平面内侧堆放着大量陶片和一部分石器（图六五；图版二九，1、2）。其中可复原的陶器有 10 余件，包括釜、罐、鼎、尊、钵、盘、壶、碟、支座等。石器有斧、锤和弹丸。坑内填土只有一层黄褐色土，带棕色斑点，与探方第 5 层土色近似，但土质较松软，棕色斑点较密。除陶器和石器以外，其他杂物极少。

H1 较大且浅，并有放置完整器物的平面，怀疑它是一座半地穴式房基。

H2 位于 T1 与 T2 之间，东距 H1 约 1.5 米。它打破生土层，同时被第 5 层所压。H2 的大部分在探方西壁外，其上为江堤，不容扩方，只清理了暴露的小部分。清理部

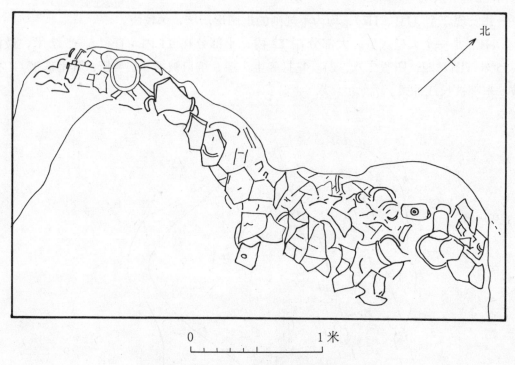

图六五　枝城北遗址 H1 北部平台器物分布图

分坑口为弧状，坑底呈锅底形，长 0.9、宽 0.35、深 0.2 米。填土也为带棕色斑点的黄褐土。出土有罐、鼎、盘、钵、盆等残片和 1 件残石斧。

第二节　文化遗物

文化遗物主要发现于 H1 内，包括石器和陶器，共 200 件。还有一些动物遗骸。现分述如下：

一　石器

共 14 件，其中一部分为采集品。器形有斧、弹丸、锤、饼、片和有孔器。这些石器大部分保留打制和细琢痕迹，刃部多经磨制。

斧　9 件。分为三型。

A 型　3 件。上部略窄，下部略宽，为自然砾石打制而成，只经细琢，未经磨制。

标本 H2:13，青麻岩质，石质坚硬。通体琢制，横剖面呈椭圆形。刃部已残缺。残长 12.3、宽 7.2、厚 3.2 厘米（图六六，1）。

B型 1件。长方形，较扁薄，经细磨。

标本 T1⑤:3，青麻岩质，石质硬。刃端较方正，较薄，两面有细琢痕迹，两侧面和刃部经磨制，整器相当规整精细。上部略残缺。残长5.2、宽6.2、厚1.5厘米（图六六，2）。

C型 5件。整体呈长方形，较厚，通体有细琢和磨制痕迹，两面磨刃，并有使用痕迹。

标本 T2④:1，青麻岩质，石质坚硬，两侧面亦经磨平。长17、宽8.3、厚4厘米（图六六，3；图版三〇，1）。标本 T2④:2，青砂岩，石质细腻坚硬，通体磨制。上部

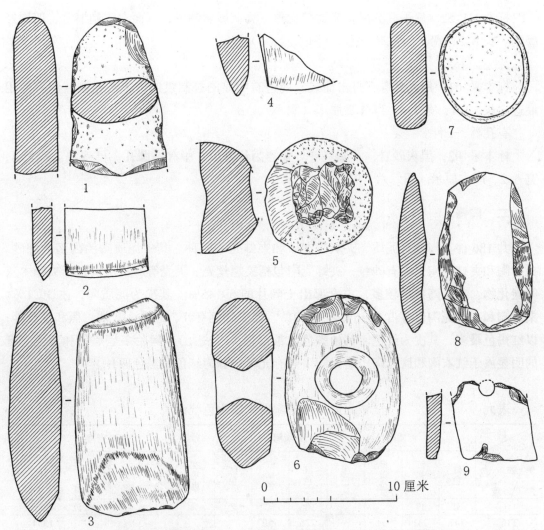

图六六 枝城北遗址出土石斧、弹丸、锤、饼、片、有孔器

1.A型斧 H2:13 2.B型斧 T1⑤:3 3、4.C型斧 T2④:1、T2④:2 5.弹丸 H1:55
6.锤 H1:51 7.饼 H1:52 8.片采:01 9.有孔器采:02

已残缺。残长4.6、残宽5、厚2.4厘米（图六六，4）。

弹丸 1件。

标本H1：55，圆形，半边已残缺。为肉色，近玉石，质硬，保留一部分天然砾石面，大部分有细琢痕迹和打击痕迹。直径8~8.7厘米（图六六，5）。

锤 1件。

标本H1：51，椭圆形，中有一圆孔。为自然砾石加工制成，两面钻孔，两端均有锤砸痕迹。长13.1、宽8.8、厚4.2~4.5、圆孔径2.4~4.8厘米（图六六，6；图版三〇，2）。

饼 1件。

标本H1：52，扁平椭圆形，表面较规整。为灰砂岩制成，两面有琢制痕迹，四周经磨制。长8.2、宽7、厚2.7厘米（图六六，7）。

片 1件。

标本采：01。用天然砾石打击而成，周边有明显的打制痕迹，未经磨制，但有使用痕迹。长12.4、宽7.4、厚2.2厘米（图六六，8）。

有孔器 1件。

标本采：02，黑灰砂岩，石质坚硬。整器为长方形，中有一圆孔。已残缺。残长6、宽6.2、厚1厘米（图六六，9）。

二 陶器

共186件。陶质有泥质、夹炭、夹砂和夹蚌壳等四种。其中泥质陶胎内多含细砂。夹砂陶和夹蚌壳陶也夹有砂粒，夹蚌壳陶包括夹螺丝壳、贝壳等。夹炭陶包括夹草木灰等炭化物。夹炭陶数量较多，占全部出土陶片的59.45%。其次为泥质陶，占39.1%。夹砂陶和夹蚌壳陶仅各占1.36%和0.09%。器表颜色有红、红褐、灰褐、黑和橙黄等，以红褐色最多，其次为红色，其他颜色数量都很少（表九）。陶胎多呈黑色和灰色。有的明显属于红衣陶和磨光陶。磨光陶一般有光泽，分为红色和黑色两种。

表九 枝城北遗址出土陶器陶质陶色统计表

单位	泥质陶				夹炭陶		夹砂陶			夹蚌壳陶	合计
	红色	红褐色	橙黄色	黑色	红色	红褐色	红色	红褐色	灰褐色	灰褐色	
T1④	31	17			106	50	2				206
T1⑤	147	241			226	740					1354
T2④	68	79	2		44	287					480
T2⑤	116	72			221	272				6	687

续表九

| 陶质 | 泥质陶 | | | | 夹炭陶 | | 夹砂陶 | | | 夹蚌壳陶 | 合计 |
单位＼陶色＼数量	红色	红褐色	橙黄色	黑色	红色	红褐色	红色	红褐色	灰褐色	灰褐色	
H1	656	628	49	94	286	1149	38	4	8		2912
H2	64	96			103	104	31				398
合计	1082	1133	51	94	986	2602	71	4	8	6	6037
%	17.93	18.77	0.84	1.56	16.33	43.1	1.17	0.06	0.13	0.09	100
	39.1				59.43		1.36			0.09	

陶器纹饰有细绳纹、粗绳纹、戳印纹、刻划纹（图六七）等，此外还有素面陶。其中细绳纹占31.06%，素面与粗绳纹分别占27.68%和21.06%，刻划纹和戳印纹仅占0.28%和1.22%（表一○）。

表一○　　　　　　　　枝城北遗址出土陶器纹饰统计表

单位＼纹饰＼数量	细绳纹	粗绳纹	戳印纹	刻划纹	素面	红衣陶	磨光红陶	磨光黑陶	合计
T1④	65	16			119		6		206
T1⑤	387	130	16	7	592	16	172	34	1354
T2④	78	187	2		174		20	19	480
T2⑤	140	64	7	2	143	130	194	7	687
H1	1068	805	42	4	509	150	270	64	2912
H2	137	69	7	4	134		27	20	398
合计	1875	1271	74	17	1671	296	689	144	6037
%	31.06	21.06	1.22	0.28	27.68	4.91	11.4	2.39	100

陶器器形有鼎、釜、罐、尊、钵、碟、盆、盘、杯、壶、器流、支座和网坠。

鼎　13件。分为四式。

Ⅰ式　9件。卷沿，圆唇，敞口，深腹，腹壁微鼓，圜底，三个扁平足。足较直。器外饰绳纹。标本H1：22，夹炭红陶，局部有红陶衣。上腹有对称的两个乳丁状小耳。腹部与三足均饰有绳纹（下腹绳纹被抹掉）。口径22、通高23.4厘米（图六八，1；彩版八，2）。标本H1：47，夹炭红陶（胎较厚，为黑色）。上腹部有两个对称的乳丁状小

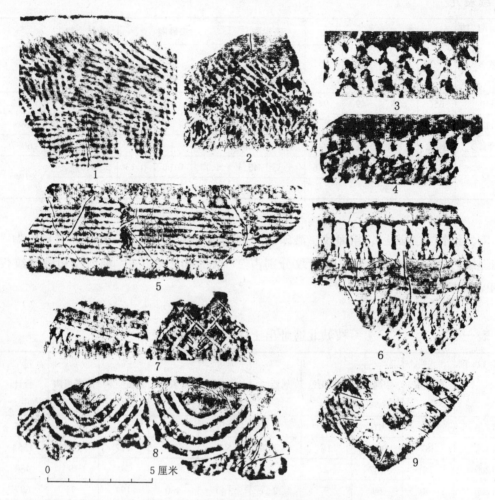

图六七　枝城北遗址出土陶器纹饰拓片

1. 交错细绳纹（釜）　　　2、8、9. 刻划纹和绳纹（罐、尊）　　　3、5. 戳印纹（罐）

4、6. 刻划纹（罐）　　　7. 刻划纹、戳印纹和交错绳纹（罐）

耳，下腹与底残缺。上腹饰交错粗绳纹。口径 22、残高 8.6 厘米（图六八，2）。标本 H1:45，夹炭红陶（羼少量砂），有红陶衣。上腹饰细绳纹。口径 20、残高 17.4 厘米（图六八，3）。

Ⅱ式　1件。折沿，圆锥形足。标本 H1:14，夹炭红褐陶（羼有少量粗砂），局部有红陶衣。折沿圆唇，沿面较宽。鼓腹，上腹外有一乳丁小耳。圜底，底较窄。三个圆锥形足向外撇。口沿外与腹部都饰交错粗绳纹（下腹被抹），足部为素面。口径 27.8、通高 31.5 厘米（图六八，4；彩版九，1）。

Ⅲ式　1件。卷沿，束颈。标本 H1:32，夹炭红陶，黑胎，器内外有红陶衣（内壁经打磨）。卷沿，圆唇，沿面较窄。束颈，鼓腹。上腹部有两个对称的乳丁状小耳。下腹以下残缺。腹外饰浅绳纹（大部分被抹）。口径31、残高22.5厘米（图六八，5）。

Ⅳ式 2件。折沿上仰，圆唇。上腹较直或微鼓，并有对称的两个乳丁状小耳。下腹内收。底残缺。上腹饰一周交错绳纹，下腹为素面。标本H1:44，夹炭红褐陶（羼少量粗砂），黑胎。口径22、残高14.5厘米（图六八，6）。标本H1:40，夹炭红陶，灰褐胎，器内外涂有红陶衣（透灰）。口径22、残高17厘米（图六八，7）。

鼎足 17件。分为四式。

Ⅰ式 2件。圆锥形。标本T2⑤:5，夹砂红陶。素面。残高6.8厘米（图六八，8）。

Ⅱ式 5件。圆锥形，足底较平。标本H1:82，夹炭红陶，褐陶胎，足外均有红陶衣，中部有一凹弦纹。残高5.2厘米（图六八，9）。

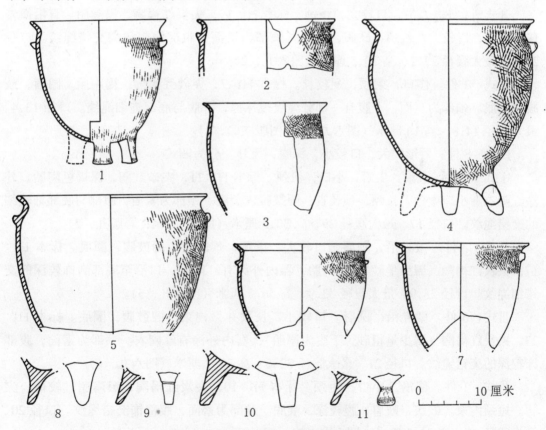

图六八 枝城北遗址出土陶鼎

1~3. Ⅰ式 H1:22、H1:47、H1:45 4. Ⅱ式 H1:14 5. Ⅲ式 H1:32 6、7. Ⅳ式 H1:44、H1:40
8. Ⅰ式鼎足 T2⑤:5 9. Ⅱ式鼎足 H1:82 10. Ⅲ式鼎足 H1:79 11. Ⅳ式鼎足 H1:80

Ⅲ式　9件。扁长方形，足底平。标本 H1：79，夹炭红陶，黑陶胎，内外两侧均有经打磨的红陶衣。鼎身底残片未见纹饰，足部有绳纹被抹平的痕迹。鼎残高 8.8、足高 5.2 厘米（图六八，10）。

Ⅳ式　1件。上圆下扁，略呈鸭嘴形。标本 H1：80，夹炭红陶，黑陶胎。腹外底与足下端有绳纹痕迹。鼎残高 5.2、足高 4 厘米（图六八，11）。

釜　13件。分为三型。

A型　3件。鼓腹，有颈，肩部有两个对称的乳丁状小耳。分为三式。

Ⅰ式　1件。卷沿，小口，鼓腹。标本 H1：18，夹炭红陶，褐陶胎（羼有少量粗砂）。卷沿略向外折，圆唇，小口，圆鼓腹，圜底。颈部饰较规整的绳纹（已被抹掉），腹部与底部饰交错绳纹。口径 17.5、最大腹径 33、高 35.8 厘米（图六九，1；图版三〇，3）。

Ⅱ式　1件。直沿，口较大，长颈。标本 H1：19，夹炭红褐陶，黑陶胎。直沿微外侈，圆唇，口较大，长颈，鼓腹，圜底。颈部为素面，腹部饰较浅的交错绳纹。口径 20.4、最大腹径 27.2、高 30.5 厘米（图六九，2）。

Ⅲ式　1件。侈口，束颈，颈较长。标本 H1：7，夹砂红褐陶，褐陶胎。圆唇，鼓腹，圜底。颈部为素面，上腹有一部分绳纹被抹掉，下腹与底部饰细绳纹。口径 13.4、最大腹径 14.8、高 16 厘米（图六九，3；图版三〇，4）。

B型　8件。器形较大，口较小，深腹，无耳。分为四式。

Ⅰ式　1件。直沿，尖唇，小口，长颈。标本 H1：11，夹砂红陶，深褐色陶胎，外涂红陶衣。小口微敞，长颈，颈较直，圆鼓腹，圜底。颈部为素面，腹部与底部饰较细的交错绳纹。口径 17、最大腹径 29、高 30.5 厘米（图六九，4；彩版九，2）。

Ⅱ式　3件。微卷沿，圆唇。口较大，束颈，颈较短。圆鼓腹，圜底。标本 H1：17，夹炭红褐陶（羼少量砂），褐陶胎，器内外涂有红陶衣。口沿至底部满饰较深的交错细绳纹。口径 23.9、最大腹径 33.9、高 36.2 厘米（图六九，5）。

Ⅲ式　3件。微卷沿，圆唇。口较小，长颈并微内束。圆鼓腹，圜底。标本 H1：23，夹炭红褐陶（羼少量粗砂，下腹为厚胎），器内外涂有红陶衣。颈部为素面，腹部饰较深的交错绳纹。口径 21、最大腹径 32.6、高 34.2 厘米（图六九，6）。

Ⅳ式　1件。侈沿，小口，短颈。标本 H1：10，夹炭红褐陶，黑陶胎，较薄。尖唇。短颈内束。鼓腹，鼓肩，腹较深，圜底。颈部为素面，腹部饰交错绳纹。口径 20、最大腹径 33、高 34.2 厘米（图六九，7）。

C型　2件。大口，腹较浅，整个器形较矮胖。分两式。

Ⅰ式　1件。微敞口，浅腹。标本 H1：1，夹炭红陶，口沿胎壁较薄。大口微敞，尖唇，浅腹，腹壁微外鼓，圜底。口沿外和颈部为素面，腹至底部饰较粗的交错绳纹

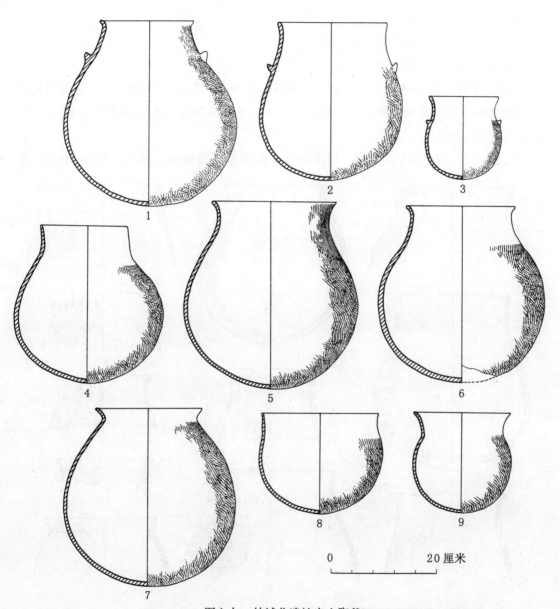

图六九　枝城北遗址出土陶釜

1.A型Ⅰ式 H1:18　　2.A型Ⅱ式 H1:19　　3.A型Ⅲ式 H1:7　　4.B型Ⅰ式 H1:11　　5.B型Ⅱ式 H1:17
6.B型Ⅲ式 H1:23　　7.B型Ⅳ式 H1:10　　8.C型Ⅰ式 H1:1　　9.C型Ⅱ式 H1:8

（局部呈网状）。口径 22.4、最大腹径 23.6、高 19.6 厘米（图六九，8；图版三〇，5）。

　　Ⅱ式　1 件。侈沿，敞口，有颈。标本 H1:8，夹砂红褐陶，黑胎。侈沿，尖唇。
敞口，微束颈，颈较长。圆鼓腹，圜底。颈部素面，腹至底部饰交错绳纹。口径 18.9、最大腹径 19.2、高 19.5 厘米（图六九，9；图版三〇，6）。

罐　48 件。分二型。

A 型　36 件。器形较大。分二亚型。

Aa 型　12 件。釜形，腹部饰绳纹。分三式。

Ⅰ式　4 件。直沿略外侈，方唇。口较直并稍束颈，鼓腹。下腹残缺。标本 T1⑤：4，粗砂红陶（羼少量炭、蚌壳），褐色胎。口沿至腹部饰较浅的粗绳纹。口径 18、残高 12.2 厘米（图七〇，1）。

Ⅱ式　7 件。微卷沿，圆唇。口沿外侈，短束颈。圆鼓腹，圜底。标本 H1：2，泥

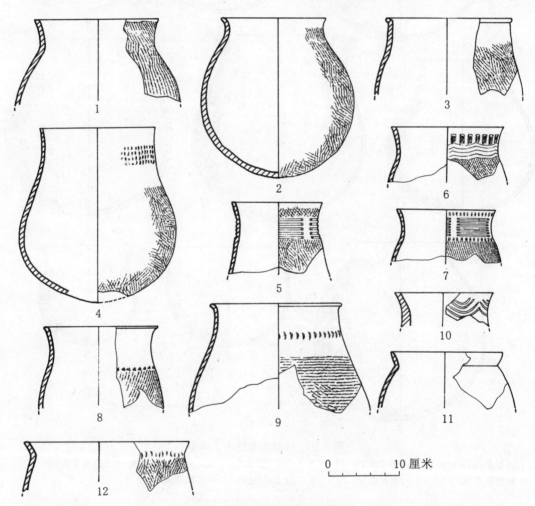

图七〇　枝城北遗址出土陶罐

1.Aa 型Ⅰ式 T1⑤：4　2.Aa 型Ⅱ式 H1：2　3.Aa 型Ⅲ式 H1：74　4、5.Ab 型Ⅰ式 H1：26、H2：1　6～
9.Ab 型Ⅱ式 T2⑤：3、H1：58、H1：66、H1：31　10.Ab 型Ⅲ式 H1：41　11、12.Ab 型Ⅳ式 T1⑤：9、T1⑤：
20

质红褐陶，灰色胎，口沿磨光。颈与腹部饰交错绳纹。口径 15、最大腹径 22、高 23.4 厘米（图七〇，2；图版三一，1）。

Ⅲ式 1 件。方唇，唇部外撇。口沿微外折，颈壁较直，微鼓腹。下腹残缺。标本 H1：74，夹炭褐陶，黑色胎。颈与腹部饰交错绳纹。口径 18、残高 11.3 厘米（图七〇，3）。

Ab 型 24 件。长颈，斜肩，鼓腹，圜底，颈部戳印或刻划纹饰。分四式。

Ⅰ式 9 件。直沿，方唇。口较小，长颈，颈壁略向内弧。垂肩，鼓腹，圜底。标本 H1：26，夹炭红褐陶（羼少量砂）。颈部四周饰戳印纹，腹部有较细而浅的交错绳纹。口径 16.8、最大腹径 23、高 25.3 厘米（图七〇，4）。标本 H2：1，夹炭红陶（羼少量砂），深灰色胎。口径、颈径均较小。颈部有一周梳齿划纹（约 5 组），腹外壁饰交错绳纹。口径 13、残高 10.3 厘米（图七〇，5）。

Ⅱ式 11 件。直沿，圆唇或方唇。口略外侈，颈较短。腹微鼓，较深。下腹残缺。标本 T2⑤：3，夹炭红陶，黑色胎。方唇。颈部饰戳印纹和刻划的波浪纹，腹部饰交错绳纹。口径 16、残高 7.7 厘米（图七〇，6）。标本 H1：58，夹炭红陶（羼少量粗砂），黑色胎。颈部饰长方形戳印纹与篦齿划的平行线纹（起端与尾端均有戳印较深的窝迹），图案美观。腹部饰绳纹。口径 14、残高 7.4 厘米（图七〇，7）。标本 H1：66，夹炭红褐陶（羼少量砂），褐胎。颈部为素面，肩部 1 周戳印纹，腹部饰绳纹。口径 16.2、残高 12 厘米（图七〇，8）。标本 H1：31，夹炭红褐陶，褐陶胎。颈部 1 周戳印纹，腹部饰横向绳纹（局部有交错）。口径 18.8、残高 16 厘米（图七〇，9）。

Ⅲ式 2 件。侈沿，方唇。口较小，长颈向内束，腹部残缺。标本 H1：41，夹炭红褐陶，黑色胎较厚。颈部饰波浪形刻划纹。口径 14、残高 4.9 厘米（图七〇，10）。

Ⅳ式 2 件。折沿，口较大，短束颈，腹微鼓。标本 T1⑤：9，夹炭红陶，褐色胎，较薄。尖唇。素面。口径 16、残高 8 厘米（图七〇，11）。标本 T1⑤：20，夹炭红陶（羼少量砂），褐胎，较薄。方唇。颈部有一周戳印纹，腹部饰粗绳纹。口径 24、残高 7 厘米（图七〇，12）。

B 型 12 件。器型较小。分为三亚型。

Ba 型 4 件。敛口，腹较深，底较宽。分为三式。

Ⅰ式 1 件。沿唇外撇，口微敛，腹壁较直。标本采：02，细砂红褐陶，胎较厚。下腹残缺。素面。口径 12、残高 7.1 厘米（图七一，1）。

Ⅱ式 2 件。尖唇，微卷沿，短颈内束，中腹外鼓，平底。标本 H1：13，泥质红陶。底较宽。腹部满饰较规整的绳纹。口径 8.6、最大腹径 10.9、底径 5.5、高 11.3 厘米（图七一，2；图版三一，2）。标本 H1：60，夹砂红陶（羼有草木灰），灰色胎。颈部与上腹饰细绳纹，下腹素面磨光。口径 10、残高 6.7 厘米（图七一，3）。

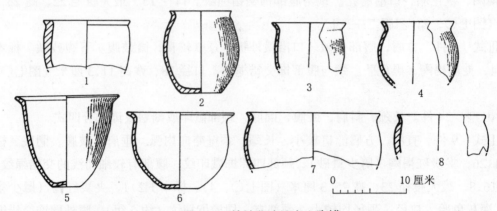

图七一　枝城北遗址出土陶罐

1.Ba 型Ⅰ式采：02　　2、3.Ba 型Ⅱ式 H1：13、H1：60　　4.Ba 型Ⅲ式 H1：59　　5.Bb 型 H1：12
6.Bc 型Ⅰ式 H1：28　　7.Bc 型Ⅱ式 H1：61　　8.Bc 型Ⅲ式 H1：64

Ⅲ式　1件。圆唇，微卷沿，束颈，鼓腹。标本 H1：59，泥质夹草木灰红陶。腹径较大，下腹近底部残缺。颈部素面，腹部饰细绳纹。口径 10、残高 8 厘米（图七一，4）。

Bb 型　2件。敞口，折沿，深腹，窄底。

标本 H1：12，夹炭红褐陶。折沿上仰，圆唇。腹壁弧形，下部里收成小凹底。器外满饰较平整的粗绳纹。口径 14.3、底径 4.1、高 12.7 厘米（图七一，5；图版三一，3）。

Bc 型　6件。大口，浅腹。分三式。

Ⅰ式　4件。卷沿，圆唇，沿较宽。微束颈，上腹壁较直，下腹内收，小平底。标本 H1：28，夹炭红陶（内壁为黑色），器表涂红陶衣。素面。口径 15.1、底径 5.3、高 10.7 厘米（图七一，6；彩版一〇，1）。

Ⅱ式　1件。微卷沿，圆尖唇。标本 H1：61，夹炭红陶，黑色胎，器表有磨光红陶衣。素面。口径 18、残高 7.5 厘米（图七一，7）。

Ⅲ式　1件。卷沿，薄唇，鼓腹。标本 H1：64，夹炭红陶，黑色胎，胎较厚。薄沿微卷，尖唇。上腹外壁微鼓，内壁较直。下腹残缺。素面。口径 12、残高 5.6 厘米（图七一，8）。

尊　25件。分为二型。

A 型　21件。大口，深腹，小底，无圈足。分为二亚型。

Aa 型　10件。器外口沿下有两个对称的乳丁状小耳。分为三式。

Ⅰ式　4件。卷沿，圆唇，敞口。腹壁斜弧形，内收。底残缺。腹外饰绳纹。标本

H1:33，夹炭红褐陶，黑色胎，器内外施红陶衣。口沿下耳两旁各有圆穿孔。腹部饰较整齐的浅绳纹。口径 22.4、残高 20.2 厘米（图七二，1）。

Ⅱ式　2件。直沿，敞口，圆唇，上腹较直，下腹壁弧形，内收成小底，底内凹。素面。标本 H1:10，泥质红褐陶，施陶衣。口径 18.5、底径 5.2、高 18.6 厘米（图七二，2；彩版一〇，2）。

Ⅲ式　4件。微卷沿，圆唇，微敞口。腹较深，上腹壁较直，下腹壁逐渐内收，小平底。素面。标本 H1:5，泥质红陶，施红衣。口径 17.6、底径 5.2、高 21.5 厘米（图

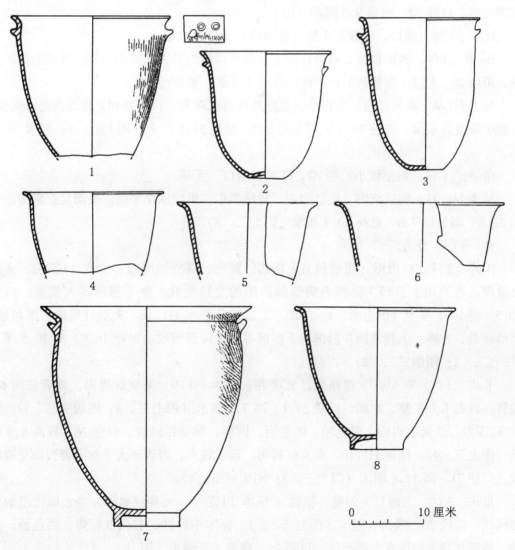

图七二　枝城北遗址出土陶尊

1. Aa 型Ⅰ式尊 H1:33　　2. Aa 型Ⅱ式尊 H1:10　　3. Aa 型Ⅲ式尊 H1:5　　4. Ab 型Ⅰ式尊 T1⑤:8

5. Ab 型Ⅱ式尊 H1:20　　6. Ab 型Ⅲ式尊 H1:116　　7. Ba 型尊 H1:4　　8. Bb 型尊 H1:21

七二，3；图版三一，4）。

Ab 型　11 件。素面，无耳。分为三式。

Ⅰ式　4 件。卷沿，圆唇，口微敞。腹壁弧形里收。下腹残缺。标本 T1⑤：8，夹炭红褐陶，薄胎，器表有磨光红陶衣。口径 20、残高 11.5 厘米（图七二，4）。

Ⅱ式　2 件。卷沿，圆唇，敞口。腹壁斜弧形，内收。下腹残缺。标本 H1：20，泥质红褐陶。口径 20、残高 11.2 厘米（图七二，5）。

Ⅲ式　5 件。卷沿，圆唇，大敞口。腹壁斜弧形，内收。下腹残缺。标本 H1：116，泥质黑陶。口径 24、残高 9.3 厘米（图七二，6）。

B 型　4 件。敞口，深腹，小底，有矮圈足。分为二型。

Ba 型　3 件。器形较大，器外口沿下有两个对称的乳丁状实心小耳。折沿上仰，尖唇，沿面宽，大口。腹壁弧形，下腹内收成小平底，矮圈足。

标本 H1：4，夹炭红陶，黑色胎，器内外涂有红陶衣。口沿外和上腹部饰交错绳纹，下腹至圈足为素面。口径 30.5 、圈足径 9.7、通高 31.5 厘米（图七二，7；图版三一，5）。

Bb 型　1 件。器形较小，卷 沿，圆唇，敞口，无耳。

标本 H1：21，泥质红陶，施红陶衣。腹壁弧形，里收成小平底。矮圈足。素面。口径 22.8、圈足径 7.6、通高 20.4 厘米（图七二，8）。

钵　8 件。分为三式。

Ⅰ式　2 件。口微敞，腹壁较直，深腹，圜底，器外饰绳纹。标本 T1⑤：2，夹炭红褐陶。近直沿，唇较尖。器表满饰深而粗的交错绳纹。整个器形不大规整。口径 20.5、高 10.5 厘米（图七三，1；图版三二，1）。标本 H1：15，夹炭红褐陶，黑色胎。口沿较直，方唇。上腹素面，沿部与下腹部有较浅的细绳纹。口径 16.6、高 10.5 厘米（图七三，2；图版三二，2）。

Ⅱ式　3 件。敞口，下腹略鼓，宽圜底。标本 H1：9，夹炭红褐陶，施有红陶衣。尖唇，器表不大平整。素面。口径 24.1、高 7.1 厘米（图七三，3；图版三二，3）。标本 T2⑤：2，夹炭红褐陶，黑色胎。微卷沿，圆唇。饰交错绳纹。口径 26、残高 6.3 厘米（图七三，4）。标本 H1：16，夹炭红褐陶。器形较大，器表不大平整。器表饰交错绳纹。口径 31、高 11.6 厘米（图七三，5；图版三二，4）。

Ⅲ式　3 件。大敞口，斜壁，浅腹 。标本 T1⑤：6，夹炭红褐陶。器表饰较粗的交错绳纹。口径 26、残高 6 厘米（图七三，6 ）。标本 H1：89，夹炭红褐陶，黑色胎。方唇。唇部与器表均饰有交错绳纹。口径 26、残高 4.5 厘米（图七三，7）。

碟　6 件。分为四式。

Ⅰ式　3 件。大敞口，器壁斜内收，浅腹，圜底，底较窄。标本 H1：90，夹炭红褐

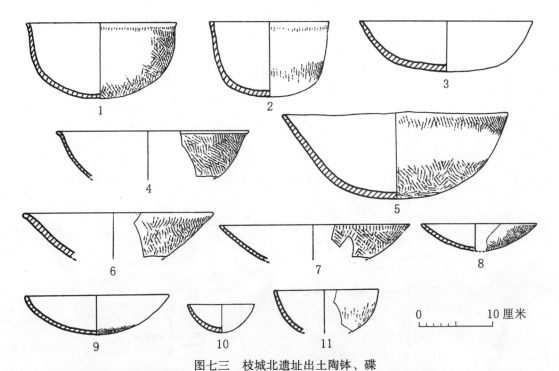

图七三　枝城北遗址出土陶钵、碟

1、2. I 式钵 T1⑤:2、H1:15　　3～5. II 式钵 H1:9、T2⑤:2、H1:16　　6、7. III 式钵 T1⑤:6、H1:89

8. I 式碟 H1:90　　9. II 式碟 T1⑤:1　　10. III 式碟 H1:30　　11. IV 式碟 H2:10

陶，黑色胎。饰交错绳纹。口径 16、高 3.6 厘米（图七三，8）。

　　II 式　1 件。敞口，器壁呈弧形，圆唇。标本 T1⑤:1，夹炭红褐陶，黑色胎。器形较规整。底饰交错绳纹。口径 19.8、高 5.4 厘米（图七三，9；图版三二，5）。

　　III 式　1 件。敞口，尖唇，圜底较窄，腹较深。素面。标本 H1:30，泥质红褐陶，手捏制而成。素面。口径 9、高 3.6 厘米（图七三，10）。

　　IV 式　1 件。口略外敞，尖唇，弧形壁内收成圜底。标本 H2:10，夹炭红褐陶，器表粗糙。深腹，底部残缺。有粗绳纹被抹的痕迹。口径 14、残高 5.6 厘米（图七三，11）。

　　盆　11 件。分为四型。

　　A 型　1 件。花瓣状口沿。

　　标本 H1:6，泥质红褐陶，器内外都施有红陶衣。折沿上仰，呈 21 个花瓣状。敞口，无颈，腹壁略内斜，底较宽，底中部微内凹。上腹部为素面，下腹至底部饰浅绳纹。口径 34.6、底径 16.8、高 15.6 厘米（图七四，1；彩版一一，1）。

B型　2件。宽底，素面。分为二式。

Ⅰ式　1件。卷沿，斜腹。标本 T1⑤:17，夹蚌壳末灰褐陶（略带银白色和红色，

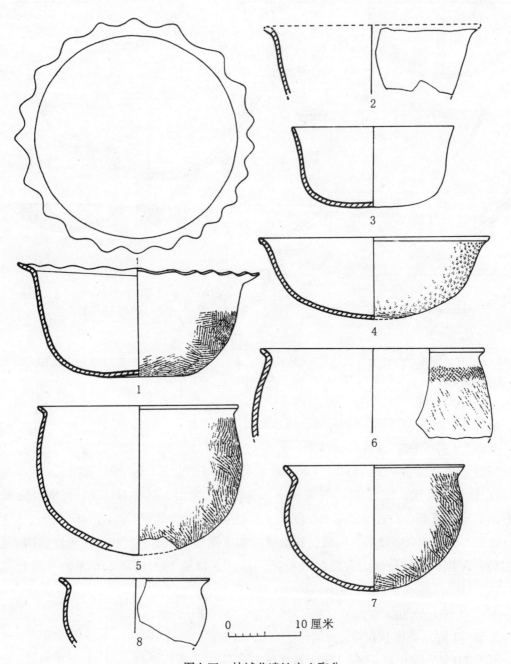

图七四　枝城北遗址出土陶盆

1.A型 H1:6　　2.B型Ⅰ式 T1⑤:17　　3.B型Ⅱ式 T2⑤:1　　4.C型 H1:25

5、6.D型Ⅰ式 H1:27、H1:146　　7、8.D型Ⅱ式 H1:3、H2:2

器表有油滑感）。微卷沿，圆唇，大敞口，斜腹壁。下部残缺。口径约30、残高9.6厘米（图七四，2）。

Ⅱ式　1件。直沿，尖唇，微敞口，腹壁较直。底边弧形，底较平。标本T2⑤:1，夹炭红褐陶（羼有少量砂）。口径23.2、高12厘米（图七四，3；图版三二，6）。

C型　2件。大敞口，浅腹，圜底。

标本H1:25，泥质红陶（夹少量炭）。微卷沿，圆唇。器外表饰麻点纹，底部饰绳纹。口径33.4、高11.7厘米（图七四，4；图版三三，1）。

D型　6件。敞口，鼓腹，圜底，整器近半球体。分二式。

Ⅰ式　3件。卷沿，沿较窄，口内敛。腹微鼓，较深。下腹外弧，内收成圜底。标本H1:27，夹炭红褐陶，腹部饰满较深的交错细绳纹。口径29.2、腹径30、高21.6厘米（图七四，5）。标本H1:146，泥质红陶，施有红陶衣。下腹残缺。腹部的绳纹经抹过，肩部绳纹呈网状，腹部绳纹交错。口径32、残高13.2厘米（图七四，6）。

Ⅱ式　3件。卷沿上仰，沿较宽。束颈，鼓腹，腹较浅，圜底。标本H1:3，夹炭红褐陶，器表饰满交错粗绳纹。口径26、腹径25.2、高18厘米（图七四，7；图版三三，2）。标本H2:2，夹炭红褐陶，有磨光红陶衣。器形较小。素面。口径22、残高9.7厘米（图七四，8）。

盘　21件。分三式。

Ⅰ式　1件。尖唇，大敞口，弧形壁，圜底，浅腹。标本H1:29，泥质红陶，有磨光红陶衣。素面。口径23.5、高3.8厘米（图七五，1）。

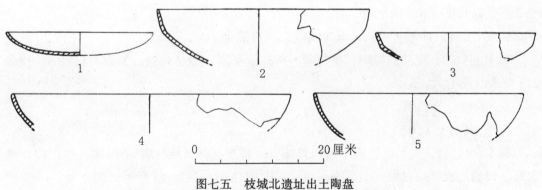

图七五　枝城北遗址出土陶盘
1. Ⅰ式 H1:29　　2、3. Ⅱ式 H1:91、T1⑤:16　　4、5. Ⅲ式 H2:6、H1:92

Ⅱ式　7件。尖唇，敞口。近折壁，上腹壁较直，下腹壁弧，内收成圜底。素面。标本H1:91，夹炭红褐陶，器表有磨光红陶衣。口径34、残高8.8厘米（图七五，2）。标本T1⑤:16，夹炭红褐陶，有磨光橙黄陶衣。口径26、残高4.3厘米（图七五，3）。

Ⅲ式　13件。口略外敞，圆唇。弧形壁，内收成圜底。标本 H2：6，夹炭红褐陶，器表有磨光红陶衣。素面。口径44.4、残高5.3厘米（图七五，4）。标本 H1：92，夹炭红褐陶，通体有磨光红陶衣。素面。口径34、残高6.4厘米（图七五，5）。

杯　6件。分为三型。

A型　2件。腹壁较直，平底。

标本 H1：85，泥质红陶。微卷沿，圆唇。腹微外鼓，腹近底处残缺。素面。口径4、残高5厘米（图七六，1）。标本 H1：86，夹炭红褐陶。下腹壁弧形，内收成平底。上腹残缺。下腹部有被抹的绳纹。底径4.8、残高4.8厘米（图七六，2）。

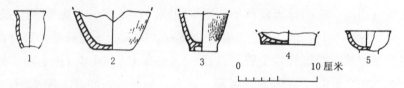

图七六　枝城北遗址出土陶杯

1、2.A型 H1：85、H1：86　　3.B型Ⅰ式 T1⑤：14　　4.B型Ⅱ式 H1：70
5.C型 H1：84

B型　3件。有圈足。分为二式。

Ⅰ式　2件。斜腹内收成平底，腹较深，圈足较明显。上半部残缺。标本 T1⑤：14，泥质红褐陶，胎较薄。下腹饰绳纹。底径3.5、残高4.8厘米（图七六，3）。

Ⅱ式　1件。圜底，底较宽。矮圈足。标本 H1：70，泥质红陶（内壁经打磨）。底径7、残高1.6厘米（图七六，4）。

C型　1件。钵形，尖唇，敞口，浅腹，有圈足。

标本 H1：84，泥质红褐陶，手捏制。杯体近平底。圈足残缺。素面。口径6、残高2.3厘米（图七六，5）。

壶　6件。分二型。

A型　1件。双耳壶。

标本 T1⑤：7，夹炭红褐陶，器内外施有红陶衣（器表经打磨）。细颈，斜广肩，横贯耳。口沿与腹部均残缺。颈部饰深绳纹。上腹径31、残高13厘米（图七七，1）。

B型　5件。为扁壶。小口，耸肩，椭圆形扁腹，平底。分为三式。

Ⅰ式　1件。敞口，口较大，耸肩。标本 H1：36，夹炭红褐陶，器表施红陶衣并经打磨。器肩、颈部有泥条盘筑现象。口较大，外敞呈喇叭状。颈部内束，耸肩。肩上有对称的两个小鼻形耳饰（未穿孔）。上腹圆鼓，下腹内收成平底。底较宽，平面呈椭圆形。素面。口径12.2、腹长径28、腹宽径21.4、通高30.4厘米（图七七，2）。

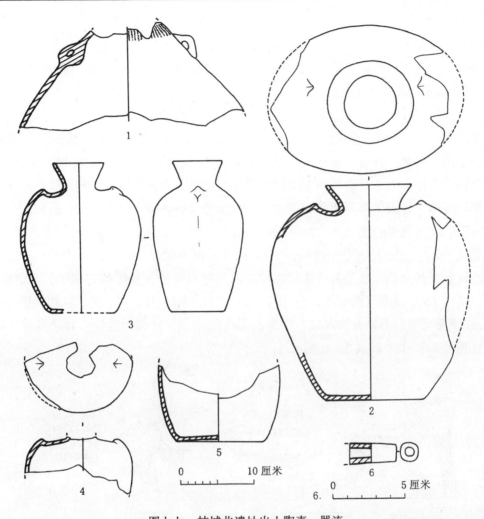

图七七　枝城北遗址出土陶壶、器流

1.A 型壶 T1⑤:7　　2.B 型 I 式壶 H1:36　　3.B 型 II 式壶 H1:35　　4、5.B 型 III 式壶 H1:37、

H1:39　　6.器流 H1:83

　　II式　2件。口较小，略外敞，尖唇。束颈，颈较细长。耸肩，肩近颈处略里凹。肩上有对称的两个小形鼻耳饰。腹壁弧形，较直。平底。标本 H1:35，泥质红褐陶（羼有少量草木灰），器表有磨光红陶衣。素面。口径 7.2、底径 10、最大腹径 16.8、两小耳间距 9.4、通高 21 厘米（图七七，3）。

　　III式　2件。细颈，耸肩，肩较平，腹壁较直，平底，底较宽。素面。标本 H1:37，泥质红陶，器内外施红陶衣（器表经打磨光亮）。口沿与下腹均残缺。腹径 15、残高 8.2 厘米（图七七，4）。标本 H1:39，泥质红褐陶（夹少量粗砂），器内外施红陶衣（器外磨光）。下腹呈椭圆形，腹壁较直。上腹残缺。底径 12～14、残高 10.7 厘米（图七七，5）。

器流　1件。

标本 H1:83，夹粗砂红陶。圆柱形管状，中空，微弯曲。已残缺。素面。径 1.4～
1.6、残长 3.4 厘米（图七七，6）。

支座　10件。分为三式。

Ⅰ式　2件。上部近圆柱形，柱顶面有一圆形窝，柱靠背部的一侧饰有六排戳印
纹。背部为一台面，并有一圆窝纹。底座略呈长方体，内空（里面较粗糙），前面为弧
壁，后边近方壁。底座后边与两侧面均有弯月状镂孔，镂孔的边缘饰刻划纹。标本 H1:
20，粗泥红陶（外表局部呈褐色或灰色），保存较完好。底长 17.2、最宽 17.2、背高
9.5、通高 15.5 厘米（图七八，1；图版三三，3）。

Ⅱ式　7件。上部为斜圆柱体，斜背。底座略呈圆锥体，内空。标本 H1:24，泥质
红陶。柱顶面的交错绳纹呈斜方格状，器体外表饰斜绳纹（局部略有交错）。底座最宽
14.8、通高 15.2 厘米（图七八，2；图版三三，4）。标本 H1:87，泥质红陶（羼有草木
灰）。柱顶面为椭圆形，并饰线纹。柱体四周饰戳印纹，背部饰线纹。背及底座大部残
缺。柱顶径 6.8～8、残高 12.6 厘米（图七八，3）。

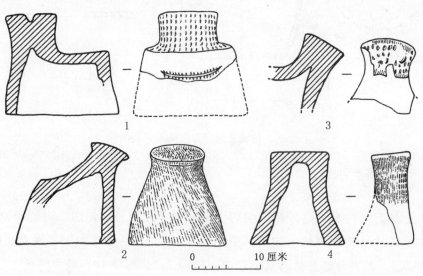

图七八　枝城北遗址出土陶支座
1.Ⅰ式 H1:20　　2、3.Ⅱ式 H1:24、H1:87　　4.Ⅲ式采:03

Ⅲ式　1件。上部为椭圆体，直背，前面略弯。底座呈喇叭状，内空。标本采:03
（发掘前采集于 H1 内），泥质红陶，陶质细腻，较软。柱体外表饰浅绳纹，外侧中部有

3 排锥刺纹，柱顶部为素面。顶径 5.8～8.5、底座长 13.8、宽 8.8、通高 13.9 厘米（图七八，4；图版三三，5）。

　　网坠　1件。

　　标本采:04。泥质红褐陶。整器呈不规整的椭圆形，中部有凹沟。素面。长约 7.2 厘米（图七九，1）。

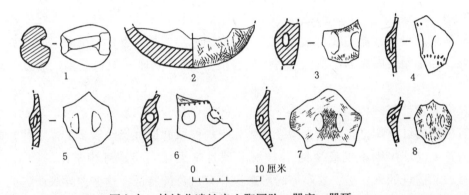

图七九　枝城北遗址出土陶网坠、器底、器耳
1. 网坠采:04　　2. 器底 H1:145　　3～8. 器耳 T2④:6、H1:72、T2⑤:4、H1:144、H2:9、H1:71

另外，还有一些厚胎器底（图七九，2）和器耳（图七九，3～8）。

三　动物遗骸

发掘出土的动物遗骸有鱼鳃骨、贝壳和兽骨痕迹，数量都不多。

第三节　小结

枝城北是继秭归柳林溪和宜都城背溪两遗址之后，在湖北境内发现的第三处城背溪文化遗址。发掘面积虽然不大，但出土陶器相当丰富，在城背溪文化研究中具有重要意义。

枝城北遗址和柳林溪、城背溪等遗址具有相同的基本文化面貌，主要表现在以下四个方面：

第一，遗址都坐落于鄂西山区边缘的长江岸上，分布地域连成一片。遗址面积都较小，文化层比较单纯。堆积中一般不见灰烬，土质比较纯净，加上陶片颜色与文化层土色接近，在考古调查中往往不易发现。

第二，遗址的文化遗物较集中，多见于江边凹地或不规则的灰坑里。一般文化堆积含陶片较少或陶片很碎，但往往有经人工打击而脱落的石片分布。

第三，出土的石器较丰富。石器特点是以打制、琢制为主，磨制出现于一部分石器的刃部。石器种类较少，常见的有石斧和石片，多取材于自然砾石，形状多不规则。

第四，陶器的坯土多羼有江边的细砂，其他陶坯主要羼合物有粗砂、炭末、草木灰、蚌壳或螺壳末等。烧制火候较低，陶质软而脆。容器主要成型法为泥片贴筑法，也有捏塑法。陶胎壁厚薄不均，表面常见凹凸不平现象，并多有内外层之分，内层黑色（或褐色），外层红色（或红褐色）。纹饰以浅而乱的交错绳纹为主，也有红衣陶。器物造型较简单，一般容器的腹、底无界线，连成圆弧形。基本器形可分罐釜（另加三小足则为鼎，加小圈足则为 B 型尊）、盘钵和支座三大类。支座不但数量多，而且形式也多样。

枝城北遗址与柳林溪、城背溪等遗址之间也存在一些明显差异。总的来看，枝城北遗址有较多的红衣陶，有的红衣陶经打磨光亮；枝城北遗址出土较多的鼎、尊，而柳林溪、城背溪遗址中则不见或少见，枝城北遗址未见城背溪遗址中常出的圈足（B 型）盘；枝城北遗址的罐、釜、支座等的形态也具有自身的特征。这些差异表明它们之间应具有早、晚关系。

枝城北遗址出土的陶器与中原裴李岗遗址[①]、磁山遗址[②]出土的陶器相比，显然差异较大，但也有相似之处。枝城北遗址的 B 型壶与裴李岗遗址的壶、枝城北遗址的鼎与裴李岗遗址的鼎、枝城北遗址的尊与裴李岗遗址的罐、枝城北遗址的钵与裴李岗遗址的钵都有类似的造型特征，这说明枝城北遗址与裴李岗、磁山遗址同处于一个大体相同的历史时代，也证明长江流域与黄河流域都有相当古老的原始文化。

注　释

①　开封地区文物管理委员会、新郑县文物管理委员会：《河南新郑裴李岗新石器时代遗址》，《考古》1978 年　　2 期；开封地区文物管理委员会等：《裴李岗遗址一九七八年发掘简报》，《考古》1979 年 3 期。
②　邯郸市文物保管所等：《河北磁山新石器遗址试掘》，《考古》1977 年 6 期。

伍 青龙山

青龙山遗址位于枝江县青岭乡青龙村西南约 1 公里处的小丘陵上，山丘约高出周围地面 20 多米。遗址西南面距枝城长江大桥约 60 米，南、西、北三面为枝（江）宜（都）公路环绕（图版三四），南距长江边约 0.5 公里，并与宜都县枝城镇隔江相望（图一）。

1978 年，枝江县文化馆在对青龙山遗址附近地区进行考古调查时发现了陶片。而后，宜昌地区博物馆、长江流域规划办公室考古队也进行过调查，并称其为红岩山遗址[①]。1983 年至 1984 年，湖北省博物馆考古部研究人员与北京大学考古学系的师生又先后两次进行复查。但多次调查均未找到原生文化堆积。1984 年，湖北省博物馆考古部研究人员再次在地势较高的位置上寻找，终于在青龙山上发现了原生堆积，并更名为青龙山遗址。1984 年 12 月，湖北省博物馆考古部对遗址进行考古勘探和抢救性发掘。

遗址现存范围在丘陵的中部，东西长约 30、南北宽约 17 米（图版三五，1）。在遗址现存范围的东南部与东北部进行抢救性发掘，开 5 米×5 米的探方 2 个（T1、T2），2 米×10 米的探沟 2 条（G1、G2），2 米×5 米的探沟 2 条（T3、T4），扩方 2 米×2 米（T5），发掘面积共计 114 平方米。由于受地形和遗址残存情况的限制，探方、探沟的方向，分别为 15°至 150°。

第一节 地层堆积与文化遗迹

一 地层堆积

各探方、探沟的地层堆积基本相同，共分为四层（图版三五，2）。现以 T2 南壁（图八〇）为例，说明如下：

第 1 层 表土层。灰褐色土，厚 0.1～0.15 米。土质松软，未见文化遗物。

第 2 层 现代扰乱层。褐色土，厚 0.25～0.75 米。出有现代瓷片、铁器及现代房基的石块、石灰坑、水泥块和煤渣等。

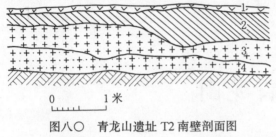

图八〇　青龙山遗址 T2 南壁剖面图
1. 灰褐色土　　2. 褐色土　　3. 红褐色土
4. 淡黄色土

第 3 层　城背溪文化层。红褐色土，厚 0.2～0.65 米。质地松软，夹有较多的红烧土块，并有少量的草木灰。出土陶器有釜、盘、罐、支座、钵、碗等；石器有斧和打制石片。

第 4 层　城背溪文化层。淡黄色土，厚 0.2～0.4 米。土质坚硬，有少量草木灰。包含物有陶片，可辨器形有鼎、筒形器、罐、盘等。

二　文化遗迹

仅发现灰坑 3 个（H1～H3）。因早年遭破坏，灰坑形状不太规则。

H1　大型灰坑，大部分在 T3 东南部，小部分在 T3 东南角外（已被破坏）。坑口被第 3 层所压，打破第 4 层和 H2。灰坑呈不规则长方形，南北长 4.15、东西宽 0.2～0.55、深 0.15～0.3 米（图八一）。坑内填深褐色土，土质较硬。包含物主要有陶片和石器。陶器有釜、钵、盘、罐、筒形器等。石器有斧。

H2　大型灰坑，大部分在 T3 东部，小部分在 T3 东壁外（也已被破坏）。开口于第 3 层下，打破第 4 层，被 H1 打破。灰坑为不规则椭圆形，南北长 4.9～5.9、东西残宽 2、深 0.05～0.4 米（图八二）。坑内填褐色土，土质较硬并略有黏性。出土陶器有钵、碗、釜、罐、盘、支座等，石器有斧和弹丸。

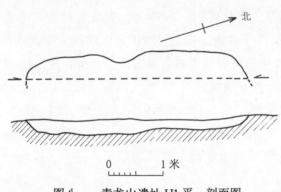

图八一　青龙山遗址 H1 平、剖面图

第二节　文化遗物

文化遗物集中于遗址的第 3 层和三个灰坑内。包括石器和陶器两类。共 189 件。

一　石器

共 17 件。大部分保留打制和琢制痕迹，刃部多磨制较细。器形有斧、弹丸和片。

斧　15 件。分为四型。

A 型　4 件。长条形，上部均残断，中部较宽，下部略窄。单面琢制刃部，未经磨制。

标本 T3④：27，青麻石。残长 12.7、宽 8.6、厚 2.6 厘米（图八三，1）。标本 H2：75，青麻石。残长 7.8、宽 6、厚 2.3 厘米（图八三，2）。

B 型　5 件。长形，上部略窄，下部较宽，用天然砾石打制

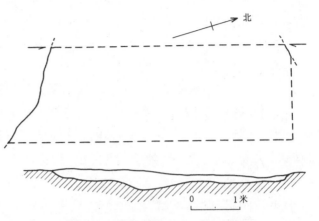

图八二　青龙山遗址 H2 平、剖面图

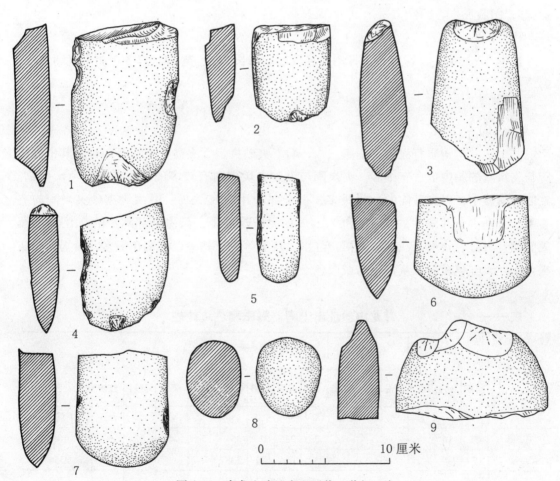

图八三　青龙山遗址出土石斧、弹丸、片

1、2.A 型斧 T3④：27、H2：75　　3、4.B 型斧 T1③：1、T4③：2　　5.C 型斧 H1：50
6、7.D 型斧 T4③：3、T3③：22　　8.弹丸 H2：76　　9.片 T2③：125

和琢制而成。未经磨制。

标本 T1③:1，青麻石。残长 12.4、宽 7.4、厚 3.6 厘米（图八三，3；图版三六，1）。标本 T4③:2，青麻石。残长 10、宽 7、厚 2.2 厘米（图八三，4）。

C 型　2 件。呈细长条形，上部均已残断，刃较窄。打制后经细琢，未经磨制。

标本 H1:50，青麻石。残长 8.5、宽 3.4、厚 1.6 厘米（图八三，5）。

D 型　4 件。宽形，上部均已残断，下部为弧形刃。刃部经两面精磨，近刃部两边较平直。标本 T4③:3，青麻石。残长 8、刃宽 9.2、厚 3.6 厘米（图八三，6；图版三六，2）。标本 T3③:22，青麻石。残长 9.2、宽 7.3、厚 2.8 厘米（图八三，7）。

弹丸　1 件。

标本 H2:76，青麻石，椭圆形，打制后经细琢。长径 6.1、短径 4.3 厘米（图八三，8；图版三六，3）。

片　1 件。

标本 T2③:125，青麻石，打制后经琢制。残长 7.8、宽 12、厚 3.1 厘米（图八三，9）。

二　陶器

共 172 件。陶质有泥质（图版三六，4）、夹砂夹炭、夹砂、夹炭等四种。其中泥质陶与夹炭陶的胎内也含有细砂，夹炭陶与夹砂夹炭陶内有较多的草木灰和黑色炭化物。在四种陶质中，以夹砂陶的数量最多，占全部陶片的 82.6%；其次为夹砂夹炭陶与夹炭陶，分别占全部陶片的 7.3% 和 7.24%；泥质陶最少，只占全部陶片的 2.83%。器表的颜色有红、黄褐、灰白、灰褐、红褐、灰黑等色，其中以红褐色最多，黄褐色与灰褐色次之，红色较少，灰白色与灰黑色最少（表一一）。

表一一　　　　　　　　青龙山遗址出土陶器陶质陶色统计表

单位 \ 陶质·陶色·数量	泥质			夹砂夹炭			夹砂				夹炭				合计
	黄褐	灰白	红	灰褐	黄褐	红褐	红	黄褐	灰褐	红褐	灰褐	灰黑	黄褐	红褐	
T1③			8				2	384	238	130	43				805
T2③	52	10	18				73	255	237	354	5	4	48		1056
T2④	7						39	26	76	208					356
T3③			2	12	11	10		53	27	75	10				200
T3④			10	26	17	11		80	90	95	82		6	8	425

续表一一

单位＼陶质＼陶色＼数量	泥质			夹砂夹炭			夹砂				夹炭				合计
	黄褐	灰白	红	灰褐	黄褐	红褐	红	黄褐	灰褐	红褐	灰褐	灰黑	黄褐	红褐	
T4③	43		7	20	84	108		143	73	103	9		23	59	672
T4④	1	7	7	11	6	10		62	215	305			10	58	692
T5④	2							42	94	65			8	13	224
T6③	63	3	6		18		57	319	296	802			16	12	1592
T6④	1		1		18			133	33	32			6	40	264
H1			19	12	16	15		189	75	399	6		53	40	824
H2		15		131	129	62	9	384	302	381	39		65	46	1563
H3								703	232	320		12			1267
合计	169	35	78	212	299	216	180	2773	1988	3269	151	59	235	276	9940
％	1.7	0.35	0.78	2.13	3	2.17	1.81	27.9	20	32.89	1.52	0.59	2.36	2.77	100
	2.83			7.3			82.6				7.24				

陶器的纹饰有粗绳纹、中绳纹、细绳纹、刻划纹等四种，其中以粗绳纹的数量最多，占全部纹饰的 60.29％；中绳纹次之，占 34.95％；细绳纹占 4.73％；刻划纹仅见 2 片，占 0.02％（表一二）。另外，素面陶也较多，并占有相当大的比例。

表一二　　　　　　　　青龙山遗址出土陶器纹饰统计表

单位＼纹饰＼数量	粗绳纹	中绳纹	细绳纹	刻划纹	合计
T1③	406	293	105	1	805
T2③	691	280	39	1	1011
T2④	311	45			356
T3③	30	60			90
T3④	54	52	35		141
T4③	205	51			256
T4④	59	89	1		149
T5④	107	58			165
T6③	1143	261	39		1443
T6④	183				183
H1	221	238	52		511

续表一二

单位	粗绳纹	中绳纹	细绳纹	刻划纹	合　计
H2	472	250	68		790
H3	438	827			1265
合计	4320	2504	339	2	7165
%	60.29	34.95	4.73	0.02	100

陶器的器形有釜、罐、瓮、钵、盆、盘、碗、筒形器、支座和鼎足等。

釜　45件，为最常见的器物。分为五型。

A型　15件。敞口，圆鼓腹，圜底。分为二式。

Ⅰ式　12件。斜沿外侈，整器较矮扁。器表满饰粗绳纹。标本T5④:2，夹砂红褐陶。口径18、腹径20、高16.5厘米（图八四，1；图版三六，5）。标本H2:12，夹砂灰陶。口径18.1、腹径21.1、残高19.7厘米（图八四，2；图版三六，6）。标本T3④:1，口径29.2厘米（图版三七，1）。

Ⅱ式　3件。折沿外侈，整器较瘦高。器表满饰粗绳纹。标本T2③:8，夹砂灰陶。口径22.4、腹径32、残高32.4厘米（图八四，3）。

B型　2件。小口，直领，圆鼓腹，圜底。分为二式。

Ⅰ式　1件。直领较短，大圆鼓腹。标本T6④:1，夹砂黄褐陶。素面。口径12、腹径26.5、高26.7厘米（图八四，4）。

Ⅱ式　1件。直领较长，鼓腹。标本T6③:78，夹砂黄褐陶，腹中部以下残缺。素面。口径8、残高9.6厘米（图八四，5）。

C型　16件。盘口，鼓腹，圜底。分为二式。

Ⅰ式　5件。圆唇，微敞口，略折颈。标本T4④:1，夹砂红褐陶，下腹残缺。器表满饰粗绳纹。口径20.8、残高9.6厘米（图八四，6）。标本T3④:4，夹砂红褐陶。器表饰绳纹。口径24、残高15.35厘米（图八四，7）。

Ⅱ式　11件。圆尖唇，大敞口，折颈，扁鼓腹。标本T6③:3，夹砂灰陶。素面。口径23.8、高14.7厘米（图八四，8）。标本T2③:51，夹砂灰陶。下腹缺残。素面。口径16、残高8厘米（图八四，9）。

D型　9件。大敞口，斜沿外折，腹较深，圜底。分为二式。

Ⅰ式　4件。上腹壁较直，下腹弧里收，深腹，圜底，底较窄。标本H1:12，夹砂红褐陶。口沿外素面，腹、底部饰粗绳纹。口径21.7、高20.1厘米（图八四，10；图

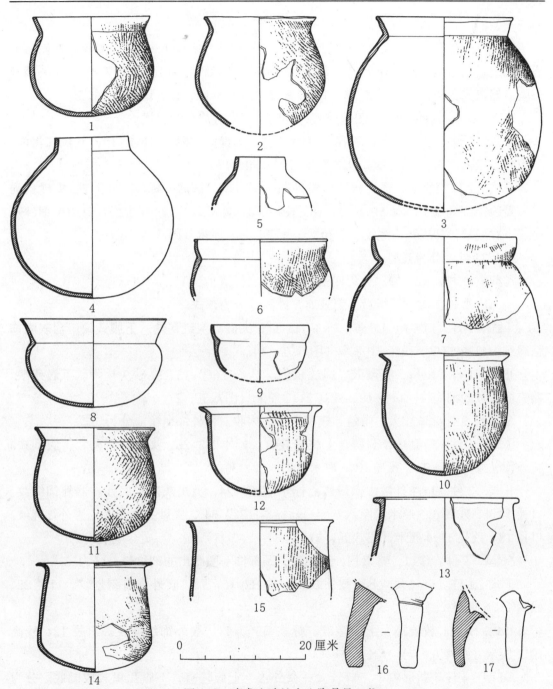

图八四　青龙山遗址出土陶鼎足、釜

1、2.A型Ⅰ式釜 T5④:2、H2:12　　3.A型Ⅱ式釜 T2③:8　　4.B型Ⅰ式釜 T6④:1　　5.B型Ⅱ式釜
T6③:78　　6、7.C型Ⅰ式釜 T4④:1、T3④:4　　8、9.C型Ⅱ式釜 T6③:3、T2③:51　　10.D型Ⅰ式
釜 H1:12　　11、12.D型Ⅱ式釜 T2③:6、T2③:5　　13.E型Ⅰ式釜 T6④:15　　14、15.E型Ⅱ式釜
T6③:2、T2③:21　　16、17.鼎足 T4③:14、T4③:13

版三七，2）。

Ⅱ式　5件。上、下腹大小相当，圜底，底较宽。标本 T2③：6，夹砂灰褐陶。器表满饰交错的粗绳纹。口径 19.6、高 18.8 厘米（图八四，11）。标本 T2③：5，夹砂灰褐陶。器表满饰粗绳纹。口径 20、高 14.6 厘米（图八四，12；图版三七，3）。

E 型　3件。口较大，上腹壁较直并外斜，宽圜底。分为二式。

Ⅰ式　1件。窄沿外折，圆唇，口微内敛，斜直壁。标本 T6④：15，夹炭红褐陶。下腹残。素面。口径 24、残高 9.8 厘米（图八四，13）。

Ⅱ式　2件。卷沿，圆尖唇，口略外敞，斜直壁，圜底。标本 T6③：2，夹砂黄褐陶，器表饰细绳纹。口径 19.1、高 18 厘米（图八四，14）。标本 T2③：21，夹细砂灰陶。下腹残缺。器表饰中绳纹。口径 24、残高 12.6 厘米（图八四，15）。

罐　27件。分为五型。

A 型　11件。敞口罐。分为四亚型。

Aa 型　2件。敞口，折沿，斜鼓肩，鼓腹。分为二式。

Ⅰ式　1件。口较敞，鼓腹。标本 H3：11，夹砂夹炭红褐陶。下腹残缺。器表满饰粗绳纹。口径 23.2、残高 21 厘米（图八五，1）。

Ⅱ式　1件。敞口，腹微鼓，绳纹较细。标本 T6③：13，夹砂灰褐陶。下腹残缺。器表饰疏散的细绳纹。口径 18、残高 21.3 厘米（图八五，2）。

Ab 型　3件。口较大，微敞。腹壁弧形，内收。器外饰绳纹。分为二式。

Ⅰ式　1件。口微敞，圆唇，上腹壁较直。标本 H2：26，夹砂红褐陶，下腹残缺。腹外饰绳纹。口径 21、残高 10.6 厘米（图八五，3）。

Ⅱ式　2件。口略外敞，微鼓腹。标本 T2③：24，夹炭灰陶。底残。器外饰绳纹。口径 14.4、残高 6.5 厘米（图八五，4）。标本 T2③：34，夹砂夹炭灰陶。腹外饰绳纹。口径 18、残高 11.4 厘米（图八五，5）。

Ac 型　2件。侈口，略束颈，微鼓腹，颈部饰一圈凸出的刻纹带。分为二式。

Ⅰ式　1件。口较大，上腹微外鼓。标本 H2：15，颈、腹外饰有刻划纹。口径 22、残高 11.1 厘米（图八五，6）。

Ⅱ式　1件。较瘦高，上腹微鼓。标本 T3③：11，腹外饰细绳纹。口径 12、残高 10.2 厘米（图八五，7）。

Ad 型　4件。器形较小，口较大并微外侈，上腹较直，下腹弧里收成圜底。分为二式。

Ⅰ式　1件。微卷沿，圆尖唇，上腹较直，圜底。标本 H3：9，夹炭红褐陶。器外饰绳纹。口径 12.2、高 11.1 厘米（图八五，8；图版三七，4）。

Ⅱ式　3件。敞口，折沿，上腹略鼓。标本 T3③：6，夹砂灰陶。下腹残缺。器外饰绳纹。口径 14、残高 8.9 厘米（图八五，9）。标本 T6③：12，夹砂灰褐陶。口沿较窄。器外饰绳纹。口径 18、残高 8.8 厘米（图八五，10）。

B 型　1 件。直口罐。

标本 T2③：2，泥质灰褐陶，口较直较大，长颈，窄斜肩，窄腹，腹壁弧里收成小平底。素面。口径 16.4、高 19 厘米（图八五，11）。

C 型　3 件。敛口，圆鼓腹，圜底。分为二式。

Ⅰ式　1 件。敛口，卷沿，圆鼓腹。标本 T6④：4，夹砂红褐陶。下腹有二道凹弦纹。口径 13.6、最大腹径 18.8、高 13.4 厘米（图八五，12）。

Ⅱ式　2 件。口沿微上卷，敛口，鼓肩。标本 T6③：62，泥质灰褐陶。下腹残。素面。口径 16、残高 4 厘米（图八五，13）。标本 T2③：58，泥质褐陶。素面。口径

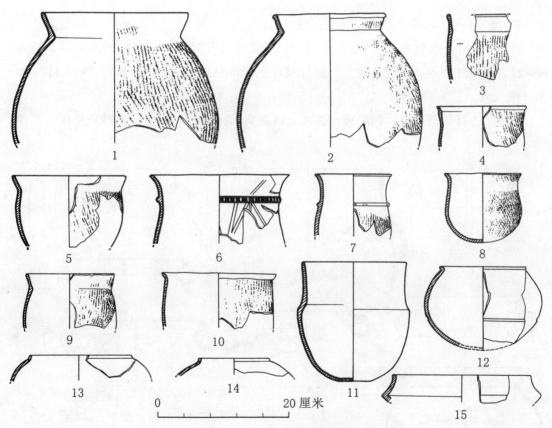

图八五　青龙山遗址出土陶罐

1.Aa 型Ⅰ式罐 H3:11　2.Aa 型Ⅱ式罐 T6③:13　3.Ab 型Ⅰ式罐 H2:26　4、5.Ab 型Ⅱ式罐 T2③:24、T2③:34　6.Ac 型Ⅰ式罐 H2:15　7.Ac 型Ⅱ式罐 T3③:11　8.Ad 型Ⅰ式罐 H3:9　9、10.Ad 型Ⅱ式罐 T3③:6、T6③:12　11.B 型罐 T2③:2　12.C 型Ⅰ式罐 T6④:4　13、14.C 型Ⅱ式罐 T6③:62、T2③:58　15.D 型罐 T6③:74

10.6、残高 3 厘米（图八五，14）。

D 型　1 件。折腹罐。

标本 T6③:74，夹砂灰陶。口微敛，折腹，下腹残缺。素面。口径 22、残高 4.7 厘米（图八五，15）。

E 型　11 件。双耳罐。出土数量较多。分为五亚型。

Ea 型　1 件。直沿外侈，窄肩，窄腹，腹壁斜内收。口沿外附对称的 2 个环形耳。

标本 T2③:55，泥质灰褐陶。底残。素面。口径 18、残高 10.2 厘米（图八六，1）。

Eb 型　1 件。大口，口较直，腹略外鼓。近腹中部附对称的 2 个扁形耳。

标本 T2④:3，泥质黄褐陶。下腹残缺。素面。口径 26、残高 20.6 厘米（图八六，2）。

Ec 型　3 件。有领，广肩。分为三式。

Ⅰ式　1 件。领口微侈，领较高，折颈，鼓肩。肩上有 2 个对称的环形耳。标本 H3:21，夹炭红褐陶。下腹残缺。上腹与双耳上皆饰粗绳纹。口径 12.7、残高 11.1 厘米（图八六，3）。

Ⅱ式　1 件。微侈口，领略矮，弧颈，斜鼓肩。标本 T6③:61，夹砂灰褐陶。颈上

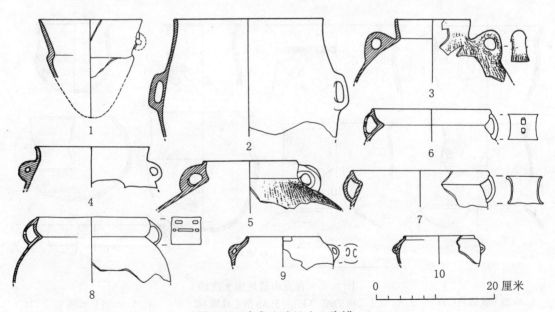

图八六　青龙山遗址出土陶罐

1.Ea 型 T2③:55　　2.Eb 型 T2④:3　　3.Ec 型Ⅰ式 H3:21　　4.Ec 型Ⅱ式 T6③:61　　5.Ec 型Ⅲ式 T6③:87
6、7.Ed 型Ⅰ式 T2④:13、T3④:21　　8.Ed 型Ⅱ式 T2③:16　　9、10.Ee 型 T6③:59、T2③:25

有 2 个对称的环形耳。器表饰细绳纹。口径 20、残高 6.8 厘米（图八六，4）。

Ⅲ式 1件。领外鼓，折颈，肩较平。领、肩之间有对称的 2 个环形耳。标本 T6 ③:87，夹炭褐陶。肩、腹部满饰粗绳纹。口径 16、残高 8.6 厘米（图八六，5）。

Ed 型 4件。盘口，口、肩间安 2 个扁耳。素面。分为二式。

Ⅰ式 2件。敞口。标本 T2④:13，夹炭红褐陶。扁耳上有镂孔。口径 20、残高 5.7 厘米（图八六，6）。标本 T3④:21，夹炭红褐陶。扁耳上无镂孔。口径 24、残高 6.3 厘米（图八六，7）。

Ⅱ式 2件。口略敞，对称的双扁耳在肩与口沿之间，耳上部安于口沿唇部。标本 T2③:16，泥质灰褐陶。扁耳上有镂孔花纹。口径 19.2、残高 11.4 厘米（图八六，8）。

Ee 型 2件。器形较矮小，敛口，鼓腹，上腹有 2 个对称的小耳。标本 T6③:59，泥质褐陶，鼻耳，下腹残。素面。口径 15、残高 4.8 厘米（图八六，9）。标本 T2③:25，泥质灰褐陶，腹壁较直。素面。口径 12、残高 5 厘米（图八六，10）。

另外，还有较多罐耳。

瓮 4件。器形较大，敞口。分为二型。

A 型 2件。口较大，折沿外侈，鼓腹，整器较矮胖。分为二式。

Ⅰ式 1件。圆尖唇，折沿外侈，颈、腹之间有一圈附加堆纹（其上有刻划纹），鼓腹。标本 T6③:92，泥质灰褐陶。腹外有稀疏的绳纹。口径 32.8、残高 16 厘米（图八七，1）。

Ⅱ式 1件。折沿，沿面呈凸弧形，圆唇，圆鼓腹。标本 H2:13，夹砂红褐陶。腹外满饰粗绳纹。口径 34.4、残高 22.3 厘米（图八七，2）。

B 型 2件。口较小，折沿外侈，鼓腹，整器较瘦高。分为二式。

Ⅰ式 1件。沿较宽，沿壁较直。标本 T2④:4，泥质黄褐陶。口沿外至腹外皆饰粗绳纹。口径 27.2、残高 28.4 厘米（图八七，3）。

Ⅱ式 1件。折沿，沿面微内凹，圆尖唇。溜肩，鼓腹。标本 T6③:10，夹砂黄褐陶。沿、腹外饰稀疏的绳纹。口径 24、残高 26 厘米（图八七，4）。

钵 39件。分为三型。

A 型 34件。分为五亚型。

Aa 型 8件。深腹，圜底。分为二式。

Ⅰ式 6件。口和上腹壁较直，深腹，圆圜底。标本 T5④:5，夹炭红褐陶。腹、底饰绳纹。口径 19.5、高 13.5 厘米（图八八，1；图版三八，1）。标本 T5④:4，夹炭红褐陶。器表饰稀疏的绳纹。口径 23.2、高 14 厘米（图八八，2）。标本 T2③:3，口径 23.6 厘米（图版三八，2）。标本 H1:2，泥质红陶。底部残。素面。口径 23.3、残高 12.5 厘米（图八八，3）。

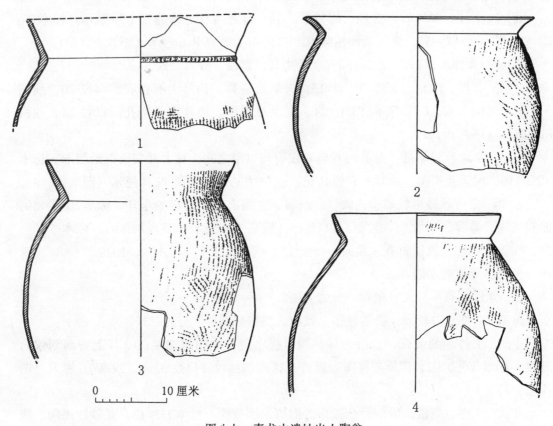

图八七　青龙山遗址出土陶瓮

1.A型Ⅰ式T6③:92　　2.A型Ⅱ式H2:13　　3.B型Ⅰ式T2④:4　　4.B型Ⅱ式T6③:10

　　Ⅱ式　2件。敞口。腹壁弧形，内收成圜底。标本H2:4，泥质红陶，尖唇。素面。口径25、高11.9厘米（图八八，4）。

　　Ab型　10件。整个器壁呈弧形，敞口，腹较浅，饰绳纹或素面。

　　标本H1:1，夹炭黄褐陶。圆唇。腹、底饰粗绳纹。口径25.6、高11.3厘米（图八八，5；图版三八，3）。标本T6③:4，泥质灰陶。圆唇。腹部饰稀疏绳纹。口径24.4、高11.6厘米（图八八，6）。标本T2③:4，泥质红陶。器外表满饰绳纹。口径24、高9.6厘米（图八八，7）。标本H3:6，夹炭红褐陶。圆唇。器外表满饰粗绳纹。口径18.8、高9.1厘米（图八八，8；图版三八，4）。标本H2:2，夹炭黄褐陶。底较平。素面。口径20.7、高9.9厘米（图八八，9）。标本T3④:2，夹炭黄褐陶。饰绳纹。口径17、高7.2厘米（图八八，10；图版三八，5）。标本T3③:1，泥质灰陶。外饰粗绳纹。口径17.4、高6厘米（图八八，11）。标本T6③:7，泥质灰陶。素面。口径20.6、高7.1厘米（图八八，12）。

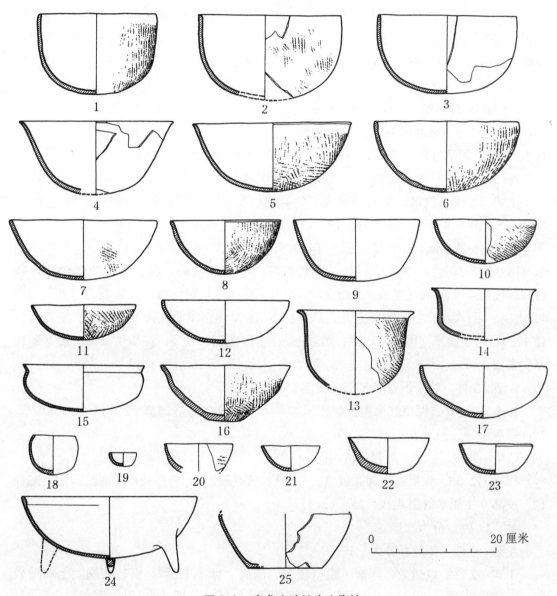

图八八　青龙山遗址出土陶钵

1～3.Aa 型Ⅰ式钵 T5④:5、T5④:4、H1:2　　4.Aa 型Ⅱ式钵 H2:4　　5～12.Ab 型钵 H1:1、T6③:4、T2③:
4、H3:6、H2:2、T3④:2、T3③:1、T6③:7　　13.Ac 型Ⅰ式钵 H1:4　　14、15.Ac 型Ⅱ式钵 T2③:12、T5
④:3　　16、17.Ad 型钵 H3:7、H2:1　　18.Ae 型Ⅰ式钵 H1:6　　19～23.Ae 型Ⅱ式钵 T4③:5、T3③:15、
T5④:1、H2:6、T6③:8　　24.B 型钵 T2④:1　　25.C 型钵 H2:68

　　Ac 型　4件。侈口。分为二式。

　　Ⅰ式　1件。折沿，侈口，腹较浅，腹壁外鼓，大圜底。标本 H1:4，泥质灰陶。
口径 20.1、高 7.8 厘米（图八八，13）。

Ⅱ式　3件。卷沿，侈口。腹壁较直，腹较深。标本 T2③：12，夹砂夹炭灰褐陶。深腹。腹部饰绳纹。口径 20.1、残高 13.8 厘米（图八八，14）。标本 T5④：3，夹炭灰黑陶。尖唇，腹壁较直，底较宽。素面。口径 18.2、残高 8.4 厘米（图八八，15；图版三八，6）。

Ad 型　4件。敞口，微折腹，小平底。

标本 H3：7，夹炭红褐陶。器表饰绳纹。口径 21.2、高 9.2 厘米（图八八，16）。标本 H2：1，泥质红陶。素面。口径 21、高 8.4 厘米（图八八，17）。

Ae 型　为小型钵，8件。整个器壁为弧形。分为二式。

Ⅰ式　2件。敛口，深腹，圜底。标本 H1：6，夹炭黄褐陶。整器近圆形。素面。口径 6.8、高 6.4 厘米（图八八，18；图版三九，1）。

Ⅱ式　6件。敞口，浅腹。标本 T4③：5，夹炭灰褐陶。素面。口径 4.5、高 2.3 厘米（图八八，19）。标本 T3③：15，夹炭灰陶。近底部残缺。器表饰稀疏绳纹。口径 11.2、残高 4.5 厘米（图八八，20）。标本 T5④：1，夹炭红褐陶。素面。口径 9、高 4.2 厘米（图八八，21；图版三九，2）。标本 T6③：8，泥质灰陶。底较宽。素面。口径 12.4、高 5 厘米（图八八，23；图版三九，3）。标本 H2：6，泥质黄褐陶，底部胎较厚。素面。口径 13.3、高 6.1 厘米（图八八，22；图版三九，4）。

B 型　3件。整个器壁呈弧形，腹侧安三锥形足。

标本 T2④：1，泥质红褐陶。腹较深。素面。口径 28.7、通高 12.6 厘米（图八八，24；彩版一一，2）。

C 型　2件。平底。形制基本相同。

标本 H2：68，泥质红褐陶。敛口，口沿残。腹壁较直，斜里收成平底。素面。底径 12、残高 9.1 厘米（图八八，25）。

盆　11件。分为二型。

A 型　6件。深腹。分为三式。

Ⅰ式　2件。口微敞，深腹，腹壁较直，圜底。标本 H2：7，夹砂灰陶。上腹壁较直。有稀疏绳纹。口径 25.8、腹径 26.2、高 20.7 厘米（图八九，1；图版三九，5）。标本 T6③：86，泥质灰陶。口残，下腹壁微外鼓。下腹饰交错绳纹。残高 12.8 厘米（图八九，2）。

Ⅱ式　2件。敞口，口沿内有折线，腹较深，圜底，底较宽。标本 T2③：1，泥质灰陶。口沿至底饰绳纹。口径 27、高 20 厘米（图八九，3；图版三九，6）。

Ⅲ式　2件。口沿外侈。标本 T2③：7，夹炭灰褐陶，口沿外侈，沿内面有折线，腹微鼓，圜底。腹部饰绳纹。口沿 26.8、高 16.6 厘米（图八九，4）。标本 T2③：29，夹炭黄褐陶。微鼓腹，腹较深。腹部饰绳纹。口径约 23.8、残高 15.4 厘米（图八九，

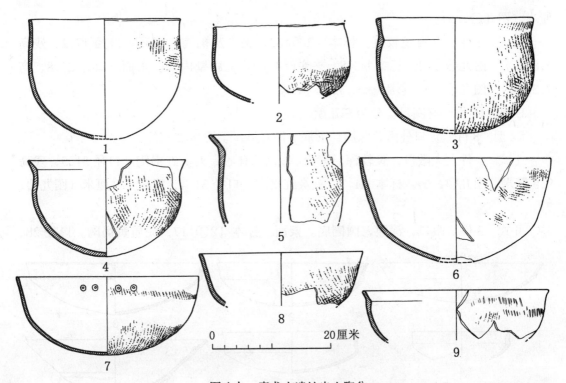

图八九　青龙山遗址出土陶盆

1、2.A型Ⅰ式 H2:7、T6③:86　　3.A型Ⅱ式 T2③:1　　4、5.A型Ⅲ式 T2③:7、T2③:29
6~8.B型Ⅰ式 H2:5、H3:5、T1④:2　　9.B型Ⅱ式 H3:22

5）。

　　B型　5件，浅腹。分为二式。

　　Ⅰ式　3件。直沿，圜底。标本 H2:5，泥质红陶。腹外有稀疏绳纹。口径 32.9、高 18.2 厘米（图八九，6；图版四〇，1）。标本 H3:5，泥质红陶。口沿有两对相对的小圆孔。底和上腹饰绳纹。口径 31.2、高 13.4 厘米（图八九，7；彩版一二，1）。标本 T1④:2，夹炭红褐陶。底残。腹部饰绳纹。口径 28、残高 9.2 厘米（图八九，8）。

　　Ⅱ式　2件。侈沿，圜底。标本 H3:22，夹炭红褐陶。器表饰绳纹。口径 32、残高 8.7 厘米（图八九，9）。

　　盘　28件。分三型。

　　A型　8件。敞口，折腹，圜底，素面。分为三式。

　　Ⅰ式　2件。微折腹。标本 T6③:5，泥质灰陶。大敞口，折腹不明显。素面。口径 28.7、高 7 厘米（图九〇，1）。

　　Ⅱ式　4件。口沿外侈，折腹明显，大圜底。标本 T6④:3，泥质红褐陶。素面。口径 26.3、高 7.5 厘米（图九〇，2）。标本 T6③:6，夹炭红褐陶。口径 31.2、高 9.1

厘米（图九〇，3）。

　　Ⅲ式　2件。上腹壁较直。标本 T2③:62，夹炭灰褐陶。底残。口径17.2、残高4.8厘米（图九〇，4）。标本 H3:8，夹炭红褐陶。上腹壁内弧。素面。口径23.8、高7.3厘米（图九〇，5；彩版一二，2）。

　　B 型　15件。有圈足。分为三亚型。

　　Ba 型　8件。盘口外敞，深腹，圜底。圈足残缺。分为二式。

　　Ⅰ式　5件。大敞口，腹较深。素面。标本 H1:9，夹炭红褐陶。口径31.5、残高9.5厘米（图九〇，6）。标本 H1:7，夹炭红褐陶。口径31.4、残高7.9厘米（图九〇，7）。

　　Ⅱ式　3件。敞口，深腹，圆圜底。素面。标本 T2③:17，泥质黄褐陶。口径28、

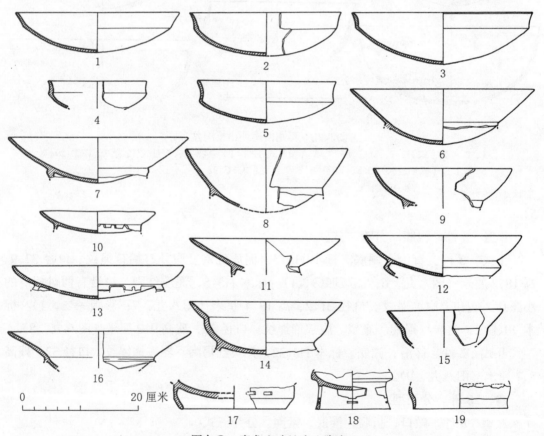

图九〇　青龙山遗址出土陶盘

1.A型Ⅰ式盘 T6③:5　　2、3.A型Ⅱ式盘 T6④:3、T6③:6　　4、5.A型Ⅲ式盘 T2③:62、H3:8　　6、7.Ba型Ⅰ式盘 H1:9、H1:7　　8、9.Ba型Ⅱ式盘 T2③:17、T4③:9　　10.Bb型Ⅰ式盘 H1:10　　11.Bb型Ⅱ式盘 T6③:56　　12、13.Bb型Ⅲ式盘 T6③:9、T2③:9　　14.Bc型Ⅰ式盘 T5④:6　　15、16.Bc型Ⅱ式盘 T6③:72、T6③:57　　17.C型Ⅰ式盘 T6④:5　　18.C型Ⅱ式盘 T4③:6　　19.C型Ⅲ式盘 T2③:86

残高10.2厘米（图九〇，8）。标本T4③:9，夹炭灰褐陶。口径24、残高6.8厘米（图九〇，9）。

Bb型　4件。大敞口，浅盘，素面。圈足大部分残缺。分为三式。

Ⅰ式　1件。圆唇，大圈足。标本H1:10，泥质黄褐陶。圈足上部有镂孔花纹。口径20、残高3.8厘米（图九〇，10）。

Ⅱ式　1件。圆唇，盘壁较直，圈足较小。标本T6③:56，泥质褐陶。口径26、残高6.4厘米（图九〇，11）。

Ⅲ式　2件。盘口较大，盘壁弧形，圈足上部外突。标本T6③:9，泥质褐陶。口径27.3、残高7.1厘米（图九〇，12）。标本T2③:9，泥质灰褐陶。口径30、残高5.8厘米（图九〇，13）。

Bc型　3件。敞口，仰折腹，腹较深。素面。圈足均残缺。分为二式。

Ⅰ式　1件。敞口，上折腹，下腹弧里收成圜底。标本T5④:6，泥质红褐陶。口径26.4、残高9厘米（图九〇，14）。

Ⅱ式　2件。大敞口，下折腹，下腹较窄。标本T6③:72，泥质灰陶，圈足残。口径20、残高6.3厘米（图九〇，15）。标本T6③:57，泥质灰褐陶。口径32、残高6.4厘米（图九〇，16）。

C型　5件。圈足上有镂孔。大致分为三式。

Ⅰ式　1件。圈足较矮，中部内折，底口内敛。标本T6④:5，泥质红褐陶。上部有长方形镂孔。圈足径18、残高4厘米（图九〇，17）。

Ⅱ式　3件。圈足较高，略呈喇叭形。圈足上有镂孔。标本T4③:6，夹炭灰褐陶。圈足底略外撇。有长方形镂孔。圈足径13、残高6.5厘米（图九〇，18）。

Ⅲ式　1件。圈足中部外鼓，底部微外撇。中部有镂孔。标本T2③:86，泥质灰褐陶。口径16.4、残高3.9厘米（图九〇，19）。

碗　5件。口微敞，腹壁弧形，圈足。分为二式。

Ⅰ式　2件。碗底较窄，圈足较小。标本H2:8，夹炭红褐陶。腹较深，圈足略残。口径17.5、底径6、残高10.3厘米（图九一，1）。

Ⅱ式　3件。碗底较宽，圈足较大。标本T2③:99，夹稻谷壳灰褐陶。圈足和口沿均残。素面。底径13、残高8厘米（图九一，2）。标本T6④:2，夹炭红褐陶。深腹，圈足残。口径17.5、底径10、残高9厘米（图九一，3）。

筒形器　3件。长筒形。分为二式。

Ⅰ式　2件。口微敛，窄沿外折，微束颈。标本T2④:2，泥质红褐陶。保存基本完整，仅近底部残。中部略外鼓。素面。口径11.2、残高41.8厘米（图九一，5；图版四〇，2）。

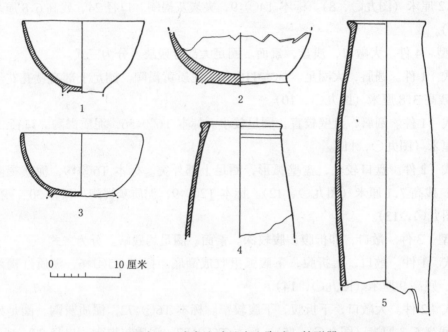

图九一　青龙山遗址出土陶碗、筒形器

1. Ⅰ式碗 H2∶8　　2、3. Ⅱ式碗 T2③∶99、T6④∶2　　4. Ⅱ式筒形器 T6③∶84

5. Ⅰ式筒形器 T2④∶2

　　Ⅱ式　1件。敛口，直沿，中腹较粗。标本 T6③∶84，泥质灰褐陶。下腹残缺。口沿外有 2 道凸弦纹。口径 12、残高 16.5 厘米（图九一，4）。

　　支座　7件。分为三型。

　　A 型　3件。上部为实心的椭圆体，并向一侧倾斜；下部为空心体，略呈喇叭形；背部有一实心的突尖，整器朝前倾斜。

　　标本 T3④∶3，泥质黄褐陶。素面。底径 12、高 17.5 厘米（图九二，1；图版四〇，3）。标本 H3∶33，泥质黄褐陶。顶部残。饰粗绳纹。底径 13、残高 14.7 厘米（图九二，2）。

　　B 型　2件。整器为上细下粗的椭圆体，顶向一侧倾斜，内空，顶为椭圆饼形。

　　标本 T2③∶13，保存较好，夹砂灰褐陶。上部有 6 圈凹弦纹，并在弦纹凹沟中饰绳纹。底径 14、高 19.6 厘米（图九二，3）。标本 T2③∶14，泥质黄褐陶。下部残缺。四周饰凹弦纹和绳纹，顶面饰交错绳纹，座体中部有圆形镂孔。残高 14.2 厘米（图九二，4）。

　　C 型　2件。整器外形与 B 型相似，但顶面直径较小，器体实心，未见弦纹。

　　标本 T2③∶107，泥质黄褐陶。上部残缺。器表满饰绳纹。底径 12.4、残高 15 厘米（图九二，5）。标本 T2③:109，泥质黄褐陶。下部残缺。顶面与器表满饰绳纹。残高 6.1 厘米（图九二，6）。

鼎　2 件。均仅存鼎足。

标本 T4③:14，夹炭灰褐陶。圆柱形鼎足，下部略弯，平底。素面。足高 13.9 厘米（图八四，16）。标本 T4③:13，夹炭灰褐陶，足近圆锥体，略弯曲。素面。足高 12.4 厘米（图八四，17）。

镂孔片　1 件。

标本 T6③:110，夹炭灰褐陶。陶片截面呈弧形，上面有椭圆形、长方形、方形镂孔。残长 9.8 厘米（图九二，7）。

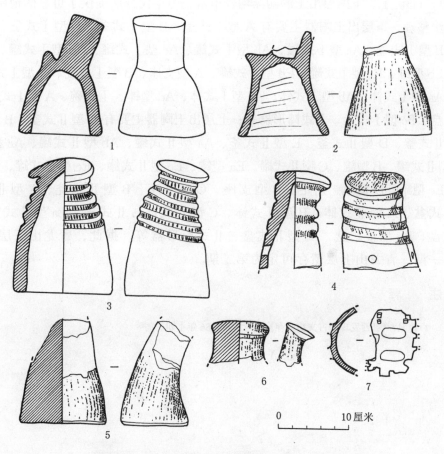

图九二　青龙山遗址出土陶支座、镂孔片

1、2.A 型支座 T3④:3、H3:33　　3、4.B 型支座 T2③:13、T2③:14
5、6.C 型支座 T2③:107、T2③:109　　7. 镂孔片 T6③:110

第三节　小结

　　枝江青龙山遗址，是湖北省境内新石器时代城背溪文化的一处重要遗址。遗址位于枝江县西部丘陵地带，与宜都境内的诸城背溪文化遗址隔江相望，其地理环境、自然条件与金子山遗址基本相同。其文化内涵比较丰富，文化特征也有所不同。这对于研究城背溪文化具有十分重要的价值。

　　青龙山遗址已被严重破坏，所发掘面积虽仅114平方米，遗迹也不多，但地层堆积均属城背溪文化。堆积可分成上、下两层，上层即各探方第3层，下层即各探方第4层和H1～H3。上、下两层出土的陶器均较丰富，为年代分期提供了可靠的地层依据。经过初步整理，下层出土陶器主要有 A 型 I 式釜、B 型 I 式釜、C 型 I 式釜、D 型 I 式釜、E 型 I 式釜、Aa 型 I 式罐、Ab 型 I 式罐、Ac 型 I 式罐、Ad 型 I 式罐、C 型 I 式罐、Eb 型罐、Ec 型 I 式罐、Ed 型 I 式罐、A 型支座、B 型 I 式瓮、A 型 I 式盆、B 型盆、Aa 型 I 式钵、Ab 型 I 式钵、Ac 型 I 式钵、Ad 型钵、I 式碗、A 型 I 式盘、Bb 型 I 式盘、Bc 型 I 式盘、I 式筒形器等；上层出土陶器主要有 A 型 II 式釜、B 型 II 式釜、C 型 II 式釜、D 型 II 式釜、E 型 II 式釜、Aa 型 II 式罐、Ab 型 II 式罐、Ac 型 II 式罐、Ad 型 II 式罐、B 型罐、C 型 II 式罐、Ea 型罐、Ec 型 II 式罐、Ec 型 III 式罐、Ed 型 II 式罐、Ee 型罐、D 型罐、鼎足、B 型支座、C 型支座、B 型 II 式瓮、A 型 II 式盆、A 型 III 式盆、A 型 II 式钵、B 型 II 式钵、C 型 II 式钵、II 式碗、Ba 型 II 式盘、Bb 型 II 式盘、Bb 型 III 式盘、Bc 型 II 式盘、II 式筒形器等。据此，青龙山下层遗存可划为第一期，青龙山上层遗存可定为第二期。

注　释

① 卢德佩：《鄂西发现的古文化遗存》，《考古》1986 年 1 期。

陆　孙家河

　　孙家河遗址隶属于宜都县清圣庵村，位于宜都城关（陆城）之东约 6.5 公里的长江南岸（图一），北与枝江县白洋镇隔江相望；东靠孙家河轮渡码头；南近宜（都）白（洋）公路；西距栗树窝遗址 1 公里、石板巷子遗址 1.5 公里。1983 年 9 月和 12 月，湖北省博物馆考古部与北京大学考古学系先后对其进行过两次联合调查。因面临遗址被江水冲毁，1984 年 11 月至 12 月，湖北省博物馆考古部进行了首次发掘，开 5 米×5 米的探方 6 个，发掘面积为 150 平方米。

第一节　地层堆积与文化遗迹

一　地层堆积

　　遗址因被江水冲刷而暴露，从江岸崩塌断面观察，遗址残长约 80 米，文化层厚约 1 米，上面覆盖的淤土层厚达 3 米。根据钻探，遗址南部的文化堆积越来越薄，并有中断现象。因此选择了三个文化堆积较丰富的点，各开 2 个探方，探方编号为 T1、T2、T3、T4、T5、T6（图九三）。三个点的地层堆积情况基本相同，共分四大层，以 T2 北壁（图九四）为例说明如下：

　　第 1 层　耕土层。黄色沙质土，厚 0.2～0.3 米。

　　第 2 层　淤土层。据土质土色分为两小层。

　　2a 层　褐色淤沙层。厚 2.65～2.95 米，土质松软，含大量细沙，有许多平行的水淤层，出有近代砖块和青花瓷片。

　　2b 层　黄褐色淤沙层。厚 0.15～0.4 米。土质较黏，含沙较少，含细泥较多，出有明代瓷片。

　　第 3 层　红烧土层。厚 0.1～0.3 米，T2 东部最深处可达 1.1 米。土质较杂较硬，红褐色，局部带黑色，夹大量红烧土块和少量草木灰。出土较多的碎陶片和少量石器。大部分陶片为红陶或红褐陶，也有少量灰陶片和彩陶片，而以素面陶最多。主要纹饰为

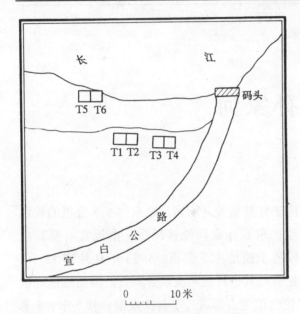

图九三　孙家河遗址探方位置图

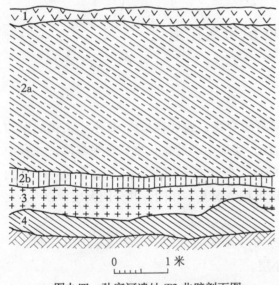

图九四　孙家河遗址 T2 北壁剖面图
1. 黄色沙质土　　2a. 褐色淤沙　　2b. 黄褐色淤沙
3. 红烧土　　4. 褐色土

绳纹。主要器形为支座、釜、钵、罐等。

第 4 层　褐色土层。厚 0.3~0.6 米（T3、T4 无此层，T5、T6 内还可分两小层）。该层土质坚硬，局部带红烧土块。主要遗物为陶片和石器。陶片也以红陶和红褐陶为主，火候较低，器形有釜、罐、钵等。

各探方第 2 层为明代以后淤积而成。第 3 至 4 层均为城背溪文化层。

二　文化遗迹

遗址残存部分地势较低，文化层高度已接近长江的河漫滩，文化层所含红烧土块和陶片都较破碎，应属于居住区边缘低洼地带，因此遗迹较少。主要有红烧土块、灰坑、沟、路基等。

（一）红烧土块

在发掘的各探方中，第 3 层和第 4 层局部都夹有大量红烧土块。这些红烧土块可能与房屋建筑有关，推测鄂西地区新石器时代流行的用火烘烤土筑房屋的习俗，早在城背溪阶段已经出现。

（二）灰坑

2 个（H1、H2）。均发现于 T1 第 3 层下，打破第 4 层和生土层。坑口都为不规则的椭圆形，两坑东西相距 15~35 厘米。

H1　坑口的东、西两边较直，东、西、北三壁向下缓收，南壁内凹，底较平。南北长 1.7、东西宽 1.6、深 0.62、南壁内凹 0.25 米（图九五）。坑内填土较疏松，以红烧土块为主，夹黑褐色土，并有烧焦的黑灰土块。出土陶器残片 102 块，其中红陶片 62 块、彩陶片 4 块，器形包括釜、罐等。

H2　在 H1 之东。坑口的东、西两边略内凹。坑壁不规整，坑中部下凹呈袋状，圜底。南北长 1.44、东西宽 0.94、深 0.48 米（图九六）。坑内填土疏松，以红、灰色烧土块为主，夹黑褐色土。有的烧土块火候较高，并有烧成焦黑的土块。出土物中，有陶片 12 块，其中红陶片 8 块，可辨器有釜。另外还有蚌壳、鱼骨等物。

（三）沟

1 条（G1）。发现于 T1 第 2b 层下，距地表约 3.6 米，南北向，穿过该方中部，发现长度 4、宽 1、深 0.6 米。时代应为明代。

（四）石路基

1 条（L1）。位于 T1 第 2b 层下，G1 东侧。南北向，用小石块铺成，面宽 0.56 ~0.6、厚 0.07、暴露长 2.3 米。时代应为明代。

第二节　文化遗物

文化遗物主要为石器和陶器。共 157 件。除发掘出土的以外，还有相当一部分系采集品。

一　石器

共 37 件。多利用天然砾石加工而成，存在不少较粗糙的打制品。在磨制石器中，形制已有初步规范，但大小尺寸差别还较大，磨制亦不够精细，器表往往残存砾石自然面和打制疤痕。主要器形有斧、小斧、锛、凿、铲、杵、片和条等。

斧　19 件。分四型。

A 型　6 件。长形，用长形砾石或石片打制而成，第 4 层和第 3 层均有出土。

标本 T6④a:6，用砾石打成长形石片，再在两侧和刃部琢打加工而成。长 18.7、宽 7.8、厚 3.3 厘米（图九七，1；图版四一，1）。标本 T1③:6，薄长形石片，两侧稍作

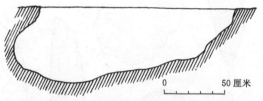

图九五　孙家河遗址 H1 平、剖面图

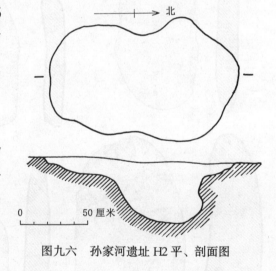

图九六　孙家河遗址 H2 平、剖面图

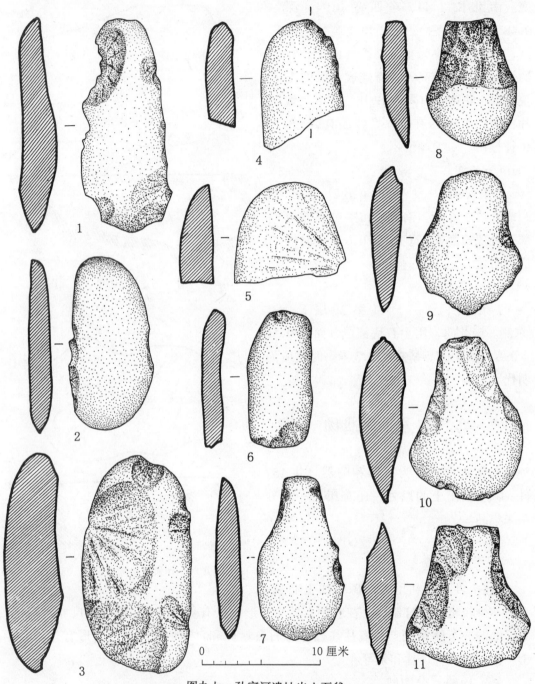

图九七　孙家河遗址出土石斧

1～6.A 型 T6④a:6、T1③:6、T3③:6、T6④a:3、T6④a:5、T5④a:2
7～11.B 型 T6④a:7、T6③:4、T2③:1、T5③:3、T1③:4

加工。长15、宽7.5、厚1.9厘米（图九七，2）。标本T3③:6，用长扁形砺石打击加工而成。长19、宽9.8、厚4.8厘米（图九七，3）。标本T6④a:3，残件，为上部。两侧有较细致的琢打痕迹。残长11.1、宽7.1、厚2.4厘米（图九七，4）。标本T6④a:5，残件，为顶端。打击面保留脱落痕迹。残长8.5、宽9.8、厚2.8厘米（图九七，5）。标本T5④a:2，有明显的使用痕迹。长12、宽5.6、厚1.9厘米（图九七，6）。

B型　5件。宽刃形斧，刃端平面略呈圆形或半圆形，顶端为柄握。打制。

标本T6④a:7，用石片打制，较薄较长。长14、宽7.6、厚2.2厘米（图九七，7）。标本T6③:4，较短，顶端打制痕迹明显，平顶。长11、宽7.8、厚2.6厘米（图九七，8；图版四一，2）。标本T2③:1，刃为不规则弧形，弧顶。长12.7、宽9.3、厚2.6厘米（图九七，9；图版四一，8）。标本T5③:3，纵剖面两端呈尖状，刃端较短而宽，平顶。长14.2、宽9.8、厚2.8厘米（图九七，10；图版四一，4）。标本T1③:4，较厚，顶端近柱状。长12.4、宽10.8、厚3厘米（图九七，11）。

C型　5件。平面为上窄下宽，略作梯形，经磨制。

标本T6④a:1，用自然砺石制成，周边琢制，两面和两侧经磨制，还保留自然面（有凹窝）。刃部用残，弧顶。长15.9、宽8.2、厚3.8厘米（图九八，1）。标本T6④a:2，刃部残。磨制较规整，侧面和顶部保留打制痕迹，弧顶，两边较直。长15.6、宽8、厚3.5厘米（图九八，2）。标本T5④a:1，残，为刃端。磨制精细，弧刃。残长5.2、宽6.8、厚2.4厘米（图九八，3）。标本T6③:1，中部较厚，顶端较宽，刃部用残。长13.4、宽7.6、厚3.2厘米（图九八，4；图版四一，6）。标本T1③:2，较完整。磨制较精细。弧刃，有角锋。弧顶，较窄。长14.2、宽7.3、厚3.7厘米（图九八，5）。

D型　3件。长条形，两边基本平行，经磨制。

标本采:042，两面，两侧磨制，顶部打制，刃部有使用痕迹。长13、宽7.8、厚3.7厘米（图九八，6）。标本T1③:1，较薄，器形较大。两侧保留打制痕迹。长24、宽12.9、厚3.3厘米（图九八，7）。标本T3③:3，残，为刃端。磨制较精细，较厚，弧刃。残长5.8、宽9.3、厚3.6厘米（图九八，8）。

小斧　2件。

标本T6④b:2，平面略作长方形，磨制，两侧、顶部均保留打制和琢制痕迹，窄刃。长12.1、宽5.8、厚2.5厘米（图九八，9；图版四一，5）。标本T1③:3，平面略作梯形，磨制，弧刃，两刃有角锋。长7.8、宽6、厚2.6厘米（图九八，10）。

锛　5件。分三型。

A型　1件。打制，长型锛。

标本T5③:2，长形砺石，两端加工而成。长15.5、宽7.6、厚4.2厘米（图九九，1；图版四一，3）。

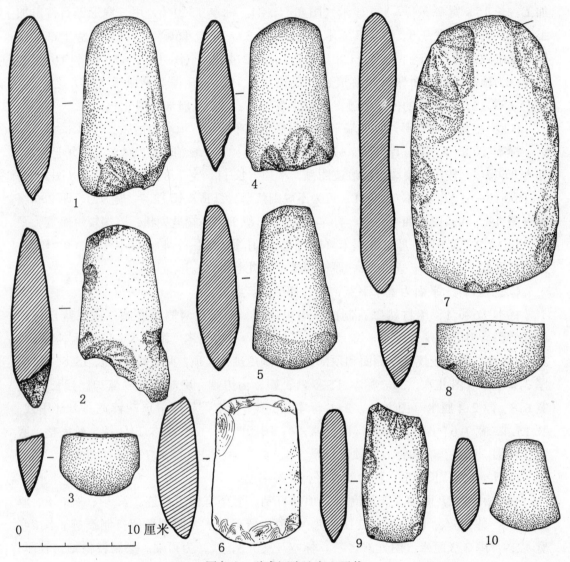

0　　　　　　　10 厘米

图九八　孙家河遗址出土石斧

1~5.C型 T6④b:1、T6④b:2、T5④b:1、T6③:1、T1③:2　　6~8.D型
采:042、T1③:1、T3③:3　　9、10. 小斧 T6④b:2、T1③:3

　　B型　2件。打制，宽刃形，顶端为柄握。
　　标本 T1③:5，用石片加工，周边有打击疤，刃不规则。长11、宽7.6、厚2.6厘
米（图九九，2）。标本 T5③:4，不规整弧刃，两边较直，顶端呈斧刃状。长14.5、宽
9.3、厚3.3厘米（图九九，3）。
　　C型　2件。磨制，扁长形小锛。
　　标本 T5③:1，弧刃，弧顶，侧部留击疤。长9.4、宽6.4、厚2.1厘米（图九九，

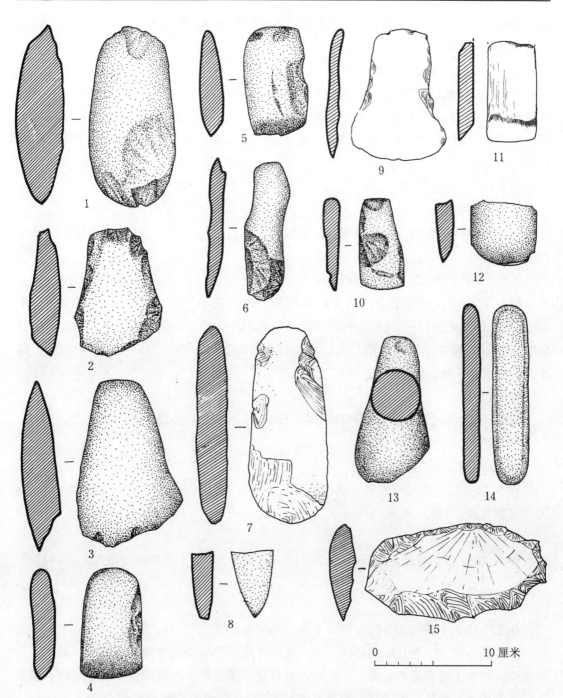

图九九　孙家河遗址出土石锛、凿、铲、杵、条、片

1.A型锛 T5③:2　　2、3.B型锛 T1③:5、T5③:4　　4、5.C型锛 T5③:1、T6④a:1　　6~8.
凿 T3③:5、T3③:1、T6④a:4、　　9.A型铲采:044　　10~12.B形铲 T5④a:1、采:043、
T5③:5　13.杵 T3③:7　14.条 T6④a:3　15.片 T6③:3

4；图版四一，7）。标本 T6④a:1，平面作长方形。长 9.3、宽 5.5、厚 2 厘米（图九九，5；图版四一，9）。

凿　2件。长条形，打制或磨制。

标本 T3③:5，较扁小。长 12、宽 3.8、厚 1.2 厘米（图九九，6）。标本 T3③:1，长宽形。长 17.2、宽 6.7、厚 2.5 厘米（图九九，7；图版四一，10）。标本 T6④a:4，残，为刃端。磨制。较厚。残长 5.8、宽 3.4、厚 1.8 厘米（图九九，8；图版四一，12）。

铲　4件。分为二型。

A型　1件。

标本采:044，形制与 B 型斧相同，但较薄，弧刃。长 11.4、刃宽 8.2、厚 1.1 厘米（图九九，9）。

B型　3件。磨制，长方形扁铲。

标本 T5④a:1，器形较小，周身磨制较精。刃部较小。长 8、宽 3.9、厚 1.4 厘米（图九九，10；图版四一，11）。标本采:043，器形小，两面和两侧均磨平，单面刃。长 8.8、宽 4.6、厚 1.3 厘米（图九九，11）。标本 T5③:5，残，为刃端。器形较大，磨平。残长 5.4、宽 5.8、厚 1.6 厘米（图九九，12）。

杵　1件。

标本 T3③:7，为上细下粗的圆柱体。长 12.8、直径 3～6.2 厘米（图九九，13）。

片　2件。

用砾石打制而成。

标本 T6③:3，略呈蚌壳形，周边经第二步琢打加工而成。宽 15.8、高 8.5、厚 2.4 厘米（图九九，15）。

条　2件。

标本 T6④b:3，扁长，两端弧形。长 15.5、宽 3.1、厚 1.4 厘米（图九九，14）。

二　陶器

共 121 件。主要出于各探方的第 3 层、第 4 层和灰坑中。

陶器多为碎片，可复原的器物不多。据第 4 层和第 3 层出土陶片的陶质、陶色、纹饰统计，陶质主要有泥质、夹砂、夹炭、夹蚌螺壳或骨末，还有少量羼稻谷壳的。泥质陶有逐渐增加的趋势（可能与小型器皿增加有关）；陶色以红色或红褐色为主，还有一部分灰褐色。部分红、红褐陶为红衣陶，红褐或灰褐陶多为器表颜色不一致的二色陶。素面陶所占比例很大，占 66.86%。主要纹饰为绳纹，还有刻划纹、压印纹，并出现彩陶，第 3 层出土陶器增加了附加堆纹和弦纹（表一三～一六）。

表一三 　　　　　　孙家河遗址第 3 层出土陶器陶质陶色统计表

单位＼数量＼陶色	泥质陶			夹砂陶			夹炭陶		夹蚌螺壳或骨末陶		黍谷壳陶	合计
	红色	红褐色	灰褐色	红色	红褐色	灰褐色	红色	红褐色	红色	灰褐色		
T1③	15	2	1	2	75	2	2	3	2	1		105
T2③	105	181	46	136	5	3	3	8	3	2	2	494
T3③	294	580	2	250	8	93	2	15	12	1	3	1260
T4③	261	128	5	10	12	68	8	4	2	3	1	502
T5③	151	61	7	142	4	58	10	6	3	2	2	446
T6③	234	34	27	215	9	16	23	8	4	7	1	578
H1	22		16	40		24						102
合计	1082	986	104	795	113	264	48	44	26	16	9	3487
%	31.03	28.28	2.98	22.8	3.24	7.57	1.38	1.26	0.75	0.46	0.25	100

表一四 　　　　　　孙家河遗址第 3 层出土陶器纹饰统计表

单位＼数量＼纹饰	绳纹	刻划纹	压印纹	附加维纹	彩陶	弦纹	素面	合计
T1③	10	2	1			2	90	105
T2③	259	15	2	1	2		215	494
T3③	298	9	6	12	1	7	927	1260
T4③	153	3		9		1	334	502
T5③	93	2				2	349	446
T6③	232		1				345	578
H1	46				4		52	102
合计	1091	31	12	22	7	12	2312	3487
%	31.3	0.89	0.34	0.63	0.2	0.34	66.3	100

表一五　　　　　孙家河遗址第 4 层出土陶器陶质陶色统计表

单位\数量\陶色\陶质	泥质陶			夹砂陶			夹炭陶		夹蚌、螺壳或骨		合计
	红色	红褐色	灰褐色	红色	红褐色	灰褐色	红色	红褐色	红色	灰褐色	
T5④a	212	2	3	198	2	233	5	9	4		668
T5④b	52	5	48	11	3	27	2	6	3	3	160
T6④a	451	132	20	338	78	53	7	8	11	5	1103
T6④b	72	4	7	58	61	28		4	3	2	248
合计	787	143	78	605	144	341	23	27	21	10	2179
%	36.12	6.56	3.58	27.76	6.61	15.65	1.06	1.24	0.96	0.46	100

表一六　　　　　孙家河遗址第 4 层出土陶器纹饰统计表

单位\数量\纹饰	绳纹	刻划纹	压印纹	彩陶	素面	合计
T5④a	294	9	3	1	361	668
T5④b	42	1	1		116	160
T6④a	269	3	9	1	821	1103
T6④b	63	2	7	5	171	248
合计	668	15	20	7	1469	2179
%	30.65	0.69	0.92	0.32	67.42	100

　　绳纹较浅较细，并变得较为规整，多施于釜、瓮、罐的腹、底部。刻划纹见于碗和罐上，多用直线、曲线、圆点组成平行线形、人字形、放射形、曲折形图案。有的压印纹近似戳印纹。其图案较规整，多由人字形纹、点形纹、涡形纹、叶脉纹组成。附加堆纹较细窄，呈平行线或曲线形，有的还加刻划纹组成图案（图一○○）。彩陶见于罐、钵腹部，为红衣黑彩，有宽带形、宽带交叉形、网形等纹样（图一○○）。

　　器形有釜、鼎、罐、瓮、钵、碟、盆、盘、碗、簋、壶、支座等。各种器形中以釜、罐、瓮、钵、支座数量最多，是为该遗址的基本器形。碗、簋等小型圈足器逐渐增加。折沿、折腹器也明显增加。

　　釜　29 件。分三型。

　　A 型　14 件。据口沿的不同，可分二亚型。

　　Aa 型　7 件。大口，宽沿釜。分三式。

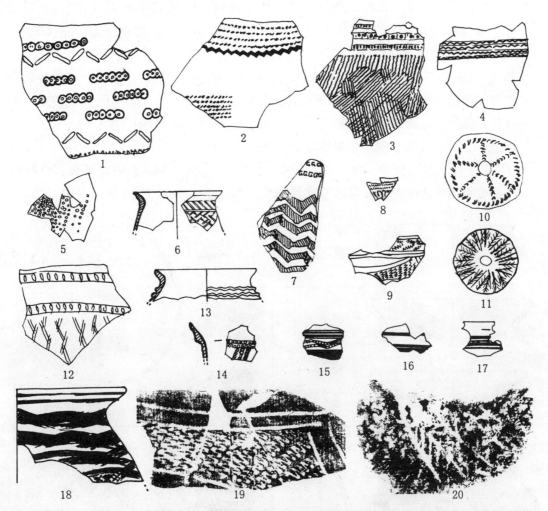

图一〇〇　孙家河遗址出土陶器纹饰与彩陶纹饰

1、2、4.压印纹 T6④b:22、T6④a:24、T3③:45　　3.压印纹、绳纹和镂孔 T1④:3　　5.釜内壁压印圆点纹
T3③:42　　6~9.刻划纹 T3③:16、T5④a:14、T3③:34、采:016　　10、11.支座顶部刻划纹 采:011、采:020
12~14.附加堆纹 采:09、采:03、T4③:26　　15~18.彩陶纹饰 T2③:15、采:01、T6④b:8、采:08　　19、
20.刻划纹 采:016、采:020

　　Ⅰ式　2件。口沿微卷，上仰，尖唇。标本采:028，羼蚌壳红陶。口沿较直，肩部
微弧。从口沿外至腹部饰乱绳纹，颈部有按压现象。口径21、残高7.7厘米（图一〇
一，1）。标本采:031，羼螺壳红陶。口沿略外斜。腹部拍打绳纹，颈部按压绳纹，沿部
亦有少量绳纹。口径24、残高5.6厘米（图一〇一，2）。

　　Ⅱ式　3件。口沿外侈，折棱不明显。标本采:041，夹细砂红陶，胎壁较薄。球形
腹。素面。腹径28.3、残高24.5厘米（图一〇一，3）。标本 T3③:12，夹炭红褐陶。

沿较宽，微内弧。唇部一弦纹，颈以下饰绳纹。口径 28、残高 7.8 厘米（图一○一，4）。标本采:030，羼炭和蚌壳，灰褐色。口沿无折棱而外侈。颈部贴泥条，绳纹较粗。口径 30、残高 7.2 厘米（图一○一，5）。

Ⅲ式　2件。折沿，近盘口。标本 T6③:5，夹炭和少量细砂。尖唇。口沿外饰 1 周凹弦纹，颈以下饰绳纹。口径 26、残高 5.2 厘米（图一○一，6）。标本采:036，夹螺壳红陶。饰绳纹，颈部绳纹有重压现象。口径 26、残高 6.4 厘米（图一○一，7）。

Ab 型　7件。小口，宽沿，斜肩釜。分三式。

Ⅰ式　1件。口沿微卷，并外侈。标本 T3③:8，夹炭红陶。沿面略外弧，口径较小。沿唇部有 1 周凹弦纹，颈部以下饰细绳纹。口径 20、残高 16.4 厘米（图一○一，

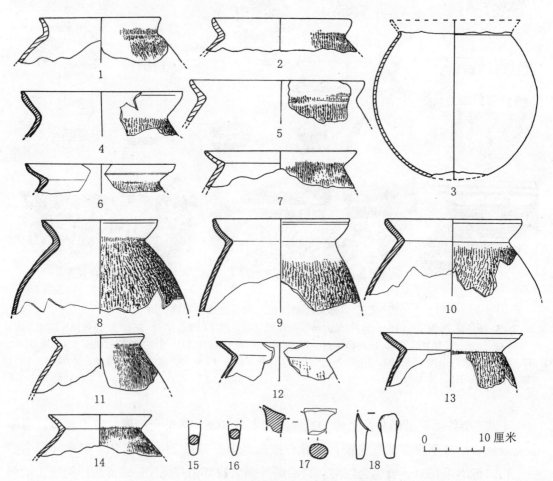

图一○一　孙家河遗址出土陶釜、鼎足

1、2.Aa 型Ⅰ式釜采:028、采:031　　3~5.Aa 型Ⅱ式釜采:041、T3③:12、采:030　　6、7.Aa 型Ⅲ式釜 T6③:5、采:036　　8.Ab 型Ⅰ式釜 T3③:8　　9~11.Ab 型Ⅱ式釜 T5③:8、T5③:7、采:027　　12~14.Ab 型Ⅲ式釜 T5③:9、T4③:2、采:025　　15~18.鼎足 T6④:23、T3③:41、T5④:3、采:010

8）。

Ⅱ式　3件。折沿上仰。标本 T5③:8，夹砂红陶。沿面内弧，肩较直。沿外一周凹弦纹，肩部以下饰绳纹。口径 23.2、残高 16.2 厘米（图一〇一，9）。标本 T5③:7，夹炭红陶。斜沿，方唇。肩以下饰绳纹。口径 23.6、残高 13.4 厘米（图一〇一，10）。标本采:027，羼螺蚌壳红陶。器形较小。颈以下饰细绳纹。口径 16、残高 9.7 厘米（图一〇一，11）。

Ⅲ式　3件。折沿，沿面斜度较小。标本 T5③:9，夹炭红陶。沿较宽，尖唇。肩以下饰浅绳纹。口径 22、残高 6.5 厘米（图一〇一，12）。标本 T4③:2，夹炭红陶。内弧唇。肩以下饰绳纹。口径 24、残高 9.6 厘米（图一〇一，13）。标本采:025，夹砂红陶。尖唇。颈以下饰绳纹，较细。口径 18、残高 7.1 厘米（图一〇一，14）。

B型　6件。大口，窄沿，浅腹釜。仅见口沿，分二式。

Ⅰ式　3件。微卷沿。标本 T3③:13，夹炭红陶。内弧唇。颈部有绳纹。口径 20、残高 5.1 厘米（图一〇二，1）。标本 T3③:20，夹炭红陶。口沿有补疤。口径 22.8、残高 3.8 厘米（图一〇二，2）。标本 T4③:10，夹炭红陶。窄沿，尖唇（图一〇二，3）。

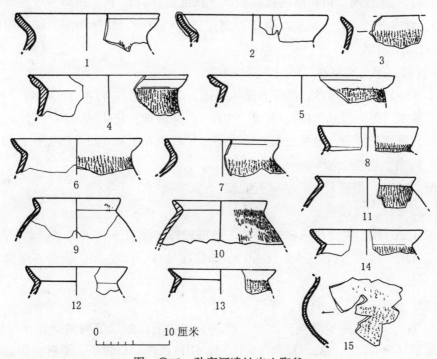

图一〇二　孙家河遗址出土陶釜

1～3.B型Ⅰ式 T3③:13、T3③:20、T4③:10　　4～6.B型Ⅱ式 T4③:7、T3③:19、T5③:10　　7～11.C型Ⅰ式 T3③:14、T6④b:11、T6④a:8、采:038、T5④b:2　　12～15.C型Ⅱ式 T5④a:8、T2③:7、T6③:7、T3③:42

Ⅱ式　3件。折沿。标本 T4③:7，夹炭红陶。内弧唇。颈部略内弧。颈以下饰细绳纹。口径22、残高5.8厘米（图一〇二，4）。标本 T3③:19，夹炭和细砂，红褐色。口径26、残高3.8厘米（图一〇二，5）。标本 T5③:10，夹炭红褐陶。沿面微内凹，绳纹较粗。口径18、残高5.2厘米（图一〇二，6）。

C型　9件。小型，折沿，敛口，深腹釜。分二式。

Ⅰ式　5件。口沿较直，或微卷沿。标本 T3③:14，夹炭红褐陶。微卷沿内凹唇。颈以下饰绳纹。口径16、残高5.2厘米（图一〇二，7）。标本 T6④b:11，夹蚌壳红陶。接近直领，尖唇。沿以下饰细绳纹。口径14、残高3.6厘米（图一〇二，8）。标本 T6④b:8，夹细砂红陶。素面。口径12、残高5.7厘米（图一〇二，9）。标本采:038，夹螺壳灰褐陶。窄沿。颈以下饰细绳纹。口径13、残高6.6厘米（图一〇二，10）。标本 T5④b:2，夹蚌壳红陶，胎壁较薄。颈以下饰绳纹。口径12、残高4.3厘米（图一〇二，11）。

Ⅱ式　4件。折沿外侈。标本 T5④b:8，尖唇。口径14、残高4厘米（图一〇二，12）。标本 T2③:7，夹炭红陶。饰绳纹。口径15、残高3.4厘米（图一〇二，13）。标本 T6③:7，夹炭红陶。沿面略内弧。颈以下饰绳纹。口径16、残高3.5厘米（图一〇二，14）。标本 T3③:42，夹炭红陶，为腹片。腹较扁矮。外壁饰细绳纹，内壁有麻点纹（图一〇二，15）。

鼎　4件。未见完整器，鼎足为圆锥形。

标本 T6④b:23，夹细砂，高5.5厘米（图一〇一，15）。标本 T3③:41，夹稻谷壳，残高5.5厘米（图一〇一，16）。标本 T5④b:3，夹细砂，足尖残（图一〇一，17）。标本采:010，羼螺壳红陶，足根处有绳纹痕迹，足高7.6厘米（图一〇一，18）。

罐　19件。分为二型。

A型　18件。器形较大。共分五亚型。

Aa型　2件。直领罐。

标本 T6④b:10，夹炭和细砂红褐陶。颈部较厚。颈以下饰细绳纹。口径17.6、领高6厘米（图一〇三，1）。标本 T6④b:9，口部微外侈。口径20、领高6厘米（图一〇三，2）。

Ab型　3件。侈沿，斜肩，深腹。

标本 T6④b:12，夹少量炭，红色。口较大，尖唇，颈以下饰细绳纹。口径20、残高3.6厘米（图一〇三，3）。标本 T3③:15，泥质红陶。口较小，圆唇。颈以下饰细绳纹。口径16、残高4厘米（图一〇三，4）。标本 T3③:16，泥质灰褐陶。沿较窄。颈部饰刻划纹，呈重人字形。口径13.2、残高4.8厘米（图一〇三，5）。

Ac型　3件。直口宽腹罐。分二式。

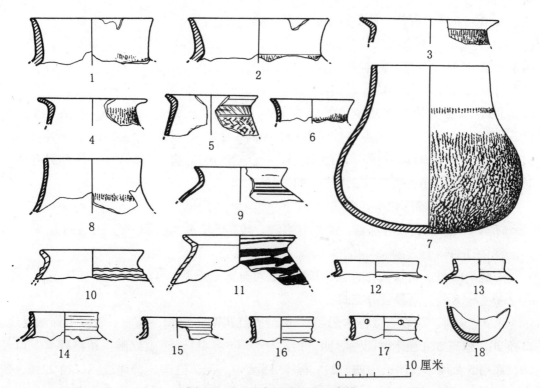

图一〇三 孙家河遗址出土陶罐

1、2.Aa 型 T6④:10、T6④:9　　3~5.Ab 型 T6④:12、T3③:15、T3③:16　　6.Ac 型 I 式 T6④:13　　7、
8.Ac 型 II 式 T1③:7、T1③:11　　9、10.Ad 型 I 式 T6④:8、采:03　　11.Ad 型 II 式采:08　　12、13.Ae 型
I 式 T6④:12、采:037　　14~17.Ae 型 II 式 T6④:4、T6④:5、T6④:6、T6③:8　　18.B 型 T6④:23

I 式　1件。口微外侈。标本 T6④:13，泥质红陶。颈以下饰细绳纹。口径12、残高3.2厘米（图一〇三，6）。

II 式　2件。口微敛。标本 T1③:7，夹炭灰褐陶。胎壁较厚，直口，方唇。颈部饰1周间断绳纹，肩至底饰粗绳纹。口径17、腹径24.8、高24.2厘米（图一〇三，7）。标本 T1③:11，口径14、残高8厘米（图一〇三，8）。

Ad 型　4件。侈沿束颈鼓腹罐。分二式。

I 式　2件。口沿微侈。标本 T6④:8，泥质红陶，胎较薄。肩部有黑彩，呈平行线和宽带形。口径13.2、残高5.1厘米（图一〇三，9）。标本采:03，羼螺壳红褐陶。口沿较窄，圆唇。肩部饰2周波折形附加堆纹。口径15、残高4.3厘米（图一〇三，10）。

II 式　2件。折沿外侈。标本采:08，羼螺壳红褐陶。尖唇，斜肩。肩部至腹部皆有黑彩，肩部纹样呈宽带交叉形，腹部呈网形。口径16、残高7.2厘米（图一〇三，11）。

Ae 型　6 件。直领，器形较小。分二式。

Ⅰ式　2 件　领部无纹饰。标本 T6④b:12，夹炭红褐陶。矮领，并微外侈。口径 12 厘米（图一〇三，12）。标本采:037，泥质红陶。尖唇。素面。口径 7.5、残高 3 厘米（图一〇三，13）。

Ⅱ式　4 件。领部有凸棱纹。标本 T6④b:4，泥质红陶。口径 10、残高 4.5 厘米（图一〇三，14）。标本 T6④b:5，口径 10、残高 3.2 厘米（图一〇三，15）。标本 T6④b:6，领较高。口径 9.2、残高 4.4 厘米（图一〇三，16）。标本 T6③:8，领部另有两相对的圆孔。口径 10、残高 3.2 厘米（图一〇三，17）。

B 型　1 件。器形较小，圜底。

标本 T6④b:23，仅存底部。夹炭红褐陶。残高 5.2 厘米（图一〇三，18）。

瓮　21 件。分三型。

A 型　13 件。口较大，有领，弧肩。还可分为三亚型。

Aa 型　8 件。高领。分三式。

Ⅰ式　4 件。领较直。标本采:06，羼蚌壳红褐陶。直领，圆唇。领以下饰细绳纹。口径 20、残高 6.4 厘米（图一〇四，1）。标本 T6④b:11，泥质红陶。领略外侈。口径 20、残高 5.2 厘米（图一〇四，2）。标本 T5④b:7，泥质红陶。饰绳纹。口径 22.6、残高 4.4 厘米（图一〇四，3）。标本 T5④b:6，夹炭灰褐陶。口径 19.2、残高 4.2 厘米（图一〇四，4）。

Ⅱ式　2 件。领外弧。标本 T5④a:4，泥质红陶。圆肩。领以下饰绳纹。口径 20、残高 11.3 厘米（图一〇四，5）。标本 T5④a:5，夹炭红褐陶。领部饰 1 周凹弦纹。口径 18.6、残高 6.4 厘米（图一〇四，6）。

Ⅲ式　2 件。领外侈。标本 T3③:27，夹炭红褐陶。胎壁较薄，领外表有细绳纹。口径 22、残高 3.6 厘米（图一〇四，7）。

Ab 型　4 件。矮领。分二式。

Ⅰ式　2 件。领较直。标本采:021，羼炭和蚌壳末，灰褐色。圆腹，饰乱绳纹。口径 14.1、腹径 26、残高 18.8 厘米（图一〇四，8）。

Ⅱ式　2 件。领沿微外卷。标本 T4③:5，夹炭夹蚌壳，红褐色。饰绳纹。口径 18、残高 4.8 厘米（图一〇四，9）。标本采:024，夹螺壳和草木灰，红色。领以下饰绳纹。口径 14、残高 7.8 厘米（图一〇四，10）。

Ac 型　1 件。敛口，矮领，尖唇。标本采:047，泥质红褐陶。领部饰 1 道凹弦纹，肩以下饰浅细绳纹。口径 17、残高 4 厘米（图一〇四，11）。

B 型　3 件。小口，短领，弧肩。

标本采:029，泥质灰褐陶。矮领，尖唇，弧肩，素面。口径 12、残高 3.6 厘米

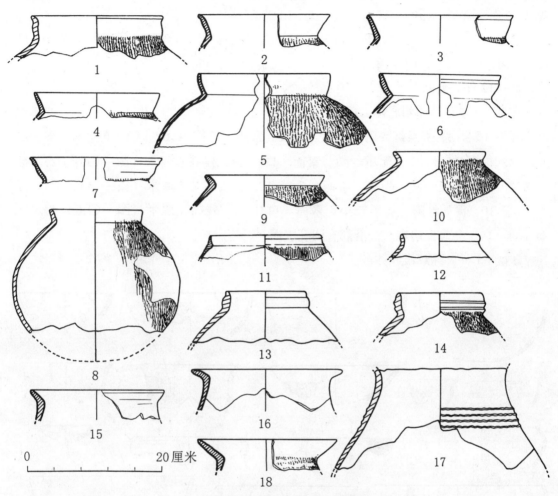

图一〇四　孙家河遗址出土陶瓮

1～4.Aa 型Ⅰ式采:06、T6④a:11、T5④a:7、T5④a:6　　5、6.Aa 型Ⅱ式 T5④a:4、T5④a:5　　7.Aa 型Ⅲ式 T3③
:27　　8.Ab 型Ⅰ式采:021　　9、10.Ab 型Ⅱ式 T4③:5、采:024　　11.Ac 型采:047　　12～14.B 型采:029、
采:035、采:07　　15～17.C 型Ⅰ式 T6④b:13、T4③:4、采:017　　18.C 型Ⅱ式 T3③:23

（图一〇四，12）。标本采:035，夹骨末红陶。矮领，尖唇，弧肩。领部饰 1 周附加堆
纹，肩部未见纹饰。口径 12、残高 7.8 厘米（图一〇四，13）。标本采:07，夹螺壳红
褐陶。领较高较直。领部饰 2 周凸弦纹，颈以下饰细绳纹。口径 13、残高 6.4 厘米
（图一〇四，14）。

C 型　5 件。侈口，斜肩。分二式。

Ⅰ式　3 件。微卷沿。标本 T6④b:13，夹炭红褐陶。口径 20、残高 4.4 厘米（图
一〇四，15）。标本 T4③:4，夹炭红褐陶。口径 23、残高 6 厘米（图一〇四，16）。标本
采:017，夹螺壳红褐陶。颈较长，颈、肩部有 4 周压印纹，呈平行波浪形。颈径 20、

残高 16 厘米（图一〇四，17）。

　　Ⅱ式　2 件。折沿上仰。标本 T3③：23，夹炭红褐陶。沿较宽。颈部饰细绳纹。口径 21.2 厘米（图一〇四，18）。

　　钵　12 件。分四型。

　　A 型　5 件。素面圜底钵。

　　标本 T5④ₐ：3，夹炭红褐陶，薄胎。深腹。素面。口径 21.6、高 11.6 厘米（图一〇五，1）。标本 T6④ₐ：15，泥质红陶。素面。口径 24、残高 6 厘米（图一〇五，2）。标本 T3③：10，泥质红陶。尖唇。素面。口径 21.6、残高 7.5 厘米（图一〇五，3）。标本 T1③：10，泥质红陶。器形较小。素面。口径 14、残高 4 厘米（图一〇五，4）。标本 T6④ᵦ：19，夹炭红褐陶。口沿部有圆孔（图一〇五，5）。

　　B 型　1 件。绳纹浅腹钵。

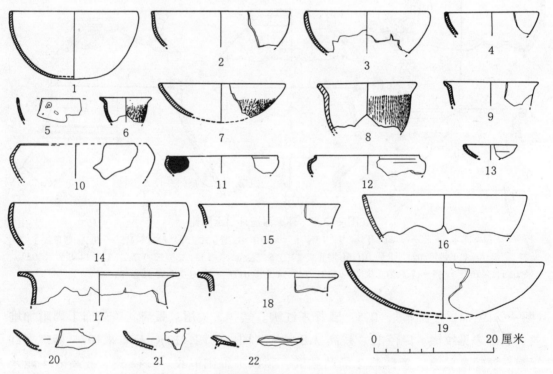

图一〇五　孙家河遗址出土陶钵、碟、盆、盘

1～5. A 型钵 T5④ₐ：3、T6④ₐ：15、T3③：10、T1③：10、T6④ᵦ：19　7. B 型钵 T1④：1　6、8. C 型Ⅰ式钵 T3③：20、采：012　9. C 型Ⅱ式钵 T2③：8　10. D 型Ⅰ式钵采：018　11、12. D 型Ⅱ式钵 T3③：36、T3③：31　13. 碟 T3③：39　14. Ⅰ式盆 T6④ᵦ：13　15、16. Ⅱ式盆 T6③：9、采：026　17、18. Ⅲ式盆 T3③：11、T3③：21　19. A 型盘 T1③：8　20～22. B 型盘 T3③：29、T2③：13、T3③：40

标本 T1④:1，夹炭红褐陶。下腹有绳纹。口径 22、高约 7 厘米（图一○五，7）。

C 型　3 件。侈口深腹钵。分二式。

Ⅰ式　2 件。口沿微卷。标本 T3③:20，夹炭红褐陶，器形小。腹部有绳纹。口径 9、残高 4.4 厘米（图一○五，6）。标本采:012，夹炭羼螺壳红褐陶。有绳纹。口径 17、残高 7.7 厘米（图一○五，8）。

Ⅱ式　1 件。口沿外折上仰。标本 T2③:8，泥质红陶。未见纹饰。口径 16、残高 4 厘米（图一○五，9）。

D 型　3 件。敛口钵。分二式。

Ⅰ式　1 件。敛口，直沿。标本采:018，磨光黑陶，口沿红色。素面。口径 22、残高 6 厘米（图一○五，10）。

Ⅱ式　2 件。口沿微卷。标本 T3③:36，泥质陶，外红里黑，似黑彩。口径 19.6、残高 2.8 厘米（图一○五，11）。标本 T3③:31，泥质红陶。有肩。口径 18、残高 2.8 厘米（图一○五，12）。

碟　1 件。较少见。

标本 T3③:39，泥质红陶。素面。口径 9.2、残高 2.4 厘米（图一○五，13）。

盆　5 件。底均残。分三式。

Ⅰ式　1 件。敛口。标本 T6④b:13，泥质红陶。敛口，直沿，圆唇。素面。口径 30、残高 7.2 厘米（图一○五，14）。

Ⅱ式　2 件。侈口。标本 T6③:9，泥质红陶。腹壁较直，微外侈。素面。口径 24、残高 3 厘米（图一○五，15）。标本采:026，泥质红陶。腹壁微弧，圆唇。素面。口径 28、残高 7.5 厘米（图一○五，16）。

Ⅲ式　2 件。腹壁较直，口沿外卷。标本 T3③:11，夹炭红褐陶。腹壁微外斜。素面。口径 28、残高 7.6 厘米（图一○五，17）。标本 T3③:21，器形较小。素面。口径 24、残高 2.8 厘米（图一○五，18）。

盘　4 件。分二型。

A 型　1 件。弧壁，圜底，无圈足。

标本 T1③:8，夹炭红衣陶。圆唇。素面。口径 34、高约 9.6 厘米（图一○五，19）。

B 型　3 件。有圈足。未见完整器。

标本 T3③:29，泥质红陶。尖唇，曲腹，盘较浅（图一○五，20）。标本 T2③:13，盘残。深 3.4 厘米（图一○五，21）。标本 T3③:40，盘为圜底，圈足径约 12 厘米（图一○五，22）。

碗　9 件。分四型。

A 型　1 件。弧壁碗。

标本 T5③:6，夹炭陶，里黑外红。口微敛，沿稍外侈。矮圈足。口径 18.9、圈足径 9.6、通高 7 厘米（图一○六，1；图版四二，1）。

B 型　1 件。曲壁碗。

标本 T3③:28。泥质红陶。底残。侈口，尖唇，中腹内曲。素面。口径 18、残高 5.4 厘米（图一○六，2）。

C 型　2 件。直壁碗。

标本 T6④a:14，泥质红陶。底残。素面。口径 17.2、残高 5 厘米（图一○六，3）。标本 T5③:11，为圈足，足径 7.2 厘米（图一○六，4）。

D 型　5 件。刻划纹碗。分三式。

Ⅰ式　2 件。直壁，器形较小。标本 T3③:34，泥质红陶。底残。敞口，圆唇。所

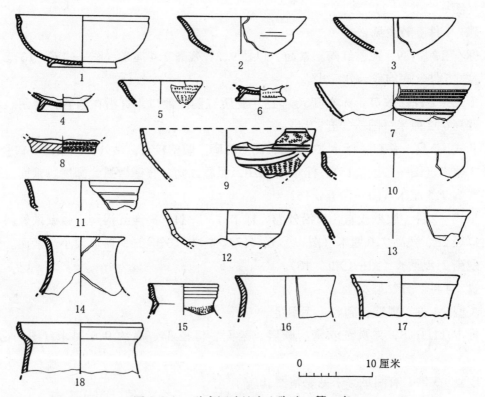

图一○六　孙家河遗址出土陶碗、簋、壶

1.A 型碗 T5③:6　　2.B 型碗 T3③:28　　3.C 型碗 T6④a:14　　4.C 型碗足 T5③:11　　5、6.D型Ⅰ式碗 T3③:34、T4③:25　　7、8.D 型Ⅱ式碗 T2③:3、采:022　　9.D 型Ⅲ式碗采:016　　10.Ⅰ式簋 T5④a:9　　11~13.Ⅱ式簋 T2③:10、采:032、T2③:9　　14.A 型Ⅰ式壶 T4③:6　　15.A 型Ⅱ式壶 T3③:18　　16.B 型Ⅰ式壶 T6④b:9　　Ⅱ17.B 型Ⅱ式壶采:01　　18.B 型Ⅲ式壶 T3③:9

饰刻划纹呈点状平行线形和点状斜线形。口径 12、残高 3.2 厘米（图一〇六，5）。标本 T4③:25，为碗圈足，微外撇。圈足径 7.2 厘米（图一〇六，6）。

Ⅱ式　2 件。直壁，器形较大。标本 T2③:3，泥质红陶。底残。尖唇。刻划花纹呈点状平行线形。口径 21.6、残高 5.5 厘米（图一〇六，7）。标本采:022，为碗圈足。足底微内凹，近假圈足。足、腹之间有压印叶脉纹。底径 9 厘米（图一〇六，8）。

Ⅲ式　1 件。折腹。标本采:016，泥质红褐陶。底残。胎壁薄。上腹较直，下腹内折斜收。上、下腹皆有刻划花纹。上腹口沿及近折棱处各有 1 周和 2 周平行线，它们之间为由曲折形细线组成的"人"字形图案；下腹纹样应有 4 组，每组用双线组成长形框，框内填以曲折细线，并呈放射状组合。有的刻划纹线条如篦刺状。残口径 25、残高 6 厘米（图一〇六，9）。

簋　4 件。均残存口沿。分二式。

Ⅰ式　1 件。上腹较直而浅。标本 T5④a:9，夹炭红褐陶。折腹，小唇。素面。口径 20、残高 3.6 厘米（图一〇六，10）。

Ⅱ式　3 件。上腹较深，并外侈。标本 T2③:10，腹外有 2 道凹弦纹。口径 17、残高 4.1 厘米（图一〇六，11）。标本采:032，泥质褐陶。折腹，尖唇。上腹有刻划纹被磨平的痕迹，隐约可见平行线纹。口径 18、残高 4.8 厘米（图一〇六，12）。标本 T2③:9，泥质红陶，胎较薄，腹部有凸棱。口径 22、残高 4 厘米（图一〇六，13）。

壶　5 件。分二型。

A 型　2 件。小口壶。又分二式。

Ⅰ式　1 件。标本 T4③:6，泥质红陶。壶口微外侈，颈较长。素面。口径 14、残高 8 厘米（图一〇六，14）。

Ⅱ式　1 件。标本 T3③:18，夹炭红褐陶。壶口略呈盘状，外壁起棱。肩部有细绳纹。口径 10、残高 7.6 厘米（图一〇六，15）。

B 型　3 件。壶口径较大，颈较粗。分三式。

Ⅰ式　1 件。口略外侈。标本 T6④a:9，泥质红陶。口径 14、残高 5.6 厘米（图一〇六，16）。

Ⅱ式　1 件。口沿外折上仰，尖唇。标本采:01。泥质红陶，器表经打磨。直颈，颈较长，较粗。素面。口径 15.5、残高 5.8 厘米（图一〇六，17）。

Ⅲ式　1 件。口呈盘状，颈较粗。标本 T3③:9，夹砂夹炭红褐陶。口径 18、残高 7.6 厘米（图一〇六，18）。

支座　8 件。出土碎片数量较多，形式多样。分五式。

Ⅰ式　1 件。近圆柱形，柱体较直，上、下粗细相当。标本 T6④a:7，夹砂红陶。器顶内凹，柱体内实。柱体表面饰绳纹。顶径 7.5、残高 7.5 厘米（图一〇七，1）。

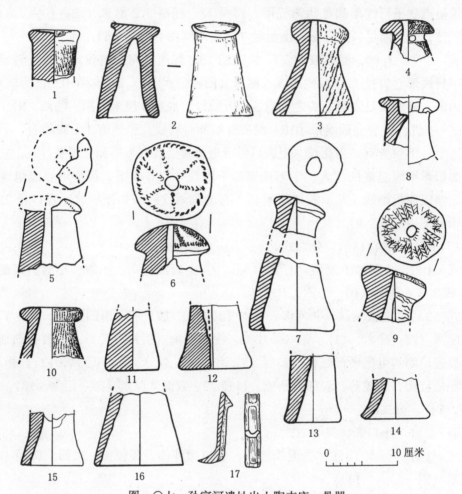

图一〇七　孙家河遗址出土陶支座，骨器

1. Ⅰ式支座 T6④a:17　　2. Ⅱ式支座 T6④a:16　　3~6. Ⅲ式支座采:023、T3③:51、采:012、
采:011　　7~9. Ⅳ式支座采:019、T3③:49、采:020　　10. Ⅴ式支座 T3③:50　　11~16.
支座底采:013、T3③:46、T3③:47、T3③:48、T4③:29、采:015　　17. 骨器采:046

　　Ⅱ式　1件。器体内空，上径略细于底径。平顶，顶面略斜，无孔。标本 T6④a:
16，泥质红陶。顶缘薄。素面。顶径6.8、底径9、通高13.7厘米（图一〇七，2；图
版四二，2）。

　　Ⅲ式　4件。器体略呈圆锥形，内空，并有圆孔直通器顶。球面形顶。标本采:
023，泥质红陶（羼极少量谷壳）。器形较矮小，顶面略倾斜。顶器表面饰粗浅绳纹。顶径
8.3、底径9.8~11.6、通高13.5厘米（图一〇七，3；图版四二，3）。标本 T3③:51，
有颈，颈部另有圆孔（图一〇七，4）。标本采:012，顶面针刺放射形纹，器身素面（图
一〇七，5）。标本采:011，顶面戳印放射形纹（图一〇七，6）。

Ⅳ式　3件。器体略呈圆锥状，内空，顶中部另挖小窝。标本采：019，泥质红陶，表面较粗糙。器体略向一边倾斜。器表素面。顶径 7.7、底径 12、通高 19.2 厘米（图一〇七，7）。标本 T3③：49，顶中部凹窝较大。顶径 16、残高 9.6 厘米（图一〇七，8）。标本采：020，泥质红陶，质地较松软。颈部有划痕，顶部刻划叶脉纹。顶径 9.6、残高 9.6 厘米（图一〇七，9）。

Ⅴ式　1件。形状较规整。内空，并直通顶面。顶呈圆饼状，面平。标本 T3③：50，泥质红陶。内空较大，表面饰绳纹。顶径 9、残高 7.5 厘米（图一〇七，10）。

支座底部残片较多，有实心型、内空型和圆孔型等。标本采：013，柱体实心（图一〇七，11）。标本 T3③：46，柱体内为一小圆通孔（图一〇七，12）。标本 T3③：47，柱体呈圆柱形（图一〇七，13）。标本 T3③：48，柱体内空，底口略呈喇叭状（图一〇七，14）。标本 T4③：29，柱体内空，底口略内敛（图一〇七，15）。标本采：015，柱体内空，底部胎壁较薄（图一〇七，16）。

孙家河遗址除出土以上石器、陶器之外，还采集到一件骨器。

标本采：046，用半边长形骨制作，一端呈弯凿状。长 10.8 厘米（图一〇七，17）。

第四节　小结

孙家河遗址是宜都境内长江南岸一处重要的新石器时代遗址，可惜遗址的主要部分已被江水冲毁，仅剩遗址南部的边缘部分，故遗迹较少，出土的器物也较残，进行文化分期有困难。从目前出土的石器、陶器观察，其基本特征应属城背溪文化，同时已出现不少新的文化因素，并与当地较晚阶段的大溪文化有联系。

在出土遗物中，石器较为丰富，种类也较多，其形制具有不少原始的作风，同时又出现一些新的因素。大部分石器都是利用当地江滩砾石打制或局部磨制而成，往往保留了砾石的自然面或打击脱落面，厚薄大小差别较大。石器器形一般据用途不同而有较明显变化，以宽刃带柄握的斧锛、长窄型的石斧和长形小石器为特色。陶器中，碎片数量较多，绝大部分不能复原。大批器物口沿和部分复原器可以反映出城背溪文化陶器的基本特点：陶质较粗糙，羼入细砂、炭末或蚌螺壳，细泥陶少见，器表多为红色或红褐色，打磨光亮的红衣陶甚少；制法较原始，以泥片贴筑法成型；器表纹饰以绳纹最普遍；器物造型多为弧壁、圜底；基本器形仍可按罐釜、钵盘、支座三大部分分类。

孙家河遗址出土陶器与城背溪、枝城北等典型城背溪文化遗址陶器相比，已有较大发展。例如，陶胎中所羼炭化物的数量减少，陶胎内呈黑炭色的为仅见，而羼细砂的陶器则数量很多，一般陶质显得较坚实，胎壁较薄。器表绳纹普遍变细、变规整，一般器口沿外面都不见纹饰。刻划纹和彩陶的数量有所增加，图案也较多样化。器类分化较明显，小型器皿、小圈足器出现较多，这是从钵盘类中分化出来的碗簋类器物。罐釜类器形不但有大小之别，而且出现大口、小口和侈口、直领的器物，典型的瓮和小型的罐越来越多。在器物造型方面，折沿、折腹及沿面内凹成为发展趋势。以上情况表明孙家河遗存的时代较晚，应为城背溪文化的晚期。孙家河遗址出土陶器涂红衣、饰细绳纹的作风及折腹圜底釜、小罐、碗簋类器物在鄂西大溪文化中得到很大发展。孙家河遗存为说明城背溪文化是大溪文化的前身提供了不少根据。

柒　花庙堤

花庙堤遗址位于宜都县县城以东4公里处，隶属于姚店区花庙乡花庙堤村。其东距石板巷遗址约1公里，北临长江（图一）。

该遗址是1983年11月发掘石板巷子遗址时发现的。当时，在长江岸边断崖上发现和采集到新石器时代与商周时期的石器及陶片。1984年9月下旬，考古人员对遗址进行了全面钻探。遗址处于长江岸边的一级台地上，整个遗址基本被江水冲毁，仅剩遗址的南部边缘。1984年11月，对遗址进行了局部发掘，开探方2个(T1、T2)，面积共50平方米。

第一节　地层堆积

遗址附近地势平坦，近现代淤沙层较厚。两个探方的地层堆积情况基本相同，共分五大层。现以T1北、西壁为例（图一○八）说明如下：

第1层　耕土层。灰色土，厚0.2～0.42米。

第2层　近现代淤积层。灰褐色淤沙土，厚2～2.35米。土质松软，无包含物。在第2层下发现一座晋墓，打破第3、4、5层。

第3层　东周文化层。黄褐色土，厚0.1～0.35米。土质较松软，含少量砂质，包含物以灰陶为主，器类有盆、瓮等。

第4层　商周文化层。深褐色土，厚0.17～0.4米。土质较硬，包含物有罐、豆等。

第5层　城背溪文化层。褐色土，厚1～1.3米。包含物极少，有少量陶片，以夹砂褐陶为主，饰绳纹，可辨器形仅有1件陶釜。

第二节　文化遗物

一　城背溪文化遗物

城背溪文化遗物很少，主要有石器和陶器。共24件。

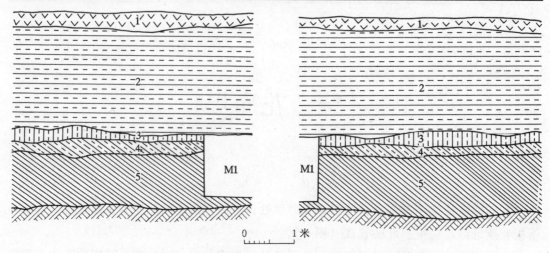

图一〇八　花庙堤遗址 T1 北（左）、西壁（右）剖面图
1. 灰色土　　2. 灰褐色淤沙土　　3. 黄褐色土　　4. 深褐色土　　5. 褐色土

（一）石器

共 11 件。

主要有石斧、锛、凿、砍砸器等。

斧　5 件。分二型。

A 型　2 件。长形，上窄下宽。

标本 T2⑤:2，圆弧顶，两面刃，通体磨制。长 11.8、宽 7.4、厚 2.6 厘米（图一〇九，1；图版四三，1）。标本采:017，弧顶，弧刃，顶端较薄。长 12.4、宽 7.6、厚 2.2 厘米（图一〇九，2）。

B 型　3 件。有肩石斧。

标本采:03，青灰色砾石石片打制而成。上部内束，肩不甚明显，顶较平，宽弧刃。刃部较薄而锐利。长 14.5、宽 9.6、厚 2.3 厘米（图一〇九，4；图版四三，2）。标本采:07，褐色砾石片打制而成。较窄长，有肩，顶较平，弧刃，刃部有使用痕迹。长 16.3、宽 8、厚 2 厘米（图一〇九，3；图版四三，3）。标本 T1⑤:1，肩明显，平顶，弧刃较尖，近似矛形。长 11.3、宽 8.8、厚 3 厘米（图一〇九，5）。

锛　4 件。分二型。

A 型　2 件。长条型。

标本采:02，打制。上细下粗，顶较尖，两边较直，斜弧刃。横剖面呈椭圆形。长 19.2、宽 8.5、厚 3.7 厘米（图一〇九，6）。标本采:05，深褐色，磨制。长方形弧顶，弧刃。两边较直，刃两边有使用痕迹。长 11.3、宽 4.6、厚 2.3 厘米（图一〇九，7；图版四三，4）。

B型　2件。宽薄型。

标本采：04，青色砾石片打制。弧顶，弧刃。长10.6、宽6、厚1.4厘米（图一〇九，8；图版四三，5）。标本采：06，青灰色，刃部磨制。上窄下宽，较厚，弧顶。长10.3、宽6.3、厚2厘米（图一〇九，9）。

凿　1件。

标本采：018，褐色石片打制。上宽下窄。刃部有磨痕，刃较直，有角锋。长7.6、

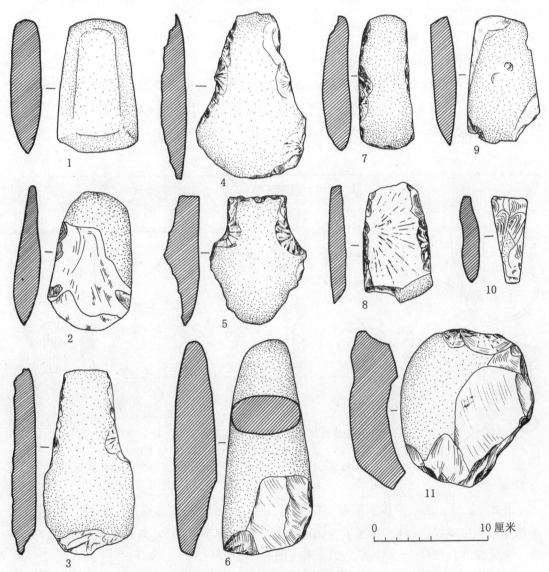

0　　　　　　　　　　10 厘米

图一〇九　花庙堤遗址出土城背溪文化石斧、锛、凿、砍砸器

1、2.A型斧 T2⑤：2、采：017　　3～5.B型斧采：07、采：03、T1⑤：1　　6、7.A型锛采：02、采：05
8、9.B型锛采：04、采：06　　10.凿采：018　　11.砍砸器 T1⑤：3

宽3.2、厚1.6厘米（图一〇九，10）。

砍砸器 1件。

标本T1⑤:3，用褐色砾石打制。扁圆形。长14、宽12.4、厚5.8厘米（图一〇九，11）。

（二） 陶器

发掘品甚少，大部分为1983年在江边采集的采集品，共13件。器形有釜、罐、钵、支座等。

釜 5件。分二型。

A型 4件。束颈釜。分二式。

Ⅰ式 2件。折沿上仰。标本采:021，夹炭红陶。为釜之口沿。方唇，沿较宽。素面。口径24、沿宽4.8厘米（图一一〇，1）。标本采:012，夹砂夹炭红陶。尖唇，沿较窄。肩部饰绳纹。口径16、残高3.6厘米（图一一〇，2）。

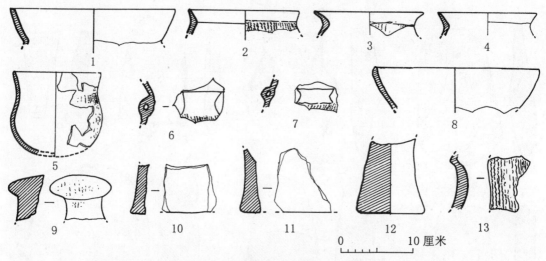

图一一〇 花庙堤遗址出土城背溪文化陶釜、罐耳、钵、支座
1、2.A型Ⅰ式釜采:021、采:012 3、4.A型Ⅱ式釜采:01、采:02 5.B型釜T1⑤:4
6、7.罐耳采:020、采:024 8.钵采:022 9～13.支座采:03、采:04、采:05、采:013、采:014

Ⅱ式 2件。折沿外侈，束颈。标本采:01，夹粗砂夹炭黑褐陶。圆唇，颈部用泥条加厚。饰粗绳纹。口径16厘米（图一一〇，3）。标本采:02，夹砂夹炭黑褐陶。尖圆唇。未见纹饰。口径14、残高3.2厘米（图一一〇，4）。

B型 1件。大口釜。

标本T1⑤:4，夹细砂夹炭褐陶。口微外侈，圆唇，颈近直，鼓腹，圈底。腹部饰绳纹。口径12.5、腹径13、通高12厘米（图一一〇，5）。

罐　2件。仅见器耳。

标本采:020，夹砂夹炭褐陶。耳在肩部，宽扁形，罐腹饰绳纹（图一一〇，6）。标本采:024，耳在颈部，宽扁形。罐腹饰绳纹（图一一〇，7）。

钵　1件。

标本采:022，夹炭红陶。敞口，圆尖唇，弧形器壁。素面。口径24、残高6厘米（图一一〇，8）。

支座　5件。

标本采:03，泥质红陶夹白砾石颗粒。残存顶部。顶为圆形，饰浅绳纹。残高6.5厘米（图一一〇，9）。标本采:04，泥质红陶。残存底座。座为方形，中空。素面。残高7厘米（图一一〇，10）。标本采:05，泥质红陶。座为圆形。素面。残高9.1厘米（图一一〇，11）。标本采:013，残存座端，为圆柱形实体。素面。直径10、残高10.5厘米（图一一〇，12）。标本采:014，为背部残片，有背。施绳纹（图一一〇，13）。

二　商、西周遗物

共9件。包括石器、陶器和铜器。

（一）石器

斧　1件。

标本采:06，青石。长方形。顶较平，刃微弧。两边较直，周围保留打制痕迹。长28、宽11、厚4.6厘米（图一一一，1；图版四四，1）。

（二）陶器

器形有罐、豆、瓮和器耳等。共5件。

罐　2件。分为二型。

A型　1件。

标本采:019，夹细砂黑褐陶。侈口，圆唇，束颈，圆鼓腹，较浅，底内凹。腹饰绳纹。口径14、腹径16.7、高13.2厘米（图一一一，2；图版四四，2）。

B型　1件。

标本T1④:2，泥质褐陶，外施黑衣。微侈口，方唇，折沿，颈较长，颈中部饰1道凹弦纹。口径14厘米（图一一一，3）。

豆　2件。分二型。

A型　1件。

标本采:025，泥质红褐陶。柄把细高，并有凸箍，呈竹节状。柄径2.4～3.6、残高10.5厘米（图一一一，4）。

B型　1件。

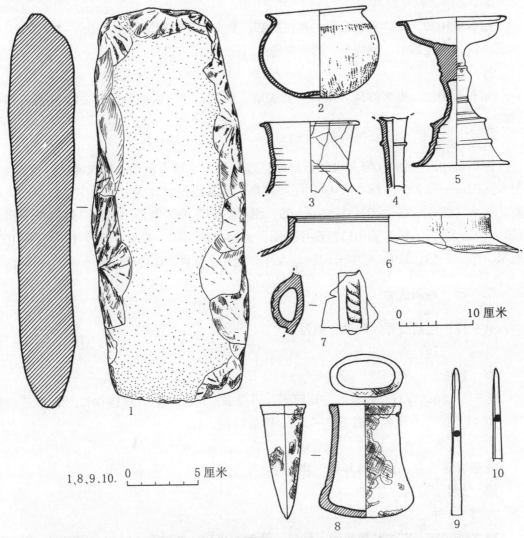

图一一一　花庙堤遗址出土商、西周石斧，陶罐、豆、瓮、器耳，铜斧、镞
1. 石斧采：06　　2. A 型陶罐采：019　　3. B 型陶罐 T1④：2　　4. A 型陶豆采：025　　5. B 型陶豆
T1④：1　　6. 陶瓮 T2④：4　　7. 陶器耳 T2④：6　　8. 铜斧 T2④：1　　9、10. 铜镞 T2④：2、T2④：3

　　标本 T1④：1，泥质红褐陶。盂形豆盘，长柄中部外鼓。高喇叭形底座。柄上部饰
2 道凹弦纹和圆形镂孔。柄下部饰 3 道凹弦纹。底座上部、中部各饰 1 道凸棱和凹弦
纹。豆盘径 13.5、底径 12.5、通高 21.2 厘米（图一一一，5；图版四四，3）。

　　瓮　1 件。

　　标本 T2④：4，夹砂褐陶。微敛口，尖唇，直颈，广肩。颈饰细绳纹，肩饰 1 周印
纹。口径 28、残高 4.6 厘米（图一一一，6）。

器耳 1件。

标本 T2④:6,夹砂红褐陶。半圆扁形。耳面中部饰绳索纹。残高9.9、宽4厘米（图一一一,7）。

（三）铜器

共3件。包括斧和镞。

斧 1件。

标本 T2④:1,略呈长方形,上部中空成椭圆形銎,銎沿外有棱。弧刃,两侧略外侈。器表残存有布纹。长8、宽6.3、厚3.3厘米（图一一一,8;图版四四,4）。

镞 2件。

标本 T2④:2,圆锥形。残长10.4厘米（图一一一,9;图版四四,5）。标本 T2④:3,扁锥形。残长6.6厘米（图一一一,10;图版四四,6）。

三 东周遗物

均为陶器,有鬲、盆、瓮残片,共6件。

鬲 2件。仅存口沿,形制不同。

标本采:08,盆形鬲,折平沿。口径20厘米（图一一二,1）。标本采:09,罐形鬲,折平沿。口径24厘米（图一一二,2）。

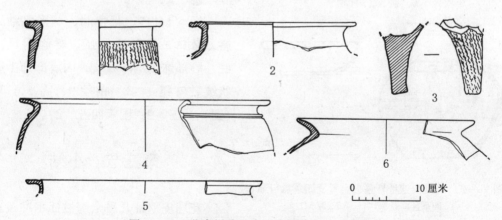

图一一二 花庙堤遗址出土东周陶鬲、盆、瓮

1、2. 鬲采:08、采:09 3. 鬲足采:015 4. I式盆T2③:2 5. II式盆T1③:5 6. 瓮T2③:1

鬲足 1件。

标本采:015,柱形足。饰绳纹（图一一二,3）。

盆 2件。分二式。

Ⅰ式 1件。方唇，敛口，卷沿上仰，束颈。标本 T2③：2，夹砂灰陶。颈、肩间饰 1 道凹弦纹。口径 36 厘米（图一一二，4）。

Ⅱ式 1件。方唇，折平沿。标本 T1③：5，夹砂灰陶。近口部饰 1 道凹弦纹。口径 34 厘米（图一一二，5）。

瓮 1件。

标本 T2③：1，夹砂灰陶。尖唇，沿面内斜，束颈，广斜肩。未见纹饰。口径 26 厘米（图一一二，6）。

四 晋墓遗物

M1 位于 T1 的西北角，被第 2 层所压，打破第 3 层、第 4 层和第 5 层，时代为晋代。

此墓为土坑竖穴墓，正南北向，墓暴露部分长 1、宽 0.4、深 1.35 米。填深褐色土，随葬器物为 2 件青瓷器，出土时碗盖在盘口壶之上。

四系盘口壶 1件。

标本 M1：1，褐色胎，上半部施黄褐色釉。盘口，束颈，颈较长，鼓腹，平底微内凹。肩上有对称的双耳和单耳。盘中部饰 2 道凹弦纹。颈、肩、腹各饰 1 道凹弦纹。口径 11.6、腹径 18.8、底径 11.4、高 20.4 厘米（图一一三，1；图版四五，1）。

碗 1件。

标本 M1：2，褐色胎，黄褐色釉。尖唇，敞口，腹壁微外弧，矮假圈足，平底。唇部饰 1 道凹弦纹，内底部饰 1 周点状纹。口径 14.4、底径 9、高 5.1 厘米（图一一三，2；图版四五，2）。

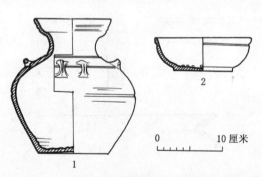

图一一三 花庙堤遗址晋墓出土青瓷四系盘口壶、碗
1. 四系盘口壶 M1：1 2. 碗 M1：2

第三节 小结

花庙堤遗址几乎全部被江水冲毁。从采集的石器、陶器和发掘的地层观察，这里肯定有城背溪文化遗存，其陶器特点与孙家河遗址的陶器近似。两遗址时代大体相当。商和西周遗物中，陶豆、器耳、长颈罐都具有早期巴文化特征。陶罐（标本采：019）和铜斧等特点表明，其时代下限可延至西周。而东周陶鬲和盆等是楚文化的常见器物。该遗址是清江口东部一处值得重视的古文化分布点。

捌　鸡脑河

　　鸡脑河遗址隶属于宜都县陆城镇三江村，位于清江北岸的江堤斜坡上，北距茶店子遗址约 500 米（图一）。

　　由于此处的清江河床像鸡头之形，故称之为鸡脑河。遗址地处清江边上，长期受洪水冲刷，绝大部分已被江水冲毁，仅在江边保留了一部分文化层。由于地形限制，只在江堤坡地下侧布 2 米×9 米、2 米×8 米、2 米×6 米、2 米×10 米的探沟各一条（T1～T4），后扩方 2 米×5 米，共发掘面积 76 平方米（图一一四；图版四六）。

第一节　地层堆积与文化遗迹

一　地层堆积

　　鸡脑河遗址四周为冲积平原，地势基本平坦。文化层多呈水平状重叠，最深处为1.75 米，可分五层。现以 T1 东壁剖面（图一一五）为例说明。

　　第 1 层　耕土层。青灰色土，厚 0.12～0.45 米。土质松软。

　　第 2 层　现代扰乱层。黄褐色土，厚 0.12～0.62 米。土质较软。分布范围较广。出土现代砖瓦、瓷片等遗物。

　　第 3 层　近代堆积层。深褐色土，厚 0.47～0.7 米。土质较硬，分布较均匀。出土明清时期瓷片、砖瓦片等。

　　第 4 层　石家河文化层。褐色土，厚 0.05～0.2 米。夹红烧土块，较黏。各探方均有分布，出土陶器有鼎、釜、罐、杯等。

　　第 5 层　石家河文化层。黄褐色土，厚 0.05～0.27 米。土质较硬，仅在 T1 中见到。出土鼎、釜、罐、瓮、钵、盆、甑、杯、鬶、豆、器盖、缸、纺轮和网坠等陶器。

二　文化遗迹

　　鸡脑河遗址仅见灰坑与水沟遗迹。

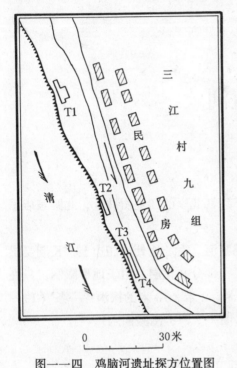

图一一四　鸡脑河遗址探方位置图

水沟横穿探沟，由于发现长度很短，其形状不详，在此不作介绍。

灰坑　3座（H1~H3）。均呈不规则椭圆形。

H1　位于T2北端。开口于第4层下，被G1打破。坑口呈长椭圆形，较浅，底较平。坑口东西长1.8、南北宽1.46、深0.2~0.25米。坑内填褐色土，土质较硬。出土石镞，陶釜、罐、钵、擂钵、纺轮等（图一一六）。

H2　位于T1东南部。开口于第5层下，打破生土层。坑口略呈宽椭圆形，坑较浅，底部南高北低。坑口南北长3.18、东西宽3.06、深0.1~0.2米。坑内填黑灰土，土质松软，夹少量草木灰。遗物较丰富，出土小石斧，陶鼎、釜、瓮、甑、钵、擂钵、缸、碗、豆、杯、器盖、网坠、纺轮等（图一一七）。

第二节　文化遗物

共130件，主要为石器和陶器。

一　石器

共29件。主要是生产工具和狩猎用具，分别用硅质岩、石英岩、泥质岩等石料制成。绝大多数为磨制，少数经琢制后稍加磨制。大型器物制作较粗糙，小型器物磨制精细。器形有斧、小斧、斧坯、刻刀、刀坯、镞、弹丸等。

斧　7件。形体较大，分二式。

Ⅰ式　3件。长形，上窄下宽。标本采:06，硅质岩，乳黄色，磨制较精细。器体较长，圆角，平顶，两面弧刃。长15.6、宽6.5、厚2.3厘米（图一一八,1；图版四七,1）。标本采:07，石英岩，灰色，保留琢制痕迹。较厚，顶残，刃部残缺。残长13.1厘米（图一一八,2；

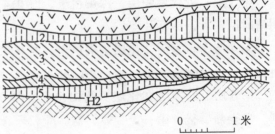

图一一五　鸡脑河遗址T1东壁剖面图
1.青灰色土　2.黄褐色土　3.深褐色土
4.褐色土　5.黄褐色土

图版四七，2）。

Ⅱ式 4件。长条形。标本采：09，灰色硅质岩，磨制较粗糙，残留有琢制痕迹。较厚。顶残，窄弧刃，刃部有使用痕迹。残长14.4、宽5.5、厚4厘米（图一一八，3；图版四七，3）。

小斧 4件。形体较宽较小，分二式。

Ⅰ式 2件。梯形。标本H3：7，灰黑色石英岩，磨制。弧顶，两面弧刃。刃部有明显的使用痕迹。长9、宽6.4、厚2.8厘米（图一一八，4；图版四七，4）。标本采：04，石英岩，青灰色，磨制较细。弧顶，两面弧刃。长9.6、宽6.8、厚2.2厘米（图一一八，5；图版四七，5）。

Ⅱ式 2件。长方形。标本H1：1，

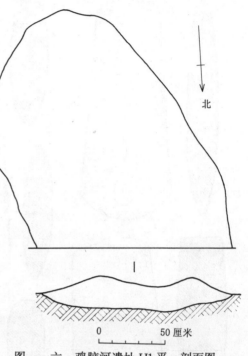

图一一六 鸡脑河遗址 H1 平、剖面图

石英岩，墨绿色，磨制，残留有琢痕。弧顶，平刃刃部有使用痕迹。长8.5、宽4.5、厚2.7厘米（图一一八，6；图版四七，6）。标本采：03，硅质岩，青灰色。较薄，弧顶，弧刃。长8.7、宽5.4、厚1.4厘米（图一一八，7；图版四七，7）。

斧坯 5件。打制，未经琢磨。

标本H3：10，硅质岩，青灰色。梯形。平顶，平刃，未见使用痕迹。长7.9、宽4.4厘米（图一一八，9）。

刻刀 1件。

标本T3④：10，淡黄色石

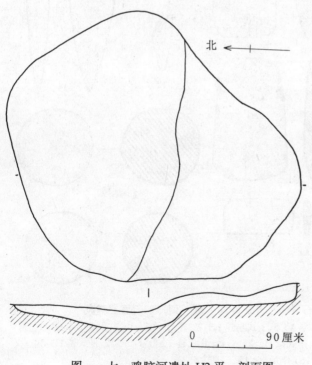

图一一七 鸡脑河遗址 H2 平、剖面图

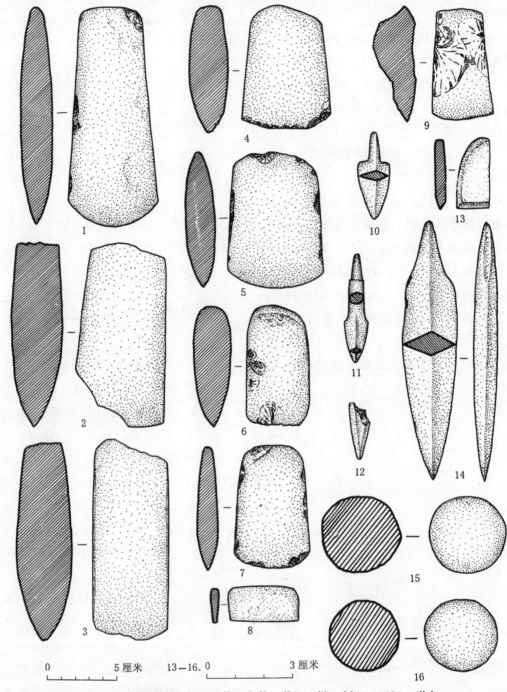

0　　　　　　5厘米　　13—16.0　　　　　　3厘米

图一一八　鸡脑河遗址出土石斧、小斧、斧坯、镞、刻刀、刀坯、弹丸

1、2.Ⅰ式斧采:06、采:07　　3.Ⅱ式斧采:09　　4、5.Ⅰ式小斧H3:7、采:04　　6、7.Ⅱ式小斧H1:1、采:03　　8.刀坯H3:13　　9.斧坯H3:10　　10.Ⅰ式镞H1:2　　11.Ⅱ式镞T2②:1　　12.Ⅳ式镞H3:14　　13.刻刀T3④:10　　14.Ⅲ式镞采:02　　15、16.弹丸H2:13、T1⑤:5

英岩，磨制精细。斜顶，弧边，直背，直刃，顶部也有弧形刃，具有多用功能。长2.5、宽1.2、厚0.4厘米（图一一八，13；图版四七，8）。

刀坯　2件。

标本 H3∶13，灰绿色硅质岩，磨制。长方形，弧背，直边，未磨刃。长5.1、宽2.6、厚0.5厘米（图一一八，8；图版四七，9）。

镞　4件。分四式。

Ⅰ式　1件。标本 H1∶2，灰色硅质岩，磨制。镞身截面呈扁菱形，整器较短小，无关。铤与身分界明显。全长6.2厘米（图一一八，10）。

Ⅱ式　1件。标本 T2②∶1，灰绿色石英岩，磨制。镞身截面为菱形，较短，有圆关，镞身、关与铤分界明显。关较长，铤较短。全长7.7厘米（图一一八，11）。

Ⅲ式　1件。标本采∶02，墨绿色石英岩，磨制。全长9.3厘米（图一一八，14）。

Ⅳ式　1件。标本 H3∶14，墨色硅质岩，磨制精细。仅存锋部，锋端为多棱形。双刃，锋锐利。残长4.1厘米（图一一八，12）。

弹丸　6件。圆球形。

标本 H2∶13，灰白色，磨制，残留有卵石自然面。直径2.8厘米（图一一八，15）。标本 T1⑤∶5，乳黄色石英岩，琢磨精细。直径2.5厘米（图一一八，16；图版四七，10）。

二　陶器

共102件。主要出自灰坑中。陶质有夹砂、泥质和夹炭三种，以夹砂陶为主，常见器形有鼎、釜、罐、瓮、钵、盆、擂钵、甑、杯、鬶、豆、器盖、缸、器底、纺轮、网坠等。泥质陶多为盆、豆、杯、纺轮等。夹炭陶一般羼入较多的稻谷壳，质地松疏，质轻，以釜、折沿瓮常见。陶色较杂，有褐、红褐、灰、黑、橙黄、红等色。以红褐陶最多，褐陶为次。素面陶比例减少，主要纹饰为绳纹，并以大量粗绳纹为特色，其他纹饰有篮纹、方格纹、网纹、弦纹、压印纹、绳索纹、刻划纹、附加堆纹、点纹和镂孔（图一一九）。据 H2 陶片统计（表一七、一八），夹砂陶占77.87%、泥质陶占19.1%、夹炭陶占3.03%；红褐陶占50.53%，褐陶占20.61%，黑陶占6.19%；粗绳纹占60.6%，素面陶占26.35%。据 H3 陶片统计（表一九、二〇），夹砂陶占58.19%、泥质陶占40.95%、夹炭陶占0.85%；红褐陶占38.4%、褐陶占4.46%、黑陶占30.12%、灰陶占27.02%；绳纹占14.15%、素面陶占66.7%、方格纹占7.6%。主要器形有鼎、釜、罐、瓮、钵、盆、擂钵、甑、杯、鬶、豆、器盖、缸、器底、纺轮、网坠等。

鼎　5件。分二型。

A型　3件。盆形鼎。横装宽扁足。分三式。

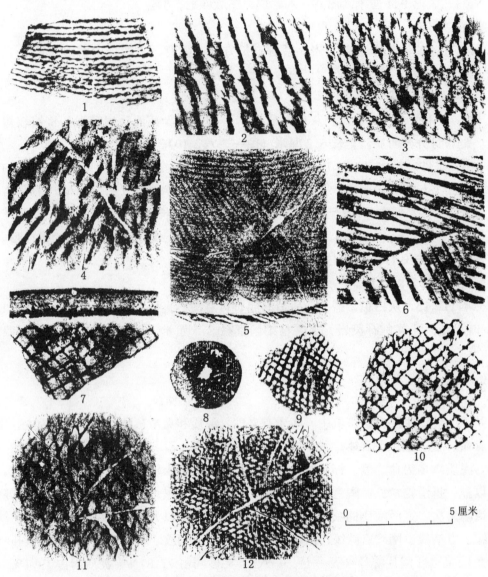

图一一九　鸡脑河遗址出土陶器纹饰拓片

1~4.绳纹　　5.绳纹与绳索纹　　6.篮纹　　7.方格纹与附加堆纹
8.点纹　　9、10.方格纹　　11、12.网纹

　　Ⅰ式　1件。敛口，腹较宽。标本 H2:25，夹砂灰胎黑陶。折沿上仰，圆唇。近折腹，宽圜底。横装宽扁足。足、底残。腹上部饰横向粗篮纹，足正面两边有条状凸棱纹。口径35、残高15厘米（图一二〇，1）。

表一七　　　　　　鸡脑河遗址 H2 出土陶器陶质陶色统计表

陶质 数量 陶色 单位	夹砂陶							泥质陶						夹炭陶	合计
	褐	红褐	橙黄	灰	浅灰	深灰	黑	褐	橙黄	灰	浅灰	深灰	黑	红褐	
H2	281	721	36	4	22	26	92	32	60	26	71	99	2	46	1518
百分比	18.51	47.5	2.38	0.26	1.45	1.71	6.06	2.1	3.95	1.71	4.67	6.53	0.13	3.03	100%
数量	1182							290						46	1518
百分比	77.87							19.09						3.03	100%

表一八　　　　　　鸡脑河遗址 H2 出土陶器纹饰统计表

纹饰 数量 单位	素面	细绳纹	中绳纹	粗绳纹	线纹	篮纹	粗蓝纹	方格纹	方格纹与篮纹	削纹	镂孔	附加堆纹	合计
H2	400	77	7	920	5	69	1	23	1	1	11	3	1518
百分比	26.35	5.07	0.46	60.6	0.33	4.54	0.07	1.51	0.07	0.07	0.72	0.2	100%

表一九　　　　　　鸡脑河遗址 H3 出土陶器陶质陶色统计表

陶质 数量 陶色 单位	夹砂陶						泥质陶						夹炭陶	合计
	褐	红褐	灰	浅灰	深灰	黑	褐	红褐	灰	浅灰	深灰	黑	红褐	
H3	6	319	5	33	24	160	36	34	29	19	144	123	8	940
百分比	0.64	33.94	0.53	3.51	2.55	17.02	3.82	3.61	3.1	2.02	15.31	13.1	0.85	100%
数量	547						385						8	940
百分比	58.19						40.95						0.58	100%

表二〇　　　　　　鸡脑河遗址 H3 出土陶器纹饰统计表

纹饰 数量 单位	素面	细绳纹	中绳纹	粗绳纹	线纹	中篮纹	粗蓝纹	细网纹	粗网纹	方格纹	附加堆纹	弦纹	划纹	合计
H3	627	14	10	109	7	47	8	13	14	71	17	1	2	940
百分比	66.7	1.49	1.06	11.6	0.74	0.05	0.85	1.38	1.48	7.55	1.8	0.1	0.2	100%

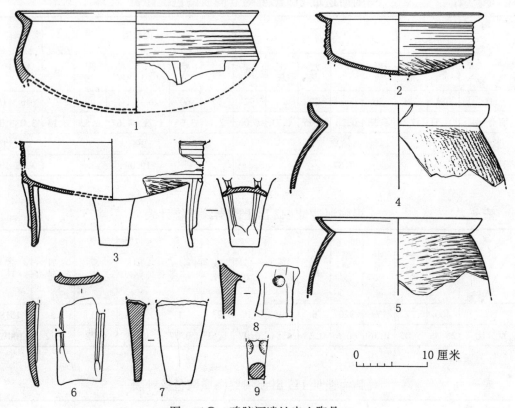

图一二〇　鸡脑河遗址出土陶鼎

1.A 型 I 式 H2:25　　2.A 型 II 式 H2:26　　3.A 型 III 式 H2:42
4、5.B 型 H2:32、H2:73　　6～9.鼎足 H2:43、H2:47、T1⑤:19、H2:46

　　II式　1件。口微敛，腹壁较直。标本 H2:26，夹砂黑陶。折沿，沿面内凹，方尖唇。腹较窄，下腹内折，圜底。横装足，足残。腹部饰 8 圈凹弦纹，底部饰粗篮纹。口径 24、残高 9 厘米（图一二〇，2）。

　　III式　1件。直口，外折沿，腹壁直。标本 H2:42，胎较薄，沿残。下腹内折成圜底，腹较浅。横装扁足。足呈凸弧形，上宽下窄，正面两边各有 1 条凸棱，凸棱上、下端有按窝。残口径 27、腹径 26.4、残高 15.2 厘米（图一二〇，3）。

　　B 型　2件。鼎身为釜形。仅见口沿。

　　标本 H2:32，夹砂红褐陶。折沿，沿面内凹，溜肩。腹部饰绳纹。口径 26、残高 11.8 厘米（图一二〇，4）。标本 H2:73，灰黑陶。折沿，沿面内凹，尖唇，溜肩。腹部饰横篮纹。口径 24、残高 11 厘米（图一二〇，5）。

　　鼎足　4件。均为夹砂陶，手制。

　　标本 H2:43，橙黄色陶。长扁形，横装，正面内凹，两边各附加一泥条，泥条下端有按窝，残高 12 厘米（图一二○，6）。标本 H2：47，褐色陶，有红斑。扁形，横装，上宽下窄。素面。高 12 厘米（图一二○，7）。标本 T1⑤：19，红褐色陶。鸭嘴形，横装，上部有按窝，残高 5.6 厘米（图一二○，8）。标本 H2：46，褐色陶。圆柱形，上粗下细。上部有 1 对按窝，残高 5.5 厘米（图一二○，9）。

釜　6 件。均为夹砂陶。分二型。

A 型　4 件。器形较大，分二式。

Ⅰ式　2 件。形体较小，折沿，沿面内凹，圆鼓腹。标本 H2：29，红色陶。尖唇，沿面有交叉状划纹，腹部饰粗绳纹。口径 15.4、腹径 16.5、高 15.2 厘米（图一二一，1；图版四八，1）。标本 H2：30，褐色陶。腹略扁，饰绳纹。口径 16.5、腹径 19、高 15.2 厘米（图一二一，2）。

Ⅱ式　2 件。器形较大，折沿，沿面内凹，鼓腹。标本 H1：3，褐色陶。沿较宽，凹唇，扁腹，宽圜底。腹部饰绳纹。口径 25、腹径 30.5、高 23.4 厘米（图一二一，3；图版四八，2）。标本 H2：31，红褐色陶。沿上仰，尖圆唇，鼓肩。腹部饰绳纹。口径 26 厘米（图一二一，4）。

B 型　2 件。器形较小。分二式。

Ⅰ式　1 件。沿较宽，圆鼓腹。标本 T1⑤：8，褐色陶（羼有稻谷壳），轮制。折沿上仰，圆唇。腹部素面。口径 8、腹径 7.9、高 6.8 厘米（图一二一，5；图版四八，3）。

Ⅱ式　1 件。窄凹沿，扁圆腹，腹壁较直。标本 T2④：10，夹砂褐陶，手制，经慢

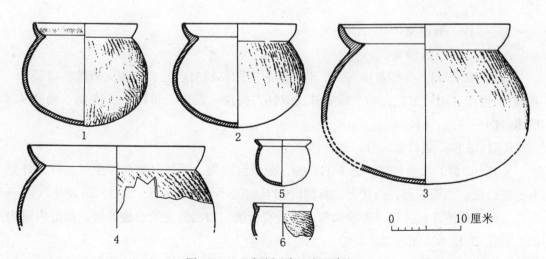

图一二一　鸡脑河遗址出土陶釜

1、2.A 型Ⅰ式 H2：29、H2：30　3、4.A 型Ⅱ式 H1：3、H2：31　5.B 型Ⅰ式 T1⑤：8　6.B 型Ⅱ式 T2④：10

轮修整。沿上仰，底残。腹部饰斜绳纹。口径8.6、残高5厘米（图一二一，6）。

罐　6件。分二型。

A型　1件。大口罐。

标本H1:10，夹砂褐陶，轮制。口较直，卷沿外侈，尖唇，口沿外侧贴1周泥条，并压印绳纹。深腹，腹壁较直，外饰波浪形划纹。口径24厘米（图一二二，1）。

B型　5件。高领罐。分四式。

Ⅰ式　1件。侈口，直沿，微束颈，鼓肩。标本H2:18，夹砂灰褐陶，轮制。方唇，下腹较宽，平底略凹。腹部饰横向粗篮纹。口径14.2、腹径21、底径10、高30.3厘米（图一二二，2；图版四八，4）。

Ⅱ式　1件。口微侈，窄沿略外凸，颈微束，溜肩。标本H2:15，泥质灰陶，轮制。颈微束，腹中部外鼓，下腹里收成内凹底。腹部拍印块状方格纹。口径14.1、腹径27.5、底径9.6、高30.1厘米（图一二二，3；图版四九，1）。

Ⅲ式　2件。口微侈，卷沿，广肩。标本H2:16，泥质灰黑陶，轮制。卷沿下斜，尖圆唇，颈较直，上腹外鼓，下腹斜里收成内凹底。器表饰大网纹。口径13.6、腹径29.2、底径10.4、高29.5厘米（图一二二，4；图版四九，2）。

Ⅳ式　1件。口微敛，颈较细，溜肩。标本H3:17。泥质灰黑陶，轮制。卷沿略上仰，尖唇。颈下部较粗，颈、肩之间分界明显，肩部有数圈浅凹弦纹。口径10.6、残高15.3厘米（图一二二，5）。

罐底　1件。

标本T3④:25，夹砂褐陶。平底。底部饰方格状划纹。底径20.6厘米（图一二二，12）。

瓮　8件。分四型。

A型　2件。折沿瓮。

标本T2④:15，夹砂灰褐陶。折沿，沿面内凹，斜肩。器表饰横向篮纹。口径16、残高10厘米（图一二二，7）。标本T2④:16，折沿，圆唇，斜肩。口径16、残高4.8厘米（图一二二，8）。

B型　3件。敛口瓮。分二式。

Ⅰ式　2件。腹壁较直。标本H2:69，泥质红褐陶。圆唇，窄肩，深腹。口沿外侧有一周凸棱，凸棱较高，凸棱下侧有四对相对称的小圆孔。素面。口径20厘米（图一二二，6）。标本T1⑤:11，夹砂褐陶。圆唇有折棱。口沿外侧的凸棱较矮，口沿内壁内凹。口径26厘米（图一二二，9）。

Ⅱ式　1件。鼓腹。标本H2:70，夹砂灰褐陶。圆唇有折棱，口外侧凸棱较矮，肩较宽。腹部饰方格纹。口径28厘米（图一二二，10）。

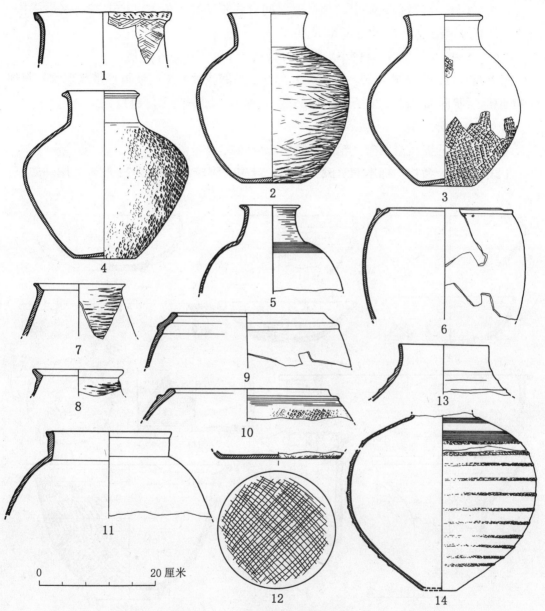

图一二二 鸡脑河遗址出土陶罐、瓮

1.A型罐 H1:10 2.B型Ⅰ式罐 H2:18 3.B型Ⅱ式罐 H2:15 4.B型Ⅲ式罐 H2:16 5.B型Ⅳ式罐
H3:17 6、9.B型Ⅰ式瓮 H2:69、T1⑤:11 7、8.A型瓮 T2④:15、T2④:16 10.B型Ⅱ式瓮 H2:70
11.C型Ⅰ式瓮 T4④:1 12.罐底 T3④:25 13.C型Ⅱ式瓮 T1⑤:12 14.D型瓮 H2:72

C型 2件。矮领瓮。分二式。

Ⅰ式 1件。直口，鼓肩。标本 T4④:1，泥质橙黄陶。窄沿略外凸，圆唇。素面。
口径 22 厘米（图一二二，11）。

Ⅱ式　1件。口微侈，斜肩，领、肩之间分界不明显。标本 T1⑤:12，夹砂褐陶。肩、颈部有 3 道凸棱。口径 16 厘米（图一二二，13）。

D 型　1件。高领瓮，口较小。鼓肩，鼓腹，下腹里收成小平底。

标本 H2:72，夹细砂灰陶。口残，肩部饰 2 组凹弦纹和 1 周波折形带状划纹，腹部有 11 道绳索状附加堆纹。腹径 34，残高 31.6 厘米（图一二二，14）。

钵　5件。分二型。

A 型　4件。泥质橙黄陶，轮制。素面。分四式。

Ⅰ式　1件。敛口。标本 H2:52，圆唇，鼓腹，腹较深。口径 22 厘米（图一二三，1）。

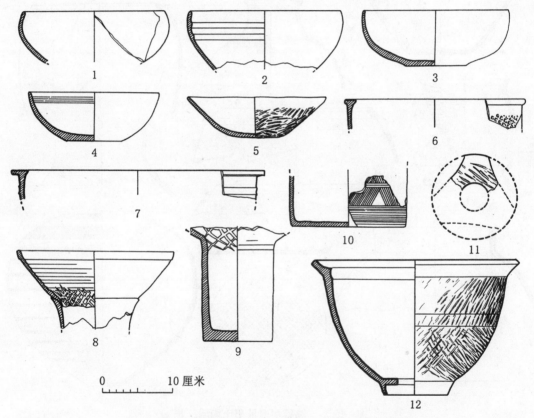

图一二三　鸡脑河遗址出土陶钵、擂钵、甑、盆

1.A 型Ⅰ式钵 H2:52　2.A 型Ⅱ式钵 T1④:7　3.A 型Ⅲ式钵 H2:20　4.A 型Ⅳ式钵 T1⑤:6　5.B 型钵 H2:23　6.Ⅰ式盆 T1⑤:15　7.Ⅱ式盆 T1⑤:16　8.Ⅰ式擂钵 H2:49　9、10.Ⅱ式擂钵 T2④:5、T2④:25　11、12.甑 H2:68、H2:28

Ⅱ式　1件。口微敛。标本 T1④:7，圆唇，深腹，上腹略鼓，下腹斜里收。器内有 2 道凸棱。口径 22 厘米（图一二三，2）。

Ⅲ式 1件。直口。标本 H2:20，尖唇，浅腹，平底。口径 21、底径 8.8、高 8.1 厘米（图一二三，3；图版四八，5）。

Ⅳ式 1件。侈口。标本 T1⑤:6，尖唇，浅腹，斜弧壁，平底。口内侧有 2 道凹棱。口径 19、底径 8、高 7.1 厘米（图一二三，4；图版四八，6）。

B型 1件。

标本 H2:23，夹砂灰黑陶，手制，经慢轮修整。敞口，圆尖唇，圜平底。腹、底饰交错篮纹。口径 19.8、底径 5.2、高 6 厘米（图一二三，5；图版四九，5）。

盆 2件。分二式。

Ⅰ式 1件。窄沿。标本 T1⑤:15，夹砂灰黑陶。敛口，沿面平，直腹。腹部饰方格纹。口径 26 厘米（图一二三，6）。

Ⅱ式 1件。宽沿。标本 T1⑤:16，泥质橙黄陶。敛口，口径较大，沿面平，腹壁较直。上腹部饰 2 道凸弦纹。口径 36.4 厘米（图一二三，7）。

擂钵 3件。分二式。

Ⅰ式 1件。钵上部较斜，中部内束。标本 H2:49，泥质灰白陶，轮制，器体由上、下两部分相接而成，残留交叠痕迹。方唇，上部分器体较浅，内壁饰 9 道凹弦纹。上、下交接处内壁刻有交叉形凹槽。口径 23 厘米（图一二三，8）。

Ⅱ式 2件。钵口残缺，上部弧壁，下部直壁。标本 T2④:5，泥质橙黄陶。折颈，下部呈筒形，平底。颈部内壁刻交叉形凹槽，外壁有 2 周凹弦纹。底径 10、残高 14.6 厘米（图一二三，9；图版四九，6）。标本 T2④:25，仅存底部。直壁。底饰 2 组凹弦纹，二组弦纹之间刻划宽带形波折纹。底径 17 厘米（图一二三，10）。

甑 2件。

标本 H2:68，夹砂灰褐陶，为残底部。底四周有 3 个半圆形孔，中间为圆形孔。饰篮纹（图一二三，11）。标本 H2:28，泥质褐胎黑陶。口微敞，内侧有 1 周凹棱。折沿，沿面内凹，方唇。腹壁弧形，内收，矮圈足。底中间一大圆孔。腹外饰斜篮纹，局部交错，中部加饰 2 道凹弦纹。口径 30、圈足径 9.2、高 19.6 厘米（图一二三，12）。

杯 7件。分四型。

A型 3件。斜壁。泥质红陶，厚胎。手制，经慢轮修整。素面。分二式。

Ⅰ式 2件。腹壁斜直，口径较大。标本 H2:27，橙黄陶，涂红陶衣。侈口，尖唇，凹底。下腹部有 3 道旋痕。口径 7、底径 3.2、高 8.4 厘米（图一二四，1；图版四九，3）。标本 H3:45，唇较尖，凹底。口径 6.8、底径 3.5、高 8.6 厘米（图一二四，2；图版四九，4）。

Ⅱ式 1件。杯下部较细小，下腹近筒状。标本 H2:82，口残，仅存下部残片。平底略内凹。底径 3.5、残高 7 厘米（图一二四，3）。

B型　1件。大平底。

标本 H2∶50，泥质褐陶。轮制。口残，束腹，腹、底间呈角形。底径 7.3、残高 3.9 厘米（图一二四，4）。

C型　2件。高足。

标本 H3∶46，泥质红陶，轮制。口残，杯内底中间有一凹窝，实柄座，座外侈。素面。足径 4.4、残高 4.8 厘米（图一二四，5）。标本 T3④∶14，橙黄陶。口残，杯内底中间有凸起，实柄较粗，座底平，座面起棱。素面。足径 6、残高 6.2 厘米（图一二四，6）。

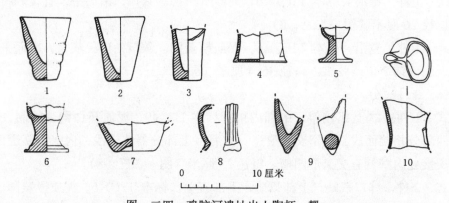

图一二四　鸡脑河遗址出土陶杯、鬶
1、2.A 型 I 式杯 H2∶27、H3∶45　　3.A 型 II 式杯 H2∶82　　4.B 型杯 H2∶50　　5、6.
C 型杯 H3∶46、T3④∶14　　7.D 型杯 H3∶41　　8～10.鬶 T1⑤∶32、H3∶30、H2∶18

D型　1件。有耳。仅见杯下部残片。

标本 H3∶41，泥质橙黄陶。斜腹内收成凹底。腹一侧有安耳残痕。耳截面圆形。素面。底径 7.2、残高 4 厘米（图一二四，7）。

鬶　3件。均残缺，仅见口、耳、足三部分残片。

标本 T1⑤∶32，鬶耳，橙黄色陶，捏制。宽扁形，正面有 2 道凹纹（图一二四，8）。标本 H3∶30，鬶足尖，红褐色陶。袋状，较尖（图一二四，9）。标本 H2∶18，鬶口沿残片，泥质红陶。微侈口，捏流，略束颈，一侧装纽耳（图一二四，10）。

豆　9件。分三型。

A型　2件。侈口，折腹。

标本 T1⑤∶7，泥质橙黄陶。翻沿，下腹内折，圈底较平。粗圈足，足底外侈。折腹处有凸弦纹，圈足中部有 1 周凹凸弦纹和 2 周圆形镂孔。每周镂孔 6 个，上、下镂孔相错。豆盘直径 18.2、圈足底径 12.7、通高 12.8 厘米（图一二五，1；图版五〇，1）。标本 H1∶8，泥质橙黄陶。敞口，圆尖唇，折腹较平缓，圈底。腹部有 2 道弦纹与 4 道凹弦纹。口径 16.8 厘米（图一二五，2）。

B型 2件。豆盘壁呈弧形，口沿略内曲，高细柄。

标本 T1⑤:9，泥质橙黄陶。仅存豆柄，底座呈喇叭形。内壁有 8 道凹棱。座径 20.6、残高 13.4 厘米（图一二五，3）。标本 T1⑤:27，仅见豆盘，泥质褐陶。圆唇，浅盘。底部有 1 道凹弦纹。盘径 20 厘米（图一二五，4）。

C型 3件。豆盘折沿，弧壁。圈足较矮，底座外撇。分二式。

Ⅰ式 2件。豆盘窄沿略下斜，圈足较细，标本 H2:22，夹砂褐胎灰皮陶。为豆盘。敞口，浅盘。盘底饰粗篮纹。盘径 22.2、残高 5.6 厘米（图一二五，5）。标本 H2:24，橙黄陶。沿面有凹沟，腹外饰篮纹。口径 23.6、残高 6.6 厘米（图一二五，6）。

Ⅱ式 1件。豆盘折沿下垂，圈足较粗。标本 H2:21，泥质橙黄陶。敞口，沿面弧形，腹较深，圜底，喇叭形底座。圈足上有圆镂孔。盘径 27、圈足径 16.5、高 13.3 厘米（图一二五，8；图版五〇，2）。

另有豆的残片 2件。

标本 T1④:3，泥质橙黄陶。深盘，圈足壁与豆盘壁几乎连成直线。豆盘有凸弦纹 1 周，圈足饰小圆形镂孔（图一二五，9）。标本 H2:37，泥质橙黄陶。为豆柄。较粗，柄、座分界明显（图一二五，10）。

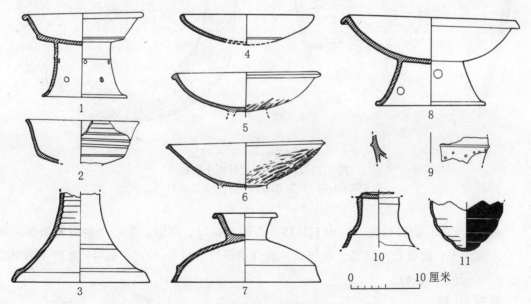

图一二五 鸡脑河遗址出土陶豆、器盖、器底

1、2.A型豆 T1⑤:7、H1:8　　3、4.B型豆 T1⑤:9、T1⑤:27　　5、6.C型Ⅰ式豆 H2:22、H2:24

7.器盖 H2:14　　8.C型Ⅱ式豆 H2:21　　9、10.豆残片 T1④:3、H2:37　　11.器底 T3④:23

　　器盖　1件。

　　标本 H2:14，泥质褐胎黑陶，轮制。圈形纽，略呈喇叭状。盖口方唇，盖面弧形。近沿部有 1 周凸棱。盖径 22.4、纽径 9.6、通高 10.1 厘米（图一二五，7；图版五〇，3）。

　　缸　3件。分三式。

　　Ⅰ式　1件。直口。标本 H2:64，夹砂红褐陶，轮制，胎较薄。厚沿，方唇，直腹。腹饰斜篮纹。口径 40.7 厘米（图一二六，1）。

　　Ⅱ式　1件。仰折沿，口微侈。标本 H2:65。夹砂灰褐陶，轮制，胎较薄。折沿起棱，沿面内凹，斜腹内收。腹饰横篮纹。口径 40.9、残高 29 厘米（图一二六，2）。

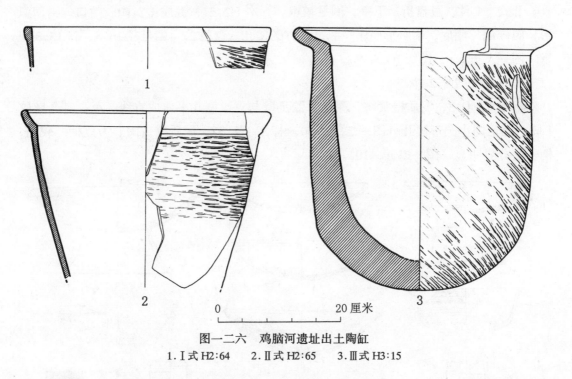

图一二六　鸡脑河遗址出土陶缸
1. Ⅰ式 H2:64　　2. Ⅱ式 H2:65　　3. Ⅲ式 H3:15

　　Ⅲ式　1件。折沿外侈。标本 H3:15，夹砂灰黑陶，厚胎，手制，经慢轮修整。圆唇，沿面较平，腹壁直，圜底，底较宽。腹饰斜篮纹。口径 42.8、高 44 厘米（图一二六，3；图版五〇，4）。

　　器底　2件。

　　标本 T3④:23，泥质橙黄陶，涂红陶衣。腹壁下部呈曲弧形，有 4 道内凹线。尖圜底。残高 7.2 厘米（图一二五，11）。

　　纺轮　32件。分三式。

Ⅰ式　11件。弧边。标本 H2：1，红色陶，薄而扁平。一面有 1 周凹弦纹。直径 3.8、厚 0.2 厘米（图一二七，1）。标本采：01，灰褐陶。较厚，两面呈凸弧形。直径 3.3、厚 1 厘米（图一二七，2）。

Ⅱ式　9件。斜弧边，较厚。标本 H3：1，红色陶。一面略凹一面微凸。直径 2.9～3.2、厚 0.7 厘米（图一二七，3）。标本 H3：2，红色陶。两面平。直径 2.7～3.1、厚 0.5 厘米（图一二七，4）。标本 H3：3，褐色陶。一面隆起。直径 3.4～3.7、厚 0.8 厘米（图一二七，5）。

Ⅲ式　12件。斜边。标本 T1⑤：1，橙黄色陶。两面较平。斜边上饰 2 周小点纹。直径 3.2～3.8、厚 0.5 厘米（图一二七，6）。标本 T1⑤：2，褐色陶，扁薄形。一面边沿有 1 周凸棱，另一面上饰点纹。直径 3～34、厚 0.3 厘米（图一二七，7）。

网坠　1件。

标本 H2：12，泥质褐陶，手制。略呈扁椭圆形，两侧中部有一凹槽。长 4、宽 2.2、厚 1.4 厘米（图一二七，8）。

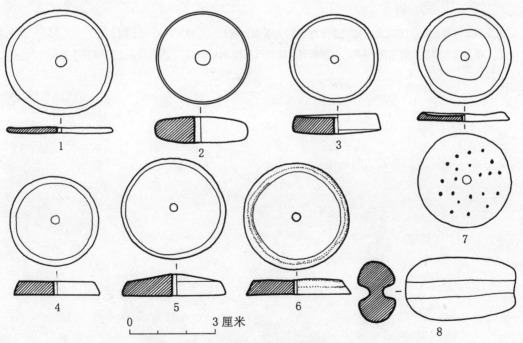

图一二七　鸡脑河遗址出土陶网坠、纺轮

1、2.Ⅰ式纺轮 H2：1、采：01　　　3～5.Ⅱ式纺轮 H3：1、H3：2、H3：3

6、7.Ⅲ式纺轮 T1⑤：1、T1⑤：2　　8.网坠 H2：12

第三节　小结

鸡脑河遗址是清江口一带重要的新石器时代遗址。发掘面积虽小，但文化特征较为明显。石器以磨制为主，还有少量琢制和打制石器。石斧多为长形或长条形，也有较宽而短的石斧和石刀等。石刻刀、石磋制作比较精细，并富有特色。陶器以夹砂红褐陶为主，还有少量羼稻谷壳的红褐陶。泥质陶中有较多的浅灰陶。纹饰方面，以大量的粗绳纹为特点，还有篮纹、方格纹、网纹等。基本器形有鼎、釜、罐、甑、缸、擂钵、钵、豆、鬶、杯等。以鼎、釜为基本炊器。A型鼎，盆形足横装。釜较扁矮。B型罐，高领，溜肩。甑有圈足。未见圈足盘。特别是A型（盆形）鼎和A型I式杯，与天门石家河第六期（邓家湾石家河文化早期)[1]、罗家柏岭石家河文化一期[2]的盆形鼎和斜壁厚胎红陶杯相近似。这些特征表明，鸡脑河遗存属于石家河文化，时代比石板巷子、茶店子两遗址早，大约相当于天门石家河遗址第六期。

注　释

[1]　石家河考古队：《湖北省石家河遗址群 1987 年发掘简报》，《文物》1990 年 8 期。
[2]　湖北省文物考古研究所：《湖北石家河罗家柏岭新石器时代遗址》，《考古学报》1994 年 2 期。

玖 茶店子

茶店子遗址位于宜都县红花套区后江沱村，东距长江约 3000 米，南距清江约 1400 米。南店溪从遗址东侧自西北向东南注入长江（图一）。

遗址面积较大，分布范围约 3000 平方米（图版五一，1）。文化层厚薄不均，一般厚 0.5～3 米。发掘分东、西两区进行，在西区的溪水断壁边上布 5 米×5 米的探方二个（T1、T2），因受断壁限制，方向为 320°；在东区的江堤坡地上布 5 米×2.5 米、4 米×2.5 米的探方各一个（T3、T4），两区发掘面积共 72.5 平方米（图一二八）。

第一节 地层堆积与文化遗迹

一 地层堆积

茶店子遗址西区的 T1、T2 堆积较厚，分十二层；东区的 T3、T4 堆积较薄，分六层。西区的堆积以 T1 北壁比较典型（图一二九），但也不见第 4a、7、10、11、12 层。以下为茶店子遗址西区十二层堆积的基本情况：

第 1 层 现代农耕层。褐色沙质土，厚 0.14～0.2 米。较松软。

第 2 层 近代淤积层。分布面较广，又分 2a、2b 两小层。

2a 层 黄褐色土，厚 0.85～1 米。土质松软，出土近代瓷片和瓦片。

2b 层 褐色土，厚 0.05～0.25 米。土质较硬，出土近代瓷片、砖、瓦片等。

第 3 层 石家河文化层。深褐色土，厚 0.1～0.45 米。土质较硬，夹少量红烧土块。分布较广。出土篮纹、方格纹陶片。器形有釜、罐、擂钵、豆等。

第 4 层 石家河文化层。分 4a、4b、4c 三小层。

4a 层 深褐色土，厚 0～0.2 米。土质较硬，有黑斑。该层由西向东倾斜。西薄而东厚，仅分布在 T2 东南角。未见包含物。

4b 层 红褐色土，厚 0.1～0.25 米。夹较多的红烧土块，土质紧密。该层由东向西倾斜，分布较广。出土少量碎陶片，器形有釜、罐、豆、盘等。

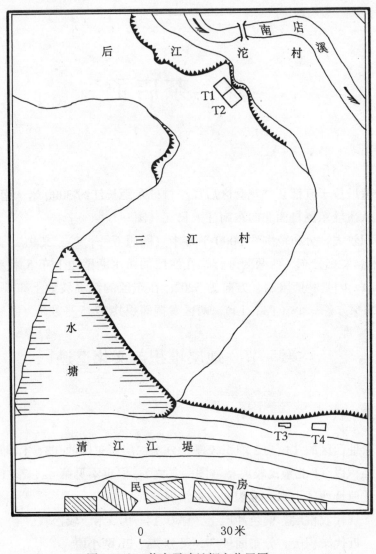

图一二八　茶店子遗址探方位置图

4c层　褐色土，厚 0.1～0.25 米。夹红烧土块，土质较硬。该层分布范围较小，堆积较薄。出土少量釜、罐等陶片。

第 5 层　石家河文化层。灰褐色土，厚 0.5～0.15 米。夹少量草木灰，土质较松软。集中分布在 T1 北部。出土釜、罐、钵、豆、纺轮等陶片。

第 6 层　石家河文化层。深褐色土，厚 0.12～0.25 米。夹较多的草木灰，土质松软。该层主要分布在 T1 方内。出土石斧、锛和陶鼎、釜、罐、瓮、甑、盘、豆、钵、纺轮等。

第 7 层　纯土层。深褐色土，厚 0.1～0.47 米。土质较硬，仅分布在 T2 东北部。未见任何包含物。

第 8 层　石家河文化层。黄色沙质土，较松软，厚 0.1～0.17 米。断续分布在 T1、T2 中。包含陶片极少。

第 9 层　石家河文化层。灰褐色土，厚 0.1～0.25 米。仅见于 T1 东北部。出土零碎的篮纹陶片，可辨器形有釜、罐等。

第 10 层　石家河文化层。浅褐色土，厚 0.1～0.53 米。夹少量红烧土

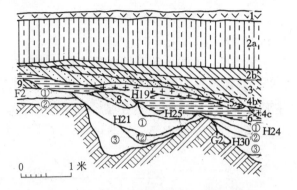

图一二九　茶店子遗址 T1 北壁剖面图

1. 褐色沙质土　　2a. 黄褐色土　　2b. 褐色土　　3. 夹红烧土块深褐色土　　4b. 红烧土色　　4c. 夹红烧土块褐色土　　5. 灰褐色土　　6. 夹草木灰深褐色土　　8. 黄色沙质土　　9. 灰褐色土

块，土质较软。分布于 T1 南部和 T2 中部偏南处。遗物有陶釜、罐、豆等。

第 11 层　石家河文化层。黄褐色土，厚 0.1～0.35 米。夹少量红烧土粒。分布在 T1 西南部和 T2 西北部。包含物仅见零碎陶片，有罐、钵口沿。

第 12 层　石家河文化层。灰褐色土，厚 0.05～0.1 米。有暗绿色斑块，土质较黏。仅分布在 T1 东部中段。出土陶釜、罐、钵、豆、纺轮等。

二　文化遗迹

文化遗迹有房基、灰坑、水沟等。

（一）房基

2 座。分别为半地穴式和台基式。

1. 半地穴式房基

1 座（F1）。位于 T1 东部南边，开口在第 4c 层下，打破 H21、H26、H30 和第 9 层。为半地穴式残房基，北部被破坏，南部未发掘。平面大体呈长方形，西边线方向为 225°。房基为凹形穴坑，穴坑上部较宽大，下部较窄小，南北长约 5.6、深 0.5 米，周围未见墙基和柱洞（图一三〇）。穴坑内填土可分为废弃层（即第 1 层）、居住地面层（即第 2 至 4 层）和垫土层（即第 5 至第 8 层）三大层。

废弃层　即第 1 层，主要为红褐色烧土块，厚 15 厘米。底部还有成片的红烧土块，有明显的墙壁倒塌现象（图版五一，2）。大部分红烧土块内夹有稻谷壳和植物茎秆，局部红烧土块上残留着墙壁筋架痕迹。

居住地面层　即第 2 至 4 层。第 2 层，红褐色烧土层，厚 4～12 厘米。分布范围较小，集中在中部；第 3 层，褐色土，厚 4～10 厘米，分布在南部。第 4 层，青灰色烧土

层，厚6~18厘米。用烧土夯筑而成，紧密坚实。第4层为原始居住地面，第2、3层为后来修补时所填。

　　垫土层　即第5至8层。第5层，青灰色土，厚2~15厘米，分布在穴坑北部。第6层，灰白色土，厚5厘米，范围很小。第7层，红褐色土，厚10厘米，夹红烧土块，主要分布在穴坑南部。第8层，黄褐色土，厚10厘米，集中分布在穴坑南端的边沿。垫土层主要为一般泥土，土质松软（图一三〇）。

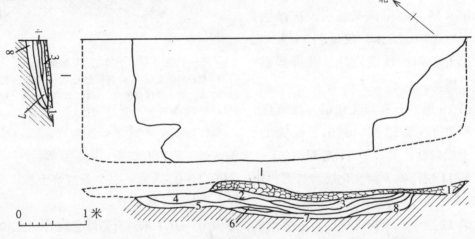

图一三〇　茶店子遗址F1平、剖面图

1.红褐色烧土块　2.红褐色烧土　3.褐色土　4.青灰色烧土
5.青灰色土　6.灰白色土　7.红褐色土　8.黄褐色土

　　2. 台基式房基

　　1座（F2）。位于T1西北角，开口在第9层下，打破第11层，并被H21打破。绝大部分在探方之外，未扩方发掘。发掘部分应为圆形房屋的台基的东南部。发掘南北长3.32、东西宽1.3、高0.38米（图一三一）。台基从地面起筑，填筑土分三层：第1层，红烧土块层，厚10~22厘米。土质较硬，并夹大量鹅卵石（图版五二，1）。第2层，黄褐色土，厚8~15厘米。含砂质，较细密。第3层，灰褐色土，厚7~14厘米。夹较多红烧土块。

　　台基上未见墙壁，只发现2个柱洞。

　　D1　位于房基北侧。直径50、深20厘米。柱洞底部有一块椭圆形鹅卵石，直径15~34厘米。柱洞四周填塞小鹅卵石和红烧土块，并经夯打。

　　D2　位于房基南侧。直径约60、深22厘米。柱洞底部垫红烧土块和陶片，四周填红烧土和黏土，并夯实（图一三一）。

　　（二）灰坑

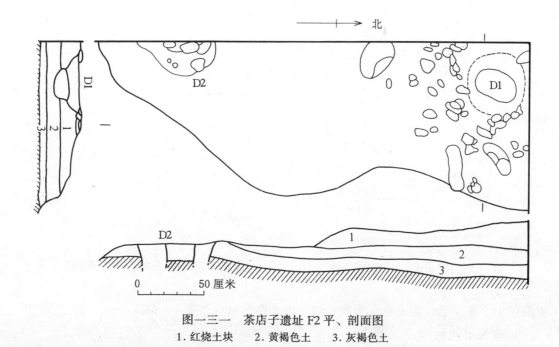

图一三一　茶店子遗址 F2 平、剖面图
1. 红烧土块　　2. 黄褐色土　　3. 灰褐色土

31 座。可分为圆形、椭圆形、束腰形、长方形和不规则形等五种。

1. 圆形灰坑

16 座（H1、H3、H4、H6、H9、H10、H12、H13、H17~H19、H22、H21~H26、H29）。坑口圆形，坑壁略内斜，圜底。以 H13 与 H12 为例说明如下：

H13　位于 T2 北部中间。开口在第 3 层下，打破第 4b 层、第 4c 层、H14、H16。坑口圆形，坑壁略内斜，锅状底。坑口直径 0.74、深 0.92 米。坑内填灰褐色土，夹草木灰，土质松软。出土篮纹、方格纹陶片。器形有釜、罐、钵、盘等（图一三二）。

H12　位于 T2 中部。开口在第 7 层下，打破第 10 层、H14 和 G1。坑较浅，坑壁内斜成圜底。坑口直径 1.25、深 0.2 米。坑内填灰黑色土，土质较软。出土碎陶片（图一三三）。

2. 椭圆形灰坑

1 座。H8，位于 T1 东南部。开口于第 4b 层下，打破第 4c 层。坑口呈长椭圆形，坑较浅，坑壁呈坡状，圜底。坑口长 1.68、宽 0.86、深 0.2 米。坑内填

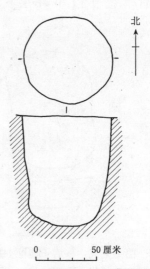

图一三二　茶店子遗址 H13 平、剖面图

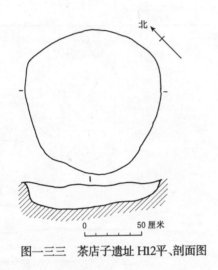

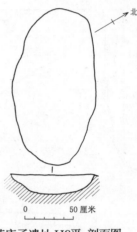

图一三三　茶店子遗址 H12平、剖面图　　　　图一三四　茶店子遗址 H8平、剖面图

灰褐色土，夹少量红烧土块，土质较软。出土遗物极少（图一三四）。

3. 束腰形灰坑

4 座（H7、H15、H23、H30）。圆角长形，束腰或中部外鼓，坑底呈锅底状。以 H15 与 H7 为例说明如下：

H15　位于 T1 与 T2 交界处的中间。开口于第 4b 层下，打破第 10 层。坑口两边略内束，内弧壁。坑口南北长 1.1 米、东西宽 0.73、深 0.26 米。坑内填灰褐色土，土质较松软。出土陶釜、罐、钵等残片（图一三五）。

H7　位于 T1 第 4b 层下，打破第 5 层。坑口腰形，坑壁呈缓坡状，坑底呈锅底状。坑口东西长 1.55、南北宽 1.2、深 0.35 米。坑内填灰褐色土，夹少量红烧土块。土质较硬。出有陶盘、豆、罐等（图一三六）。

4. 长方形灰坑

3 座（H2、H5、H27）。以 H2 与 H5 为例说明如下：

H2　位于 T4 西南角。开口于第 3a 层下，打破第 3b 层和生土层。坑口为长方形，坑壁较直，平底。坑口长 1.8、宽 0.92、深 0.48 米。坑内填灰黑色土，土质松软。出土篮纹、方格纹陶片，器形有罐、鼎、釜等（图一三七；图版五二，2）。

H5　位于 T4 西南角。开口于第 3b 层下，被

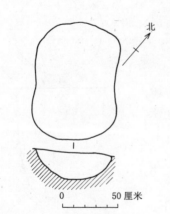

图一三五　茶店子遗址 H15
平、剖面图

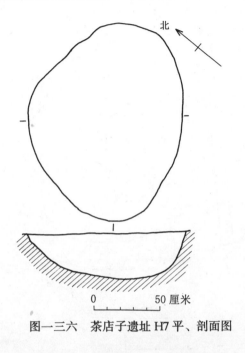

图一三六　茶店子遗址 H7 平、剖面图

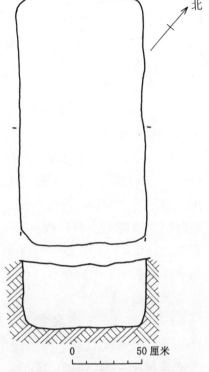

H3 打破。坑口为窄长方形，坑壁略内斜，圜底。坑口南北长 1.1、东西宽 0.55、深 0.3 米。坑内填灰黑色土，土质较松。出土篮纹、方格纹陶片，器形有扁形鼎足、罐等（图一三八）。

图一三七　茶店子遗址 H2 平、剖面图

5. 不规则形灰坑

7座（H11、H14、H16、H20、H21、H28、H31）。以 H14 与 H21 为例说明如下：

H14　位于 T2 中部。开口于第 8 层下，被 H12 打破。坑口一端较窄，斜壁，圜底，底中部凸起。坑口南北长 3.4、东西宽 2.7、深 0.75 米。坑内填灰黑色土，夹红烧土块。出土陶器较多，有鼎、釜、罐、瓮、甑、钵、盘、豆、纺轮等（图一三九）。

H21　位于 T1 北部。开口于第 8 层下，打破 F2，被 F1、H20、H25、H23 打破。坑口平面略呈曲尺形，坑壁呈斜坡状，底部也不规整。坑口残长 4.92、宽 3、深约 1.16 米。坑内填土分三层。第 1 层为灰黑色土，夹草木灰，土质松软，较黏，包含物极丰富；

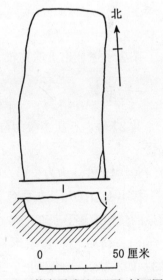

图一三八　茶店子遗址 H5 平、剖面图

第 2 层，灰色土，夹少量砂粒，土质较软，包含物较丰富；第 3 层，黄褐色土，土质松

软，较纯，包含物较少。该坑出土物
有石斧、锛、凿和陶鼎、釜、罐、
瓮、钵、盘、豆、甑、擂钵、杯、器
盖、纺轮等（图一四〇）。

（三）沟

3 条（G1~G3）。以 G1 与 G2 为
例，说明如下：

G1　位于 T2 东北部。开口在第
7 层下，被 H12、H14 打破。沟较直，
由西南向东北倾斜，西高东低。沟壁
略内斜，窄圜底。沟口残。长 1.26、
宽 0.35~0.4、深 0.25~0.35 米。沟
内填深褐色土，土质松软，包含物极
少（图一四一）。

G2　位于 T1 东北角。开口在
H30 下，被 H21 打破。沟呈曲尺形，
沟壁较缓平。沟口宽 0.23、深 0.15
米。沟内填灰褐色土，陶片少见（图一四二）。

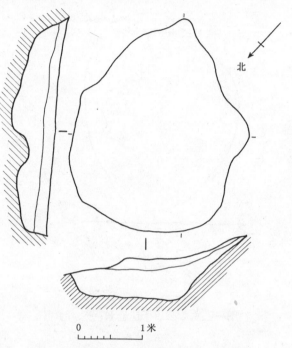

图一三九　茶店子遗址 H14 平、剖面图

第二节　文化遗物

茶店子遗址出土遗物较为丰富，有石器和陶器两大类。共 161 件。

一　石器

共 27 件。石质主要为硅质板岩、石英岩、泥岩等，器形有斧、小斧、锛、凿、镞
等。

斧　10 件。均为长形石斧。

标本 H21①:3，灰白色，磨制较精细。略呈长梯形，较扁薄，弧顶，弧刃。刃部有
明显的使用痕迹。长 13.5、宽 6.5、厚 2.2 厘米（图一四三，1；图版五三，1）。标本
T3⑥:1，青灰色。长条形，顶残，斜刃，刃较窄。残长 15.3、宽 7.2、厚 3.6 厘米
（图一四三，2；图版五三，2）。标本 H5:1，长条形，斜尖顶，平刃，刃残。长 14、宽
6.8、厚 3.4 厘米（图一四三，3；图版五三，3）。

小斧　7 件。厚薄大小不一。

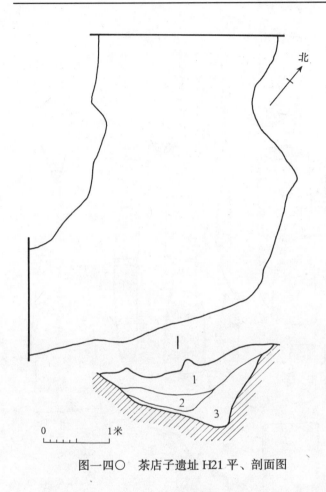

图一四〇　茶店子遗址 H21 平、剖面图

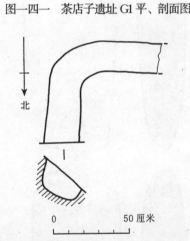

图一四一　茶店子遗址 G1 平、剖面图

图一四二　茶店子遗址 G2 平、剖面图

标本 H2∶2，灰色，磨制较精。梯形，平顶，斜刃，刃较宽。长 6.7、宽 4.4、厚 2 厘米（图一四三，4；图版五三，4）。标本 H2∶3，灰色，磨制较细。长形，弧顶，刃较平。有明显的使用痕迹。长 6.8、宽 4、厚 1.8 厘米（图一四三，5；图版五三，5）。标本 T3⑤∶1，青灰色，磨制精细。梯形，弧顶，弧斜刃。长 4.5、宽 3.2、厚 1.2 厘米（图一四三，6；图版五三，7）。标本 H7∶1，淡绿色，用石片琢制磨刃而成。长方形，扁小，平顶，平刃。长 4.3、宽 2.1、厚 0.4 厘米（图一四三，7）。

凿　2 件。

标本 H30∶3，灰色，磨制。宽扁形，平顶，单面刃。长 8、宽 4、厚 1.2 厘米（图一四三，8）。标本 H21③∶2，灰褐色，磨制。长形，横截面为方形，弧顶，单刃。长 12.2、宽 1.8、厚 1.8 厘米（图一四三，13；图版五三，6）。

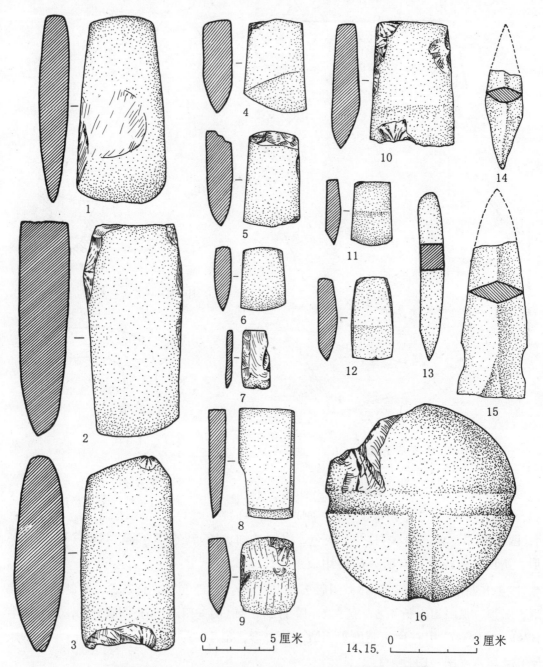

图一四三　茶店子遗址出土石斧、小斧、锛、凿、镞、网坠

1~3.斧 H21①:3、T3⑥:1、H5:1　　4~7.小斧 H2:2、H2:3、T3⑤:1、H7:1　　8、13.凿 H30:3、H21③:
2　　9~12.锛 H30:2、H14:4、T3⑤:2、T3⑤:4　　14、15.镞 H4:3、T3⑤:5　　16.网坠 H7:3

锛　5件。刃面一宽一窄。

标本 H30：2，黄褐色，磨制较精。近方形，顶、刃微弧。长5.5、宽4.1、厚1.6厘米（图一四三，9）。标本 H14：4，灰色。平面梯形，平顶，平刃。长9.2、宽6、厚1.9厘米（图一四三，10）。标本 T3⑤：2，青灰色，磨制较精细。梯形，平顶，弧刃。长4.6、宽2.9、厚1厘米（图一四三，11）。标本 T3⑤：4，灰色。长方形，中间略宽，平顶，平刃。长5.9、宽3、厚1.2厘米（图一四三，12）。

镞　2件。

标本 H4：3，青灰色，磨制。横截面为菱形，圆锥状铤。残长3.6厘米（图一四三，14；图版五三，8）。标本 T3⑤：5，黑色，磨制。横截面为菱形，铤端平。近铤处有捆绳内凹。残长5.6厘米（图一四三，15）。

网坠　1件。

标本 H7：3，灰褐色，琢制。圆球形，中部有"T"形凹槽。直径14.2厘米（图一四三，16；图版五三，9）。

二　陶器

共有标本114件。

据 H14 陶片统计（表二一、二二），夹砂陶占63.9%，泥质陶占34.75%，夹炭陶（羼稻谷壳）占1.35%。褐陶占47.7%，橙黄陶占31.6%，灰陶占12.22%，黑陶占3.98%，红褐陶占3.1%。素面陶占21.3%，篮纹占55.18%，网纹占14.64%，方格纹占6.56%，此外还有弦纹、镂孔、细绳纹、附加堆纹和刻划符号等（图一四四、一四五；图版五四，1）。

表二一　　　　　　　茶店子遗址 H14 出土陶器陶质陶色统计表

陶质数量陶色单位	夹砂陶				泥质陶				夹炭陶	合计
	褐	红褐	橙黄	灰	褐	橙黄	灰	黑	橙黄	
H14	2821	285	2608	254	1635	349	889	372	127	9340
百分比	30.2	3.05	27.9	2.72	17.5	3.74	9.52	3.98	1.36	100%
数量	5968				3245				127	9340
百分比	63.91				34.69				1.35	100%

表二二　　　　　　　　　　茶店子遗址 H14 出土陶器纹饰统计表

单位 \ 纹饰数量	素面	细绳纹	细篮纹	中篮纹	粗篮纹	细网纹	中网纹	粗网纹	细方格纹	中方格纹	弦纹	附加堆纹	镂孔	合计
H14	1990	21	54	4862	238	243	1062	63	26	587	166	3	25	9340
百分比	21.3	0.22	0.58	52.05	2.55	2.6	11.37	0.67	0.28	6.28	1.77	0.03	0.27	100%

陶器的制作方法，除器物附件，如器足、器耳、纽把等为手制外，一般为轮制。附件一般粘贴于器物上，并捏紧。器物造型特点为圆鼓矮胖，圈足器和平底器较多。三足器和圜底器主要为炊器。器形有鼎、釜、罐、瓮、钵、盆、擂钵、甑、盘、碗、杯、鬶、豆、器盖、缸、纺轮、珠和陶塑等，其中以鼎、釜为基本炊器，以釜、C 型罐、盘出土数量最多。

鼎　4 件。分三型。依据这类遗址陶鼎的统一分型，此遗址只有 B 型鼎与 C 型鼎，未见 A 型鼎。

B 型　3 件。釜形，横装扁足。分三式。

Ⅰ式　1 件。标本 H4:13，夹砂褐陶。折凹沿，圆唇，束颈，扁腹略扁，宽圜底。横装三扁足。器身素面，足饰锥刺纹。口径 22.4、腹径 24.6、残高 17.7 厘米（图一四六，1；图版五四，2）。

Ⅱ式　1 件。标本 H7:9，泥质橙黄陶，羼稻谷壳，质地松疏，胎内有空隙。手制，经慢轮修整。折凹沿，圆唇，束颈，圆鼓腹，宽圜底。横装三瓦状扁足。器身素面，足部饰锥刺纹。口径 20.5、腹径 20、残高 16 厘米（图一四六，2）。

Ⅲ式　1 件。

标本 H6:10，夹砂褐陶。折沿，沿面内凹，圆唇，束颈，肩部略耸，垂腹，圜底较平，侧装三角形足。足残。腹部饰斜方格纹。口径 18、腹径 20.2、残高 17.6 厘米（图一四六，3）。

C 型　1 件。

标本 H6:9，夹砂褐胎黑皮陶。折沿，沿面微隆，圆唇，溜肩，垂腹，最大腹径近底部。宽圜底，较平。装圆柱形三足。腹部饰网纹。口径 11.1、腹径 13.4、残高 13.7 厘米（图一四六，4；图版五四，3）。

鼎足　4 件。

标本 H18:13，夹砂红褐陶。扁形，横装。正面饰戳印纹（图一四六，5；图版五四，7）。标本 H21②:54，夹砂褐陶。扁形，横装。正面饰锥刺纹（图一四六，6；图版

图一四四　茶店子遗址出土陶器纹饰拓片

1~5. 网纹　　6. 篮纹与网纹　　7. 方格纹与网纹　　8~10. 篮纹　　11、12. 方格纹

五四，5）。标本 H6：21，夹砂灰陶。横截面呈半弧形，侧装。内侧根部有一圆形穿孔（图一四六，7；图版五四，4）。标本 H14：15，夹砂橙黄陶。圆柱形足（图一四六，8；图版五四，6）。

釜　12件。分二型。

A 型　8件。器形较大。分四式。

Ⅰ式　3件。折沿，圆鼓腹，最大径位于中部。标本 H21②：4，夹砂橙黄陶，轮制。宽折沿，圆唇，束颈，圆鼓腹，圜底。通身饰斜方格纹。口径21、腹径23、高20.5厘米（图一四七，1；图版五五，1）。标本H21①：4，泥质灰胎黑皮陶，轮制。口较大，宽折沿，圆唇，上腹壁较直，圜底。通身饰竖篮纹。口径22、腹径21.2、高18.7厘米（图一四七，2）。标本H21②：7，夹砂褐胎黑陶，轮制。器形较小，窄折沿，沿面微隆，圆唇，圆鼓腹，圆圜底。颈部有1道凸弦纹，腹部饰斜方格纹。口径15、腹径17.2、高13.5厘米（图一四七，3；图版五五，2）。

Ⅱ式　3件。折沿，沿面内凹，扁圆腹，最大径略偏于下腹部。标本H2：4，夹砂橙黄陶，轮制。折沿，沿面内凹，圆唇，束颈，鼓肩，鼓腹，腹扁胖，宽圜底。通身饰方格纹，口径29.6、腹径35.5、高28.8厘米（图一四七，4）。标本H4：4，夹砂褐胎黑陶，轮制。折沿上仰，沿面内凹，圆唇，束颈，肩较宽，圆扁腹，圜底。通身饰方格纹。口径26.4、腹径34.2、高27.8厘米（图一四七，5；图版五五，3）。标本H21②：8，夹砂橙黄陶，轮制。折沿，沿面凹弧形，圆唇，鼓腹，圜底较平。素面。口径23.5、腹径26.8、高20.5厘米（图一四七，6；图版五五，4）。

Ⅲ式　1件。宽折沿，扁垂腹，最大腹径近底部。标本H21②：2，夹砂灰陶，轮制。宽折沿，方唇，溜肩，宽扁腹。圜底较平。通身饰粗方格纹。口径30、腹径36、高26厘米（图一四七，7；图版五六，1）。

Ⅳ式　1件。折沿，沿面较平，溜肩，腹较深。标本H7：6，泥质橙黄陶。口较大，近折平沿，方唇，腹壁较直，圜底。腹部饰竖篮纹，底部饰交错篮纹。口径22.4、腹

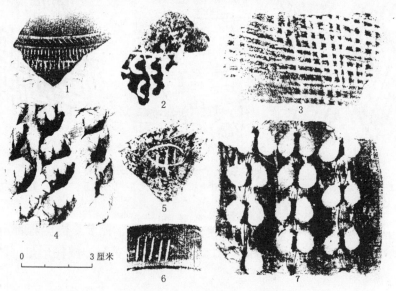

图一四五　茶店子遗址出土陶器纹饰、刻划符号拓片

1．凹弦纹与划纹　2．凹弦纹与指甲印纹　3．方格划纹　4．附加堆纹
5、6．刻划符号 H4:20、H8:1　7．指捏纹

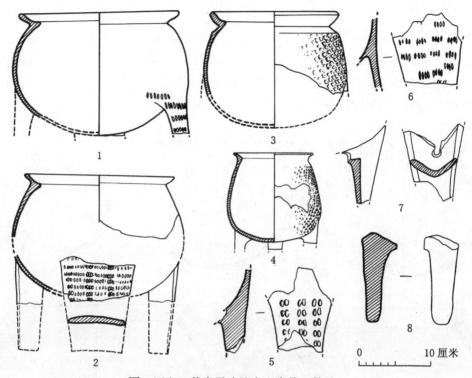

图一四六　茶店子遗址出土陶鼎、鼎足

1.B型Ⅰ式鼎 H4∶13　　2.B型Ⅱ式鼎 H7∶9　　3.B型Ⅲ式鼎 H6∶10　　4.C型鼎 H6∶9

5~8.鼎足 H18∶13、H21②∶54、H6∶21、H14∶15

径23.6、高20厘米（图一四八，1；图版五六，2）。

B型　4件。器形较小。

标本 H21①∶22，夹砂褐陶。折沿，圆唇，束颈，圆鼓腹，圜底。素面。口径10.5、腹径10.8、高9厘米（图一四八，2）。标本 H21①∶21，夹砂褐陶。折沿，沿面微隆，圆扁腹，圜底，底较平。素面。口径8.8、腹径9.2、高6.8厘米（图一四八，3）。标本 H21②∶20，夹砂褐陶，手制，经慢轮修整。折沿上仰，尖唇，腹壁较直，小平底。饰网纹。口径10.4、高8.5厘米（图一四八，4；图版五六，3）。标本 H14∶7，泥质褐陶，轮制。折沿，唇部上翘，圆唇，束颈，直腹，圜底。饰斜方格纹。口径9、腹径8.8、高8厘米（图一四八，5；图版五六，4）。

罐　7件。分三型。

A型　1件。侈口罐。

标本 H4∶9，夹砂褐胎黑陶。卷沿，侈口，方唇，束颈，溜肩，鼓腹，平底。腹部拍印方格纹。口径13.2、腹径14、底径7、高13.6厘米（图版一四九，1；图版五七，1）。

B型　1件。亞形罐。有领，鼓腹，假圈足。

标本 H4:10，泥质灰陶。整器略呈"亞"字形。口微敛，沿微外卷，方唇，领较高，广肩，鼓腹，假圈足，底平。颈、腹部饰六道凹弦纹。口径 9.1、腹径 18.1、底径 9.6、高 15.5 厘米（图一四九，2；图版五七，2）。

C型　5件。高领罐。分三式。

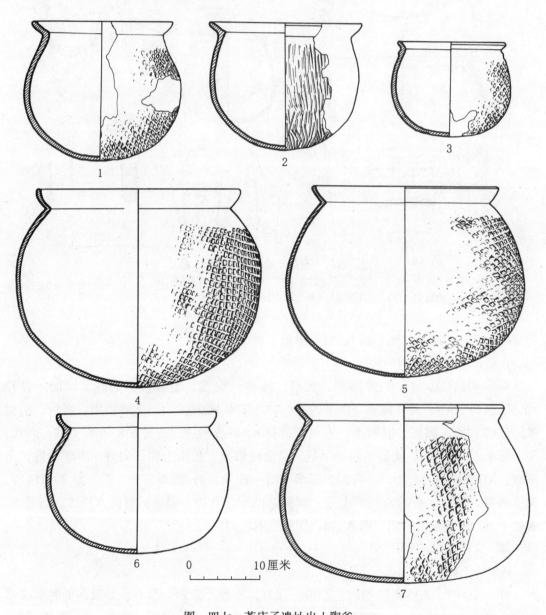

图一四七　茶店子遗址出土陶釜

1～3.A型Ⅰ式 H21②:4、H21①:4、H21②:7　　4～6.A型Ⅱ式 H2:4、H4:4、H21②:8　　7.A型Ⅲ式 H21②:2

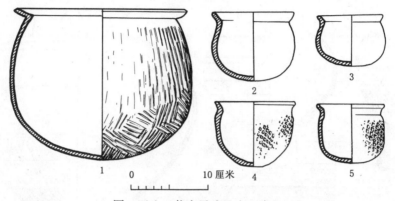

图一四八　茶店子遗址出土陶釜
1.A型Ⅳ式 H7:6　　2～5.B型釜 H21①:22、H21①:21、H21②:20、H14:7

Ⅰ式　2件。侈唇，微束颈，鼓肩，肩较广，鼓腹。标本 H5:3，泥质褐胎黑陶。微侈口，尖唇，颈微束，圆鼓肩，上腹外鼓，下腹斜里收，平底。肩、腹上部饰网纹，下腹部饰交错篮纹，肩、腹部另加5道凹弦纹。口径13.2、腹径32.2、底径11、高28厘米（图一四九，3；图版五七，3）。

Ⅱ式　2件。口微侈，鼓肩。标本 H6:7，泥质橙黄陶。口微侈，尖唇，直领，鼓肩，平底。通身饰网纹和6道凹弦纹。口径11.7、腹径30.4、底径12.4、高25.3厘米（图一四九，4；图版五七，4）。标本 H21②:21，泥质红褐陶。领较矮，圆鼓肩，下腹斜里收，平底，底较小。通身饰网纹和5道凹弦纹。口径12、腹径30、底径9、高25厘米（图一四九，5；图版五八，1）。

Ⅲ式　1件。直口，溜肩。标本 H22:2，泥质灰胎黑陶。口较小，尖唇，溜肩，肩较宽，腹中部外鼓，内凹底。通身饰网纹，肩、上腹部加饰4道凹弦纹。口径9.2、腹径25、底径11、高21.8厘米（图一四九，6；图版五八，2）。

瓮　8件。分三型。

A型　3件。折沿瓮。分二式。

Ⅰ式　2件。大口，折沿，沿面内凹，溜肩，圜底。标本 H21②:9，夹砂褐陶，手制，经慢轮修整。圆唇，腹壁弧形，下腹较窄，圜底。素面。口径28.6、腹径31.5、高28厘米（图一五〇，1；图版五八，3）。标本 H21②:10，橙黄陶（内羼稻谷壳），手制，经慢轮修整。素面。口径31.8、腹径37厘米（图一五〇，2）。

Ⅱ式　1件。折沿，圆唇，垂腹。标本 H4:5，夹砂橙黄陶，轮制。整腹略呈椭圆形，下腹较宽，圜底。腹部饰篮纹。口径28.4、腹径30.6、复原高30.7厘米（图一五〇，3）。

B型　2件。敛口瓮。

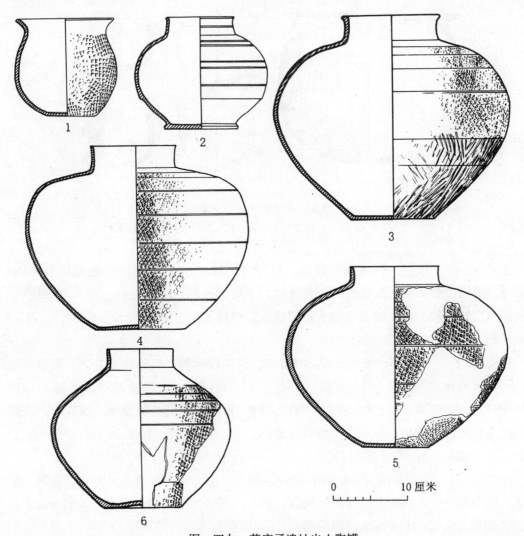

图一四九　茶店子遗址出土陶罐

1.A 型 H4:9　　2.B 型 H4:10　　3.C 型 I 式 H5:3　　4、5.C 型 II 式 H6:7、H21②:21　　6.C 型 III 式 H22:2

标本 H6:8，泥质褐胎黑陶。敛口，叠沿，尖唇，弧肩，中腹外鼓，平底。腹饰细篮纹和 6 道凹弦纹。口径 21.8、腹径 32、底径 10.4、高 24.4 厘米（图一五〇，4；图版五八，4）。标本 H21②:43，泥质褐胎黑陶。叠沿唇，弧肩。腹饰网纹和凹弦纹。口径 24 厘米（图一五〇，5）。

C 型　3 件。高领瓮。分二式。

I 式　2 件。口微侈，窄沿，圆唇，广肩，下腹较宽。标本 H26:1，泥质橙黄陶。领较高，肩较斜，鼓腹，下腹弧里收，小平底。肩部饰网纹和 3 道凹弦纹，腹部饰粗斜篮纹和 1 道凹弦纹。口径 18、底 6、高 36.4 厘米（图一五一，1；图版五九，1）。标本

H4:14，泥质灰胎黑陶。领较直，斜肩。肩以下残。肩饰细绳纹和 5 道凹弦纹，口径 14.4 厘米（图一五一，2）。

Ⅱ式 1 件。口微敛，沿面内凹，方唇，广肩，下腹斜里收，小平底。标本 H4:12，泥质褐胎黑陶。形体较大，口微敛，窄折沿，沿面内凹，方唇，领较矮，鼓肩，上腹外鼓，下腹斜里收成小平底。器表饰篮纹和 10 道凹弦纹。口径 22.8、腹径 51、高 46 厘米（图一五一，3；图版五九，2）。

钵 11 件。分二型。

A 型 9 件。器形较大。敛口，平底。分三式。

Ⅰ式 3 件。敛口，圆尖唇。标本 H6:14，泥质褐陶。微敛口，尖唇，平底。肩部

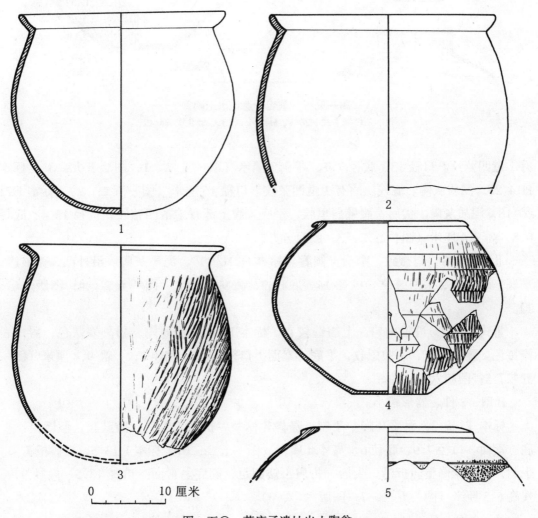

0   10 厘米

图一五〇 茶店子遗址出土陶瓮
1、2.A 型Ⅰ式 H21②:9、H21②:10 　3.A 型Ⅱ式 H4:5 　4、5.B 型 H6:8、H21②:43

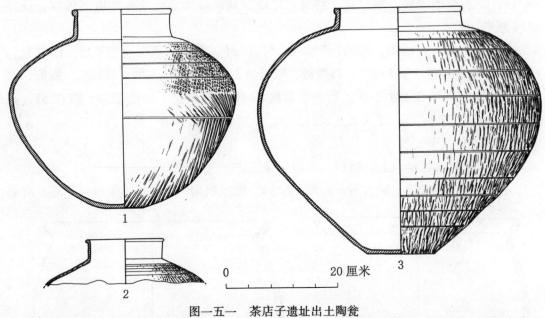

图一五一　茶店子遗址出土陶瓮
1、2.C型Ⅰ式 H26:1、H4:14　　3.C型Ⅱ式 H4:12

有1道凹弦纹。口径13、底径7.7、高9.7厘米（图一五二，1；图版五九，3）。标本
H14:25，泥质灰陶。底残。肩有1道凹弦纹。口径16厘米（图一五二，2）。标本 H21
②:18，泥质灰陶。尖唇，腹壁斜里收，平底。腹上部有1道凹弦纹。口径13.4、底径
6.8、高9.4厘米（图一五二，3；图版五九，4）。

　　Ⅱ式　1件。口微敛，窄沿，圆唇。标本 H21②:17，泥质灰陶。沿外凸，微鼓腹，
平底。颈部有2道凹弦纹。口径14、底径9、高9.8厘米（图一五二，4；图版六〇，
1）。

　　Ⅲ式　5件。叠沿内勾。上腹壁较直。标本 H7:5，泥质陶，器外表灰色，器内表
橙黄色。腹壁较直，下腹急收，平底。素面。口径14.4、底径7.2、高9.4厘米（图一
五二，5；图版六〇，2）。

　　B型　2件。器形较小。

　　标本 T3⑤:2，泥质灰陶。手制，经慢轮修整。折沿，尖唇，微鼓腹，假圈足，平
底。素面。口径7.9、底径6、高4.4厘米（图一五二，6）。标本 H13:5，夹砂橙黄陶。
手制，经慢轮修整。折沿，尖唇，折肩，矮圈足，圜底。素面。口径13.5、底径9.9、
残高6.5厘米（图一五二，7；图版六〇，3）。

　　盆　2件。分二型。

　　A型　1件。深腹，平底。

标本 H7:4，夹粗砂红陶，手制，口沿经慢轮修整。微敞口，近直沿，圆唇，略内勾，腹壁略内斜，大平底。素面。口径 27.8、底径 15、高 18 厘米（图一五二，11；图版六〇，4）。

B 型　1 件。敞口，凹底。

标本 H26:2，泥质灰胎黑陶。轮制，流为手捏成。口微敛，叠唇，口沿有小流，腹壁为弧形，内凹底。腹、底饰斜方格纹。口径 42，底径 16.8、高 19 厘米（图一五二，12；图版六〇，5）。

擂钵　3 件。均残缺，多为口沿。

标本 H14:26，泥质灰褐陶。口微敛，圆唇外凸，有小流。器内壁刻纵横相交的凹槽，器外表刻划粗条纹。口径 26.6 厘米（图一五二，8）。标本 F1:5，泥质褐陶。敛口，叠圆唇。器内壁刻槽较细，器外表饰斜方格纹。口径 32.4 厘米（图一五二，9）。标本 F1:6，泥质褐陶。呈浅盘状，唇沿略内勾。内壁刻方格形凹槽。器表饰细网纹。口径 30 厘米（图一五二，10）。

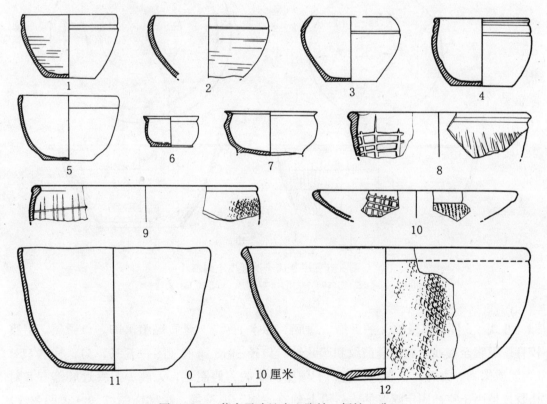

图一五二　茶店子遗址出土陶钵、擂钵、盆

1～3.A 型 I 式钵 H6:14、H14:25、H21②:18　　4.A 型 II 式钵 H21②:17　　5.A 型 III 式钵 H7:5　　6、7.B 型钵 T3⑤:2、H13:5　　8～10.擂钵 H14:26、F1:5、F1:6　　11.A 型盆 H7:4　　12.B 型盆 H26:2

甑　5件。分二式。

Ⅰ式　2件。敞口，仰折沿，底部有箅孔。标本H21②:19，夹砂褐胎黑陶。敞口，折沿上仰，方唇，弧壁斜里收，有底和箅孔，底残。饰网纹和凹弦纹。口径34.5、底径20、高17.6厘米（图一五三，1；图版六一，1）。标本H21②:47，泥质褐陶。口沿面略内凹，底残。腹饰篮纹和凹弦纹。口径24.7厘米（图一五三，2）。

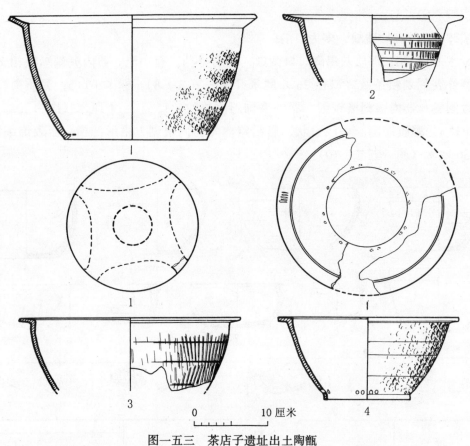

图一五三　茶店子遗址出土陶甑
1、2.Ⅰ式H21②:19、H21②:47　　3、4.Ⅱ式H8:2、H8:1

Ⅱ式　3件。口微敛，平折沿，通底。标本H8:2，泥质褐胎黑陶。口微敛。上腹较直，下腹至底残。腹饰竖篮纹和凹弦纹。口径30.8厘米（图一五三，3）。标本H8:1，泥质褐陶。方唇，上腹壁较直，下腹壁斜里收，假圈足，无底。下腹近底部有8对孔眼，是用于穿插固定甑箅的。口沿上刻有"卅"形符号。腹部饰网纹和3道凹弦纹。口径25、底径11.8、高11.6厘米（图一五三，4；图版六一，2）。

盘　8件。均有圈足，据圈足的高矮分二型。

A型　5件。圈足较高。分四式。

Ⅰ式　1件。敞口，浅盘，圈足内收。标本 H21②:14，泥质灰陶。圆尖唇，圜底略下凹，圈足上大下小。圈足上饰 1 道凹弦纹。盘径 23.6、圈足径 15、高 8 厘米（图一五四，1）。

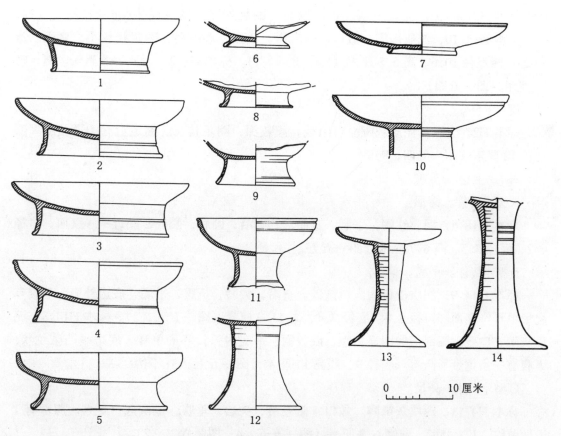

图一五四　茶店子遗址出土陶盘、碗、豆

1.A型Ⅰ式盘 H21②:14　　2、3.A型Ⅱ式盘 H21②:13、H21①:5　　4.A型Ⅲ式盘 H21②:11　　5.A型Ⅳ式盘 H21①:6　　6～8.B型盘 H21②:32、H14:10、H1:2　　9.碗 H21②:30　　10～12.A型豆 H21①:9、H21①:8、T3④:4　　13、14.B型豆 H4:8、H18:5

Ⅱ式　2件。敞口，盘较深，圈足外撇。标本 H21②:13，泥质橙黄陶。口沿略上翘，圆唇，圜底内凹，圈足略呈喇叭形。圈足上饰 1 道凹弦纹。盘径 25.6、圈足径 19、高 8.7 厘米（图一五四，2；图版六一，3）。标本 H21①:5，泥质灰陶。盘较浅。圈足有 11 道凹弦纹。盘径 26.6、足径 20.8、高 8 厘米（图一五四，3；图版六一，4）。

Ⅲ式　1件。侈口，深盘，圜底。标本 H21②:11，泥质橙黄陶。圆唇，圜底下凹，圈足略呈喇叭形。圈足上饰 1 道凹弦纹。盘径 25.6、圈足径 19.5、高 9 厘米（图一五四，4；图版六一，5）。

Ⅳ式　1 件。微侈口，盘底较平。标本 H21①：6，泥质灰陶。圆唇，口沿壁较直，底略下弧，圈足外撇。素面。盘径 25.5、圈足径 20.6、高 8.5 厘米（图一五四，5）。

B 型　3 件。圈足较小，较矮，亦可作器盖使用。

标本 H21②：32，泥质灰陶，仅存圈足。圈足外撇。圈足径 10 厘米（图一五四，6）。标本 H14：10，泥质褐陶。敞口，圆尖唇，浅盘，矮圈足，圈足径较小。素面。盘径 26、圈足径 10.6、高 5.2 厘米（图一五四，7）。标本 H1：2，泥质褐胎黑陶。圈足径 11 厘米（图一五四，8）。

碗　1 件。

标本 H21②：30，泥质灰陶。口沿残，腹较深，圈足较高。圈足上有 1 道弦纹。圈足径 12 厘米（图一五四，9）。

杯　6 件。分五型。

A 型　1 件。筒形。

标本 H18：4，泥质红陶，手制。直筒形，直沿，圆唇，圜底，底近平。素面。口径 4.2、底径 3.5、高 6.7 厘米（图一五五，1）。

B 型　2 件。平底，单耳。

标本 H14：9，泥质橙黄陶。口微敛，直沿，尖唇，折腹，平底，底边外突，下腹有扁形单耳。素面。口径 8.8、底径 7.4、高 11.2 厘米（图一五五，2）。标本 H14：8，泥质灰陶。口残，腹部折棱明显，腹、底较宽，平底内弧，环形单耳。底边呈凸弦纹状，下腹有一条宽带形凸起。底径 9、残高 11 厘米（图一五五，3；图版六二，1）。

C 型　1 件。高足。

标本 H4：11，泥质灰褐陶。敛口，微卷沿，尖唇，垂腹，宽圜底，足残。腹部有 1 道凹弦纹。口径 5.2、残高 6.3 厘米（图一五五，4；图版六二，2）。

D 型　1 件。单耳，圜底，呈钵形。

标本 H4：6，夹砂褐陶，手制，经慢轮修整。口微敛，折沿，方唇，下腹微鼓，圜底，安环状单耳。素面。口径 7.8、高 5.5 厘米（图一五五，5）。

E 型　1 件。浅腹，平底。

标本 H21①：24，夹砂橙黄陶，手制。小钵形，直口，圆唇，宽平底。素面。口径 3.5、底径 2.8、高 2.3 厘米（图一五五，6；图版六二，3）。

鬶　1 件。仅见足尖。

标本 H21②：49，泥质红陶，手制。尖袋状。残高 3.5 厘米（图一五五，9）。

豆　6 件。分二型。

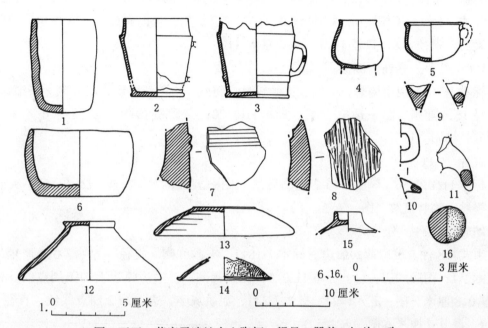

图一五五　茶店子遗址出土陶杯、鬶足、器盖、缸片、珠

1.A 型杯 H18：4　　2、3.B 型杯 H14：9、H14：8　　4.C 型杯 H4：11　　5.D 型杯 H4：6　　6.E 型杯 H21①：24
7、8. 缸片 H21②：56、H21②：55　　9. 鬶 H21②：49　　10、11. 器耳 H4：16、H8：3　　12.A 型Ⅰ式器盖
H21②：15　　13.A 型Ⅱ式器盖 H20：2　　14、15.B 型器盖 H8：3、H14：20　　16. 珠 H7：2

A 型　3 件。粗矮柄。

标本 H21①：9，泥质褐胎黑陶。敞口，圆唇，浅盘，柄较粗，座残。盘、柄上各有 1 道凹弦纹。盘径 26.8 厘米（图一五四，10）。标本 H21①：8，侈口，圆唇略外侈，盘较深。柄上部较细。口沿外侧有 2 道凹弦纹。盘径 18.8 厘米（图一五四，11）。标本 T3④：4，泥质灰陶。盘残，喇叭形柄座。柄上部有 1 道凹弦纹。座径 14 厘米（图一五四，12）。

B 型　3 件。柄细高。

标本 H4：8，泥质灰胎黑陶。浅盘，盘底中部内凹。柄下部较细，喇叭形座。柄上部有 1 道凸棱，柄内壁有旋痕。盘径 16.1、座径 11.5、高 18 厘米（图一五四，13；图版六二，4）。标本 H18：5，泥质浅灰陶。盘残，柄中部较细，喇叭形座。柄上部有 4 道凹弦纹，柄内有旋痕。座径 16 厘米（图一五四，14）。

器盖　5 件。分二型。

A 型　3 件。平顶圆形纽。分二式。

Ⅰ式　2 件。盖较高，斜壁。标本 H21②：15，泥质褐胎黑陶。纽较明显，盖口平沿，斜壁。素面。顶径 7.2、口径 19.8、高 8.2 厘米（图一五五，12；图版六二，5）。

Ⅱ式　1件。盖较矮扁。标本 H20:2，泥质橙黄陶，盖内有旋痕。大平顶，盖壁微弧。素面。顶径 8.8、口径 19.7、高 4 厘米（图一五五，13）。

B 型　2件。盖纽为圈形。

标本 H8:3，泥质褐陶，手制，火候较高。纽残，盖壁斜弧形，沿外翻。饰细绳纹。盖口径 13.4 厘米（图一五五，14）。标本 H14:20，夹砂橙黄陶。纽径 3.6 厘米（图一五五，15）。

缸片　2件。

标本 H21②:56，厚胎，饰 2 道凸弦纹（图一五五，7）。标本 H21②:55，夹砂褐陶，厚胎。饰竖篮纹（图一五五，8）。

纺轮　23件。分三式。

Ⅰ式　8件。较扁薄，弧边。标本 H18:1，夹砂红陶。直径 3.6、厚 0.4 厘米（图一五六，1；图版六三，1）。标本 H20:1，泥质褐陶。弧边。弧边上饰 1 周点纹。直径 4、厚 0.8 厘米（图一五六，2）。标本 H4:1，泥质灰陶。边上饰 2 周点线纹。直径 2.9~3.1、厚 0.7 厘米（图一五六，3）。

Ⅱ式　10件。较厚，斜边。标本 F1:2，泥质褐陶。斜边上有 2 周刻划凹弦纹。直径 3.4~4.1、厚 0.8 厘米（图一五六，5；图版六三，2）。标本 T1⑥:1，泥质灰陶。一面有 2 道刻划凹弦纹。直径 2.9~3.2、厚 0.8 厘米（图一五六，4；图版六三，3）。标本 H18:2，泥质褐陶。一面周边凸起，面上饰 1 周指甲压印纹。直径 3.1~3.7、厚 0.9 厘米（图一五六，6；图版六三，4）。

Ⅲ式　5件。厚胎，断面呈梯形。标本 F1:1，泥质褐陶。纺轮周边有凸棱，并有 1 周划纹。直径 4.2~4.6、厚 1.2 厘米（图一五六，7；图版六三，5）。标本 T1⑤:2，泥质橙黄陶。纺轮周边有 1 道凸棱和划纹。直径 3.3~4.1、厚 1 厘米（图一五六，9；图版六三，6）。标本 H30:1，泥质浅灰陶。斜边略内凹。直径 3.1~4.1、厚 1.1 厘米（图一五六，8；图版六三，7）。

珠　1件。

标本 H7:2，泥质橙黄陶，有灰斑，并涂红陶衣。直径 1.3 厘米（图一五五，16；图版六三，10）。

龟　1件。

标本 H2:1，泥质红陶，手捏制。头残，隆背，凸脊，四脚外伸，尾弯曲。残长 3.9、宽 3.2、高 2.2 厘米（图一五七，1；图版六三，8）。

鸟　2件。

标本 H4:2，泥质红陶，手捏塑。昂首前视，粗圆嘴，两翅贴身，两足张立，长尾上翘，尾端分叉。长 6.1、宽 3.2、高 3.3 厘米（图一五七，2；图版六三，11）。标本 H14:3，泥质红陶。头、尾均残。残长 4.3、残高 2.1 厘米（图一五七，3；图版六三，9）。

器耳 2 件。

图一五六 茶店子遗址出土陶纺轮

1~3.Ⅰ式 H18:1、H20:1、H4:1 4~6.Ⅱ式 T1⑥:1、F1:2、H18:2 7~9.Ⅲ式 F1:1、H30:1、T1⑤:2

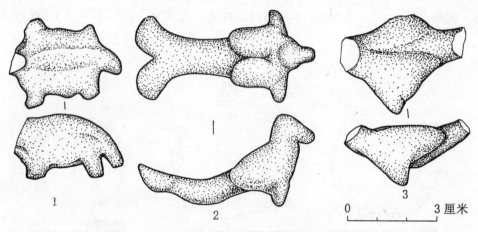

图一五七　茶店子遗址出土陶鸟、龟
1. 龟 H2:1　　2、3. 鸟 H4:2、H14:3

标本 H4:16。夹砂红褐陶，捏制。环形耳，横安（图一五五，10）。标本 H8:3，夹砂褐陶。弯圆锥形（图一五五，11）。

第三节　小结

茶店子遗址地处长江与清江之间的冲积平原上，西以鄂西山地为屏障，自然条件优越。遗址保存情况较好，文化层较厚，文化内涵较丰富，是鄂西地区比较重要的石家河文化遗址之一。

茶店子遗址的房屋有半地穴式和台基式两种。灰坑形状复杂多样，其中长方形和一部分圆形灰坑可能为窖穴；不规则形灰坑中，有的尺寸较大，也可能有某种用途。石斧为长形，小型石器具有特色，大型石网坠近似三峡地区新石器文化遗存中的石锚。出土的陶器中完整器比较多，文化面貌较清楚。陶系以夹砂褐陶为主，夹炭（羼稻谷壳）陶占有一定比例。陶器纹饰以篮纹为主，网纹次之，方格纹较少，绳纹少见。主要器形有鼎、罐、瓮、甑、钵、盘、碗、豆、鬶、杯、擂钵、缸、纺轮和陶塑动物等。以鼎、釜为基本炊器，鼎身和釜相似，未见 A 型（盆形）鼎，鼎足多为横装，扁形，并有戳印纹或锥刺纹。釜为折沿，垂腹，宽圜底。C 型罐为鼓肩，平底。甑有两种，一种为大平底有箅眼，一种为无底式。还有较多的弧壁高圈足（A 型）盘、A 型钵、高柄（B 型）豆、浅盘（应为漏斗状）擂钵、C 型杯、B 型杯、A 型盖和陶塑动物等。以上文化特征在研究石家河文化季家湖类型中具有重要意义。

拾　蒋家桥

蒋家桥遗址隶属于宜都县枝城镇西湖乡白水港村，位于长江西岸的一级台地上，南距枝城北遗址约 2500 米，西距江堤 30 余米（图一）。

由于受遗址四周地形限制，发掘点选择在江岸凸出的一小块台地上，布 5 米×5 米的探方 2 个（编号 T1、T2），在江岸斜坡上布 3 米×5 米的探沟 1 条（编号 T3）（图版六四，1），方向均为 15°。实际发掘面积仅 47 平方米（图一五八）。

第一节　地层堆积与文化遗迹

一　地层堆积

蒋家桥遗址地处江水冲击地带，保存部分甚少，地层堆积往往呈水平状相叠，部分可能是受江水冲刷的再生堆积。探方发掘深度 3.8 米。文化层厚度 0.4～1.35 米，可分为 7 层，如 T3 北壁（图一五九）所示：

第 1 层　现代农耕层。灰色土，仅存西端坡顶部分，厚 0.15 米。

第 2 层　现代淤土层。黄色土，厚 0.05～0.5 米。土质松软，覆盖面广，分布厚薄较均匀。未见包含物。

第 3 层　淤土层。灰褐色土，厚 0.05～1.6 米。土质较疏松，分布范围广，较均匀。出土近代瓷片和砖瓦片。

第 4 层　淤泥层。褐色土，厚 0.15～0.6 米。土质较黏，呈膏状。西部堆积较薄，东部堆积较厚，出土明清青瓷片和砖瓦片。

第 5 层　石家河文化层。黄褐色土，厚 0.1～0.75 米。土质较硬。含少量篮纹陶片，器形有甑、器盖、纺轮等。

第 6 层　石家河文化层。深褐色土，厚 0.05～0.4 米。土质较软。夹较多的篮纹、绳纹、方格纹陶片，主要器形有鼎、罐、瓮、钵、小壶、豆等。还出土了石锛、凿等生产工具。

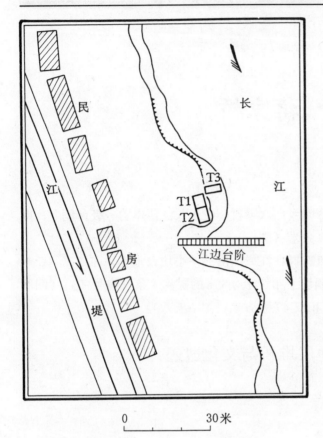

图一五八　蒋家桥遗址探方位置图

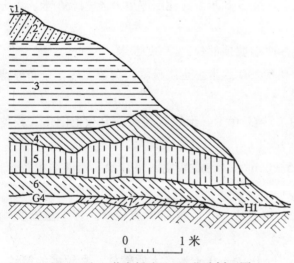

图一五九　蒋家桥遗址 T3 北壁剖面图

1. 灰色土　　2. 黄色土　　3. 灰褐色土　　4. 褐色土
5. 黄褐色土　　6. 深褐色土　　7. 灰色土

第 7 层　石家河文化层。灰色土，厚 0.05～0.2 米。较黏。西部被 G4、东部被 H1 打破。出土缸、擂钵等陶片。

二　文化遗迹

仅有沟、灰坑。

（一）灰坑

1 座（H1）。位于 T3 东北角。开口于第 6 层下，打破第 7 层和生土，被 G4 打破。灰坑平面呈圆形，坑壁呈斜坡状，底部不规则。坑口距地表 3.3、南北长 1.9、东西宽 1.66、深 0.76 米。坑内堆积为灰褐色土，夹少量红烧土块，土质较松软。出有篮纹、绳纹陶片。器形有鼎、罐、瓮和钵等（图一六〇）。

（二）沟

4 条（G1～G4）。其中晚期沟 3 条（G1～G3），早期沟仅 1 条（G4）。

G4　位于 T3 中部，开口在第 6 层下，打破 H1 和第 7 层，由西北向东南延伸。平面略呈弧形，沟壁和底部不规则。沟口距地表深 3.3、宽 1.55、深 0.4 米。沟内堆积为灰黑色土，出有篮纹、绳纹、方格纹陶片，器形有鼎、釜、罐、瓮、甑、钵、盘、豆和器盖等（图一六一；图版六四，2）。

第二节　文化遗物

蒋家桥遗址出土遗物不多，以陶

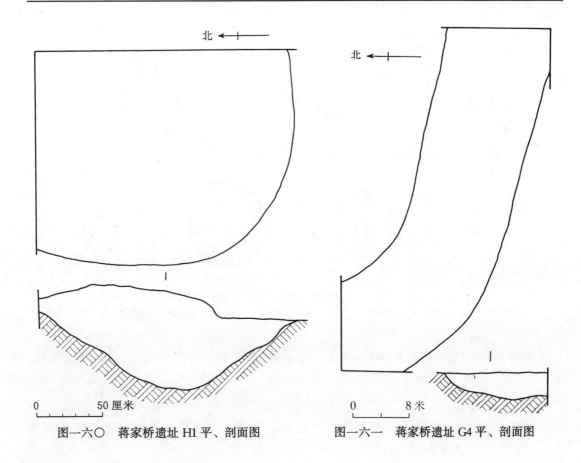

图一六〇　蒋家桥遗址 H1 平、剖面图　　　图一六一　蒋家桥遗址 G4 平、剖面图

器为主，石器较少。共 59 件。

一　石器

共 8 件。器形有斧、小锛、弹丸等。石料可分为硅质板岩、石英岩、泥质岩等几种。均磨制。

斧　4 件。

标本采:04，石英岩，灰色。通体磨光。长条形，形体较大。顶残，两面刃。残长 9.5、宽 5.9、厚 3.5 厘米（图一六二，1）。标本采:02，硅质板岩，青灰色。磨制精细。梯形，形体较小。弧顶，宽弧刃。长 10、宽 7.6、厚 2.3 厘米（图一六二，2；图版六五，1）。

小锛　3 件。两面磨刃，一面宽而平，一面窄而陡。

标本 T3⑥:1，泥质岩，灰黄色。磨制光滑。长方形，弧顶，平刃。长 5.3、宽 3.2、厚 1 厘米（图一六二，4；图版六五，2）。标本 T3⑥:2，顶残，一面保留琢制痕

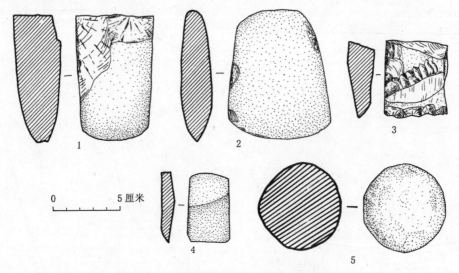

图一六二　蒋家桥遗址出土石斧、小锛、弹丸
1、2. 斧采：04、采：02　　3、4. 小锛 T3⑥：2、T3⑥：1　　5. 弹丸 T3⑥：5

迹，刃部有明显的使用痕迹。残长 5.8、宽 4.7、厚 2 厘米（图一六二，3；图版六五，3）。

弹丸　1件。

标本 T3⑥：5，圆球形。石英岩，土黄色。磨制，残留有自然面。直径 3.3 厘米（图一六二，5；圆版六五，4）。

二　陶器

共 51 件。绝大多数为器物残片，可复原的仅三件。大部分出于沟和灰坑内，地层中出土较少。据 T3⑥和 G4 出土陶片统计（表二三～二六），泥质陶最多，主要见于罐、瓮、盘、豆、擂钵、钵等器物。夹砂陶较少，主要是鼎、釜。还有 10% 左右的羼稻谷壳陶。陶色有黑、灰、褐、红褐、橙黄、红、白等，以黑陶较多，灰陶次之。黑陶一般为灰胎（或褐胎）黑皮，局部还涂有白色陶衣。素面陶较多。主要纹饰有弦纹、细篮纹、粗篮纹、细绳纹、中绳纹、方格纹、粗网纹、细网纹、篮纹与划纹、叶脉纹、附加堆纹、戳印纹等（图一六三）。其中网纹较多，方格纹、篮纹数量也不少，而戳印纹主要饰于鼎足上部。器形有鼎、釜、瓮、罐、钵、擂钵、甑、盘、小壶、豆、器盖、缸片及纺轮等。

表二三 蒋家桥遗址 T3⑥出土陶器陶质陶色统计表

陶色\陶质\数量\单位	夹砂陶					泥质陶						夹稻谷壳陶	合计
	红	橙黄	灰	浅灰	黑	红	橙黄	灰	浅灰	深灰	黑	红褐	
T3⑥	29	23	1	19	121	34	53	69	208	68	778	128	1531
百分比	1.89	1.5	0.07	1.24	7.9	2.22	3.46	4.5	13.58	4.44	50.81	8.36	100%
数量	193					1210						128	1531
百分比	12.6					79.01						8.36	100%

表二四 蒋家桥遗址 T3⑥出土陶器纹饰统计表

纹饰\数量\单位	素面	细绳纹	中绳纹	细篮纹	中篮纹	粗篮纹	方格纹	细网纹	粗网纹	弦纹	镂孔	划纹	附加堆纹	合计
T3⑥	815	2	11	12	155	5	225	239	44	3	1	16	3	1531
百分比	53.23	0.13	0.72	0.78	10.13	0.33	14.69	15.61	2.87	0.2	0.07	1.04	0.2	100%

表二五 蒋家桥遗址 G4 出土陶器陶质陶色统计表

陶色\陶质\数量\单位	夹砂陶						泥质陶						夹稻谷壳陶	合计
	红	深褐	灰	浅灰	深灰	黑	红	深褐	灰	浅灰	深灰	黑	红褐	
G4	167	332	1	25	3	81	141	20	71	141	428	701	283	2394
百分比	6.98	13.87	0.04	1.04	0.13	3.38	5.89	0.83	2.97	5.89	17.88	29.28	11.82	100%
数量	609						1502						283	2394
百分比	25.44						62.74						11.82	100%

表二六 蒋家桥遗址 G4 出土陶器纹饰统计表

纹饰\数量\单位	素面	细绳纹	中绳纹	细篮纹	中篮纹	粗篮纹	方格纹	细网纹	粗网纹	篮纹方格纹与	弦纹	锥刺纹	附加堆纹	合计
G4	1633	6	3	44	178	3	173	298	15	3	32	1	5	2394
百分比	68.21	0.25	0.13	1.83	7.44	0.13	7.23	12.45	0.62	0.13	1.33	0.04	0.21	100%

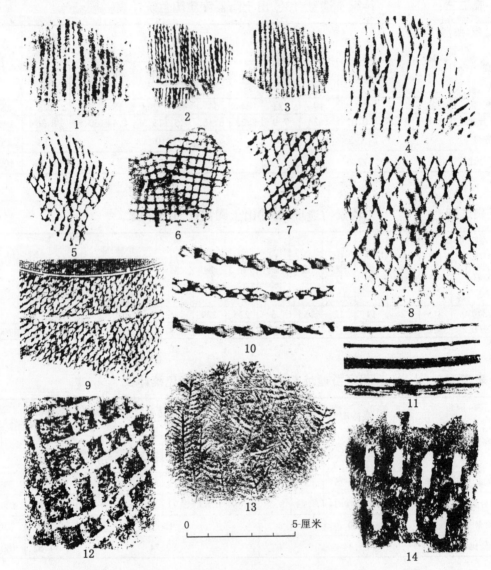

图一六三　蒋家桥遗址出土陶器纹饰拓片

1、2.绳纹　　3、4.篮纹　　5.篮纹与网纹　　6.方格纹　　7、8.网纹
9.网纹与弦纹　　10.附加堆纹　　11、12.划纹　　13.叶脉纹　　14.戳印纹

　　鼎　3件。常见器物，可分三型。依据这类遗址出土陶鼎的统一分型，此遗址只有B型鼎与C型鼎，未见A型鼎。

　　B型　2件。呈釜形。

　　标本H1∶11，夹砂红陶。折沿，圆唇，垂腹。素面。口径18.4厘米（图一六四，1）。标本G4∶31，夹砂橙黄陶。宽折沿，腹壁饰篮纹。口径21厘米。标本G4∶34，夹砂橙黄陶。折沿，沿面内凹，圆唇，垂腹略鼓。腹壁饰竖篮纹。口径23.6、残高18厘米（图一六四，2）。

C型 1件。鼎身呈罐形。

标本G4:2，夹砂灰褐陶。敛口，折沿，沿面内凹，圆唇，圆鼓腹，圜底，腹较浅，三柱形短足，根部有按窝。素面。口径11.1、通高9.7厘米（图一六四，3；图版六六，1）。

鼎足 5件。

有横装扁形足、圆锥形足和鸟喙形足等几种。标本G4:19，夹砂褐陶。正装，圆锥形，根部有3个按窝（图一六四，4；图版六五，8）。标本T3⑥:8，夹砂褐陶。横装，正面略呈梯形，较宽扁，足尖略外撇。足正面饰长条形戳刺纹（图一六四，5；图版六五，6）。标本T3⑥:10，夹砂褐陶。横装，足正面中间有1道竖向凸棱，饰戳印纹（图一六四，6；图版六五，7）。标本T3⑥:7，夹砂褐陶。横装，足正面饰方格纹（图一六四，7）。标本采:05，夹细砂灰褐陶。反装，鸟喙形，截面呈"V"形，根部内侧有一圆孔（图一六四，8；图版六五，5）。

釜 2件。

标本G4:36，泥质红陶（内羼稻谷壳）。敛口，折沿，沿面内凹，圆唇，溜肩。素面。口径23.6厘米（图一六五，1）。标本G4:1，夹砂灰褐陶。敛口，仰折沿，沿面近

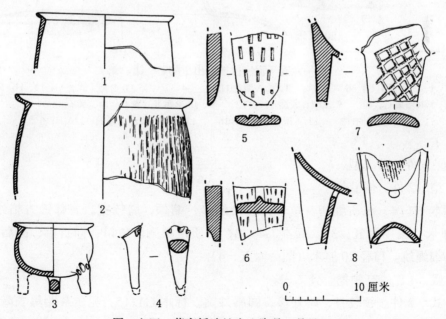

图一六四 蒋家桥遗址出土陶鼎、鼎足

1、2.B型鼎 H1:11、G4:34　　3.C型鼎 G4:2　　4～8.鼎足 G4:19、T3⑥:8、T3⑥:10、T3⑥:7、采:05

唇部有 1 道折棱，方唇，束颈，溜肩，圆鼓腹，圜底。腹上部饰竖篮纹，下部饰交错篮纹。口径 24.8、腹径 28.8、高 24.4 厘米（图一六五，2；图版六六，2）。

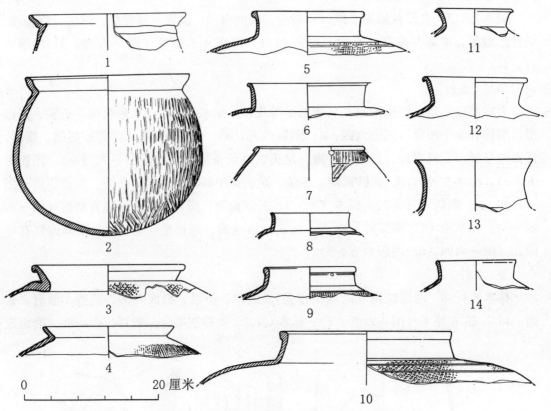

图一六五　蒋家桥遗址出土陶釜、罐、瓮
1、2.A 型釜 G4:36、G4:1　　3、4.A 型瓮 H1:4、G4:33　　5、6.B 型 I 式瓮 G4:15、H1:5
7.B 型罐 G4:40　　8.A 型 IV 式罐 T3⑥:12　　9、10.B 型 II 式瓮 G4:14、采:08
11.A 型 II 式罐 H1:7　　12.A 型 III 式罐 G4:16　　13、14.A 型 I 式罐 H1:12、H1:6

瓮　6件。分二型。

A 型　2件。侈沿瓮。

标本 H1:4，泥质红陶。敞口，卷沿外侈，缩颈，肩较宽。肩部饰方格纹。口径 23.2 厘米（图一六五，3）。标本 G4:33，泥质橙黄陶。敛口，仰折沿，圆唇，斜肩。肩部饰细绳纹。口径 20 厘米（图一六五，4）。

B 型　4件。高领瓮。分二式。

I 式　2件。领较直，略外侈，圆唇外突。标本 G4:15，泥质灰胎黑衣陶。广肩。肩部饰 1 道凹弦纹，肩以下饰小方格纹。口径 16.8 厘米（图一六五，5）。标本 H1:5，泥质红胎黑衣陶。领较高，肩微鼓。口径 14 厘米（图一六五，6）。

Ⅱ式　2件。领内敛，厚唇。标本 G4：14，泥质红胎黑衣陶。领较矮，唇部有棱线，斜肩。唇下有一圆孔，肩部饰 1 周凹弦纹，凹弦纹以下腹部饰小方格纹。口径 14 厘米（图一六五，9）。标本采：08，泥质橙黄陶。器形较大，沿唇有折棱，鼓肩，肩较广。肩部有 2 道凹弦纹，并间以方格纹。口径 26 厘米（图一六五，10）。

罐　6件。分二型。

A 型　5件。高领罐。分四式。

Ⅰ式　2件。侈口。标本 H1：12，泥质红褐陶。颈内束。口径 17.8 厘米（图一六五，13）。标本 H1：6，泥质红陶。颈较直，圆唇，溜肩。素面。口径 12 厘米（图一六五，14）。

Ⅱ式　1件。口微敞，尖唇。标本 H1：7，泥质红陶。外折唇，领下部内束。口径 11.6 厘米（图一六五，11）。

Ⅲ式　1件。敞口，卷沿。标本 G4：16，泥质红陶，火候较高。沿唇下垂，领下部略内束，广肩。口径 16 厘米（图一六五，12）。

Ⅳ式　1件。领较短。标本 T3⑥：12，泥质橙黄陶。形体较小，圆唇。肩部有凹弦纹。口径 12 厘米（图一六五，8）。

B 型　1件。敛口罐。

标本 G4：40，泥质灰胎黑皮陶。叠唇，无领，溜肩。唇下有一圆孔。饰竖、斜篮纹。口径 16 厘米（图一六五，7）。

钵　5件。分三式。

Ⅰ式　2件。沿外有凹线。标本 H1：3，泥质褐陶。敛口，圆唇，腹壁内斜。素面。口径 18 厘米（图一六六，1）。标本 G4：41，泥质灰褐陶。微敛口，叠唇，腹壁内收。腹部饰小方格纹。口径 24 厘米（图一六六，2）。

Ⅱ式　2件。敛口，沿部外鼓。标本 G4：30，泥质橙黄陶。尖唇，腹壁内收。上腹部饰 1 道凹弦纹。口径 18 厘米（图一六六，3）。标本 G4：29，泥质红陶。沿部较厚。圆唇。沿外饰 1 道凹弦纹。口径 22 厘米（图一六六，4）。

Ⅲ式　1件。口微敛，鼓腹。标本 T3⑥：19，泥质红胎黑皮陶。叠唇，腹部饰小方格纹。口径 13.6 厘米（图一六六，5）。

擂钵　2件。

标本 H1：1，泥质红褐陶。上部呈喇叭形盘状，沿部有流。下部作圆筒形，直壁，整器呈漏斗状。上、下腹内壁曲折处刻划交叉状凹沟，下腹外饰小方格纹。口径 34、腹径 13.5、残高 16.2 厘米（图一六六，7）。标本 T3⑦：1，泥质橙黄陶片，内壁刻划交叉状凹沟（图一六六，28）。

甑　1件。

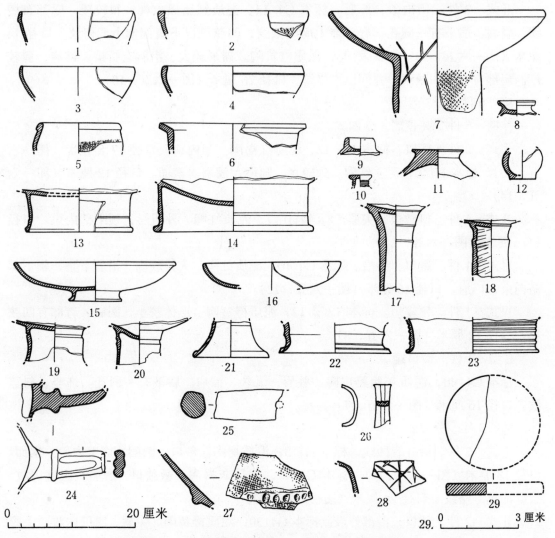

图一六六　蒋家桥遗址出土陶钵、擂钵、盘、甑、缸片、
小壶、圈足、器盖、器耳、器柄、纺轮

1、2.Ⅰ式钵 H1：3、G4：41　　3、4.Ⅱ式钵 G4：30、G4：29　　5.Ⅲ式钵 T3⑥：19　　6.甑 G4：35　　7、28.
擂钵 H1：1、T3⑦：1　　8～11.器盖 G4：5、T2⑤：2、T1⑤：1、G4：6　　12.小壶 T3⑥：18　　13、14.A 型盘
G4：13、G4：12　　15.B 型盘 G4：3　　16～21.豆 G4：28、T3⑥：16、G4：8、G4：9、G4：10、G4：25　　22、
23.圈足 T3⑥：15、G4：11　　24、25.器柄 G4：4、T3⑥：17　　26.器耳 G4：42　　27.缸片 H1：9　　29.纺
轮 T2⑤：1

　　标本 G4：35，泥质橙黄陶。侈口，折沿上仰，方唇，腹壁斜里收。素面。口径
23.2 厘米（图一六六，6）。

　　盘　3件。分为二型。

　　A 型　2件。圈足较高。

标本 G4:13，泥质橙黄陶，盘残。盘底较平，粗圈足，圈足壁较直，底沿外撇。圈足部有 1 道凹弦纹。圈足径 17.2、残高 6.8 厘米（图一六六，13）。标本 G4:12，盘残。盘底下圜。粗圈足，圈足壁垂直，底沿外卷。圈足径 25.4、残高 8.4 厘米（图一六六，14）。

B 型　1 件。圈足较矮。

标本 G4:3，泥质红褐陶，有白衣。敞口，圆唇，浅盘，矮圈足。素面。这种盘可作器盖使用。盘径 26、圈足径 8.4、高 6.2 厘米（图一六六，15；图版六六，3）。

小壶　1 件。

标本 T3⑥:18，夹砂褐陶。形体较小，口残。圆鼓腹，假圈足，平底。素面。底径 4，残高 4.8 厘米（图一六六，12）。

豆　6 件。均残。

标本 G4:28，泥质橙黄陶。侈口，浅盘。盘径 22 厘米（图一六六，16）。标本 T3⑥:16，泥质橙黄陶。细高柄，有 2 道凸棱（图一六六，17）。标本 G4:8，泥质红胎黑皮陶，内壁留有镙旋纹，细高柄（图一六六，18）。标本 G4:9，泥质橙黄陶。盘底较平，柄较粗，柄上部饰 1 道凹弦纹（图一六六，19）。标本 G4:10，泥质灰陶。盘底下凹，柄较粗，柄上部有 1 道凹弦纹（图一六六，20）。标本 G4:25，高柄豆底座。喇叭形。底径 12 厘米（图一六六，21）。

器盖　4 件。均残破，仅余盖纽部分。

标本 G4:5，泥质灰陶。折壁，圈形纽（图一六六，8）。标本 T2⑤:2，泥质磨光黑陶。筒状平顶纽，有暗弦纹（图一六六，9）。标本 T1⑤:1，夹炭红陶。圈形纽（图一六六，10）。标本 G4:6，夹砂黑胎橙黄陶。平顶纽，盖壁呈斜状。纽顶径 8 厘米（图一六六，11）。

圈足　2 件。

标本 T3⑥:15，泥质橙黄陶。圈足下部内束，沿部外撇，尖唇，有 1 道凸棱。圈足径 17.6 厘米（图一六六，22）。标本 G4:11，泥质红陶。圈足壁较直，略内束。底沿外撇，圆唇。圈足外表饰四道凹凸弦纹。直径 21 厘米（图一六六，23）。

器柄　2 件。

标本 G4:4，夹砂褐陶。扁长条形。柄尾端上翘，近根部有一圈外凸，上面有 2 道凹槽，根部粘附在器口沿上。柄残长 10.4 厘米（图一六六，24；图版六六，4）。标本 T3⑥:17，夹砂褐陶。圆柱体，一端有一圆孔（图一六六，25）。

器耳　1 件。

标本 G4:42，泥质灰白陶。宽扁弧状，正面有凹沟（图一六六，26）。

缸片　1 件。

标本 H1∶9，泥质红陶。饰小方格纹和附加堆纹（图一六六，27）。

纺轮　1件。

标本 T2⑤∶1，泥质红陶，残。较扁薄。素面。复原直径 3.8、厚 0.5 厘米（图一六六，29）。

第三节　小结

蒋家桥遗址因受江水冲刷，破坏严重，仅保存遗址的局部。发掘所见文化堆积较薄，所获资料较少。但它对于研究白水港一带的新石器时代文化具有重要意义。

蒋家桥遗址出土的石器仅有石斧、锛和弹丸。陶器中有一部分羼稻谷壳陶。陶色以黑、褐色较多。素面陶所占比例较大，纹饰中以篮纹所占比例较大。主要器形有鼎、釜、罐、瓮、钵、擂钵、豆、A 型盘等，其中鼎、釜为基本炊器。而罐釜形（B 型、C 型）鼎、宽圈底折沿釜、漏斗状擂钵、细高柄豆、A 型盘、平顶纽器盖等都是石家河文化季家湖类型的典型器物。

拾壹　王家渡

　　王家渡遗址位于宜都县姚店区汉洋坪乡王家渡村，在渔洋河西岸的一级台地上（图一）。

　　渔洋河为清江南支流，由西南向东北流，在距长江不远处与清江汇合。渔洋河西岸为丘陵，大部高出渔洋河河床约 10 米（图版六七，1）；东岸为平原。遗址周围环境十分适于古代人类生活。王家渡遗址的发掘仅布 5 米×5 米的探方 2 个（T1、T2），发掘面积 50 平方米（图一六七）。

第一节　地层堆积与文化遗迹

一　地层堆积

　　遗址所在地基本平坦，地层堆积多呈水平状相叠，文化层厚约 1 米左右，可分六层。以 T2 南壁剖面（图一六八）为例，简介如下：

　　第 1 层　现代农耕层。灰色土，厚 0.07～0.25 米。

　　第 2 层　近代扰乱层。黄褐色土，厚 0.05～0.8 米。土质松软，较黏，夹黑色土块。出土绳纹、篮纹陶片和近代瓷片。

　　第 3 层　石家河文化层。灰褐色土，厚 0.05～0.65 米。土质较硬，夹红烧土块。出土石斧、锛、凿和陶鼎足、盘、杯、豆、钵、纺轮等。

　　第 4 层　石家河文化层。深褐色土，厚 0.07～0.3 米。夹少量草木灰，土质较硬，有黏性。包含物有石斧、锛、凿、刀、刻刀和陶鬶、豆、器盖、纺轮等。

　　第 5 层　石家河文化层。灰色土，厚 0.1～0.25 米。含砂，土质松软。包含物较少，有石锛和陶釜等残片。

　　第 6 层　纯黄土层。厚 0.05～0.15 米。土质较硬，仅分布于 T2 西南部，未发现文化遗物。

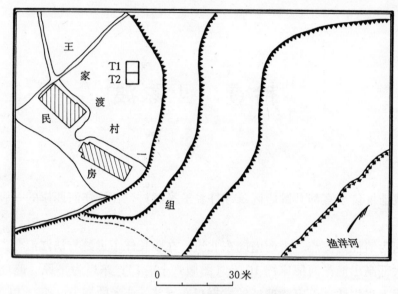

图一六七　王家渡遗址探方位置图

二　文化遗迹

文化遗迹有房基、灰坑、水沟。

（一）房基

1座（F1）。F1位于T1东南部和T2
东北部，被H2打破，开口在第4层下，
打破第5层和生土层。F1为方形半地穴
式房基，坐东朝西。方向为289°。东边
略宽，西边较窄。西边（房前边）为直
边直角，东边（房后面）为弧边圆角。
东边宽2.8、西边宽2.4、进深2.6米

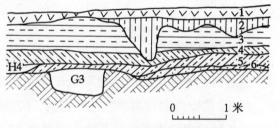

图一六八　王家渡遗址T2南壁剖面图
1. 灰色土　2. 黄褐色土　3. 灰褐色土　4. 深褐
色土　5. 灰色土　6. 黄色土

（即南北长）。坑壁较规整，坑口略大于穴底。坑壁残高0.36米。西壁中部开挖斜坡状
门道，东西长0.2、南北宽0.32米。坑内填黄褐色土，土质较硬，夹有少量陶片（图
一六九）。

（二）灰坑

4座（H1～H4）。

H4，位于T2东南角。开口在第4层下，被G4打破，打破第5层。坑口略呈圆形，
坑壁呈斜坡状，底较平。坑口南北长2.15、深0.2米。坑内填灰黑色土，土质较松软。
仅出少量篮纹陶片。

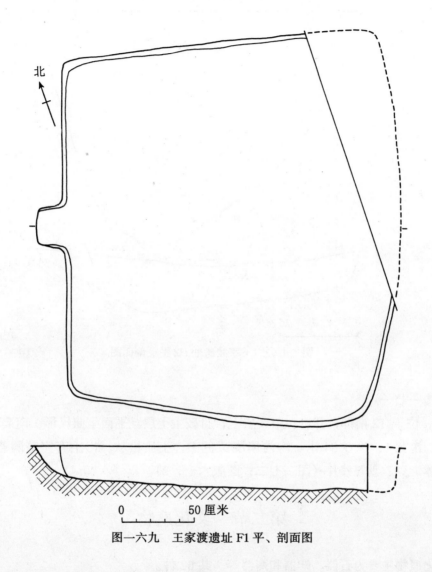

0　　　　　50 厘米

图一六九　王家渡遗址 F1 平、剖面图

H2，位于 T1 北隔梁东北角，开口在第 3 层下，打破第 4 层和 F1。坑口不甚规则，东西长 2.2、南北宽 1.6、深 0.36 米。坑壁西边较陡，东面呈缓坡状，底较平。坑内填黑褐色土，土质较硬。包含物仅见较零碎的绳纹、篮纹陶片，器形有罐、鬲和纺轮等（图一七〇）。

（三）水沟

3 条（G1～G3）。

G1，较规整，较直，从 T1 西南角通向 T2 东北角，开口于第 3 层下，打破第 4 层和 H4。沟宽 0.96、深 0.26 米。沟内填灰褐色土，土质松软。内含陶釜、罐、钵、纺

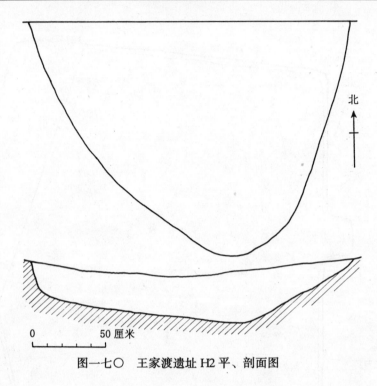

图一七〇 王家渡遗址 H2 平、剖面图

轮等（图一七一）。

G3，位于 T2 南部，开口在第 5 层下，打破生土层。平面呈曲尺形，南高西低。沟壁较陡。沟宽 1、深 0.84 米。沟内填浅黄色土，土质松软。出土有完整陶釜和陶罐、钵、擂钵、豆、盘等残片（图一七二；图版六七，2）。

第二节　文化遗物

文化遗物主要为石器、蚌器和陶器等。共 62 件。

一　石器和蚌器

共 22 件。石器质料有砂质页岩、硅质板岩、石英砂岩、泥质岩等。石器磨制比较精细，器形比较规整。所见器形有斧、小斧、斧坯、锛、凿、刀、刻刀、镞等。

斧　2 件。

标本 T2③：10，石英砂岩，灰黑色，磨制较细。上宽下窄，顶残，弧刃。残长 13.3、宽 9、厚 3.8 厘米（图一七三，1；图版六八，1）。

小斧　2 件。

标本 T2④:8，砂质页岩，橙黄色，磨制规整。近方形，平顶，微弧刃。长 4.3、宽 3、厚 0.9 厘米（图一七三，4；图版六八，2）。标本 T2④:18，深灰色，长条形，扁小，平顶，斜刃，有明显的使用痕迹。长 3.7、宽 1.4、厚 0.5 厘米（图一七三，5；图版六八，3）。

斧坯　4 件。

标本 T2③:6，硅质岩，青灰色。长方形，用石片打制成斧形，未见第二步加工痕迹，并保留了石片自然面。长 8.7、宽 3.9、厚 1.6 厘米（图一七三，2）。标本 T2④:11，灰黑色。近长方形，保留了石片脱落面和自然面。长 8.5、宽 4、厚 1.6 厘米（图一七三，3）。

锛　6 件。器形均较小。可分二式。

Ⅰ式　4 件。刃面一宽一窄。标本 T2④:12，硅质板岩，灰黑色，磨制光滑。长方形，平顶，微弧刃，有使用痕迹。长 6、宽 3.6、厚 1.5 厘米（图一七三，6）。标本 T2④:16，淡黄色，通体磨光。平面呈梯形，平顶，微弧刃。长 4.4、宽 3.3、厚 1 厘米（图一七三，7；图版六八，5）。标本 T2④:9，灰褐色，磨制精细。圆角方形，较厚，平顶，弧刃。长 5.2、宽 3.6、厚 1.9 厘米（图一七三，8；图版六八，4）。

Ⅱ式　2 件。刃面较窄，一面平，一面斜。标本 T2④:15，硅质板岩，淡黄色，通体磨光。平顶，平刃。有使用痕迹。长 6.4、宽 3.6、厚 1.2 厘米（图一七三，9；图版六八，6）。标本 T2③:4，石英砂岩，红褐色，磨制精细。平顶圆角，斜平刃。长 4.7、宽 3、厚 1.1 厘米（图一七三，11）。

凿　2 件。单面刃。

标本 T2④:14，泥质岩，质地较轻，灰黄色。长条形，横截面近方形。平顶，刃端残。残长 6.1、宽 2.3、厚 1.8 厘米（图一七三，12；图版六八，7）。标本 T2④:10，硅质板岩，青灰色。长扁形，上宽下窄，弧

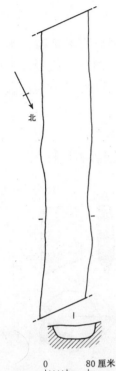

图一七一　王家渡遗址 G1 平、剖面图

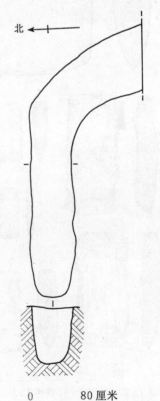

图一七二　王家渡遗址 G3 平、剖面图

顶，平刃。长5.9、宽2.7、厚1厘米（图一七三，13）。

刀　2件。

标本T2④:7，青灰色。一端残，弧背，单面刃，刃较平。近背部有两面钻窝，未穿。残长3.8、宽2.9、厚0.6厘米（图一七三，14）。标本T2④:6，细粒石英岩，黑色，通体磨光。近长方形，背微弧，单面刃，刃略内弧。中部有两个孔眼，为两面钻。长10.7、宽3.6、厚0.7厘米（图一七三，15；图版六八，8）。

刻刀　1件。

标本T2④:13，泥质岩，灰色，磨制光滑。平顶，两边较平，单面斜刃。长3.8～

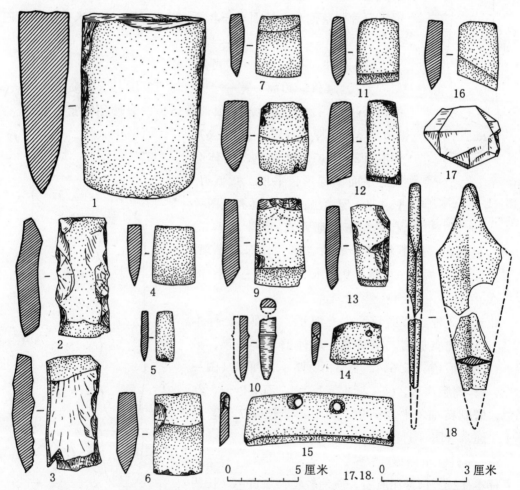

图一七三　王家渡遗址出土石斧、锛、凿、镞、刀、刻刀、斧坯，水晶石及蚌镞

1. 斧 T2③:10　　2、3. 斧坯 T2③:6、T2④:11　　4、5. 小斧 T2④:8、T2④:18　　6~8. Ⅰ式锛 T2④:12、T2④:16、T2④:9　　9、11. Ⅱ式锛 T2④:15、T2③:4　　10. 镞采:01　　12、13. 凿 T2④:14、T2④:10　　14、15. 刀 T2④:7、T2④:6　　16. 刻刀 T2④:13　　17. 水晶石 T1②:1　　18. 蚌镞 G2:5

4.9、宽3、厚1.1厘米（图一七三，16；图版六八，9）。

镞　1件。

标本采:01，灰色，磨制较精。仅剩局部，两端均残。圆锥形，中间有1道凸棱。残长4.6、直径1.3厘米（图一七三，10）。

水晶石　1件。

标本T1②:1，白色。多棱形，磨制较粗糙，残留自然石面。长2.9厘米（图一七三，17）。

蚌镞　1件。

标本G2:5，银白色，磨制。柳叶形，镞身横截面呈扁四棱形。复原长9厘米（图一七三，18）。

二　陶器

出土陶器数量不多，能复原的很少。共40件。

据T2④陶片统计（表二七、二八），夹砂陶占78.17%，泥质陶占17.36%，夹炭

表二七　　　　　王家渡遗址T2④出土陶器陶质陶色统计表

陶质陶色 数量 单位	夹砂陶					泥质陶					夹炭陶		合计
	褐	红褐	橙黄	灰	黑	褐	红褐	橙黄	灰	黑	褐	红褐	
T2④	26	83	24	572	1150	94	44	15	123	136	73	33	2373
百分比	1.1	3.49	1.01	24.1	48.47	3.96	1.86	0.63	5.18	5.73	3.08	1.39	100%
数量	1855					412					106		2373
百分比	78.17					17.36					4.47		100%

表二八　　　　　王家渡遗址T2④出土陶器纹饰统计表

纹饰 数量 单位	素面	细绳纹	中绳纹	细篮纹	中篮纹	粗篮纹	方格纹	网纹	锥刺纹	镂孔	附加堆纹	素面磨光	合计
T2④	1133	14	4	27	943	60	68	72	3	3	2	44	2373
百分比	47.75	0.59	0.16	1.14	39.74	2.52	2.86	3.03	0.13	0.13	0.08	1.85	100%

陶占4.47%；黑陶占54.2%，灰陶占29.28%，红褐陶占6.74%，褐陶占8.14%，橙黄陶占1.64%；器表以素面居多，占47.75%。纹饰中篮纹占43.44%，网纹占

3.03%，方格纹占 2.86%，素面磨光占 1.85%，绳纹占 0.75%，锥刺纹、镂孔各占 0.13%，附加堆纹占 0.08%。在其他单位中还有少量的泥质红陶和刻划叶脉纹（图一七四）。器物主要有鼎、釜、罐、钵、擂钵、盘、鬶、豆、器盖、纺轮和陶人及杯底等。

鼎　2件。均残缺，仅有鼎足。

标本 T2③:11，夹砂黑胎褐陶，矮扁形，足底平，横装。正面刻划叶脉纹。残高 6.8 厘米（图一七五，15）。标本 T2⑤:5，夹细砂褐陶。矮圆柱形，侧装。根部正面有一按窝，侧面有压印的三角形凹窝。残高 7.2 厘米（图一七五，16）。

釜　2件。依据这部分陶釜统一分型，此二件均为 A 型釜。

标本 T2⑤:3，泥质灰陶。折沿，圆唇，沿面较窄较平。溜肩。腹较深，下腹略宽，圜底。腹部饰交错篮纹。口径 16、腹径 19.6、高 19.2 厘米（图一七五，1；图版六九，1）。标本 T2⑤:4，夹砂褐陶。口较大，折沿，双唇，沿面较宽内凹。腹部饰绳纹。口

图一七四　王家渡遗址出土陶器纹饰拓片

1～3. 绳纹　　4～6. 篮纹　　7. 方格纹　　8. 长方格纹　　9、10. 网纹
11. 条纹与弦纹　　12、13. 划纹　　14. 叶脉纹

径 28 厘米（图一七五，6）。

罐 3 件。分二型。

A 型 2 件。高领罐。

标本 G3:7，泥质红褐陶。口微侈，直沿，尖唇，广肩，鼓腹，平底。通身饰网纹和 7 道凹弦纹。口径 9、腹径 19.6、底径 7.6、高 16.6 厘米（图一七五，2；图版六九，2）。标本 T2⑤:7，泥质灰胎黑陶。口径较大，微卷沿，圆唇，广肩。肩部饰 1 周凹弦纹。口径 18 厘米（图一七五，3）。

B 型 1 件。弦纹罐。

标本 G3:9，泥质橙黄陶。口残。鼓肩，鼓腹，下腹内曲成小底，底平。肩部饰 1 道凹弦纹。腹径 17.4、底径 7.5、残高 15.6 厘米（图一七五，4）。

罐口沿 3 件。

标本 H2:14，夹细砂橙黄陶。卷沿，束颈（图一七五，17）。标本 H2:5，泥质褐胎黑陶。敛口，叠唇，唇部有圆形穿孔。饰竖篮纹和凹弦纹（图一七五，18）。标本 T2③:13，夹细砂橙黄陶。侈口，方唇，束颈，领部有 1 道凸棱（图一七五，19）。

钵 1 件。

标本 G1:3，泥质褐胎黑陶。口微敛，唇下垂，腹微鼓。饰凹弦纹。口径 16 厘米（图一七五，5）。

擂钵 1 件。仅见残片。

标本 G3:12，泥质羼稻谷壳橙黄陶，手制，并有泥片叠贴痕迹。鼓壁内面刻纵横交错的浅槽（图一七五，14）。

盘 3 件。据圈足的高矮分为二型。

A 型 2 件。高圈足。

标本 G3:5，泥质橙黄陶，饰红陶衣。敞口，唇略外曲，盘壁弧形，盘较深，圈足径较大，足底外撇。圈足上饰一道凹弦纹。盘径 29.6、足径 24、高 12.2 厘米（图一七五，7）。标本 G3:4，泥质灰陶。敞口，唇尖外曲。盘腹较浅，中部下凹，圈足径较小。素面。盘径 28.6、残高 9.2 厘米（图一七五，8）。

B 型 1 件。矮圈足，足径较大。

标本 T2③:12，泥质褐陶。圈足底外撇，底沿圆唇。圈足上有圆形镂孔。足径 28 厘米（图一七五，9）。

鬶 2 件。仅见足尖和耳。

标本 T2④:22，泥质红陶。乳形袋足。残高 3.8 厘米（图一七五，21）。标本 H2:3，泥质橙黄陶。为扁环形鬶耳。耳面弧状隆起（图一七五，22）。

豆 4 件。

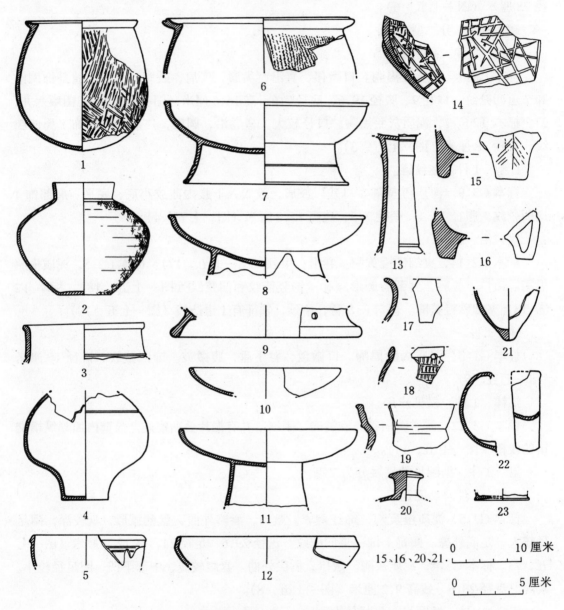

图一七五　王家渡遗址出土陶鼎足、釜、罐、钵、擂钵、盘、
豆、豆柄、鬶足、鬶耳、器盖、杯底

1、6.A 型釜 T2⑤:3、T2⑤:4　　2、3.A 型罐 G3:7、T2⑤:7　　4.B 型罐 G3:9　　5.钵 G1:3　　7、8.A 型
盘 G3:5、G3:4　　9.B 型盘 T2⑤:12　　10～13.豆 T2⑤:6、T2⑤:8、T2③:15、T2④:5　　14.擂钵 G3:12
15、16.鼎足 T2③:11、T2⑤:5　　17～19.罐口沿 H2:14、H2:5、T2③:13　　20.器盖 T2④:23
21、22.鬶 T2④:22、H2:3　　23.杯底 T2④:24

标本 T2⑤:6，泥质褐胎黑陶。浅豆盘，圆唇。盘径 22 厘米（图一七五，10）。标

本 T2⑤:8，泥质黑陶。豆柄较粗。盘径26、残高11.2厘米（图一七五，11）。标本 T2③:15，泥质橙黄陶。深盘，敛口，折腹。盘径26厘米（图一七五，12）。标本 T2④:5，泥质褐胎黑陶。为豆柄。柄较高，上部有1道凸棱，下部饰1周凹弦纹。残高17.5厘米（图一七五，13）。

器盖　1件。仅见纽。

标本 T2④:23，泥质灰胎黑陶。蘑菇形器盖纽。高2.2厘米（图一七五，20）。

纺轮　16件。分三式。

Ⅰ式　1件。扁薄型。标本 T2③:3，泥质灰黄陶。微弧边。一面有1周凹弦纹。直径2.8、厚0.6厘米（图一七六，1）。

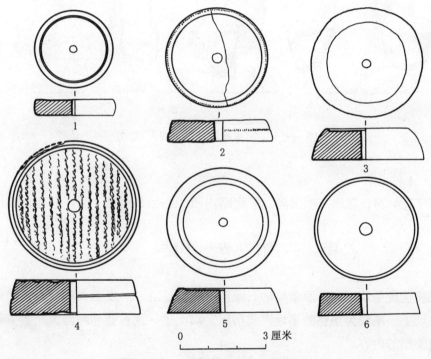

图一七六　王家渡遗址出土陶纺轮
1. Ⅰ式 T2③:3　　2、3、5.Ⅱ式 T2⑤:1、T2③:1、G2:3　　4、6.Ⅲ式 G1:1、G2:1

Ⅱ式　7件。斜弧边较厚。标本 T2⑤:1，泥质灰胎黑陶。较薄，斜边上饰1周点纹。直径3.2～3.7、厚0.75厘米（图一七六，2）。标本 T2③:1，泥质橙黄陶。较厚，窄面周边有凸棱。素面。直径2.8～4，厚1.1厘米（图一七六，3）。标本 G2:3，羼稻谷壳橙黄陶。边略弧。窄面周边有凸棱。素面。直径3.2～4，厚0.88厘米（图一七六，5）。

Ⅲ式　8件。斜直边，较厚，标本 G1:1，泥质灰胎黑陶。两面饰粗绳纹，斜边上有1道凹弦纹。直径4.1～4.6、厚1.2厘米（图一七六，4）。标本 G2:1，夹细砂橙黄陶。较扁平。素面。直径3.4~3.6、厚0.75厘米（图一七六，6）。

人　1件。

标本G2∶6，泥质红陶，捏制。人抱长形器，盘坐式，头残，右肩窄，左肩宽，身着长袍。腰前托抱长形器（或鱼），右手前抱，左手后托。下底内凹。残高6.4厘米（图一七七；图版六九，3）。

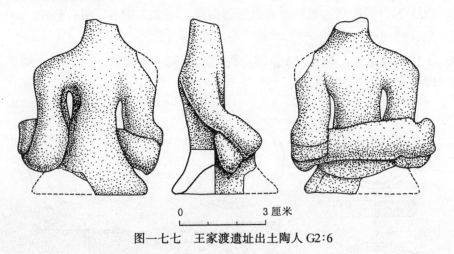

0　　　　　3厘米

图一七七　王家渡遗址出土陶人G2∶6

杯底　1件。

标本T2④∶24，泥质灰胎黑陶。平底略内凹。底径8厘米（图一七五，23）。

第三节　小结

王家渡遗址是清江口平原重要的石家河文化遗址之一。发掘面积较小，文化层也较薄，但发现了一座较为规整的半地穴式房屋，出土了一批石器和陶器，充实了石家河文化季家湖类型的内容。

王家渡遗址的小型石器制作精细，品种较多，而大型石器较少。陶器中以夹砂黑陶为主，泥质灰陶次之，还有少量羼稻谷壳陶；素面陶和篮纹所占比例较大，方格纹和网纹较少；陶器器形包括了季家湖类型的基本种类，有侧装足鼎、深腹釜、A型罐、A型盘和陶人。以上特点说明王家渡遗址在季家湖类型文化中年代是较晚的。

拾贰　石板巷子

石板巷子遗址位于宜都县姚店区清圣庵村，西距宜都县城关（即清江口）约 5 公里，北靠长江，南距宜（都）白（洋）公路约 50 米（图一）。遗址处于江汉平原与鄂西山地的缓冲地带，分布于长江的一级台地上，在断续长约 300 米、宽约 15 米的范围内，实际残存面积约 500 平方米。

1982 年，宜昌地区文物普查时发现了此遗址。1983 年 9 月至 11 月，由湖北省博物馆主持，北京大学考古学系、宜昌地区博物馆、宜都县文化馆联合组成的宜都考古发掘队，对该遗址进行了发掘。根据遗址残存和江边地形情况，发掘时分东、西两区进行，两区相距约 200 米。在西区开 5 米×5 米的探方 10 个（T1~T10）；10 米×4 米的探方 1 个（T11）。T1~T10 距江边 5 米，T11 紧靠江边断面。后来为了解江边断面的堆积情况，还开了 T16（10 米×1.5 米）、T17（1.5 米×1 米）。因江边断面不规则，开方面积约 292 平方米。又因 T6~T10 已超出遗址范围，实际发掘面积仅 167 平方米。在东区开 5 米×3 米的探沟 1 条（T12）、10 米×3 米的探沟 3 条（T13~T15），因江边断面不规则，部分探沟的宽度超过 3 米，实际发掘面积 115 平方米。东、西区实际发掘总面积 282 平方米（图一七八）。

第一节　地层堆积与文化遗迹

一　地层堆积

遗址地面平坦，为近现代农耕地，系长江淤积而成。T1~T10 地层（图版七〇，1），晚期淤土相当厚，发掘时探方内有大量积水。T11~T17 地层因江水冲刷，发掘之前各探方北边的文化层已经暴露（图版七〇，2）。东、西两区相距较远，地层堆积有所不同。

西区　T6~T10 为遗址之外部分，未见文化层。T1~T5 文化层也较薄，整个地层可分 6 层。现以 T3 西壁（图一七九）为例介绍如下：

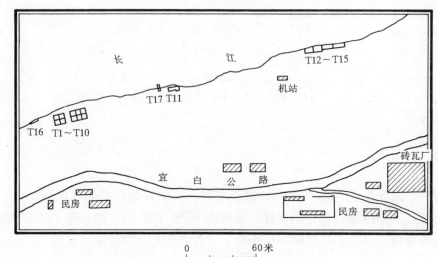

图一七八　石板巷子遗址探方位置图

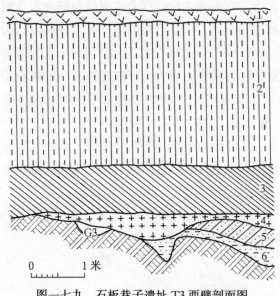

图一七九　石板巷子遗址 T3 西壁剖面图
1. 黄色耕土　2. 黄褐色淤土　3. 褐色淤土
4. 红褐色土　5. 灰色土　6. 深灰色土

第 1 层　耕土层。黄色土，厚约 0.05～0.25 米。沙质土，仅见极少量的现代瓦片和瓷片。

第 2 层　晚期淤土层。黄褐色土，厚 0.5～2.75 米。含细砂淤土，有少量近代瓦片和瓷片。

第 3 层　东周淤土层。褐色淤泥土，厚 0.08～0.95 米。内含少量石家河文化的碎陶片，并出土少量东周时期的陶片，如蹄形鼎足、豆柄等。T1 至 T2 内有 G1，沟中出土东周豆盘、豆柄等。

第 4 层　石家河文化层。红褐色土，厚 0～0.55 米。夹杂红烧土块，并含较多的碎陶片。器形有鼎、釜、罐、瓮、豆、盘、擂钵、器盖和纺轮等。在 T3～T5 内，该层还叠压着 G3，沟内亦出土少量同期陶片。

第 5 层　石家河文化层。灰色土，厚 0～0.4 米。土质较松软，主要分布在 T3～T5 的北部。所包含的陶片较第 4 层少，器形基本相同。T11 内发现灰坑 2 个（H10、H11），皆被第 4 层所压，打破第 5 层和生土层。

第6层　石家河文化层。深灰色土，厚0.05～0.35米。分布于T1～T3内，遗物比较丰富。石器有斧和锛；陶器有鼎、釜、罐、钵、豆、盘、瓮、擂钵等，黑陶较多，纹饰以较粗的横篮纹和斜方格纹为主，麻面鼎足较多。T1和T2内有G2，沟内填土中陶片很多，有钵、盂、罐、擂钵、簋形器等。也有石斧和石锛出土。

东区　分四层。以T15南壁（图一八〇）为例介绍如下：

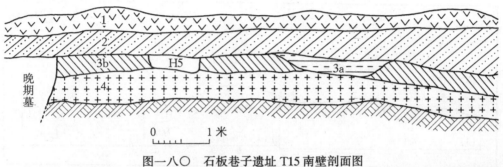

图一八〇　石板巷子遗址T15南壁剖面图

1.黄褐色土　　2.灰黄色淤土　　3a.灰褐色土　　3b.褐色土　　4.灰褐色土

第1层　表土层。黄褐色土，厚0.45米。沙质土，较纯，内夹少量石块和近现代瓷片。

第2层　晚期淤土层。灰黄色土，厚0.4～0.9米。内含少量石家河文化陶片；元代瓷片；近代砖、瓷片，铁器。T15东南角叠压着一座晚期墓葬（因江水冲刷已塌方，未做到底）。墓葬打破第3b层和第4层。

第3a层　石家河文化层。灰褐色土，厚0～0.3米。仅见于T15内。土质较松疏，内含木炭和红烧土碎块，出土陶器有鼎、罐、瓮、豆、盘、器盖和纺轮等。属第3a层的灰坑有5个（H1～H5），都打破了第3b层，同时又打破了第4层的H1、H2、H4。

第3b层　石家河文化层。褐色土，内夹红烧土块，厚0.05～0.4米。所夹红烧土块以T13内最多，相邻探方中逐渐减少。遗物丰富，石器有斧、凿、锛、刀，陶器有鼎、罐、瓮、器盖、豆、钵、盘、杯、擂钵、纺轮和动物等。所属灰坑有3个（H7～H9），都被该层所压，打破第4层。

第4层　石家河文化层。灰褐色土，厚0.45～0.65米。包含遗物与第3b层基本相同。被该层所压的灰坑1个（H6）。

根据堆积情况和遗物特征，东、西区各文化层的对应关系是：西区的第4层相当于东区的第3a、3b层，西区的第5层相当于东区的第4层。而东区未见西区的第3层（东周淤土层）和第6层。西区第6层（包括G2）的出土遗物略有不同，时代可能稍早，因资料有限，暂不分期。

二　文化遗迹

仅发现灰坑和水沟两类遗迹。

（一）灰坑

11 个（西区：H10、H11；东区：H1～H9）（图一八一）。

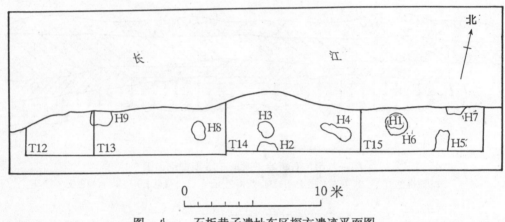

图一八一　石板巷子遗址东区探方遗迹平面图

西区的 H10 和 H11 被第 4 层所压，打破第 5 层和生土层。东区的 H1、H2、H4 被第 2 层所压，打破第 3b 层和第 4 层；H3、H5 被第 2 层所压，打破第 3b 层；H6 被第 4 层所压，打破生土层；H7、H8、H9 被第 3b 层所压，打破第 4 层和生土层。这些灰坑构造较简单，形状有四种：口大底小呈锅形的 6 个（H1～H3、H8、H10、H11）；口底相当呈圆形的 1 个（H6）；口大底小呈圆角长方形的 3 个（H5、H7、H9）；不规则形的 1 个（H4）。坑口最大的口径 2 米，最小的口径 0.4 米，最深的 0.7 米，最浅的 0.15 米。坑内填土多数比较杂乱，夹有较多的陶片，H1、H5～H7 坑内填灰黑色土，内含较多草木灰和红烧土块，应为垃圾坑。H8、H10、H11 三个坑填土较纯净，并出土完整的陶器。H8，坑口呈椭圆形，底为锅底状，口径 1～1.56、深 0.6 米，出土陶鼎、釜、罐 3 件完整器，还有为数不多的碎陶片。H10，坑口为圆形，坑壁略内收成锅底状，内放 1 件完整的大陶瓮，陶瓮四周填土纯净。H11，坑口呈椭圆形，直径 0.66～0.9、深 0.54 米，发现 1 件完整的陶釜和 1 件残圈足的盘。这三个灰坑不是一般的垃圾坑，如 H10，应是放置陶瓮的坑。与三个灰坑同一层位（T11 第 4 层或 T13 第 3b 层）下，局部有含红烧土块较多、较坚硬的土层，由于江水冲刷，分布已不规则。这三个灰坑和这些土层可能是房基的残存遗迹。

（二）水沟

2 条 （G2、G3，另有 G1 为东周水沟），均发现于西区。

G3 发现于西区第 4 层下，打破生土层，分布于 T3～T5 的中部偏南处，东西方向，沟壁不很规则。沟内填褐色土，内夹少量石家河文化陶片。沟宽 0.5～0.9、深 0.2～0.3、发现长度 13.5 米。

G2 发现于西区第 6 层下，打破生土层，分布于 T1～T2 的南部，东西方向，沟壁不太规则。沟内填黑色土，内含较多的陶片和斧、锛等三件石器。陶器主要有钵、罐、鼎口沿、擂钵、豆柄、盉流和簋形器碎片等。沟宽 1～165、深 0.6～0.65、发现长宽 10 米。

从 G2、G3 的位置和沟内情况观察，它们应为遗址边缘的排水沟。

第二节 文化遗物

遗物分为石器和陶器两类。共 202 件。

一 石器

29 件。包括斧、锛、小锛、凿、钺、刀和锥形器等。

斧 8 件。分四式。

Ⅰ式 3 件，顶端均残缺。长方形，弧刃，磨制。标本 G2:14，两面刃，较厚。残长 7.9、宽 7、厚 3.5 厘米（图一八二，1）。标本 T3④:2，两面刃，较薄。残长 4.9、宽 5.5、厚 1.2 厘米（图一八二，2）。

Ⅱ式 1 件。标本 G2:2，长方形，平顶，弧刃，磨制，使用痕迹明显。长 10.3、宽 5.4、厚 1.8 厘米（图一八二，3；图版七一，1）。

Ⅲ式 2 件。长方形，较短小而厚，平顶，斜弧刃，磨制。标本 T14㉞:6，长 7、宽 4.8、厚 1.7 厘米（图一八二，4）。标本 T11④:11，长 6.3、宽 3.9、厚 1.9 厘米（图一八二，5）。

Ⅳ式 1 件。标本 T14④:15，刃部残缺，长条形，弧顶。残长 14.8、宽 7.2、厚 4 厘米（图一八二，6）。

另有一件斧形石料。标本 T13②:4，仅有打制痕迹，没有磨制和使用痕迹。长 7.6、刃宽 5.4、厚 1.5 厘米（图一八二，7）。

锛 2 件。

标本 T11④:12，磨制，略呈长方形，斜形顶，弧形刃较宽，两面磨刃，刃面一宽一窄。长 8.6、宽 5.3、厚 2 厘米（图一八二，8；图版七一，2）。标本 T5④:2，刃部残片，单面刃。残长 4、残宽 3.9、厚 1.2 厘米（图一八三，1）。

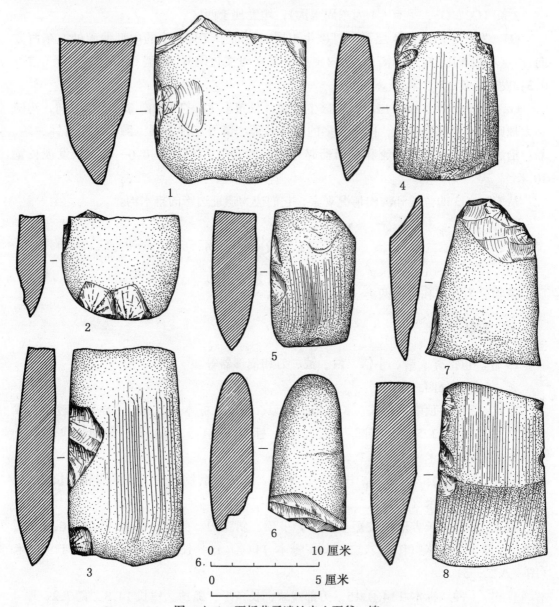

图一八二　石板巷子遗址出土石斧、锛

1、2. Ⅰ式斧 G2:14、T3④:2　　3. Ⅱ式斧 G2:2　　4、5. Ⅲ式斧 T14③b:6、T11④:11
6. Ⅳ式斧 T14④:15　　7. 斧 T13②:4　　8. 锛 T11④:12

小锛　4件。刃为两面磨制，分二式。

Ⅰ式　1件。近方形，弧顶，平刃，刃面一宽一窄。标本 T12④:2，长3.3、刃宽3.5、厚0.9厘米（图一八三，2；图版七一，3）。

Ⅱ式　3件。长方形，平顶，平刃，刃部中间厚，两端薄。标本 T13④:2，使用痕迹明显，长 5.3、刃宽 3.4 厘米（图一八三，3；图版七一，4）。标本 T13④：1，花斑石，刃的一面磨成三个切面，长 4.9、刃宽 3.4、顶宽 2.8、厚 0.8 厘米（图一八三，

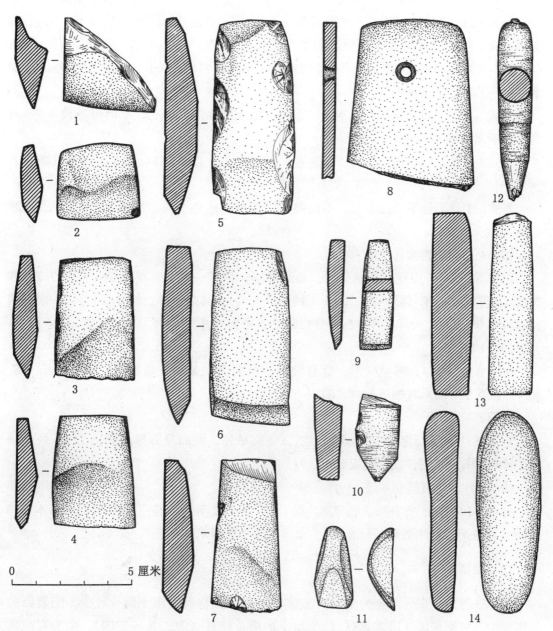

图一八三　石板巷子遗址出土石锛、凿、钺、锥形器、条

1. 锛 T5④：2　　2. Ⅰ式小锛 T12④：2　　3、4. Ⅱ式小锛 T13④：2、T13④：1　　5～7. Ⅰ式凿 T15③b：2、G2：3、T11④：10　　8. 钺 T2⑥：1　　9. Ⅱ式凿 T13②：3　　10. Ⅲ式凿 T12③b：1　　11. Ⅳ式凿 T12④：3　　12. 锥形器 T11④：15　　13、14. 条 T14③b：7、T13③b：8

4)。

凿　7件。分四式。

Ⅰ式　4件。长条形,刃较宽,刃面一宽一窄。标本 T15③b:2,琢磨精细,弧顶,弧刃。长8.3、宽3.4、厚1.4厘米(图一八三,5;图版七一,5)。标本 G2:3,石质较软,有石纹,顶部较平,器面磨制平整。长7.6、宽3.3、厚1.3厘米(图一八三,6)。标本 T11④:10,顶部平,刃略呈弧形,使用痕迹明显。长6.5、宽2.9、厚1.2厘米(图一八三,7)。

Ⅱ式　1件。器形较小。标本 T13②:3,出土于晚期淤土层,单面刃。长4.7、刃宽1.4厘米(图一八三,9;图版七一,6)。

Ⅲ式　1件。标本 T12③b:1,顶端残,两面窄刃。残长3.6、厚1.2厘米(图一八三,10)。

Ⅳ式　1件。标本 T12④:3,不规则形,器身磨成几个面。长3.5、刃宽1.2厘米(图一八三,11)。

钺　4件。均为残片。

标本 T2⑥:1,刃残。磨制光滑。扁平梯形,顶端一圆孔,单面钻。残长7.2、残宽5.3、厚0.5厘米(图一八三,8;图版七一,7)。其余三件,标本 T3④:3,顶部残片;标本 T2③:1,刃部残片;标本 T13③b:9,中部残片。

刀　1件。

标本 T11④:14,略呈梯形,背脊较直,横剖面呈弧状,单面刃,单孔。长9.8、宽4.9、厚0.6厘米(图版七一,8)。

锥形器　1件。

标本 T11④:15,锥状尖端残,旋制,表面平整,断面呈圆形。残长7.7、最大径1.5厘米(图一八三,12;图版七一,9)。

条　2件。均有磨制痕迹。

标本 T14③b:7,方柱形,长7.8、宽1.4、厚1.2厘米(图一八三,13)。标本 T13③b:8,扁条形,两端弧形。长8.6、宽2.8、厚1.5厘米(图一八三,14)。

二　陶器

共173件。以东区出土为多;西区除 T11 外,其他各方出土陶片较少,能复原的器形更少。根据东区 T14 和西区 T2⑥出土的陶片统计(表二九~三四),主要有泥质陶、夹砂陶、夹炭陶(包括少量羼稻谷壳)三种。泥质陶最多,夹砂陶次之,夹炭或羼谷壳陶为数不多。陶色主要有黑色、灰色、红褐色和浅灰色。以黑色最多。纹饰主要有篮纹、方格纹和网纹,这些纹饰往往被旋纹(即凹弦纹)间断。此外,还有少量附加堆纹、锥刺纹、旋纹、刻划纹、细绳纹（图一八四、一八五）等，素面陶所占比例较大，磨光陶和镂孔器为数较少。

表二九　　石板巷子遗址 T14③b 出土陶器陶质陶色统计表

陶质陶色 单位 数量	夹砂陶				泥质陶				夹炭陶	合计
	红褐	灰	浅灰	黑	红褐	灰	浅灰	黑	红褐	
T14③b	647	467	60	176	272	1332	871	1515	137	5477
百分比	11.81	8.53	1.1	3.21	4.97	24.32	15.9	27.66	2.5	100%
数量	1350				3990				137	5477
百分比	24.65				72.85				2.5	100%

表三〇　　石板巷子遗址 T14③b 出土陶器纹饰统计表

纹饰 单位 数量	素面	细绳纹	细篮纹	粗篮纹	细方格纹	粗方格纹	细网纹	粗网纹	锥刺纹	旋纹	刻划纹	镂孔	附加堆纹	磨光	合计
T14③b	2503	4	1438	383	332	274	232	207	18	53	9	5	3	16	5477
百分比	45.71	0.07	26.26	6.99	6.06	5	4.24	3.78	0.33	0.97	0.16	0.09	0.05	0.29	100%

表三一　　石板巷子遗址 T14④ 出土陶器陶质陶色统计表

陶质陶色 单位 数量	夹砂陶				泥质陶				夹炭陶	合计
	红褐	灰	浅灰	黑	红褐	灰	浅灰	黑	红褐	
T14④	192	65	11	41	79	422	122	227	16	1175
百分比	16.34	5.53	0.94	3.49	6.72	35.92	10.38	19.32	1.36	100%
数量	309				850				16	1175
百分比	26.3				72.34				1.36	100%

表三二　　　　　　石板巷子遗址 T14④出土陶器纹饰统计表

单位	纹饰数量	素面	细篮纹	粗篮纹	细方格纹	粗方格纹	细网纹	粗网纹	附加堆纹	锥刺纹	旋纹	镂孔	压印纹	磨光	合计
T14④		597	259	143	45	30	45	35	6	1	6	3	1	4	1175
百分比		50.8	22.04	12.17	3.83	2.55	3.83	2.98	0.51	0.09	0.51	0.26	0.09	0.34	100%

表三三　　　　　　石板巷子遗址 T2⑥出土陶器陶质陶色统计表

单位	陶质陶色数量	夹砂陶				泥质陶				合计
		红褐	灰	浅灰	黑	红褐	灰	浅灰	黑	
T2⑥		46	16	4	15	62	152	69	352	716
百分比		6.43	2.23	0.56	2.09	8.66	21.23	9.64	49.16	100%
数量		81				635				716
百分比		11.31				88.69				100%

表三四　　　　　　石板巷子遗址 T2⑥出土陶器纹饰统计表

单位	纹饰数量	素面	细篮纹	粗篮纹	细方格纹	粗方格纹	旋纹	合计
T2⑥		203	16	230	64	202	1	716
百分比		28.35	2.24	32.12	8.94	28.21	0.14	100%

陶器器形主要有鼎、釜、罐、瓮、钵、碟、盆、擂钵、甑、盘、碗、杯、盉、豆、器盖、器座、纺轮、陶塑动物等。

鼎　12件。最为常见的器形之一。依据这类遗址陶鼎的统一分型，此遗址只有B型鼎，未见A型与C型鼎。12件鼎的形制均为侈口，束颈，鼓腹，圜底，三角形素面扁足。可分三式。

Ⅰ式　6件。圆腹，最大腹径在中部。标本 T12④:6，红褐陶。腹部饰篮纹。口径21、腹径25、复原通高约26.4厘米（图一八六，1；图版七二，1）。标本 G2:11，褐色陶。腹部饰篮纹。口径22厘米（图一八六，2）。标本 T15③a:1，红陶。腹部饰斜方格纹（图一八六，3；图版七二，2）。标本 H1:1，红色陶。腹部饰方格纹。口径16.2、

图一八四　石板巷子遗址出土陶器纹饰拓片

1. 镂孔　　2. 点形镂孔　　3. 竖形与曲线形划纹　　4. 刻划纹与凹弦纹　　5. 附加堆纹
6. 月形刻划纹与凸弦纹　　7. 月形刻划纹、凹弦纹与篮纹　　8. 细正方格纹被凹弦
纹间断　　9. 宽带纹与小方格纹相间　　10. 间断网纹　　11. 斜方格纹　　12. 大方格纹

腹径17.5、腹深11.8、复原通高18厘米（图一八六，4；图版七二，3）。标本T3⑤:
3，红色陶。饰正方格纹。口径20厘米（图一八六，5）。标本T13④:11，红褐陶。口
径25厘米（图一八六，6）。

　　Ⅱ式　4件。扁腹，最大腹径近底部。标本T13④:3，红褐陶。腹部饰较浅而规整
的篮纹。口径22.5、腹径26.5、通高30.5厘米（图一八六，7；图版七二，4）。标本
H8:1，红褐陶。腹部篮纹较细密。口径22.8、腹径30、通高32.5厘米（图一八六，
8；图版七三，1）。标本T15㉛:9，胎较薄，灰皮红胎。口径22厘米（图一八六，9）。
标本T15㉛:2，小型鼎，黑陶。足较细高。颈部和中腹部各有3道弦纹。口径13、腹径
16.5、通高18厘米（图一八六，10；图版七三，2）。

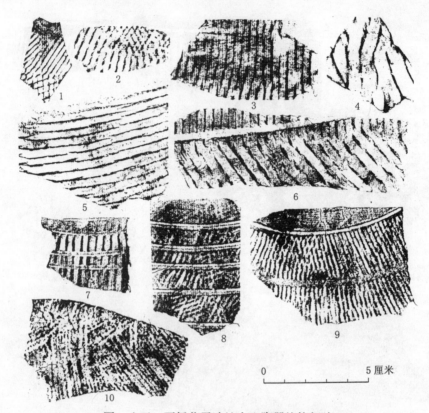

图一八五 石板巷子遗址出土陶器纹饰拓片

1.篮纹与方格纹相间 2.方格纹与篮纹相间 3.中篮纹 4.粗篮纹
5.横篮纹 6.直篮纹与斜篮纹 7.间断篮纹 8.凹弦纹将篮纹间断
9.凹弦纹与细篮纹 10.交错细绳纹

Ⅲ式 2件。深腹，横安梯形扁足。羼谷壳红陶，质地松疏，有空隙。标本 H4：3，腹部为素面，足根有附加堆纹，足正面饰点状锥刺纹（呈麻面形）。口径 18.5、腹径 21.3、复原通高 23.4 厘米（图一八六，11；图版七三，3）。标本 H1：3，口径 20 厘米（图一八六，12）。

鼎足 12件。除以上所见竖安三角形扁足和横安梯形扁足以外，还有圆锥形、扁锥形、近长方形（麻面形）、铲形等。所饰纹饰有锥刺纹、针刺纹、刻划纹、附加堆纹、戳印纹、指按纹和绳纹等（图一八七，1~12）。

釜 4件。较为常见，一般器形较大。依据这类遗址陶釜的统一分型，此四件均为 A型。可分为二式。

Ⅰ式 3件。折沿，平唇，圆腹。标本 H11：1，夹砂褐胎红褐皮陶。上腹饰较整齐的细方格纹，下腹饰交错的细方格纹。口径 29、腹径 39、高 32 厘米（图一八八，1；

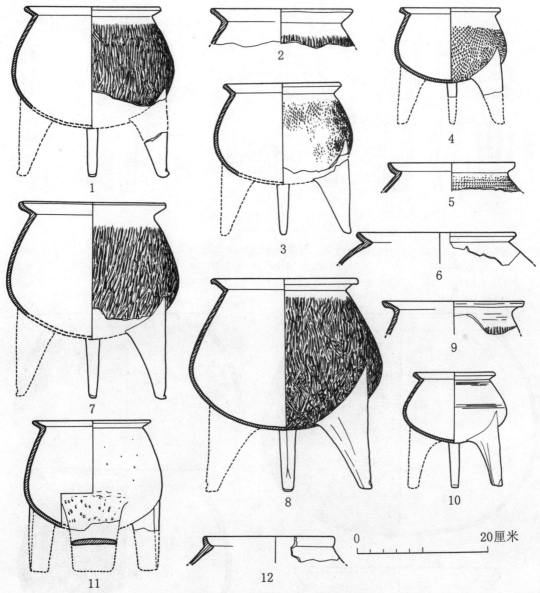

图一八六　石板巷子遗址出土陶鼎

1～6. I 式 T12④:6、G2:11、T15③a:1、H1:1、T3⑤:3、T13④:11　　7～10.
II 式 T13④:3、H8:1、T15③a:9、T15③:2　　11、12. III 式 H4:3、H1:3

图版七三，4)。标本 T12④:26，夹砂红胎褐皮陶。腹部饰横向交错的细篮纹。口径25.5 厘米（图一八八，2)。标本 T12④:12，夹炭红褐陶。上腹饰竖向篮纹。口径 28.4厘米（图一八八，3)。

II 式　1 件。折沿，双唇，腹部最大径明显下移。标本 H8:2，夹砂黑陶，局部红

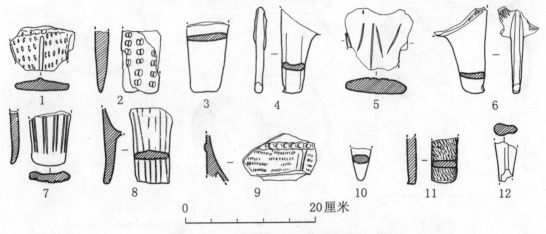

0　　　　　　　　　　20厘米

图一八七　石板巷子遗址出土陶鼎足

1.H1:10　2.H1:11　3.H1:12　4.H8:16　5.H1:13　6.H8:17　7.H4:9

8.T3⑤:10　9.T12④:40　10.T12④:41　11.T12④:42　12.H8:17

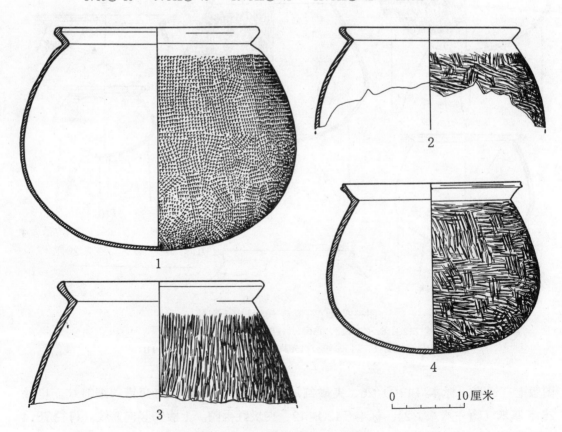

0　　　　　　　10厘米

图一八八　石板巷子遗址出土陶釜

1~3.A型Ⅰ式 H11:1、T12④:26、T12④:12　　4.A型Ⅱ式 H8:2

色。饰交错粗篮纹。口径 25.5、腹径 30、高 24.6 厘米（图一八八，4；图版七四，1）。

罐 27 件。分六型。

A 型 7 件。高领罐。最常见的器形之一，分四式。

Ⅰ式 3 件。直领，圆唇，鼓腹。饰交错篮纹。标本 G2：4，泥质浅灰陶。饰竖向粗篮纹（局部有交错）。口径 14 厘米（图一八九，1）。标本 T12④：18，夹细砂黑陶，篮纹略细。口径 13 厘米（图一八九，2）。标本 T12④：14，夹细砂灰胎红褐皮陶。口径较细而腹径较大。口径 12.5 厘米（图一八九，3）。

Ⅱ式 2 件。直领，口略内敛，圆鼓腹，小平底或略内凹，饰间断篮纹。标本 T12④：5，泥质黑陶。底微内凹。饰间断粗篮纹。口径 14、腹径 32.2、底径 10、高 30 厘米（图一八九，4）。标本 T12④：4，泥质黑陶，小平底，饰间断细篮纹，上腹篮纹整齐，下腹篮纹交错。口径 11.5、腹径 32.2、底径 8.5、高 27.5 厘米（图一八九，5）。

Ⅲ式 1 件。直口，扁鼓腹。标本 H8：3，泥质红陶。饰间断细网纹。口径 12.8、腹径 31、残高 23.5 厘米（图一八九，6；图版七四，2）。

Ⅳ式 1 件。尖唇，微敞口，斜肩。标本 T3④：6，泥质红胎黑皮陶。饰间断篮纹。口径 14 厘米（图一八九，7）。

B 型 6 件。小高领罐。分四式。

Ⅰ式 1 件。口较大，圆唇，窄肩，饰细篮纹。标本 G2：12，泥质灰胎黑皮陶。口径 11 厘米（图一九〇，1）。

Ⅱ式 3 件。口较小，宽肩，扁圆腹，平底。标本 T12④：7，泥质黄褐陶。圆唇，饰交错细篮纹。口径 9.1、腹径 17.6、底径 6.8、高 12.1 厘米（图一九〇，2；图版七四，3）。标本 T14③b：13，泥质橙黄陶。饰间断细篮纹。口径 11 厘米（图一九〇，3）。标本 H1：2，泥质灰黑陶，肩部有数周浅弦纹，肩以下饰细篮纹。口径 10 厘米（图一九〇，4）。

Ⅲ式 1 件。小口微侈，尖唇。标本 T13③b：23，泥质磨光灰陶。颈饰 1 道、肩饰 2 道凹弦纹，肩部 2 道凹弦纹之间有刻划纹，呈卷云状（可能有对称的 4 组）。口径 8 厘米（图一九〇，5）。

Ⅳ式 1 件。大口微侈，尖唇，斜肩，腹较小。素面。标本 T5⑤：1，泥质红褐陶。平底。口径 9、腹径 13.5、底径 7.7、高 12.3 厘米（图一九〇，6；图版七四，4）。

C 型 2 件。矮领罐。出土较少，泥质灰陶或浅灰陶，未见纹饰。

标本 T1④：1，器形较大，尖唇，口微敞。口径 23 厘米（图一九〇，7）。标本 T13③b：18，唇微卷。口径 12 厘米（图一九〇，8）。

D 型 6 件。斜沿大口罐。可分三式。

Ⅰ式 3 件。口径略大于腹径，腹壁较直，腹较浅。标本 T12③b：2，夹砂黑陶，底

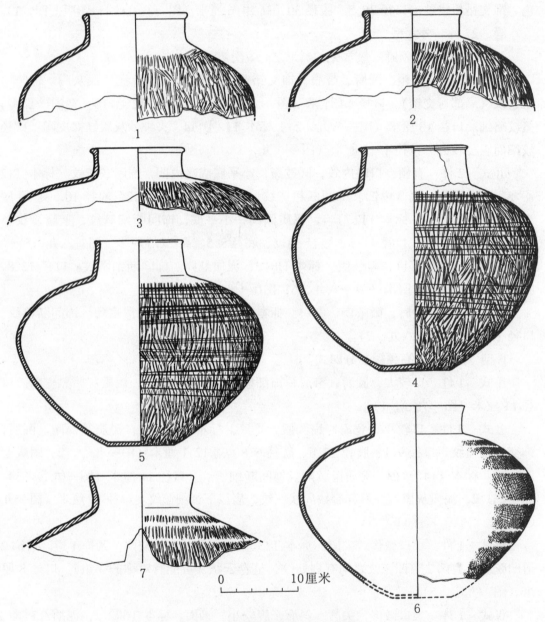

图一八九　石板巷子遗址出土陶罐

1～3.A 型Ⅰ式 G2:4、T12④:18、T12④:14　　4、5.A 型Ⅱ式 T12④:5、T12④:4

6.A 型Ⅲ式 H8:3　　7.A 型Ⅳ式 T3④:6

部呈红褐色。口沿微卷，底不甚平。腹部饰细篮纹。口径 14.7、底径 5、高 11.8 厘米（图一九〇，9；图版七五，1）。标本 T14㊱:3，夹砂灰陶，局部呈红褐色。方唇，折沿，底微内凹。腹部饰斜方格纹。口径 12、腹径 11.6、高约 11.5 厘米（图一九〇，

10；图版七五，2）。标本 T14③b:15，夹细砂红褐陶。折沿，沿面内凹，腹部饰较粗的斜方格纹。口径 14 厘米（图一九〇，11）。

Ⅱ式 2 件。口径略小于腹径，束颈，鼓腹，腹较深，底较小。标本 T12④:19，灰胎，表面呈红褐色。腹部饰细篮纹。口径 13 厘米（图一九〇，12）。标本 T14③b:9，夹砂红陶，局部呈褐色。方唇折沿，腹部饰不规整的细方格纹。口径 16.3、腹径 17.5、

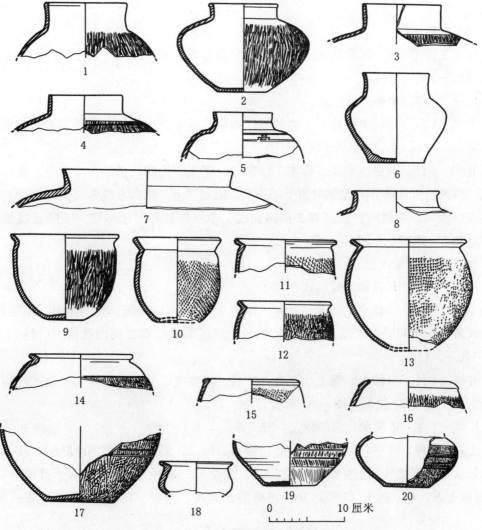

图一九〇 石板巷子遗址出土陶罐

1.B 型Ⅰ式 G2:12　2~4.B 型Ⅱ式 T12④:7、T14③b:13、H1:2　5.B 型Ⅲ式 T13③b:23　6.B 型Ⅳ式 T5⑤:1　7、8.C 型 T1④:1、T13③b:18　9~11.D 型Ⅰ式 T12③b:2、T14③b:3、T14③b:15　12、13.D 型Ⅱ式 T12④:19、T14③b:9　14.D 型Ⅲ式 T14③b:33　15、16.E 型 T13③b:20、T2⑥:3　17.罐底 T12④:15　18.F 型Ⅰ式 T15④:1　19、20.F 型Ⅱ式 T15③b:3、T15③b:4

高约 15.2 厘米（图一九〇，13；图版七五，3）。

　　Ⅲ式　1 件。口径小于腹径，圆鼓腹。T14③b：33，泥质灰陶。肩部饰 1 周凹弦纹，腹部饰细绳纹。口径 14 厘米（图一九〇，14）。

　　E 型　2 件。敛口罐。泥质，叠唇。

　　标本 T13③b：20，黑色陶，胎较薄。腹部饰浅斜方格纹。口径 13.5 厘米（图一九〇，15）。标本 T2⑥：3，红色陶，略呈橙色。腹部饰浅绳纹。口径 11 厘米（图一九〇，16）。

　　另有罐底 1 件。

　　标本 T12④：15，泥质灰陶。底略内凹。腹部饰较粗的绳纹。底径 9.4、残高 9.7 厘米（图一九〇，17）。

　　F 型　3 件。小罐。分二式。

　　Ⅰ式　1 件。口径大于腹径，微鼓腹。素面。标本 T15④：1，夹砂黑陶。折沿，尖唇，束颈。口径 10、腹径 9.8 厘米（图一九〇，18）。

　　Ⅱ式　2 件。鼓腹，平底。标本 T15③a：3，泥质磨光陶，薄胎，呈黑色。腹外有压印纹，腹内壁近底部亦有轮制时留下的弦纹。底径 7.8、残高 6 厘米（图一九〇，19）。标本 T15③b：4，灰色陶，腹部有 5 周凹弦纹，中部饰整齐的细绳纹，下腹至底饰乱绳纹。底径 6、残高 6.9 厘米（图一九〇，20）。

　　瓮　15 件。分四型。

　　A 型　2 件。高领瓮。分二式。

　　Ⅰ式　1 件。口较小，圆唇，直领。标本 T5⑤：4，泥质陶，夹层薄胎（三层），里层为浅灰色，中间层为红色，表层为红褐色。肩部饰篮纹和 3 周凹弦纹。口径 21 厘米（图一九一，1）。

　　Ⅱ式　1 件。口较大，领上小下大。方唇。标本 T15③a：4，泥质褐胎浅灰皮陶。肩部饰篮纹。口径 21 厘米（图一九一，2）。

　　B 型　3 件。矮领瓮。器形较大。分二式。

　　Ⅰ式　2 件。圆唇，鼓腹，小平底。标本 H10：2，泥质黑陶。饰间断细篮纹，上腹有凹弦纹，下腹篮纹互相交错。口径 22.5、腹径 52、底径 12、高 50 厘米（图一九一，3；图版七五，4）。标本 T14③b：26，泥质磨光黑陶。卷沿。口径 20 厘米（图一九一，4）。

　　Ⅱ式　1 件。方唇，腹壁较直。标本 T12④：23，泥质黑陶，胎较厚，上、下腹未接上。所饰纹饰用凹弦纹间断，上腹以斜方格纹为主，间以竖篮纹；下腹为交错篮纹。口径 22.5、腹径 45.5、底径 16、高 47、胎厚 0.8 厘米（图一九一，5）。

　　C 型　2 件。折沿瓮。分二式。

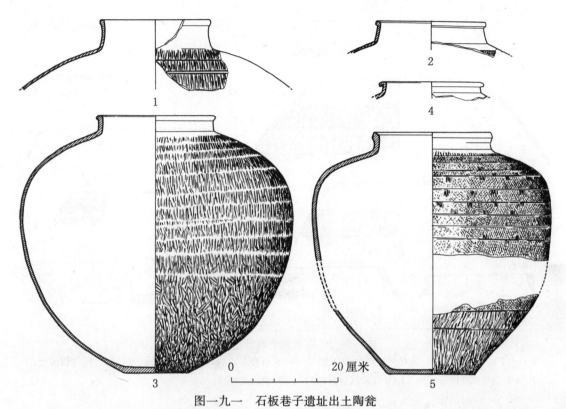

图一九一 石板巷子遗址出土陶瓮
1.A型Ⅰ式T5⑤:4 2.A型Ⅱ式T15③b:4 3、4.B型Ⅰ式H10:2、T14③b:26 5.B型Ⅱ式T12④:23

Ⅰ式 1件。沿面较宽。标本T13④:20，泥质灰、红相夹胎灰皮陶。沿面略内凹，肩以下饰间断篮纹和凹弦纹。口径25厘米（图一九二，1）。

Ⅱ式 1件。沿面窄。标本T14③b:23，泥质磨光黑陶。未见纹饰。口径29厘米（图一九二，2）。

D型 7件。敛口瓮。分二式。

Ⅰ式 4件。叠唇，宽肩，大腹。标本H9:1，泥质红胎黑皮陶。饰间断细篮纹，肩部有4道凹弦纹。口径25厘米（图一九二，3）。标本T13③b:16，泥质磨光黑陶。沿面有数道细凹凸弦纹，肩部饰较整齐的斜方格纹。口径26厘米（图一九二，3）。标本T13③b:17，泥质磨光黑陶。未见纹饰。口径27厘米（图一九二，5）。标本T14③b:24，泥质灰陶。饰乱方格纹，并有旋痕。口径22厘米（图一九二，6）。

Ⅱ式 3件。圆唇，窄肩，小腹。均为泥质陶。标本T12④:19，灰色陶。饰交错细篮纹，并有1道凹弦纹。口径18厘米（图一九二，7）。标本T13③b:13，黑色磨光陶。外壁斜方格纹已抹平。口径16厘米（图一九二，8）。标本T14③b:27，褐色陶。饰细密绳纹，并有凹弦纹。口径18厘米（图一九二，9）。

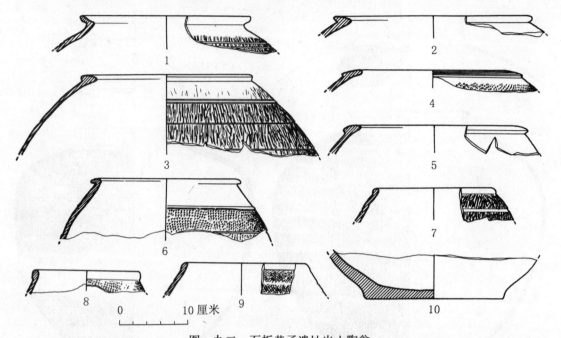

图一九二　石板巷子遗址出土陶瓮

1.C型Ⅰ式 T13④:20　　2.C型Ⅱ式 T14③b:23　　3～6.D型Ⅰ式 H9:1、T13③b:16、T13③b:17、T14③b:24

7～9.D型Ⅱ式 T12④:19、T13③b:13、T14③b:27　　10.瓮底 T3⑤:2

另有一件瓮,有较厚的瓮底。标本 T3⑤:2,夹砂褐陶。底径20、厚1.2厘米(图一九二,10)。

钵　2件。泥质浅灰陶,深腹,薄胎,敛口,平底。分二式。

Ⅰ式　1件。鼓腹。上腹近口沿处有1道凹弦纹。标本 G2:1。口径14、底径7.5、高10厘米(图一九三,1;图版七六,1)。

Ⅱ式　1件。斜腹。上腹近口沿处有1道凹弦纹,标本 T14③b:10,底残。口径14.5厘米(图一九三,2)。

碟　1件。泥质陶,圈足。

标本 T14④:14,灰色。素面。口径16.2、圈足径7.2、高1.2厘米(图一九三,3)。

盆　2件。仅发现残片,泥质陶。分二式。

Ⅰ式　1件。腹壁较直。标本 T15③a:7,红胎灰皮陶。圆唇,沿面平卷。腹部饰篮纹。口径29厘米(图一九三,4)。

Ⅱ式　1件。腹壁微外鼓。标本 T15③a:8,浅灰色陶。卷沿,腹部有线纹磨平痕迹。口径25.6厘米(图一九三,5)。

擂钵　6件。所见残片较多，均为叠沿，盆形。分二式。

Ⅰ式　1件。椭圆形，槽形流，敛口，腹壁微外鼓。器内刻槽为竖向，呈放射状。标本G2:9，泥质黑陶，上腹饰竖向粗篮纹，下腹饰横向粗篮纹。口径29.7～37.7、残高15.5厘米（图一九三，6；图版七六，2）。

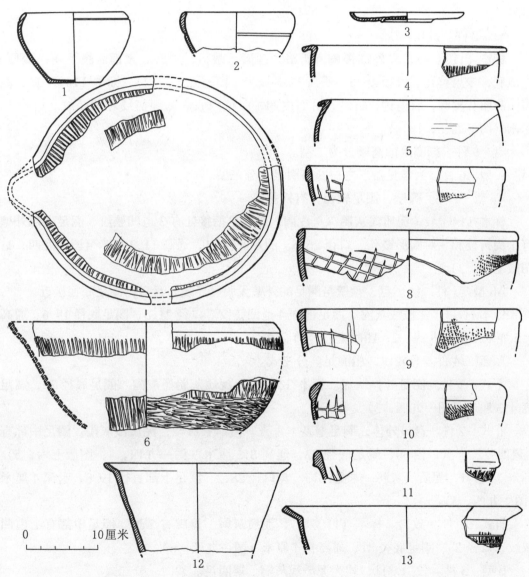

图一九三　石板巷子遗址出土陶钵、碟、盆、擂钵、甑
1. Ⅰ式钵 G2:1　　2. Ⅱ式钵 T14③:10　　3. 碟 T14④:14　　4. Ⅰ式盆 T15③a:7
5. Ⅱ式盆 T15③a:8　　6. Ⅰ式擂钵 G2:9　　7～11. Ⅱ式擂钵 T14③:30、T13③b:13、
T4④:4、T4⑤:1、G2:8　　12、13. 甑 T11④:16、T14③b:25

Ⅱ式　5件。圆唇，口微侈，腹壁较直，无流。器内刻槽呈网格状。标本 T14③b：30，夹砂红褐陶。腹部饰细斜方格纹。口径 28 厘米（图一九三，7）。标本 T13③b：13，泥质红褐陶。腹部饰细斜方格纹。口径 31.5 厘米（图一九三，8）。标本 T4④：4，泥质红褐陶。口径 32 厘米（图一九三，9）。标本 T4⑤：1，泥质黑陶。敛口。饰交错篮纹。口径 28 厘米（图一九三，10）。标本 G2：8，泥质黑陶。口径 25.5 厘米（图一九三，11）。

甑　2件。发现较少。

标本 T11④：16，夹砂红褐陶。折沿，圆唇，敞口，斜腹。素面。腹下端已变厚，近似底，未见算孔。口径 26.3、残高 12.8 厘米（图一九三，12）。标本 T14③b：25，泥质浅灰胎灰皮陶，唇内钩，折沿，沿面内凹，腹壁内收。饰细篮纹和凹弦纹。口径 34厘米（图一九三，13）。

盘　9件。据圈足的高矮分为二型。

A 型　6件。为常见器形之一。高圈足。分三型。

Aa 型　1件。弧壁，圈足较粗，有镂孔。

标本 T14④：2，泥质浅灰胎深灰皮陶。盘、足衔接处有 3 道凹弦纹，圈足中部外壁有 1 周折棱和 3 对圆形镂孔。口径 26.5、圈足底径 21、通高 11.2 厘米（图一九四，1；图版七六，3）。

Ab 型　1件。钵形盘，盘壁与圈足的外壁无明显界线，盘口与圈足底径接近。

标本 H7：1，泥质浅灰陶。圈足部饰 4 道凹弦纹。口径 21.5、圈足底径 19.6、通高9.5 厘米（图一九四，2；图版七六，4）。

Ac 型　4件。盘较浅，粗圈足。分三式。

Ⅰ式　1件。圈足外侈明显。标本 T5⑤：2，泥质灰胎黑皮陶。圈足底径 25、圈足高 4.3 厘米（图一九四，3）。

Ⅱ式　2件。盘口外侈，圈足壁基本垂直。标本 H11：2，泥质浅灰陶。圈足中部有1 道凹弦纹。盘口径 30、圈足底径 23、通高 8.3 厘米（图一九四，4；图版七六，5）。标本 T3⑤：1，泥质浅灰陶。未见纹饰。盘口径 28.2、圈足上部直径 19.8、盘深 4 厘米（图一九四，5）。

Ⅲ式　1件。敛口。标本 T11④：17，泥质灰陶。盘腹有 2 道、圈足中部有 1 道凹弦纹。口径 28、圈足底径 21、通高 9.4 厘米（图一九四，6）。

B 型　3件。较为常见，均为泥质浅灰陶。矮圈足。素面。分二式。

Ⅰ式　1件。圈足很矮，饰凸弦纹。标本 T12④：9，尖唇，弧壁，圜底。口径24.3、残高 4.3 厘米（图一九四，7）。

Ⅱ式　2件。圈足稍高。标本 T14③b：12，盘口圆唇外勾，盘壁微曲，圈足微外张。

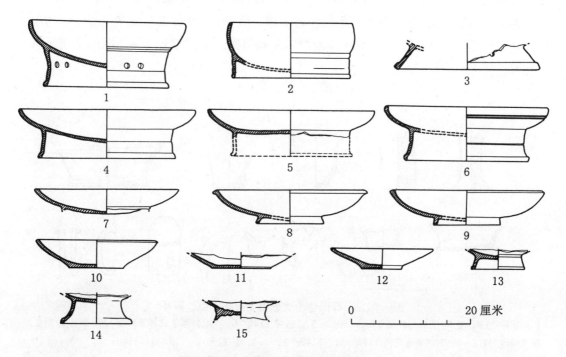

图一九四 石板巷子遗址出土陶盘、碗

1.Aa 型盘 T14④:2 2.Ab 型盘 H7:1 3.Ac 型Ⅰ式盘 T5⑤:2 4、5.Ac 型Ⅱ式盘 H11:2、T3⑤:1
6.Ac 型Ⅲ式盘 T11④:17 7.B 型Ⅰ式盘 T12④:9 8、9.B 型Ⅱ式盘 T14③b:12、H5:1 10~12.A 型碗
H3:1、T13④:9、T13③b:11 13~15.B 型碗 T14④:11、H1:4、T15③b:8

口径 25、底径 11.5、通高 5.8 厘米（图一九四，8；图版七六，6）。标本 H5:1，盘口
较厚，弧形盘壁。口径 26.5、底径 11.5、通高 6 厘米（图一九四，9）。

碗 6 件。分二型。

A 型 3 件。平底碗。均为泥质陶，斜腹，腹较浅，素面。

标本 H3:1，泥质浅灰陶。方唇，上腹壁微弧，底较宽。口径 20.5、底径 9、高
4.7 厘米（图一九四，10；图版七七，1）。标本 T13④:9，灰色。底径 10 厘米（图
一九四，11）。标本 T13③b:11，泥质红褐陶。圆唇，假圈足。口径 17.5、底径 6.8、高
3.5 厘米（图一九四，12）。

B 型 3 件。圈足碗。未见完整器，圈足较高，素面。

标本 T14④:11，泥质红褐陶。圈足壁略外张。圈足底径 9.4 厘米（图一九四，
13）。标本 H1:4，泥质浅灰陶。圈足口外侈。圈足底径 12 厘米（图一九四，14）。标本
T15③b:8，泥质红陶，底部有泥条盘筑痕迹。圈足根部直径 8 厘米（图一九四，15）。

杯 8 件。分四型。

A型　2件。高足杯。有两种残片。一种为磨光黑陶，薄胎，底座呈喇叭形。

标本 T12④:22，座面有凹、凸弦纹各1周。底径6、柄径1.3厘米。另一种为厚胎杯，杯足为实心的圆柱形。标本 T15④:2，泥质黑陶。柄最细径2.8、柄高7厘米（图一九五，1）。

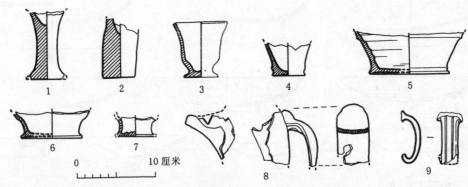

图一九五　石板巷子遗址出土陶杯、盉、器耳

1.A型杯 T15④:2　　2.B型杯底 T13③b:19　　3.C型杯 T14④:6　　4.D型Ⅰ式杯 T14③b:29　　5.D型Ⅱ式杯 T14③b:31　　6、7.D型Ⅲ式杯 T14③b:32、T14③b:22　　8.盉 T2⑥:2　　9.器耳 H4:6

B型　1件。厚胎红陶杯。仅发现1件杯底。

标本 T13③b:19，制作粗糙，杯底呈圆柱形。底径4.5厘米（图一九五，2）。

C型　1件。曲腹小杯。仅发现1件。

标本 T14④:6，夹砂黑陶，胎较厚。斜方唇，曲腹，底内凹，底沿外有凸棱。口径6.8、高7厘米（图一九五，3）。

D型　4件。黑陶杯。均为底部残片。可分三式。

Ⅰ式　1件。底径较小。标本 T14③b:29，夹细砂，底略内凹。底径4.2厘米（图一九五，4）。

Ⅱ式　1件。底径较宽大。标本 T14③b:31，薄胎，泥质磨光。斜壁，底沿外凸。腹部有凸弦纹，底部有细凹弦纹。底径10厘米（图一九五，5）。

Ⅲ式　2件。曲腹，均为泥质磨光黑陶。标本 T14③b:32，底呈矮圈足形。底径8厘米（图一九五，6）。标本 T14③b:22，底径4.4厘米（图一九五，7）。

盉　3件。仅发现少量残片，为泥质浅灰陶。

标本 G2:7，为盉流，圆筒形。标本 T2⑥:2，盉上半部残片，薄胎。有部分流和提把，流为筒形，把为扁弧形。腹径约8.5、把宽3.8厘米（图一九五，8）。标本 H4:6，为器耳。正面有竖凹弦纹。长6.7、宽2.1厘米。可能为盉耳（图一九五，9）。

豆　23件。没有发现完整器，出土豆盘和豆柄数量较多，均为泥质陶。

豆盘　9件。

标本 G2:10，泥质浅灰陶。深腹，粗柄。素面。腹径18.5、柄上径10.5厘米（图一九六，1）。标本 T12④:16，泥质浅灰陶。浅盘，盘口残，粗柄，圈足壁较直，微外

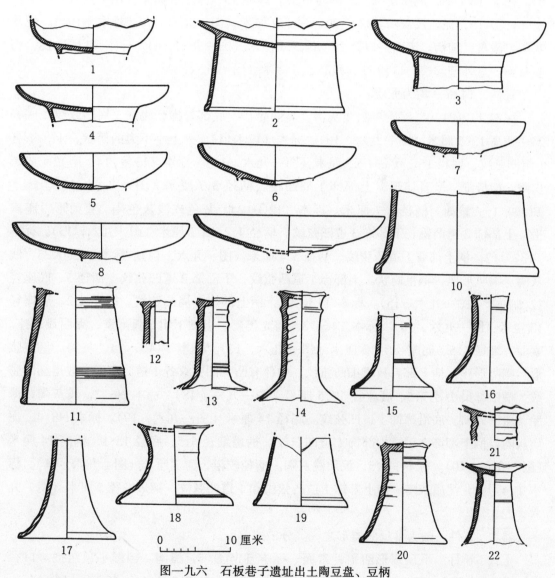

0　　　　　10 厘米

图一九六　石板巷子遗址出土陶豆盘、豆柄

1～9. 豆盘 G2:10、T12④:16、T14④:3、T14④:13、T13④:6、T4④:3、T11④:18、H10:1、T14③B:28
10～22. 豆柄 T12④:20、T12④:13、T13③B:14、T12④:24、T13③B:12、T12④:25、T13④:7、T4⑤:2、T14③B:14、H6:2、H8:4、H4:5、T14④:9

侈。上部饰 1 周凹弦纹。圈足底径 20.5、高 11.6 厘米（图一九六，2）。标本 T14④：3，泥质灰胎浅灰皮陶。豆柄略呈束腰形，并有 1 道宽凹带纹。口径 26、盘深 6.4 厘米（图一九六，3）。标本 T14④：13，泥质浅灰陶。未见纹饰。口径 22.5、深 4 厘米（图一九六，14）。标本 T13④：6，泥质灰陶。素面。口径 21.6、深 5.3 厘米（图一九六，5）。标本 T4④：3，泥质灰陶。底部略下凸。口径 23、深 5.8 厘米（图一九六，6）。标本 T11④：18，泥质浅灰陶。口径 20、深 4.9 厘米（图一九六，7）。标本 H10：1，泥质灰陶。浅盘，细柄。素面。口径 26、深 5.1 厘米（图一九六，8）。标本 T14③b：28，泥质灰陶。盘外壁起棱。口径 28、残高 5.3 厘米（图一九六，9）。

豆柄　14 件。均为泥质。

标本 T12④：20，泥质灰胎浅灰陶。高圈足形，底部外撇，腹饰 1 周凹弦纹。底径 24、残高 12.5 厘米（图一九六，10）。标本 T12④：13，呈上小下大的筒状，上、下各 1 组凹弦纹。底径 16、残高 17.3 厘米（图一九六，11）。标本 T13③b：14，磨光陶或黑皮陶。柄最细，呈直筒形，上部饰 1 周凸棱。柄径 3.7 厘米（图一九六，12）。标本 T13③b：15，素面。柄径 2.7 厘米。标本 T12④：24，灰色或浅灰色陶。直筒形，座扁平，上部饰 2 道凸箍，下部饰 3 道凹弦纹。柄径 4.2～5.2 厘米（图一九六，13）。标本 T13③b：12，柄上部有 1 道凸弦纹。柄径 5.4 厘米（图一九六，14）。标本 T12④：25，浅灰陶。喇叭形座，柄呈筒状。上部饰 1 道凸弦纹，下部饰 2 道凹弦纹。柄径 5、底座径 12.3 厘米（图一九六，15）。标本 T13④：7，柄上部饰 1 周凸弦纹。柄径 5.2、底座径 13 厘米（图一九六，16）。标本 T4⑤：2，磨光黑陶。上细下粗，弧形壁，无明显底座。素面。细径 4.5、底座径 14.3 厘米（图一九六，17）。标本 T14③b：14，灰陶。呈束腰形，喇叭形座。柄上部有数道细凸弦纹，中部有凸、凹弦纹各 1 道，座面有数道细凹弦纹。柄中部最小径 7.5、底座径 17.5 厘米（图一九六，18）。标本 H6：2，浅灰陶，薄胎，胎壁外斜。底沿部饰 1 道凹弦纹。底径 14 厘米（图一九六，19）。标本 H8：4，泥质灰陶。柄上部饰 2 道、中部饰 1 道凹弦纹。柄最细径 6.5、底径 13.1、柄高 14 厘米（图一九六，20）。标本 H4：5，泥质浅灰陶。柄径较粗，为 7 厘米（图一九六，21）。标本 T14④：9，泥质灰陶。柄上部饰 1 道凸弦纹和 1 道凹弦纹。柄最细径 5 厘米（图一九六，22）。

器盖　8 件。最为常见的器形之一。分二式。

Ⅰ式　6 件。平顶圆形纽盖，素面。标本 T14④：5，黑陶。圆形平顶纽把。口径 9.4、高 3.8 厘米（图一九七，1；图版七七，2）。标本 T12④：11，灰陶。口径 11.7、纽径 5、通高 4.5 厘米（图一九七，2）。标本 T13④：4，浅灰陶，泥条盘筑，后经慢轮修整。口径 19.5、顶纽径 7.1、通高 7.4 厘米（图一九七，3；图版七七，3）。标本 T12④：10，褐陶，纽顶略内凹。口径 19.7、纽径 7.5、高 6.2 厘米（图一九七，4）。

标本 T14④:4，红褐陶，纽顶轮制痕迹明显（图版七七，4）。口径 18、纽径 7.2、高5.8 厘米（图一九七，5）。标本 T13④:5，红褐陶。近碗形，纽把较大。口径 17、纽径8.6、高 5.7 厘米（图一九七，6；图版七七，5）。

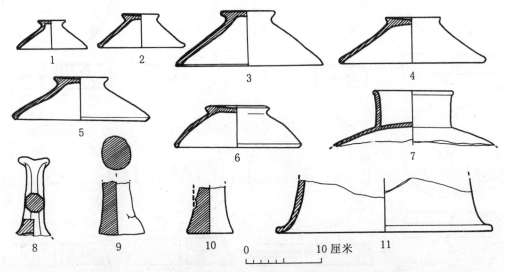

图一九七　石板巷子遗址出土陶器盖、盖纽、器座、圆柱体
1~6.Ⅰ式器盖 T14④:5、T12④:11、T13④:4、T12④:10、T14④:4、T13④:5　　7.Ⅱ式
器盖 T12④:21　　8.盖纽 T4⑤:4　　9、10.圆柱体 H5:2、T15③b:7　　11.器座 H4:7

Ⅱ式　1 件。圈形纽盖。标本 T12④:21，泥质红褐胎灰皮陶。盖纽呈圈足形，盖面弧形。纽径 10.8、纽高 5 厘米（图一九七，7）。

另有一柱形纽，标本 T4⑤:4，夹细砂黑陶。八棱柱形，纽把高 10.7 厘米（图一九七，8）。

器座　仅发现 1 件陶片（H4:7），灰胎黑皮陶（夹少量砂）。底沿外张，未见纹饰。底径 29 厘米（图一九七，11）。

纺轮　28 件。均为泥质陶。分四式。

Ⅰ式　4 件。较扁薄，两面直径相等。标本 T14③b:4，泥质灰陶。外沿弧形，直形小孔。直径 3.8、厚 0.8 厘米（图一九八，1）。标本 T13③b:1，泥质红陶，外沿中间有折棱，单面有 1 周凹弦纹，直孔，孔缘外凸。直径 4.2、厚 0.8 厘米（图一九八，2；图版七八，1）。标本 T14③b:2，泥质黑陶。器形较小，外沿中间有 1 道弦纹，直孔。直径 2.5、厚 0.7 厘米（图一九八，3；图版七八，2）。

Ⅱ式　7 件。一面直径较大，外沿呈斜弧形。标本 T13③b:5，泥质黑陶。外沿中间有 1 周点状旋纹。直径 3 和 4.1、厚 0.9 厘米（图一九八，4；图版七八，3）。标本 T11④:9，泥质红褐陶。外沿中间有 1 道凹弦纹，对穿孔。直径 3.3~3.6、厚 1 厘米（图

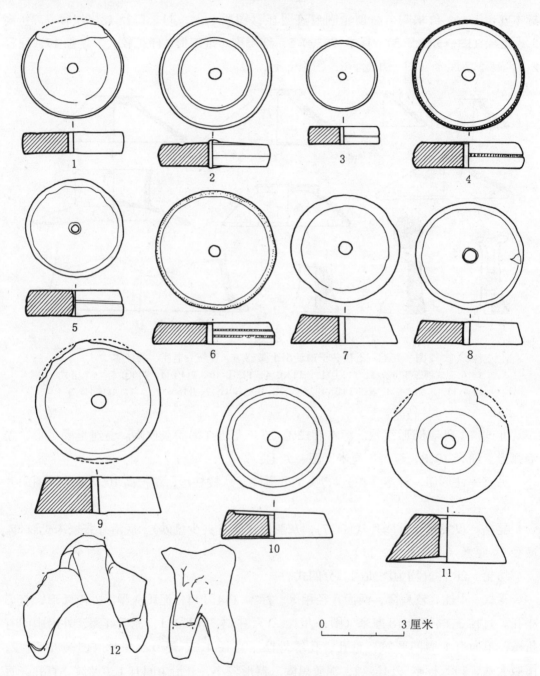

图一九八　石板巷子遗址出土陶纺轮、小动物
1～3. I式纺轮 T14③:4、T13③:1、T14③:2　　4～6. II式纺轮 T13③:5、T11④:9、H4:1　　7～10. III式纺轮 T11④:6、T11④:4、T2④:2、T11④:7　11. IV式纺轮 T14④:1　12. 小动物 T13③:7

一九八，5）。标本 H4∶1，泥质红黑陶。较扁薄，外沿有两周点状旋纹。直径 4.2 和 4.5、厚 0.8 厘米（图一九八，6；图版七八，4）。

Ⅲ式 15 件。较扁薄，断面呈梯形。标本 T11④∶6，泥质红褐陶。素面。直径 3.4 ~4、厚 1 厘米（图一九八，7）。标本 T11④∶4，泥质红陶（夹少量谷壳）。直径 3.5~ 4、厚 0.8 厘米（图一九八，8）。标本 T11④∶2，泥质红陶。较厚，一面边沿有凸棱。直径 3.6~3.9、厚 1.2 厘米。标本 T2④∶2，泥质黑陶。直径 4~4.7、厚 1.3 厘米（图一九八，9）。标本 T11④∶7，泥质红褐陶。一面边沿凸棱明显，直径 3.7 和 4.1、厚 0.9 厘米（图一九八，10；图版七八，5）。

Ⅳ式 2 件。很厚，断面呈梯形。标本 T14④∶1，泥质黑陶。直径 2.5 和 4.5、厚 1.8 厘米（图一九八，11；图版七八，6）。

小动物 2 件。

标本 T14③b∶8，泥质红陶。四足和头均残，似狗。残长 5.5 厘米（图版七八，7）。标本 T13③b∶7，泥质红陶。有四足，头、尾均残，背部驮一物，似为驮物狗。高 4.5、长 4.6 厘米（图一九八，12；图版七八，8）。

另有 2 件圆柱体。标本 H5∶2，泥质红陶（夹少量砂）。柱体径较小，底径较大，柱体一侧略重，素面。底径 5.8、残高 7 厘米（图一九七，9）。标本 T15③a∶7，夹砂红陶。素面。底径 9.1、残高 6.2 厘米（图一九七，10）。这种圆柱体是厚胎高足杯的柄还是支座底？不明。

第三节 小结

石板巷子遗址因江水冲刷严重，残存面积较小，遗址内涵全貌已无法了解。这次发掘的东区和西区都位于遗址的边缘部分，未发掘部分所剩无几。发掘所获资料主要有新石器时代的水沟 2 条、灰坑 11 个和一批石器、陶器，其中陶器较为丰富。石板巷子遗址是目前所掌握的鄂西地区重要的新石器时代晚期遗址之一，它为研究鄂西地区的新石器时代文化增加了新资料，在填补鄂西地区古代文化缺环方面具有重要意义。

石板巷子遗址出土的石器中，较大型的斧类石器数量较少，而磨制精细的小型锛、凿所占比例较大。还有鄂西地区不多见的带孔石器，如刀、钺等。陶器制作已普遍采用轮制。主要陶系为黑陶和灰陶，红褐陶和浅灰陶（即灰白陶）也颇具特色，还有少量羼稻谷壳或羼炭陶。基本纹饰为斜方格纹和横篮纹，还有少量锥刺纹和刻划纹。圈足器和高足器常见，袋足器仅见于盉，镂孔器趋于消失。主要器形有鼎、釜、A 型罐、瓮、A型盘、豆、器盖、杯等，其中主要炊器为鼎、釜并用。较大型的釜具有特征，鼎也为釜形，鼎足以竖安三角形扁足为主。B 型瓮、A 型盘、厚胎高足杯、盆状擂钵等都各具特点。这些与当阳季家湖下层①、枝江关庙山上层②、松滋桂花树上层③、江陵蔡台④、当阳王家台⑤、宜都茶店子⑥、鸡脑河⑦、王家渡⑧、蒋家桥⑨、宜昌白庙⑩等遗址的文化面貌比较相似，应属同一文化系统，是鄂西地区的一种文化类型，可称为石家河文化季家湖类型。时代约相当于中原的"龙山"阶段。例如石板巷子遗址出土的陶鼎、A 型罐、B 型罐、D 型罐、A 型盘、豆和擂钵等与河南临汝煤山第一期⑪、洛阳矬李第三期⑫、孟津小潘沟⑬等河南龙山文化王湾类型的同类陶器较为近似，说明它们的时代大致相当。

　　石板巷子遗址出土的陶器与季家湖下层出土的陶器相比，虽然基本风格相近，但也发生了较大变化。例如陶器制作技术方面，石板巷子遗址出土的轮制陶器更为普遍。当阳季家湖下层陶器的陶胎中常见的羼入稻谷壳的作风和具有特色的浅灰陶，虽然在石板巷子遗址中还可以见到，但已明显减少。纹饰方面，季家湖下层流行的戳印纹和刻划纹，在石板巷子遗址中已经少见。从陶鼎来看，季家湖下层典型的横装麻面足，在石板巷子遗址中虽然还存在，但以竖安三角形素面扁足为主。不仅如此，釜、擂钵、厚胎红陶杯、盉、A 型盘、豆、器盖等也都发生了变化。因此，石板巷子遗存的相对年代，应晚于季家湖下层遗存。

注　释

①　湖北省博物馆：《湖北当阳季家湖新石器时代遗址》，《文物资料丛刊》10，文物出版社。

②　中国社会科学院考古研究所湖北工作队：《湖北枝江关庙山遗址第二次发掘》，《考古》1983 年 1 期。

③　湖北省荆州地区博物馆：《湖北松滋县桂花树新石器时代遗址》，《考古》1976 年 3 期。

④　荆州地区博物馆发掘资料。

⑤　陈振裕、杨权喜：《当阳沮河下游一九七二年考古调查简报》，《江汉考古》1982 年 1 期。

⑥⑦⑧⑨　湖北省博物馆、北京大学考古学系调查发掘资料，见本书。

⑩　湖北宜昌地区博物馆、四川大学历史系考古专业：《湖北宜昌白庙遗址试掘简报》，《考古》1983 年 5 期。

⑪　洛阳博物馆：《河南临汝煤山遗址调查与试掘》，《考古》1975 年 5 期。

⑫　洛阳博物馆：《洛阳矬李遗址试掘简报》，《考古》1978 年 1 期。

⑬　洛阳博物馆：《孟津小潘沟遗址试掘简报》，《考古》1978 年 4 期。

拾叁　几点认识

第一节　宜都诸遗址发掘的学术价值

1983 年至 1984 年发掘的宜都城背溪等 12 处遗址，是鄂西地区重要的新石器时代遗址，发掘总面积为 1264 平方米，所获资料十分重要，主要包括新石器时代的城背溪文化和石家河文化两种遗存，还包括一部分夏、商和少量西周、东周、汉、晋等时期的遗存。

城背溪文化因城背溪遗址的发掘而被确认，并以该遗址名称命名。目前所知，湖北境内的城背溪文化遗址除长江西陵峡和巫峡东段有一部分以外，几乎都集中于宜都境内的长江江段沿岸。宜都（长江南岸）城背溪、枝城北、金子山、孙家河、栗树窝、花庙堤和枝江（长江北岸）青龙山等七处城背溪文化遗址，均因江水冲刷或基本建设工程而被发现，并都尽可能地进行了发掘，除城背溪遗址局部还可能继续发掘外，其余六处遗址基本不复存在。发掘面积虽不大，但获得了较多具有突破性意义的新资料，可将湖北新石器时代的历史提早一二千年，并为寻找大溪文化的前身提供了重要线索。该文化的稻作遗存、水牛骨骼和泥片贴筑法制陶术等，都有很高的科研价值。

石板巷子、茶店子、鸡脑河、王家渡和蒋家桥，是鄂西地区继当阳季家湖以后，连续发掘的五处新石器时代遗址。这一阶段的遗存，过去鄂西在宜都红花套[①]、松滋桂花树[②]和枝江关庙山[③]等大溪文化遗址发掘中已经见到，并统称为龙山文化。通过季家湖及宜都石板巷子等五处遗址的发掘，集中了较多较单纯而又富有区域特点的新石器时代晚期遗存，各遗址的文化面貌基本相同而又有别于鄂东和其他地区，从我国整个新石器时代文化谱系的高度考虑，遂定名为石家河文化季家湖类型。此文化类型的确定，在鄂西地区古代文化发展系列研究中具有十分重要的价值。

80 年代以后，沙市周梁玉桥商代遗存[④]和宜都夏商周遗存[⑤]的发现，是湖北考古工作的重要成果之一。这些发现填补了鄂西地区原来存在的夏商周文化缺环[⑥]。城背溪、花庙堤等遗址的发掘，都出土一部分夏商周遗存，属于早期巴文化[⑦]，从而为鄂西早期巴文化探讨增添了新资料。

第二节　城背溪文化的基本特征

宜都的城背溪文化遗址有两类：第一类分布于江边一级台地上，有城背溪、枝城北、孙家河、栗树窝和花庙堤。这些遗址地势甚低，一般都低于现代村舍，雨季常被洪水淹没。遗址文化层多被埋于厚2~3米的淤土层之下，因江岸崩塌才暴露出来。第二类有金子山和青龙山。此类遗址位于临近长江的矮山岗上，约高出长江一级台地30米左右，一般不受长江洪水的威胁。金子山、青龙山两遗址都经考古人员反复调查，最后才在山坡荒草丛中找到原生堆积，其文化层因雨水冲刷而暴露于地表。因两类遗址保存面积都很小，文化堆积多集中于坑、沟内，文化层所夹灰烬和陶片少，土色和陶片颜色与生土比较接近，所以考古调查较难进行。

在宜都城背溪文化各遗址的发掘中，仅见灰坑、水沟两种遗迹，遗物主要有陶器、石器和骨器，还有较大量的稻作遗存和动物遗骸。

众多陶器所反映的稻作遗存与文化堆积中含大量水生动物鱼、鳖、贝、蚌等遗骸表明，城背溪文化的原始农业已具有"饭稻羹鱼"的特点。第一类靠江边遗址，经较大面积的发掘，均未见房屋遗迹，推测当时居民平时生活在江边的沟壑、沱湾旁（枝城北H1就可能属此类居址），便于从事渔业活动；涨水季节则移往地势较高的地方（第二类遗址）。由于经发掘的城背溪文化遗址均保存不佳，居址布局和房屋建筑情况尚不清楚。

城背溪文化的石器制作还比较原始和粗糙，多以沙滩砾石为原料，先打出较大的石片，然后琢制成坯，再磨制刃部成器。器体两面、两侧和顶部也有打磨现象，但往往保留一部分自然面和打击脱落凹痕。器形较简单，以斧为常见，斧的形状、大小、厚薄均未严格加以规范，以弧刃长扁形的较多。其他器物还有锛、凿、锤、砍砸器、刮削器、弹丸、网坠等，刮削器以蚌形石片为多，少见或未见中原裴李岗文化[8]中的石铲、磨盘和磨棒。

城背溪文化的陶器特点鲜明，在成型、胎质、火候、器形、花纹等各方面都有反映。

陶器的成型方法主要为泥片贴筑法。根据器形及器体不同部位，将陶泥捏压成不同形状和大小的泥片，然后相互叠接捏制成粗型（可能用鹅卵石、泥团之类作模具），再在粗型上贴补抹稀泥（为红色），使胎壁平整坚固。因而许多陶片断面可以看到多层叠压的情况，而一般陶器胎壁多厚薄不均，底、颈、口部往往特别厚，不少器物口沿（紧靠唇部）另贴一圈泥条（称为重叠沿），器外壁从口沿唇部开始，一直到最底部，都有深而乱的拍印粗绳纹。这种粗绳纹最初并非特意装饰，而主要是整平、加固的痕迹。

　　陶器胎质的主要特点是含大量炭化物，羼入物中明显有稻草和稻谷壳，由于火候较低和不匀，胎壁表面多黑、红相间，胎质多乌黑松软。表面纹饰除拍印粗绳纹外，逐渐出现具有装饰作用的刻划纹、锥刺纹、细绳纹和镂孔。锥刺纹、刻划纹见于罐的颈部、盘的圈足部和支座外表。镂孔多见于盘的圈足上。另外一些器物有磨光红陶衣，它主要施于器物口沿上。由于胎质乌黑，红衣陶往往红中透黑；又由于火候较低，红陶衣极容易脱落。

　　陶器基本器形可分为罐釜、盘钵和支座三大类。罐釜类属较大型的深鼓腹器皿，各器形态较接近，适用于炊煮、储藏、汲水，包括釜、罐、瓮、鼎（为加三足的釜）、尊等，釜口沿上一般附加一圈宽带形泥条，泥条上也拍打绳纹。盘钵类器皿是腹较浅的弧壁器物，适用于饮食、盛食和掏舀，以其大小深浅和附加体而称为钵、盘、盆、碟、碗、杯，各器主体造型作风相似，整个主体纵剖面基本呈弧形。支座类器物是圜底器的承垫物，出土数量多，型式也较多，并讲究造型与装饰。三类器物中，前二类为容器，第三类为容器的活动附件。容器以大圜底（多为圆圜底）、鼓腹或弧腹、直沿或微卷沿为特点。罐釜类器物多为微侈口，盘钵类多为敞口。大圜底器物无论第一类，还是第二类都出现了圈足或三小足。圈足和三足可代替支座的作用（容器的固定附件）。第一类器物的三足或圈足，一般互相靠拢或直径甚小，显然只起固定器体的作用。第二类器物，除少量的钵加小三足外，大量的盘均装圈足，并盛行大圈足。大圈足盘是城背溪文化中数量最多的器物之一。盘壁较厚，整器壁连成弧形或盘底下凹，盘下部所加大圈足往往接痕明显，还多有刻划或镂孔花纹。盘的大圈足具有增加高度、固定器体和装饰器物的作用。圈足盘的造型结构和纹饰虽显得较复杂，但制作工艺仍较简单，只在弧壁盘坯底部接一、二个泥圈即成。钵的底部加圈足即成碗，碗的数量较少。

　　以上三类陶器造型均较简单，属于较原始的基本器物。随着时代的发展，以第一、第二两类器物为基础，根据用途需要，不断在器体口部和底部作加工改进，使器类逐渐分化，器形不断增加，而支座的作用则逐渐缩小，但基本作风尚未发生划时代的变化。

　　扁壶（城背溪遗址南区 T7 出土的 A 型壶）是城背溪文化陶器中工艺水平较高的器物。泥质，内含少量细砂，胎壁较薄，主体用泥片贴筑法成型，而在领部则出现了用泥条盘筑收口的现象。外表涂红陶衣，并打磨光亮。小口，直领，耸肩，椭圆形扁腹，平底。两肩各有只起装饰作用的耳突。这种造型别致、结构较复杂的扁壶为别处不见。

　　城背溪文化不但具有我国新石器时代较早阶段的文化特征，而且具有长江中游地区新石器时代文化体系较原始的特点，它是湖北地区目前发现的时代最早的一种新石器时代原始文化。

第三节　城背溪文化的年代与分期

城背溪文化的陶器与河南裴李岗、陕南李家村⑨等较早阶段的新石器时代文化陶器相比，陶质、陶色、器形和纹饰等都有不少相似之处。例如造型特点都为直沿、弧腹、圜底；器类都较简单；流行绳纹；器物底部装小三足或小圈足；壶的器口、器耳形态相近。可见，它们的年代应大体相当。城背溪遗址出土的兽骨和夹炭陶片，经碳十四年代测定为距今8000多年至7000多年⑩。城背溪文化的相对年代，上限不超过公元前6500年，下限为公元前5000年。

宜都的七处城背溪文化遗址，文化面貌存在较大的时代差别，尤其表现在陶器方面。由于各遗址发掘面积较小，出土陶器的器形种类多不齐全或器形不完整，各遗址之间的型式划分又难以统一，造成器物排比的一定困难。我们根据城背溪遗址南区，金子山、青龙山、孙家河等遗址的地层关系和各遗址陶器的作风，以及典型器物的演变对宜都城背溪文化提出分为五期的初步意见。

第一期　城背溪遗址南区下层遗存（包括南区T6、T7第3层的大部分遗物）。

第二期　金子山遗址第2层和第3层、栗树窝遗址第5层遗存。

第三期　枝城北遗址第4层和第5层（包括H1、H2）遗存。

第四期　城背溪遗址南区上层遗存（包括南区T6、T7第3层的部分遗物）、城背溪遗址北区T10第3层、青龙山遗址第3层和第4层（包括H1～H3）遗存。

第五期　孙家河遗址第3层和第4层、花庙堤遗址第5层遗存。

从第一期到第五期，陶器的制作方法和工艺水平明显提高。第一期陶容器的成型方法，主要为泥饼拼筑法和泥片贴筑法，支座则采用捏塑法成型。至第三、四期增加了泥圈接筑法，扁壶颈部出现泥条盘筑现象。第一期的陶胎多厚薄不均、不规整，器表凹凸不平，红衣容易脱落。从第三期开始，陶胎变薄，较规整的器物显著增加，并出现通体打磨的器物。陶质方面，第一、二期器物羼炭较多，羼砂较少，陶胎多呈乌黑色，质地松疏。第三期以后羼炭陶逐渐减少，羼砂陶增加，陶胎多呈褐色，质地较为坚实。纹饰方面均以绳纹为主。绳纹的变化，从粗而乱、通体满布，向较细密、较规整、口颈抹素的情况发展。具有装饰作用的纹饰（包括较细的绳纹）也有逐渐增加的趋势。器形方面，第三、四、五期都有不少新器皿出现，小圈足器和三足器从第三期开始盛行。筒形器仅发现于第四期的青龙山遗址。基本器形的变化，较明显地表现在罐形釜（城背溪遗址南区下层的B型釜）、直沿罐（城背溪遗址南区下层的Aa型罐）、束颈罐（青龙山遗址的Ac型罐）、敛口折腹双耳罐（城背溪遗址南区下层的Bd型罐）、釜形双耳罐（城背溪遗址南区下层的Ba型罐）、圈足盘（城背溪遗址南区下层的B型盘）、钵（城背溪遗址南区下层的 A 型钵）和支座上（图一九九）。

罐形釜　口沿和纹饰的变化最为明显。口部从近直沿（或微卷沿）→卷沿→折沿发展，沿面微内凹。肩部从斜肩→鼓肩→溜肩发展。第一、二期的口沿外另加一圈泥条（重叠沿），重叠沿从第三期开始消失。第一、二期的绳纹较粗并相互交错；口沿外不但有绳纹，而且特别乱而深（多压印在附加泥条上）。第三期以后，绳纹变细，口部绳纹特别规整。第五期，口沿至颈部的绳纹往往被打磨掉而成素面。

直沿罐　第一、二、三期只发现口沿，但也可以看出它的演变情况。即由敛口到直口，颈由短逐渐加长，腹由微鼓到外鼓，圈底由较窄变为较宽。器腹和底均有绳纹，而器口沿由有绳纹到无绳纹。从第三期开始，颈部出现装饰的刻划纹。

束颈罐　为一种制作较精致的罐。第一期就出现粗型，胎较厚，器表不平整，绳纹较粗糙。从第三期开始，器形变规整，颈部有刻划纹或附加堆纹。第五期，口沿外侈，束颈明显。

敛口折腹双耳罐　也是一种制作精致的罐。仅发现于第一、二期。第一期器体较矮胖，腹较浅，上腹部有 1 周精细的刻划纹图案。第二期腹变深，上腹部饰戳印纹、弦纹和细绳纹。

釜形双耳罐　口部变化明显。第一期，双耳安装于口沿领部，近直口，领壁略外鼓。第二期，双耳安装于领、肩之间，领壁外曲成敛口。第四期，为宽折沿，侈口，双耳安装于口沿与肩之间。第五期未见双耳罐，可能已消失。

圈足盘　盘的胎壁逐渐变薄。第一期的盘壁多呈曲线形，盘底下凹，圈足较粗大。圈足中部略内束，底部多外撇。第二期以后，斜壁盘增加，圈足上部外侈，圈足下部外折。第四期以后，圈足直径较小的盘增加。

钵　各期钵的型式都较多，总趋势是浅腹钵逐渐增加，绳纹逐渐减少、变细，至第五期有较多的素面钵和敛口钵。

支座　各期支座型式较多，其中一种饰绳纹的内空驼背型（城背溪 T6 出土的 D 型支座）的变化线索明显。第一期为平顶，背有折棱，内空较小。第三期为平顶前伸，斜曲背，背面宽，内空增大。第四期顶端有凹窝，背有上突，内空与顶窝不通。第五期顶为饼形，斜背，内空直通顶面。

关于扁壶（城背溪遗址南区 T7 出土的 A 型壶），枝城北遗址（第三期）出土较多。而城背溪遗址 T6、T7（位于河漫滩）第 3 层（属"断层"）也已见到，器形较接近枝城北遗址的扁壶（B 型Ⅲ式壶）。因此，城背溪遗址出土的扁壶应为上层遗物，属第四期。

宜都城背溪文化的五期遗存之间可能还存在一定缺环。例如第二期的金子山遗址与第三期的枝城北遗址之间，文化面貌差别比较大，所出陶器的风格存在明显差异。枝城北遗址的 A 型尊、B 型尊、B 型壶（扁壶），以及釜、鼎、尊等器上腹部对称的乳钉状小耳都不见于金子山遗址的陶器，第一、二期流行的圈足盘则少见于枝城北遗址（只见盘口沿，未见盘圈足）。第二期与第三期之间应有缺环。

第一期的城背溪遗址南区下层，虽有互相叠压或互相打破的连续地层关系（第 4a 层→第 4b 层→G1 第 1 层→G1 第 2 层→H1 第 1 层→H2 第 2 层），但所出陶器有些混乱，未能找出相应的变化规律。这可能因遗址靠近长江，在地层形成之前就受到江水冲扰的结果。城背溪遗址南区下层陶器，包括了 T6、T7 第 3 层的大部分陶器，器物型式比较多、变化比较大。据此，第一期的年代跨度较大，有待于今后的进一步分期。

第四节　关于石家河文化季家湖类型遗存

1979 年在鄂西沮漳河流域的当阳季家湖杨家山子和九口堰发现了季家湖遗存[①]之后，为了进一步了解该遗存的内涵及其分布情况，1983 年秋至 1984 年夏，又连续在宜都发掘了石板巷子和鸡脑河、茶店子、王家渡、蒋家桥等五处遗址。这五处遗址都是单纯的石家河文化遗址，发掘面积共 527.5 平方米。

五处遗址共发现房屋址 3 座、灰坑 50 个、沟 13 条。其中两座房屋为半地穴式，一座房屋为台基式，而季家湖杨家山子遗址的房屋也为半地穴式，可见季家湖类型的文化流行半地穴式房屋。茶店子遗址的房屋遗迹中有红烧土墙壁倒塌的现象，墙壁内有夹稻谷壳和植物茎杆的情况，还发现了墙壁的筋架痕迹，这显然是鄂西大溪文化"红烧土房屋"的建筑传统。在 50 个灰坑中，除垃圾坑外，有些大型灰坑，如茶店子 H14、王家渡 H4 等可能属半地穴式房屋残基；有些较规整的灰坑，如茶店子 H2、H5、H13 等可能为储藏物品的窖穴；有些中小型灰坑，如石板巷子 H8、H10、H11，坑内出土完整陶器，应与放置陶器有关。

五处遗址出土的石器品种有斧、斧坯、小斧、锛、小锛、钺、凿、刀、刻刀、锥、镞和弹丸等。石斧一般呈长条形，并以顶部较窄、刃部略宽的为多。大型锛较少见，以磨制精细的小锛、小斧和凿等小型工具为特点。锛多为宽长方形，两面磨刃，刃面一宽一窄。还有磨制较精的带孔石刀、钺和矛形石镞。陶器普遍为轮制。陶质有夹砂、泥质、夹炭三种。夹炭陶一般数量较少，所夹炭化物中有稻谷壳。陶色比较杂，有黑、褐、灰、红褐、橙黄等。灰陶中的浅灰（或灰白）陶具有特色。纹饰有绳纹、篮纹、方格纹、网纹、刻划纹、压印纹、戳印纹、弦纹、绳索纹、附加堆纹和镂孔。方格纹和篮纹往往同时在一件器物上出现。方格纹多呈斜行，并与网纹相近似。刻划纹中有叶脉纹。镂孔较简单，多为少量圆孔。器形有鼎、釜、甑、罐、瓮、缸、钵、豆、碗、盘、盆、擂钵、杯、碟、鬶、器盖、器座、纺轮和陶塑等。特征性器物有釜形鼎、宽腹釜、

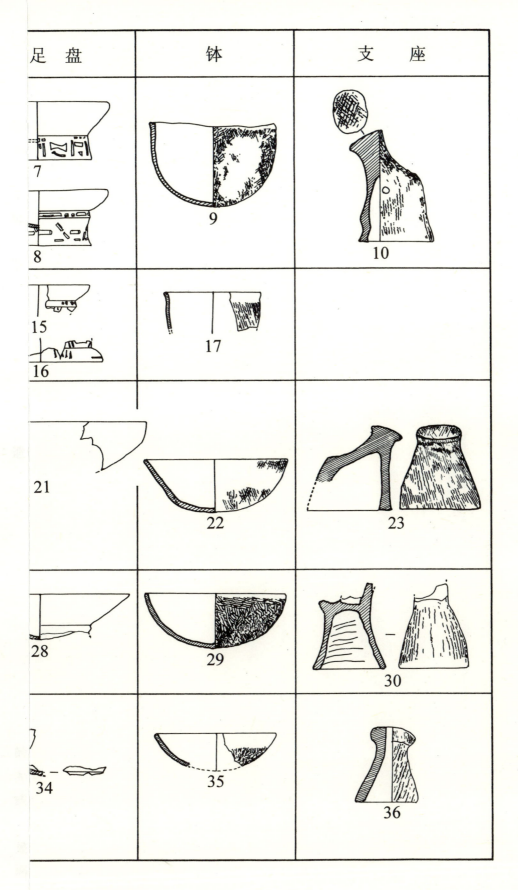

足　盘	钵	支　座
7 8	9	10
15 16	17	
21	22	23
28	29	30
34	35	36

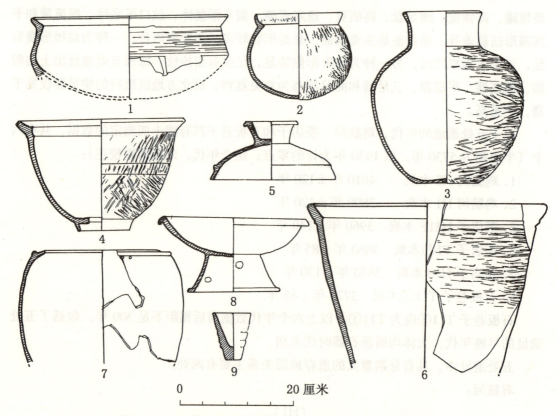

图二〇〇　宜都石家河文化第一期（鸡脑河出土）主要陶器

1. A型Ⅰ式鼎 H2:25　　2. A型Ⅰ式釜 H2:29　　3. B型Ⅰ式罐 H2:18　　4. 甑 H2:28　　5. 器盖 H2:14
6. Ⅱ式缸 H2:65　　7. B型Ⅰ式瓮 H2:69　　8. C型Ⅱ式豆 H2:21　　9. A型Ⅰ式杯 H2:27

缸、D型Ⅰ式瓮、鬶、C型杯等（图二〇一）。

第三期　茶店子西区第8层至第12层和茶店子东区第3层至第6层。主要遗迹有
H1～H6、F2、H14、H18、H21、H26、G2、G3等；蒋家桥遗址。茶店子遗址主要灰
坑出土的典型陶器有B型Ⅰ式鼎（H4:13）、C型鼎（H6:9）、A型Ⅰ式～Ⅲ式釜（H21
②:4、H2:4、H21②:2）、C型Ⅱ式罐（H21②:21）、A型Ⅰ式钵（H21②:18）、Ⅰ式甑
（H21②:19）、C型Ⅱ式瓮（H4:12）、A型Ⅰ式器盖（H21②:15）等。蒋家桥遗址的陶
器主要有B型鼎（G4:34）、C型鼎（G4:2）、A型釜（G4:1）、A型Ⅰ式罐（H1:6）、
Ⅱ式钵（G4:30）、甑（G4:35）、A型盘（G4:12）、豆（G4:9）、器盖（G4:6）等（图
二〇二）。

第四期　茶店子遗址西区第3层至第7层，主要遗迹有F1、H7、H8、H20、H22；
王家渡遗址。茶店子遗址典型灰坑出土的陶器有B型Ⅱ式鼎（H7:9）、A型Ⅳ式釜（H7:
6）、C型Ⅲ式罐（H22:2）、A型Ⅲ式钵（H7:5）、Ⅱ式甑（H8:1）等。王家渡遗址的

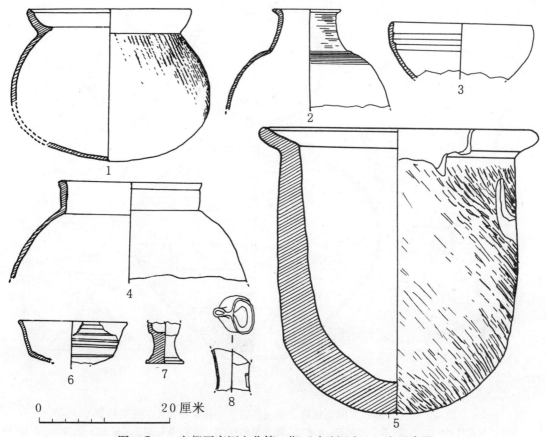

图二〇一　宜都石家河文化第二期（鸡脑河出土）主要陶器

1.A 型Ⅱ式釜 H1:3　　2.B 型Ⅳ式罐 H3:17　　3.A 型Ⅱ式钵 T1④:7　　4.C 型Ⅰ式瓮 T4④:1　　5.Ⅲ式缸 H3:15　　6.A 型豆 H1:8　　7.C 型杯 T3④:14　　8. 鬶 H3:18

陶器中有 A 型釜（T2⑤:3）、A 型罐（G3:7）、钵（G1:3）、A 型盘（G3:5）、豆（T2⑤:8）等（图二〇三）。

　　第五期　石板巷子遗存。典型陶器有Ⅱ式鼎（H8:1）、Ⅲ式鼎（H4:3）、A 型Ⅰ式釜（H11:1）、A 型Ⅱ式釜（H8:2）、A 型Ⅱ式罐（T12④:4）、Ⅱ式钵（T14③b:10）、甑（T11④:16）、B 型Ⅰ式瓮（H10:2）、Ac 型Ⅲ式盘（T11④:17）、豆（T14④:3）、Ⅰ式器盖（T14④:5）等（图二〇四）。

　　第一、二期遗存（即鸡脑河遗存）与第三至五期遗存之间存在明显的突变现象：鸡脑河遗址与茶店子遗址（属第三、四期）虽相距很近，所属时代也相互衔接，但所出陶器却有较大区别，除纹饰由绳纹为主变为以方格纹、篮纹为主以外，有些器形突然消失或有显著变化。例如鸡脑河的盆形鼎（A 型鼎）、瘦高型高领罐（B 型罐）、厚胎红陶杯（A 型杯）、圈足甑、厚胎筒形缸（Ⅲ式缸）、翻沿豆（A 型、C 型豆）等，在茶店子遗

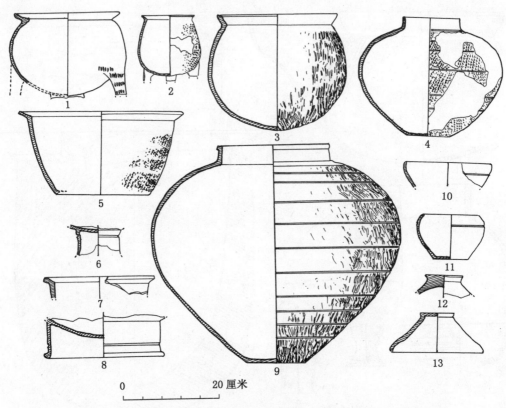

图二〇二　宜都石家河文化第三期（茶店子、蒋家桥出土）主要陶器

1. 茶 B 型 I 式鼎 H4:13　　2. 茶 C 型鼎 H6:9　　3. 蒋 A 型釜 G4:1　　4. 茶 C 型 II 式罐 H21②:21　　5. 茶
I 式甑 H21②:19　　6. 蒋豆 G4:9　　7. 蒋甑 G4:35　　8. 蒋 A 型盘 G4:12　　9. 茶 C 型 II 式瓮 H4:12
10. 蒋 II 式钵 G4:30　　11. 茶 A 型 I 式钵 H21②:18　　12. 蒋器盖 G4:6　　13. 茶 A 型 I 式器盖 H21②:15

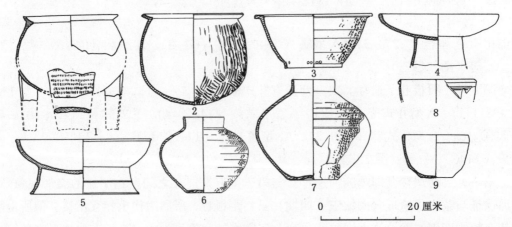

图二〇三　宜都石家河文化第四期（茶店子、王家渡出土）主要陶器

1. 茶 B 型 II 式鼎 H7:9　　2. 茶 A 型 IV 式釜 H7:6　　3. 茶 II 式甑 H8:1　　4. 王豆 T2⑤:8　　5. 王 A 型
盘 G3:5　　6. 王 A 型罐 G3:7　　7. 茶 C 型 III 式罐 H22:2　　8. 王钵 G1:3　　9. 茶 A 型 III 式钵 H7:5

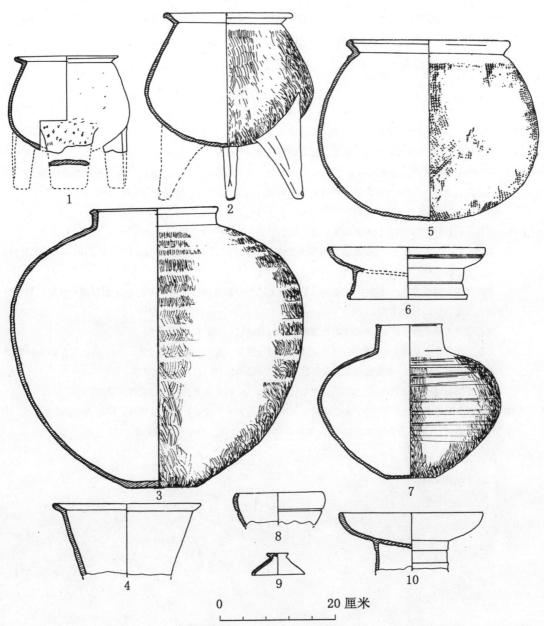

图二〇四　宜都石家河文化第五期（石板巷子出土）主要陶器

1. Ⅲ式鼎 H4:3　　2. Ⅱ式鼎 H8:1　　3. B型Ⅰ式瓮 H10:2　　4. 甑 T11④:16　　5. A型Ⅰ式釜 H11:1
6. Ac型Ⅲ式盘 T11④:17　　7. A型Ⅱ式罐 T12④:4　　8. Ⅱ式钵 T14③b:10　　9. Ⅰ式器盖 T14④:5
10. 豆 T14④:3

址和其他三处遗址中不见或少见。这种突变现象在天门罗家柏岭⑫、邓家湾和肖家屋脊⑬等典型的石家河文化遗址中同样有所反映。石家河文化发展的最后阶段，即约公元前21世纪开始，我国已进入了夏王朝统治时期，因此也可以说，茶店子、蒋家桥、王家渡和石板巷子遗存是长江中游地区的夏代遗存。

注　释

① 黎泽高：《枝城市新石器时代文化概述》，《江汉考古》1991 年 1 期。

② 湖北省荆州地区博物馆：《湖北松滋县桂花树新石器时代遗址》，《考古》1976 年 3 期。

③ 中国社会科学院考古研究所湖北工作队：《湖北枝江关庙山遗址第二次发掘》，《考古》1983 年 1 期。

④ 沙市市博物馆：《湖北沙市周梁玉桥遗址试掘简报》，《文物资料丛刊》10，文物出版社。

⑤ 林春：《宜昌地区长江沿岸夏商时期的一支新文化类型》，《江汉考古》1984 年 2 期。

⑥ 俞伟超：《寻找“楚文化”渊源的新线索》，《江汉考古》1982 年 2 期。

⑦ 湖北省文物考古研究所：《湖北省文物考古工作十年来的发展》，《文物考古工作十年（1979—1989）》195 页，文物出版社，1990 年。

⑧ 开封地区文物管理委员会等：《裴李岗遗址一九七八年发掘简报》；《河南开封地区新石器时代遗址调查简报》，《考古》1979 年 3 期。

⑨ 陕西省考古研究所等：《陕南考古报告集》，三秦出版社，1994 年。

⑩ 北京大学考古学系碳十四实验室：《碳十四年代测定报告（七）》，《文物》1987 年 11 期；中国社会科学院考古研究所实验室：《放射性碳素测定年代报告（一〇）》，《考古》1993 年 7 期。

⑪ 湖北省博物馆：《湖北当阳季家湖新石器时代遗址》，《文物资料丛刊》10，文物出版社。

⑫ 湖北省文物考古研究所等：《湖北石家河罗家柏岭新石器时代遗址》，《考古学报》1994 年 2 期。

⑬ 石河考古队：《湖北省石河遗址群 1987 年发掘简报》，《文物》1990 年 8 期。

附录一

宜都城背溪遗址南区出土的
动物遗骸鉴定表

李 天 元

种类	遗骸名称	数量	备注
圣水牛	头骨	1	残
水牛	上颌	1	残,附二齿
	下颌	1	残,附一齿
	单牙	3	
牛	脊椎	5节	
	肱骨头、滑车	各1	
	桡骨远端	2	
	肋骨头	1	
	盆骨	8块	
	桡骨近端	1	
	趾骨	1	
鹿	角	1段	
	下牙床	2	残
	枢椎	1	
	胛骨	1	残
	肱骨、滑车	1	
	桡骨远端	1	
	趾骨	1	
蚌	壳	4片	
贝	壳	1	完整
鳖	甲	若干	
鱼	骨	若干	
青鱼	右咽喉齿	1	
草鱼	牙	2	

附录二

宜都新石器时代遗址出土物
碳十四年代测定表

测定单位	实验室编号	遗址与样品名称	送测单位	出土层位及文化性质	测定年代（距今）	公布刊物
北京大学考古学系碳十四实验室	BK84028	城背溪兽骨	北京大学考古学系	T6③,相当于磁山·裴李岗文化	6800±80	《文物》1981年11期
中国社会科学院考古研究所实验室	ZK－2643	城背溪夹炭陶片	长办红花套考古工作站	1987年采自遗址灰坑,新石器时代早期	8220±250 7988±250	《考古》1993年7期
同上	ZK－2644	城背溪夹炭陶片	同上	1989年采自遗址探方,新石器时代早期	8274±234 8040±234	同上
北京大学考古学系碳十四实验室	BK84070	鸡子(脑)河木炭	北京大学考古学系	T1H2西	4010±120	《文物》1987年11期
同上	BK84072	同上	同上	T2H1	3890±120	同上
同上	BK84071	茶店子木炭	同上	T1H21下层,龙山文化	3960±140	同上
同上	BK84069	同上	同上	T2H18,龙山文化	3830±130	同上
同上	BK84066	同上	同上	茶T1⑤,龙山文化	3860±85	同上
同上	BK84052	石板巷子木炭	同上	T11③,龙山晚期	3770±85	同上

附录三

城背溪文化的制陶工艺

李 文 杰　　　　　黄 素 英
（中国历史博物馆）　（中国社会科学院考古研究所）

　　湖北省文物考古研究所于 1983 年至 1984 年发掘了宜都县城背溪、枝城北、孙家河，枝江县青龙山等新石器时代早期遗址，其中以城背溪遗址最有代表性，故命名为城背溪文化。中国历史博物馆考古部李文杰于 1990 年 4 月考察了上述遗址的制陶工艺。中国社会科学院考古研究所实验室黄素英于 1991 年对城背溪文化一部分陶片的化学组成进行了发射光谱定性测定（表一）和化学分析（表二）。本文主要研究城背溪文化陶器的制作工艺。

一　制陶原料

　　制陶原料有塑性原料（黏土）、瘠性原料（羼和料）两类。城背溪文化的陶器，根据质料的不同，可分为有羼和料和无羼和料两大类，以前者为主。有羼和料的陶器，目前能够确认的有夹炭红陶、夹砂红陶、夹砂白陶、夹砂灰陶、夹陶末红陶等五种，其中以第一种较多，第二种较少，第三、四、五种罕见。此外，有一些红陶含有白色颗粒，是否以骨末作羼和料，尚待研究。目前未见夹蚌陶。无羼和料的陶器即泥质陶，目前未见经过淘洗的细泥陶。

表一　　　　　　　　城背溪遗址和枝城北遗址城背溪文化

陶片化学组成的发射光谱定性测定

编号	出土地点	原编号	器物名称	陶质陶色	主量	较多量	少量	微　　　量
1	城背溪	T6③:100	罐口沿分离出的土	夹砂白陶	Si	Mg	Al、Fe	Ca、K、Na、Ti、Ni、V、Cr、Mn
2	城背溪	T6③:100	罐口沿分离出的砂	夹砂白陶	Si		Mg、Al、Fe	Ca、K、Na、Ti、Ni、V、Cr、Mn
3	城背溪	T6③:24	釜腹片	夹砂红陶	Si	Al	Fe	K、Na、Ti、Ca、Mg、Ni、Cr、V、Mn
4	城背溪	T6③:48	釜腹片	夹炭夹砂红陶	Si	Al	Fe	K、Na、Ti、Ca、Mg、Ni、Cr、V、Mn
5	城背溪	T6③:61	圈足盘口沿	夹炭红陶	Si	Al	Fe	K、Na、Ti、Ca、Mg、Ni、Cr、V、Mn
6	枝城北	T1⑤	腹片外表层	夹砂灰陶	Si	Mg	Al、Fe	Ca、K、Na、Ti、Ni、V、Cr、Mn
7	枝城北	T1⑤	腹片胎心	夹砂灰陶	Si	Mg	Al、Fe	Ca、K、Na、Ti、Ni、V、Cr、Mn
8	枝城北	H1	圈足盘口沿红陶衣	泥质红陶	Si	Al	Fe	K、Na、Mg、Cr、Ni
9	枝城北	H1	圈足盘口沿胎心	泥质红陶	Si	Al	Fe	K、Na、Mg、Cr、Ni
10	枝城北	H1	扁壶口沿红陶衣	泥质红陶	Si	Al	Fe	K、Na、Mg、Cr、Ni
11	枝城北	H1	扁壶口沿胎心	泥质红陶	Si	Al	Fe	K、Na、Mg、Cr、Ni
12	枝城北	H1:23	罐腹片	泥质红陶	Si	Al	Fe	K、Na、Ti、Ca、Mg、Ni、Cr、V、Mn

表二　　　城背溪遗址和枝城北遗址城背溪文化陶片的化学组成一览表

编号	出土地点	原编号	器物名称	陶质陶色	SiO_2 %	Al_2O_3 %	Fe_2O_3 %	FeO %	CaO %	MgO %	K_2O %	Na_2O %	烧失量 %	总量 %	吸水率 %	助熔剂总和 %
1	城背溪	T6③:100	罐口沿分离出的土	夹砂白陶	62.94	5.52	2.01		0.88	23.89	0.24	0.75	3.75	99.86	30.56	27.77
2	城背溪	T6③:24	釜腹片	夹砂红陶	67.15	16.60	7.04		0.83	1.07	1.36	0.92	4.89	99.86	14.07	11.22
3	城背溪	T6③:48	釜腹片	夹炭夹砂红陶	57.87	19.15	9.36		1.84	0.48	1.65	1.03	7.98	99.36	10.10	14.36

续表二

编号	出土地点	原编号	器物名称	陶质陶色	SiO₂ %	Al₂O₃ %	Fe₂O₃ %	FeO %	CaO %	MgO %	K₂O %	Na₂O %	烧失量 %	总量 %	吸水率 %	助熔剂总和 %
4	城背溪	T6③:61	圈足盘口沿	夹炭红陶	62.36	16.86	5.36		1.86	1.19	2.01	1.18	6.17	96.99	22.04	11.60
5	枝城北	T1⑤	腹片	夹砂灰陶	54.85	5.41	1.09	0.80	1.55	25.57	0.56	1.16	6.45	97.50	14.62	30.73
6	枝城北	H1	圈足盘口沿	泥质红陶	59.27	19.85	7.76		0.84	1.08	1.90	1.24	6.04	97.98	14.55	12.82
7	枝城北	H1	扁壶口沿	泥质红陶	52.76	20.09	9.63		0.85	1.10	1.70	0.81	8.89	95.83	14.05	14.09

说明：①城背溪文化陶片标本是由湖北省文物考古研究所陈振裕、杨权喜先生提供的。

②城背溪 T6③:100 罐口沿分离出的砂 SiO₂ 的含量为 75.66%。

夹炭红陶（表一，5；表二，4）的胎心呈黑色，是留有炭末所致，内壁、外表皆红色，留有梭形和发渣形的炭末痕迹，表明所用的羼和料是经过炭化处理的稻壳。陶片中的 SiO_2 为 62.36%，Al_2O_3 为 16.86%，助熔剂（Fe_2O_3、CaO、MgO、K_2O、Na_2O）总和为 11.60%。以低 SiO_2、低 Al_2O_3、高助熔剂为特征，表明所用的黏土为普通易熔黏土。器形有圈足盘和圜底钵等。

夹砂红陶（表一，3；表二，2）所含的砂粒直径 1～3 毫米不等。陶片中的 SiO_2 为 67.15%，Al_2O_3 为 16.60%，助熔剂总和为 11.22%，表明所用的黏土也是普通易熔黏土。器形有圜底罐、圜底钵和支座等。

此外，有一些釜和圜底罐，既羼和炭末，又含有砂粒，可称为夹炭夹砂红陶（表一，4；表二，3），是将两种羼和料混合在一起使用。陶片中的 SiO_2 为 57.87%，Al_2O_3 为 19.15%，助熔剂总和为 14.36%，表明所用的黏土还是普通易熔粘土。

从夹砂白陶中分离出来的砂粒（表一，2；表二，说明②），以 Si 为主量元素，SiO_2 含量为 75.66%，表明主要为石英砂，应是取自河道。

夹砂白陶所用的黏土有两种：一种颜色洁白，手摸陶片没有滑腻感。陶片的化学组成以低 SiO_2、高 Al_2O_3、低助熔剂为特征，是以高铝质耐火黏土即高岭土为原料。遗憾的是没有挑选这种白陶标本进行化学分析。器形有宽沿圜底罐、双耳圜底罐和釜。另一种颜色灰白，手摸陶片有明显的滑腻感，仅存一件罐的口沿及底部，其化学组成比较特殊（表一，1；表二，1），Mg 为较多量元素。含 SiO_2 为 62.94%，Al_2O_3 为 5.22%，助熔剂总和为 27.77%（其中包括 MgO 为 23.89%）。以低 SiO_2、贫 Al_2O_3、富 MgO、高助熔剂为特征，表明所用的黏土是高镁质易熔黏土。

夹砂灰陶的化学组成也特殊（表一，6、7；表二，5），Mg 为较多量元素。含 SiO_2

为 54.85%，Al_2O_3 为 5.41%，助熔剂（Fe_2O_3、FeO、CaO、MgO、K_2O、Na_2O）总和为 30.73%（其中包括 MgO，25.57%）。表明也是以高镁质易熔黏土为原料。外表层与胎心的原料相同。

夹陶末红陶，所含的陶末呈鲜红色，粒径 2~4 毫米，是将废陶器砸成碎陶末作为羼和料，只见于一件支座。

泥质红陶（表一，8~12；表二，6、7）所用的黏土未经淘洗，因此含有少量砂粒。陶片中含 SiO_2 为 52.76~59.27%，Al_2O_3 为 19.85~20.09%，助熔剂总和为 12.82~14.09%。表明是以普通易熔黏土为原料。器形只有圈足盘、圜底钵和平底扁壶三种，红陶衣的原料是含铁量较高的红黏土泥浆。

如上所述，在城背溪文化的陶器中，绝大多数以普通易熔黏土作为制陶的塑性原料。

二　制作工艺

在陶器的制作工艺中，坯体的成型方法起决定性作用，修整方法居第二位。城背溪文化陶器的成型方法有泥片筑成法、泥条筑成法和捏塑法三种，以第一种为主。

（一）泥片筑成法

泥片筑成法也称"泥片贴筑法"，是新石器时代早期陶器主要的成型方法之一，俞伟超[①]、牟永抗[②]两位先生最早研究了这种方法。所谓泥片筑成法系指将泥料先搓成泥球，再按压成泥片，然后经过手捏、拍打或滚压使各泥片之间互相粘贴在一起筑成坯体的方法。从城背溪文化陶器的实际情况来看，泥片筑成法的具体方法有以下两种：

1. 小泥片筑成法

用数量很多、小而薄的泥片筑成一件坯体，泥片之间相互叠压的部分很宽，因而从表面和断面可以看到大面积重叠、多层次斜向叠压的现象，这是小泥片筑成法独有的特征。这种方法通常用于制作精致的器物。

例如圈足盘（青龙山 H1:41；图一，1），夹炭红陶，胎心黑色。从口沿的内壁、外表和剖面上都可以看到泥片筑成的痕迹。笔者曾用剃须刀片插入泥片缝隙，可将泥片逐层剥离。从外表看（图一上右），泥片 1 在右，泥片 2 在左；从内壁看（图一中），泥片 1 在左，泥片 2 在中，泥片 3 在右。这表明泥片是按顺时针方向逐片贴上去的。从纵剖面（图一上左）和横剖面（图一下）看，均为泥片 1 在外，泥片 2 在中，泥片 3 在内。这表明泥片是从坯体内侧逐片贴上去的，而且是从器壁上距制陶者较远那一边贴上去的。可以设想，制作时，左手放在坯体外侧，托着胎壁，右手持泥片在坯体内侧逐片进行贴筑；主要靠右手的动作。从横剖面看，泥片 3 的边缘很薄，中部较厚，这种形状便于各泥片之间有较大面积重合、相互叠压，粘得比较牢固。圈足盘的内壁、外表都没有使用模具的痕迹，但是都经湿手抹平。残宽 5.8、残高 4.4、胎厚 0.6~1 厘米。

　　笔者看到有的城背溪文化圈足盘在器身原胎内壁敷一层泥，然而敷泥层已呈现龟裂状，未能起到加固器壁的作用。龟裂的原因在于：敷泥时间太晚或所敷泥料的含水量偏高，因而收缩率也偏高，敷泥层与原胎之间收缩率相差悬殊。原胎的各泥片之间是斜向叠压的，而敷泥层与原胎之间的缝隙是上下贯通的，在同一件器物上存在两种不同的叠压现象，显示出用泥片筑成法成型与敷泥修整这两道工序之间的差别。

　　2. 大泥片筑成法

　　利用数量不多、大而厚的泥片筑成一件坯体，泥片之间相互叠压的部分很窄。这种方法通常用于制作粗放的器物。圜底钵和圜底罐是数量最多的两种器形，它们普遍采用大泥片筑成法成型。

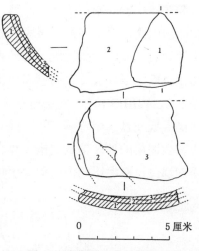

图一　城背溪文化的陶圈足盘
青龙山 H1:41

　　圜底罐（青龙山 T6④；图二），夹砂红陶，含少量粗砂，最粗的粒径 3 毫米。红褐色，外底局部呈青灰色。先制作圜底，圜底外表未经拍打和抹平，欠平整，因而保留了大泥片原来的表面现象，内壁却有几个垫窝。这些垫窝应是一手托着大泥片，另一手持河卵石拍打内壁所致。经过拍打，这块大泥片变成圜底。然后在圜底边缘内侧大约用五块略呈圆角方形的大泥片筑成器壁。因为器壁与器底的接缝向器内倾斜，相接处外侧未经修整，所以

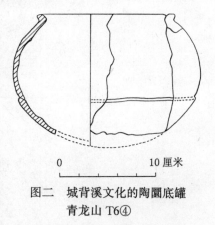

图二　城背溪文化的陶圜底罐
青龙山 T6④

外表留有一周棱脊，呈台阶状，这是壁与底的明显分界。器口部两块大泥片的接缝处呈现一个缺口，经放大观察，形成缺口的原因是：两块大泥片原来都略呈圆角。腹部内壁有若干垫窝，直径约 3 厘米，这些垫窝应是拍打外表时内壁用河卵石作依托所致。外表用湿手抹平。口径 14、残高 6.6、胎厚 0.5 厘米。

　　用大泥片筑成的坯体都经过修整。拍打和湿手抹平是常用的修整方法。此外，还有一种引人注目的修整方法：在坯体外表敷一层泥或在内壁、外表分别敷一层泥，结果由原来的一层胎变为两层胎或三层胎。敷泥是采用"加法"进行修整。在城背溪文化的圜底罐和圜底钵当中，多数为两层胎或三层胎。经观察，两层胎的，内层较厚，是原来成

型的，即原胎；外层较薄，是后来敷的，即敷泥层。三层胎的，中层较厚是原胎，内层和外层较薄是敷泥层。

圜底钵残器（城背溪 T7③:54，图三，1），泥质红陶，三层胎，中层（原胎）的外表拍印斜绳纹，近口部的外层脱落一块，露出中层外表的斜绳纹。中层的内壁、外表分别敷泥之后，外层（敷泥层）的外表又拍印斜绳纹，内层（敷泥层）的内壁留有垫窝。表明拍打敷泥层外表时，内壁以垫子作依托。残器宽 10、残高 8.7、胎厚 0.6（包括中层厚 0.4、内层厚 0.1、外层厚 0.1）厘米。

圜底罐残器（城背溪 T8H1①；图三，2），夹砂红陶，含有炭末，三层胎，在肩部和腹部敷泥层的外表拍打交错绳纹，在口沿敷泥层的外表附加一周宽带状泥条，泥条上滚压斜绳纹。敷泥层的内壁用湿手抹平。口径 28、残高 13.4、胎厚 0.6～0.9 厘米。

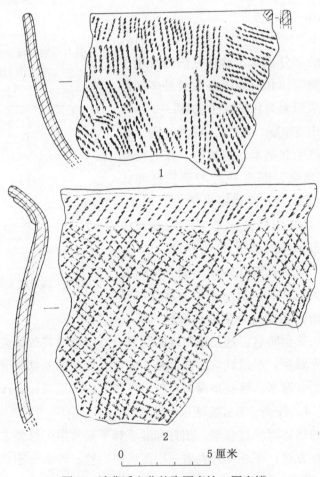

图三　城背溪文化的陶圜底钵、圜底罐

1. 圜底钵城背溪 T7③:54　　2. 圜底罐城背溪 T8H1①

上述两件器物都是中层最厚，内层、外层很薄，而且三层都是从唇部一直延伸至腹部，充分说明中层是原来成型时形成的原胎，内层和外层是修整时形成的敷泥层。至于中层的成型方法，应与一层胎的圜底钵和圜底罐相同，也是采用大泥片筑成法。

（二）泥条筑成法

所谓泥条筑成法系指将泥料先搓成泥条，再用泥条筑成坯体的方法。泥条筑成法是与泥片筑成法相对而言的，二者的中介形式不同：泥条筑成法是以泥条作为泥料至坯体之间的媒介；而泥片筑成法是以泥片作为泥料至坯体之间的媒介。泥条筑成法的具体方法有泥条盘筑、泥条圈筑之分，但在城背溪文化中，目前只发现少量采用泥条圈筑法成型的陶器。泥条圈筑法的特征是：泥条一圈又一圈垒叠而上，每圈首尾衔接，因而泥条大致呈水平状。在城背溪文化中，采用泥条筑成法成型只是个别现象，尚处于萌芽状态。

筒形器（青龙山 T2④：2；图四，1），泥质红陶，含少量炭末，外表局部青灰色，拍印稀疏的篮纹，隐约可见，内壁有垫窝。尽管经过拍打修整，还是留有泥条圈筑法成型的痕迹。器身由六周泥条圈筑而成，器底和圈足已脱落。第一周泥条的下端较圆钝，但是，可以看到泥条与器底之间的接缝是向器内倾斜的，是在器底边缘上侧筑器壁；泥条的上端较锐利，与第二周泥条之间的接缝也是向器内倾斜，内壁留有一周缝隙，即泥条缝隙。由于泥条经过手捏，泥条缝隙呈现为波状曲线，但是大致与器底平行，表明泥条大致呈水平状，因此可以断定它是采用泥条圈筑法成型的，还可以断定泥条是从器壁内侧加上的。值得注意的是，从内壁和外表看，泥条的接缝部位胎壁稍厚，略厚于接缝两侧，因而内壁、外表的轮廓线都呈现为波浪状曲线。尽管其余四周泥条缝隙已用湿手抹掉，但是接缝的部位尚可辨认，在纵剖面图上可用虚线表示出泥条缝隙。口部经过湿手抹平修整，但未见慢轮修整的痕迹。口径 11.2、残高 41.8、胎厚约 1 厘米。

城背溪文化中有一种形制特殊的陶器——平底扁壶，这是制作最精致的一种器物。平底扁壶（城背溪 T7③：10；图四，2），泥质红陶，外表及领内壁涂深红色陶衣，磨光，相当美观，口径 6.6～7.8、腹径 13.5～18、底径 8～10.4、胎厚 0.4 厘米。这种扁壶原先的坯体应是扁圆形筒状，后来将筒的口部前后两侧捏合在一起形成肩部，最后安装领部，成为扁壶。

平底扁壶（枝城北 H1：37；图五），泥质红陶，含少量砂粒，外表涂红陶衣，磨光，内壁先经刮削，后用湿手抹平。从内壁可以看到捏合成肩部的痕迹：左、右两肩内都有褶皱，左肩内还有前后两侧合拢时形成的一道接缝。两肩高高耸起是在合拢之后有意识用素面圆棍向肩部滚压而成的。这样做的原因是：当时人认为，对于扁壶来说，耸肩比平肩、圆肩或溜肩在造型上更加美观。引人注目的是，形成耸肩之后，安装领部之前，

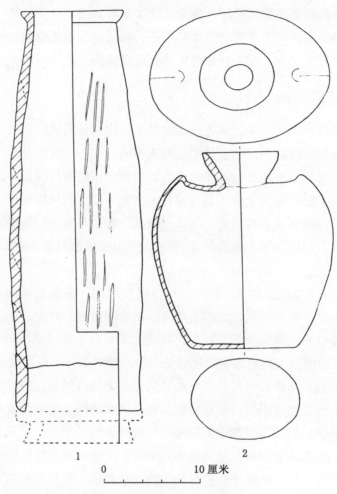

图四　城背溪文化的陶筒形器、平底扁壶
1. 筒形器青龙山 T2④:2　　　2. 平底扁壶城背溪 T7③:10

　　在肩与领之间的部位采用泥条圈筑法收口，从剖面上可以看到所用的两周泥条都是从器壁外侧加上的，因而泥条缝隙都向器外倾斜。泥条宽 0.7～1.5 厘米。扁壶残高 8.2、胎厚 0.4 厘米。

　　上述采用泥条圈筑法成型的器物都是一层胎，扁壶还采用刮削的方法使胎壁减薄，而且厚薄均匀，器形显得更加规整。刮削是采用"减法"进行修整，与前面所讲的采用"加法"进行修整恰好相反。

　　（三）捏塑法

　　只见于支座。支座（城背溪 T10③:48；图六），夹砂红陶，用一整坨泥料捏塑成型。顶面上鼓，用绕绳圆棍滚压成细绳纹，颈部用同一绕绳圆棍进行横向按压，呈现出一道道横向的呈梭形的凹槽，凹槽内有纵向的细绳纹。支座顶面长径 8、短径 6.4、残高 7.6 厘米。

另外，有的支座先用一坨泥料捏塑成一个泥心，形成支座的大致形状，然后在泥心周围贴筑泥片定型，就整个支座的成型方法来说，是捏塑法与泥片筑成法相结合。

上述城背溪文化的陶器，装饰方法以施加绳纹为主，多为拍印的交错绳纹，也有滚印的竖绳纹或斜绳纹，还有少量横向按印的绳纹，这是目前所知年代最早的按印绳纹。陶拍可能是木质的，与陶拍配合使用的工具是垫子，目前在城背溪文化中未发现陶质的陶垫，可是发现不少扁圆形河卵石，直径 5 厘米左右，其中有些可能是当作垫子使用的工具。

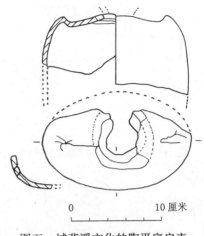

图五　城背溪文化的陶平底扁壶
枝城北 H1：37

最后，将陶容器附件的安装方法介绍如下：

陶容器的附件，包括圈足、鼎足和器耳都是在器身成型之后安装的。安装器耳的方法比较原始，采用榫卯结构。

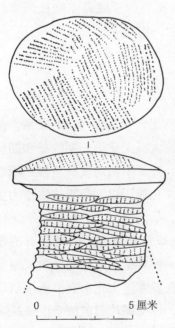

图六　城背溪文化的陶支座
城背溪 T10③：48

高领罐（城背溪 T6③：73；图七），夹炭红陶，含有砂粒，胎心灰褐色。在肩部滚压竖绳纹之后采用榫卯结构安装半环形器耳。应为双耳。现存一个耳。耳的横剖面呈扁圆形。先将耳的两端捏成圆柱状榫头，插入在肩部搠成的两个纵向排列的圆洞状卯眼内，然后在器外用素面圆棍按压耳的根部，以便加固，根部被压出一道凹槽，同时在器内用河卵石垫子按压安装耳的部位。垫子与圆棍内外夹攻，使器耳两个柱状榫头的剖面都变成凹腰形状，因而不会从卯眼内脱出。最后再在耳面上滚印竖绳纹。罐口径 12、残高 10.7、胎厚 0.7 厘米。

罐耳（青龙山 T2③：17；图八），夹炭红陶，含有砂粒。罐的器壁为三层胎，外表滚印斜绳纹。也采用榫卯结构安装半环形耳。耳横剖面呈扁圆形。先将耳的两端捏合成一股，形成一个横剖面呈椭圆形的柱状榫头，再插入器壁上的洞状卯眼内，然后在器内用垫子按压安装耳的部位，使柱状榫头的剖面变成凹腰形状，不会脱落。最后在

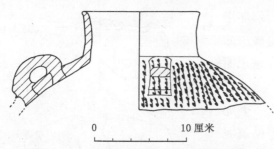

图七　城背溪文化的陶高领罐城背溪 T6③:73

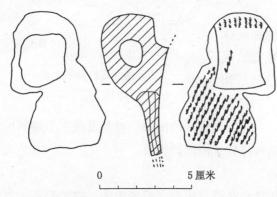

图八　城背溪文化的陶罐耳青龙山 T2③:17

耳面上局部滚印竖绳纹。陶片长 7.6、宽 4.7 厘米。

三　烧成工艺

城背溪文化的陶器绝大多数为红陶，是在氧化气氛中烧成的。有的夹砂灰陶（表二，5），FeO 与 Fe_2O_3 含量的比率即还原比值为 $0.80 \div 1.09 = 0.73$，处于弱还原气氛范围内。这表明一部分陶器在烧成后期改用还原气氛，因而陶色变为灰色。目前未见黑陶和"外红内黑"陶器，表明还没有采用渗炭技术。多数器物陶质较松软，器表颜色往往深浅不匀，局部有黑色或青灰色斑块，说明烧成温度偏低，推测一般为 650℃ ～ 800℃。目前尚未发现陶窑，从烧成温度偏低、常有黑色斑块来看，陶窑的结构比较原始。个别器物如平底扁壶烧成温度较高，可能接近 850℃，陶质较硬，颜色均匀，陶衣呈深红色，相当美观。

四　结语

城背溪文化是大溪文化的前身之一，这两种文化在制陶工艺上具有内在的联系，例如夹炭陶在大溪文化中仍大量存在，器表滚印绳纹的现象在大溪文化第一期的釜和圜底罐上仍隐约可见。但是，这两种文化属于新石器时代中期，处于不同的发展阶段：城背溪文化处于以泥片筑成法作为主要成型方法的阶段；大溪文化处于以泥条筑成法作为主要成型方法的阶段，大溪文化第四期出现了快轮制陶技术。

城背溪文化中用泥片筑成的陶器内壁未见模具痕迹，却常有垫窝，似河卵石的印痕，说明泥片筑成法属于手制范畴。如果说泥条筑成法是一种典型而成熟的手制成型方法，那么泥片筑成法则是一种比较原始的手制成型方法。在城背溪文化中有少量形制较复杂的器物如筒形器和平底扁壶开始采用泥条筑成法成型，说明泥片筑成法是泥条筑成法的前身之一。

注　释

① 俞伟超：《中国早期的"模制法"制陶术》，《文物与考古论集》，文物出版社，1986年。
② 牟永抗：《关于我国新石器时代制陶术的若干问题》，《考古学文化论集（二）》，文物出版社，1989年。

后　记

　　本报告集由陈振裕、杨权喜主编。参加编撰的还有黄文新、胡文春。前言、壹（城背溪）、陆（孙家河）、拾叁（几点认识）由杨权喜执笔，伍（青龙山）由陈振裕执笔，贰（金子山）、肆（枝城北）、拾贰（石板巷子）由陈振裕、杨权喜共同执笔，叁（栗树窝）、柒（花庙堤）由胡文春执笔，捌（鸡脑河）、玖（茶店子）、拾（蒋家桥）、拾壹（王家渡）由黄文新执笔。全书由陈振裕、杨权喜统一编写体例，文字由杨权喜统一修改定稿。参加本报告绘图工作的有杨权喜、黄文新、胡文春、肖平、金木清、刘明怀、符德明等。本书墨线图由肖平绘制。田野发掘照片由参加田野发掘的人员提供，图版黑白照片和彩色照片由郝勤建拍摄。陶器纹饰由杨权喜、黄文新拓片。陶器统计由胡文春、黄文新负责，并由杨权喜复核。全文由杨燕抄正。城背溪遗址出土的动物遗骸由李天元鉴定。俞伟超先生和李文杰先生曾对城背溪文化陶器进行过认真观察，并提出其成型方法。

　　本报告初稿交付文物出版社后，严文明先生审阅了全稿，并热情为之作序，给我们以极大鼓励。全书插图的编排和修改工作由胡志华、杨权喜、黄文新、马晓娇完成。

　　在此，向以上同志和所有关心、支持、帮助本报告集编写出版工作的同志，致以衷心的感谢！

编　者

2000 年 11 月

Chengbeixi In Yidu

(Abstract)

A total area of 1, 264 square meters was excavated during 1983 and 1984 at Cheng-beixi, Jinzishan, Lishuwo, Zhichengbei, Sunjiahe, Huamiaodi, Jinaohe, Chadianzi, Jiangji-aqiao, Wangjiadu and Shibanxiangzi, under the joint efforts of Archaeological Department of Hubei Provincial Museum, set up in 1989 and being the predecessor of Hubei Archaeological Institute, Yichang Museum and Archaeological Department of Beijing University. All the sites are located in a zone about 20 kilometers from north to south and 10 kilometers from east to west in Yidu county by the south bank of the Yangtze River, where the mountains in the Western Hubei province flatten into the Jianghan Plain, except for the Qinglongshan site in Zhijiang county which is located at the north of the River. In spite of the limited area and the damages made by the river and human activities, the sites provided a rich and important pool of data about the Neolithic Chengbeixi Culture and Shijiahe Culture. Some survival re-mains may extend well into the Xia, Shang, Western Zhou, Han and Jin dynasties.

Remains of Chengbeixi Culture, named after the site that yielded the richest cultural contents, were unearthed at 7 sites. Located by the side of the Yangtze River, Chengbeixi site, 262. 5 square meters in area, contains a northern and a southern section, separated by some rocks. The southern section contains 4 layers, the third and the fourth of which belong to the Chengbeixi Culture. But the northern section only contains the Xia and Shang re-mains, the other parts washed away by the river. We found some survival remains of Cheng-beixi Culture on the beach land of the river.

Altogether 2 ash pits and 1 ash ditch were unearthed at the site. The unearthed items, rich in number, include potteries, stone wares, animal remains and some bone wares, which can be classified into 5 groups according to the layer they were in and the characters of the potteries: (1) items from the lower layer in the southern section, that is, those unearthed from the 4th layer of T3, T4 T5, T8 and T9, as well as H1 and G1; (2) items from the upper layer of the southern section, or the 3rd layer of T3 – T5, T8 and T9; (3) items from the 3rd layer (a fault layer) of T6 and T7; (4) items from the 3rd layer of T10 in the northern section; and (5) items from the Xia and Shang dynasties.

A large amount of articles bearing pronouncing cultural characters were unearthed at the Chengbeixi site. Most of the stoneware is made from pebbles, chipped or partly polished on one side only. Scars and signs of trimming are often seen around the chipped areas. Most of the polishing works were done to the blade, neither side of which was well polished. Limited in type and irregular in shape, the stoneware is mainly composed of axes, balls and flakes. The stone axes, almost all tapering to the top although varying in width, are curved at the blade and the upper end.

The biscuits of potteries, black in color, contain carbonized materials, rice and straws, with the inner and outer walls painted with reddish mud. The surface is usually brown or reddish brown with black spots. The utensils, irregular and unsymmetrical, were shaped with clay pieces, a technique even more primitive than the clay – strip forming technique. The biscuits are uneven, with grades in the inner wall and crisscross cord patterns on the outer wall. They can be roughly classified into three groups by shape: cooking utensils, food containers and stands. The cooking utensils include *fu* – pot, *guan* – jar, eared jar, *weng* – jar. They feature a straight or slowly curved neck and mouth, and a rim made from clay strips. The heavy globular body curves slowly to form a round belly and a round base. The food containers include *bo* – bowl, *pan* – plate, ring – footed plate, *pen* – bowl, and small dish. The straight mouth, curved body and round base form a continuous curving outline. They may vary in size and depth to suit for different purposes. The plates with a shallow belly often bear a ring foot. The stands, large in size and number, various in shape, were meant to support the round – based vessels, and typically bear pressed cord patterns.

Other items include spinning wheels, buffalo bone, decorative shells, stone tools for fishing and hunting, and a large amount of deer bone, turtle shells, fish bone and shell. These provide us with plentiful clues to study the socio – economy and cultural life in Chengbeixi Culture and to understand the primitive agriculture in South China.

Of other 6 Chengbeixi Culture sites, Zhichengbei and Qinglongshan yielded many intact potteries. A great number of pottery shards were unearthed at Jinzishan and Sunjiahe sites, although few can be restored. Yet only a small number of pottery shards were found at Lishuwo and Huamiaodi sites where only the fringe was preserved.

Zhichengbei site is on a steep cliff by the Yangtze River. The excavation area there is no more than 50 square meters. The 4th and the 5th layers belong to Chengbeixi Culture, where 2 ash pits were found. One of the ash pits (H1) is roughly round in shape, 4 to 5. 8 meters in mouth diameter and 0. 50 meters in depth. On the 0. 2 to 1 − meter wide platform at the north and northwest of the pit were great number of stone tools, such as axes, hammers and balls, and potteries from which a *fu* − pot, a *guan* − jar, a *ding* − cauldron, a *zun* − cup, a *bo* − bowl, a *pan* − plate, a flask, a small dish and a stand were restored. Judging from these, the pit might be a half − underground storage place or a house foundation. A considerable amount of potteries unearthed at Zhichengbei site are well − polished red − coated ones, including *ding* − cauldrons, *zun* − cups, ring − footed *zun* − cups and flasks. The jars, *fu* − jars and stands are rather peculiar in shape. The stone hammers were bored on both sides.

Qinglongshan site is located on a small hill on the other side of the River, the excavation area being 114 square meters. Three ash pits were found on the 3rd and 4th layers, the layers of Chengbeixi Culture that yielded a large number of potteries and 17 stone tools (15 of which are axes). Sandy wares rank the first in number. There are also gray potteries, most of which are coarse corded ones. Changes began to appear in their shapes, with the appearance of angulated belly, flat base, cylindrical body, tripod foot and contracted mouth.

Jinzishan site is located on the top of a hill 1 kilometer away from the south bank of the Yangtze River. From its 2nd and 3rd layers that contain remains of the Chengbeixi Culture were unearthed potteries featuring mostly coarse sandy wares, coarse corded potteries and double − eared jars. They are characteristic with flat body. Also unique are incised and open decorative patterns and small jars with decorations on their shoulders.

Sunjiahe site on the south bank of the Yangtze River is covered under silt 3 meters thick. The 3rd and the 4th layers within the 15 − square − meter excavation area belong to Chengbeixi Culture, where only 2 ash pits were excavated. But we unearthed some reddish burnt earthen clots that may be related to constructions. The unearthed stoneware, rich in terms of both type and number, includes axes, small axes, adzes, spades, celt, pestles, stone slabs and stone plates. Less carbon was mixed in pottery judging from the unearthed pottery shards; and more pottery was made of fine clay or mixed with find sand. The color is usually red or reddish brown. Undecorated potteries increases in number, and the cord patterns turned thinner and more regular. There is painted pottery and pottery with embossed decorations, string patterns and impressed patterns. The incised patterns became more complicated. Largest in number are *fu* − pot, *guan* − jar, *weng* − jar, *bo* − bowl and stands as far as shape is considered. The number of small ring – footed wares such as bowls and *gui* – bowls, small jars and vessels with angular rim or belly, is also increasing.

The 4th layer of Lishuwo site belongs to Shijiahe Culture, while its 5th layer, as well as the 5th layer at Huamiaodi site, belongs to Chengbeixi Culture.

Remains of Chengbeixi Culture found at these 7 sites can by divided into 5 phases according to the stratification and the characters of the potteries.

Phase 1: the lower layer in the southern section of Chengbeixi site (including most remains on the 3rd layer of T6 and T7 in the southern section);

Phase 2: the 2nd and 3rd layers at Jinzishan site and the 5th layer at Lishuwo site;

Phase 3: the 4th and 5th layers at Zhichengbei site (including H1 and H2);

Phase 4: the upper layer in the southern section, the 3rd layer of T10 in the northern section at Chengbeixi site, and the 2nd and 3rd layers at Qinglongshan site (including H1 and H3);

Phase 5: the 3rd and 4th layers at Sunjiahe site, and the 5th layer at Huamiaodi site.

The techniques and craftsmanship of pottery making were visibly improving during Phase 1 and Phase 5. Utensils in Phase 1 were mostly made by putting clay discs and clay plates together; and the stands were hand modeled. The method of coiling appeared in Phases 3 and 4, while clay – strip forming technique was applied to the neck of flasks. The biscuits, uneven and irregular in the first phase, became thin and more regular in the third phase. The uneven surface in Phase 1, with red coat that was easily peeled off, was sometimes overall polished in Phase 3. In term of quality, more carbon and less sand were mixed in the clay for making pottery in Phases 1 and 2, hence the biscuits appear loose and dark. Less carbon and more sand were mixed into the clay since Phase 3, and the biscuits, fine and hard, look brown. As for decorative patterns, the one common to all phases is cord pattern that grew thinner and more regular as the time passed. The overall decorated early works became plain in mouth and neck in later times. Decorative patterns (including more refined cord pattern) tended to be applied more frequently. New shapes appeared during the 3rd and the 5th phases. Small ring – footed vessels and tripod vessels began to flourish in the 3rd phase. Vessels with cylindrical bodies were unearthed only at Qinglongshan in Phase 4. The evolution of shape is seen in the *guan* – shaped *fu* – jar, jars with straight rims, jars with contracted necks, *fu* – shaped jars with double ears, ring – footed plate, *bo* – bowl and stands.

The discovery of Chengbeixi Culture pushed the starting point of the Neolithic cultures in Hubei 1, 000 - 2, 000 years back, providing us with important clues for finding the source of the local Daxi Culture. Remains indicating the existence of a rice - growing agriculture in Daxi Culture extended the history of rice cultivation in China 1, 000 - 2, 000 years earlier. The Chengbeixi culture at Yidu by the Yangtze River lasted for 7, 000 to 8, 000 years. The excavations provide us not only with precious data for archaeological studies of ancient settlements, but also with hydrological data about the Yangtze River.

Jinaohe, Chadianzi, Wangjiadu, Jiangjiaqiao and Shibanxiangzi are mono - cultural sites. They belong to Shijiahe Culture. Unearthed at these 5 sites were 3 houses, 50 ash pits and 13 ditches. Two of the three houses are subterranean; the other one was built on a terrace. The large ash pits such as Chadianzi H14 and Wangjiadu H4, may well be foundations for subterranean buildings. There are rice husks and plant stems in the red burnt earthen walls. The major body of the unearthed items at these 5 sites consisted of stoneware and potteries. The stoneware can be classified as axes, unfinished axes, small axes, adzes, halberds, celt, knives, gravers, awls, arrowheads, and balls. The stone axes are usually long and narrow in shape. Tools such as adzes, axes and celt are characteristically small and well polished, large adzes being rare. In addition to the commonly seen sandy wares and potteries mixed with fine clay, there are also some potteries mixed with carbon. Most of the potteries were made on potter's wheels, with various colors including black, brown, gray, reddish brown and orange. The pale gray potteries are unique to these sites. The potteries were decorated with cord patterns, basket patterns, trellis patterns, fishing - net patterns, incised patterns, impressed patterns, stamp patterns, string patterns, embossed decorations and open works. Trellis patterns, arranged diagonally so that they look similar to fishing - net patterns, often accompany basket patterns on the same ware. Among the incised patterns are leaf vein patterns. The open works are simple, usually composed of a few round holes. The most typical potteries include *fu* - shaped *ding* - vessel, wide - bellied *fu* - jar, long - necked jar, long - necked *weng* - jar, ring - footed plate, handled *dou* - vessel, *zeng*, *lei-bo*, *bo* - bowl with contracted mouth and flat base, *gui* with hand - modeled spout and lid with flat top and round knot. *Gui* is the only found vessels with sack - like legs. *Li* - vessels were not seen at these sites. *Ding* - vessels and *fu* - jars were the most common cooking vessels. The shapes of the *ding* legs vary greatly, although the most common types include those decorated with trapezoid stamps and awl - shaped legs bearing finger prints.

The C14 tests have decided 6 dates for the 5 Shijiahe Culture sites. The earliest Jinaohe site was dated back to 4010 + 120 BP, while the latest site, Shibanxiangzi, was 3770 + 85

BP. The full expanse of the 6 dates, all within the late Neolithic period, is less than 300 years. We divided these 5 sites into 5 phases according to the stratification, the evolution of potteries and the C14 tests. Sudden changes took place during the 1st and 2nd phases (remains at Jinaohe site) and the 3rd and the 5th phases: Jinaohe site is close to Chadianzi site (the 3rd and 4th phases) both in geographic and temporal terms, although the potteries at the two sites differ greatly. Trellis patterns and basket patterns took the place of cord patterns as the most common decorations; and some types of potteries suddenly disappeared. For instance, the *pen* – bowl – shaped *ding* – vessel, slim long – neck jar, thick biscuit terra – cotta cup, ring – footed *zeng*, thick biscuit cylindrical *gang* – jar, and *dou* – vessel with flared rim, which are common at Jinaohe site, are rare or absent at Chadianzi and other 3 sites. Similar changes were also seen at other typical Shijiahe Culture sites such as Luojiabailing, Dengjiawan and Xiajiawuji sites at Tianmen. In the final stage of Shijiahe Culture, or approximately 21st century BC, the Xia dynasty began its reign in China. Therefore, yielded at Chadianzi, Jiangjiaqiao, Wangjiadu and Shibanxiangzi sites in the middle reaches of the Yangtze River were remains of the Xia dynasty.

Similar sites with these five were found at Jijiahu, Dangyang, in the western Hubei province, revealing a culture rather different from those in the eastern Hubei and other places. We named the culture found in the western Hubei Shijiahe Culture. The discovery of and excavations at these sites lead to one step forward in the studies of the primitive cultures in the western regions of Hubei province.

1.A型Ⅰ式钵 H1②:6

2.A型Ⅲ式钵 T8④a:5

城背溪遗址南区下层出土陶钵

彩版二(II′)

1.B型陶钵 T8 ④b:1

2、3.B型Ⅰ式石斧采:08、采:011

城背溪遗址南区下层出土和采集陶钵,石斧

1.A 型Ⅵ式釜 T6③:30

2.Ba 型Ⅱ式釜 T6③:21

城背溪遗址南区 T6 出土陶釜

1.Bb 型 T6③：11

2.Bb 型 T6③：25

城背溪遗址南区 T6 出土陶釜

1.C型Ⅰ式 T6③：65

2.C型Ⅲ式 T6③：10

城背溪遗址南区 T6 出土陶釜

1.Ab 型 A 类 I 式 T6③:5

2.Ab 型 B 类 I 式 T6③:7

城背溪遗址南区 T6 出土陶钵

1.Ab 型 C 类钵 T6③:6

2.Bd 型盘 T6③:9

城背溪遗址南区 T6 出土陶钵、盘

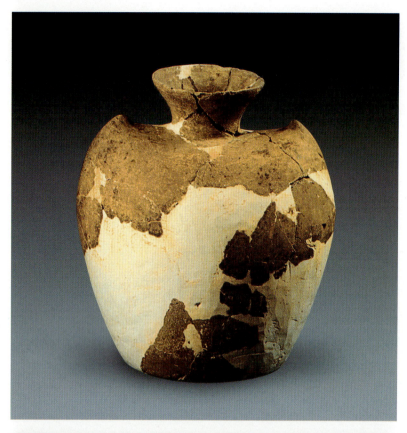

1. 城背溪遗址南区 T7 出土 A 型
   壶 T7③：10

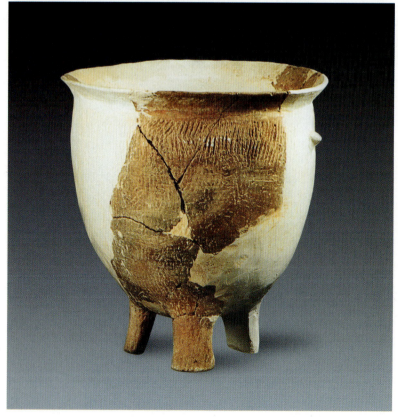

2. 枝城北遗址出土 I 式鼎 H1：22

城背溪遗址南区 T7、枝城北遗址出土陶壶、鼎

1.Ⅱ式鼎 H1：14

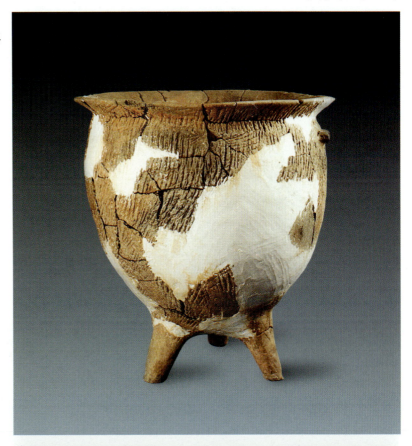

2.B型Ⅰ式釜 H1：11

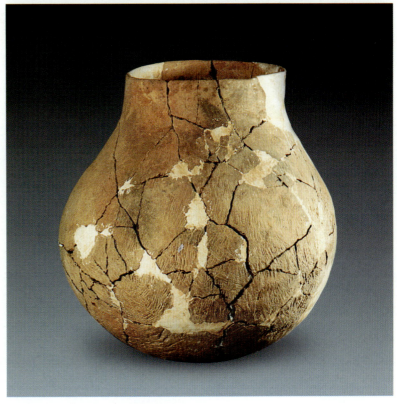

枝城北遗址出土陶鼎、釜

1.Bc 型Ⅰ式罐 H1:28

2.Aa 型Ⅱ式尊 H1:10

枝城北遗址出土陶罐、尊

1. 枝城北遗址出土 A 型陶盆 H1：6

2. 青龙山遗址出土 B 型钵 T2④：1

枝城北遗址、青龙山遗址出土陶盆、钵

1.B型Ⅰ式盆 H3:5

2.A型Ⅲ式盘 H3:8

青龙山遗址出土陶盆、盘

城背溪遗址全景（由南向北）

1. 南区近景(由南向北)

2. 南区江边断面(由东北向西南)

城背溪遗址

1. 南区 T8、T9 发掘现场（由南向北）

2. 南区 T7 发掘现场（由西南向东北）

城背溪遗址

1. 南区 T9 西壁剖面（由东向西）

2. 北区 T10 发掘现场（由西向东）

城背溪遗址

1. 南区断面的晚期
   窑址(由东向西)

2. 清理后的晚期窑址
   Y1(由西北向东南)

城背溪遗址

1. 南区 H1（由西北向东南）

2. 南区 G1（由西南向东北）

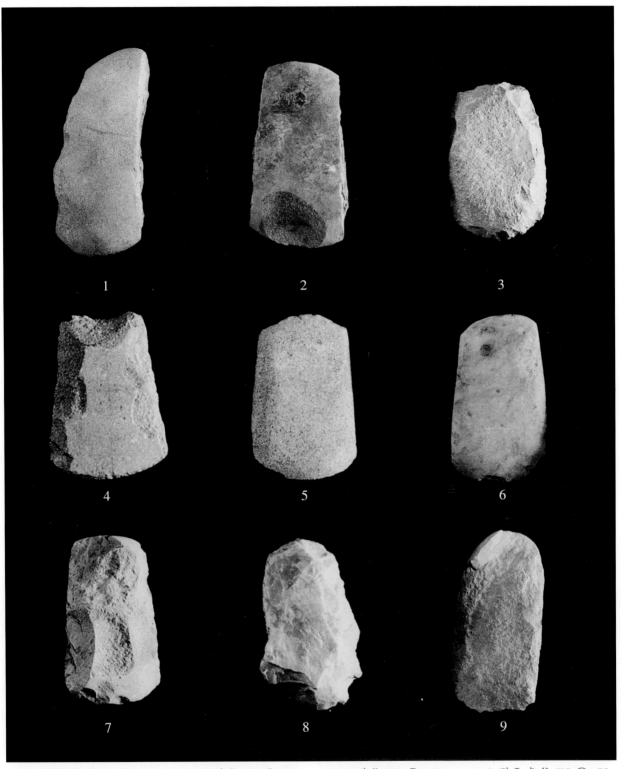

1.A 型 I 式斧 T8④b:66　　2.B 型斧 T8④b:76　　3.B 型斧 T8④b:67　　4.C 型 I 式斧 T8④b:58
5.C 型 II 式斧 T8④a:32　　6.C 型 II 式斧 T8:④b 61　　7.锛 T8④a:31　　8.锛 T8④b:59
9.铲 T8④a:33

城背溪遗址南区下层出土石斧、锛、铲

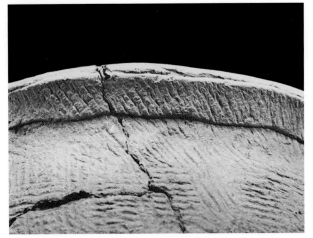

1.釜口沿(沿外附加泥条)H1①:18

2.釜口沿(沿外附加泥条)H1①:19

3.A型Ⅱ式釜 H1①:1

4.Ba型Ⅰ式罐 H1②:4

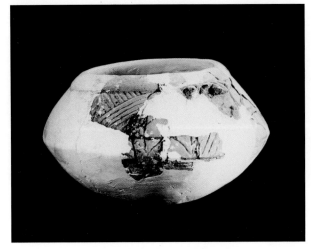

5.Bd型Ⅰ式罐 G1②:8

6.A型Ⅰ式钵 H1②:6

城背溪遗址南区下层出土陶釜口沿、釜、罐、钵

1.A型Ⅰ式 H1②:9

2.A型Ⅰ式 H1②:5

3.A型Ⅰ式 H1②:8

4.A型Ⅱ式 T8④b:2

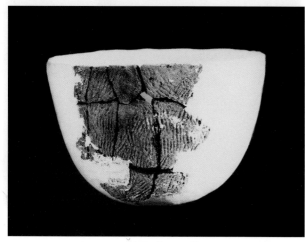

5.A型Ⅱ式 G1①:1

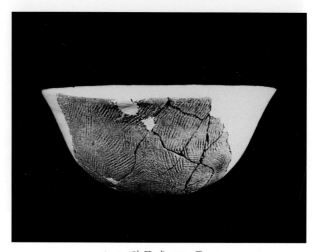

6.A型Ⅱ式 T8④a:5

城背溪遗址南区下层出土陶钵

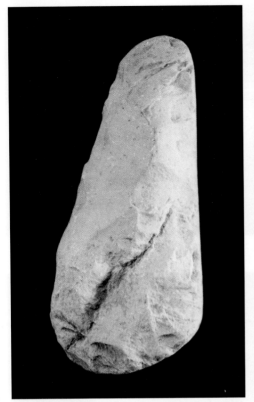

1.A型Ⅰ式石斧 T8 ③b:31　　2.B型Ⅱ式石斧 T8 ③b:15　　3.石弹丸 T8 ③b:32

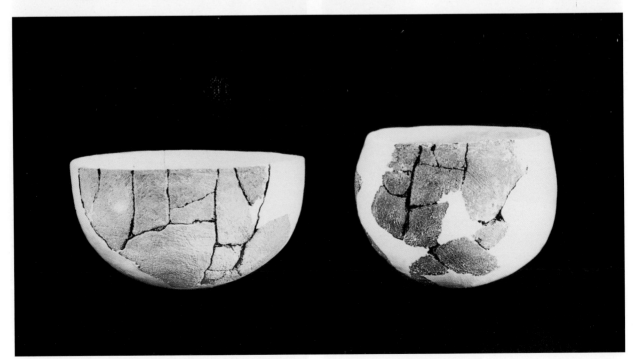

4.B型Ⅱ式陶钵 T9 ③a:1　　5.B型Ⅲ式陶钵 T9 ③b:1

城背溪遗址南区上层出土石斧、弹丸,陶钵

1.B型Ⅰ式斧采:08

2.B型Ⅰ式斧采:011

3.B型Ⅱ式斧采:012

4. 坠 T6③:38

城背溪遗址南区采集和 T6 出土石斧、坠

1. 泥片贴筑成型痕迹(盘 T6③:22)

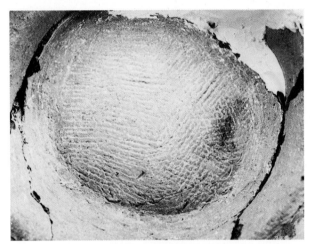

2. 盘(T6③:9)圈足内的绳纹

3. 罐(T6③:126)断面的夹层现象

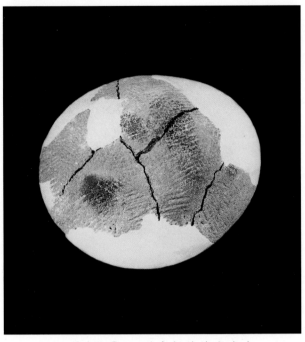

4. 钵(T6③:125)底部的炊煮痕迹

5. C型Ⅱ式支座(T6③:97)胎内夹有动物牙齿

城背溪遗址南区 T6 出土陶器的制作、使用痕迹,盘(残)、罐(残)、钵(残)

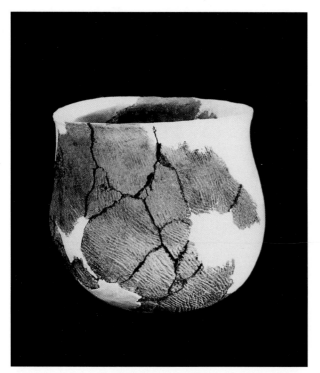

1.A型Ⅰ式 T6③:15

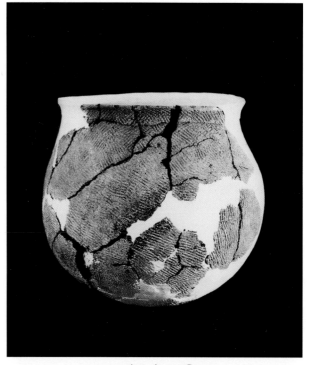

2.A型Ⅰ式 T6③:67

3.Ba型Ⅰ式 T6③:94

4.Ba型Ⅲ式 T6③:48

城背溪遗址南区 T6 出土陶釜

1.Ba 型Ⅲ式釜 T6③:17

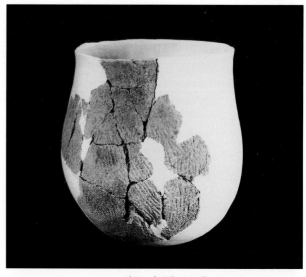

2.Ab 型Ⅰ式罐 T7③:4

3.Aa 型Ⅰ式钵 T6③:29

4.Ab 型 A 类Ⅰ式钵 T7③:5

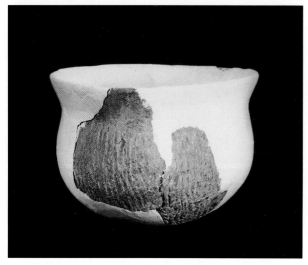

5.Ac 型Ⅱ式钵 T7③:15

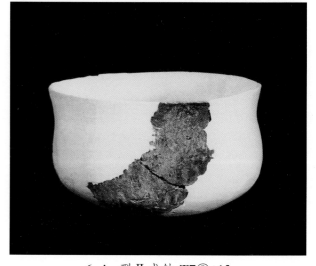

6.Ac 型Ⅱ式钵 T7③:13

城背溪遗址南区 T6、T7 出土陶釜、罐、钵

1.Ad 型 I 式钵 T6③:63

2.Ad 型 I 式钵 T6③:51

3.Ad 型 II 式钵 T6③:20

4.Ad 型 II 式钵 T7③:2

5.B 型 II 式钵 T6③:35

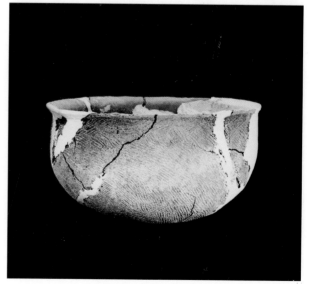

6.A 型 I 式盆 T6③:14

城背溪遗址南区 T6、T7 出土陶钵、盆

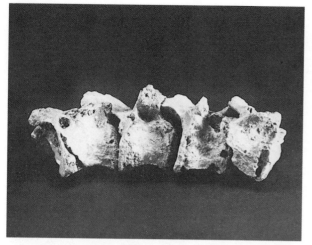

1.牛椎骨 T6③：118

2.牛骨 T6③：119

3.牛颌骨 T6③：117

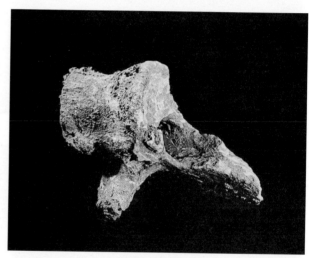

4.牛椎骨 T6③：118

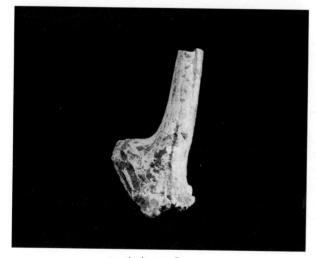

5.鹿角 T6③：114

6.鳖甲 T6③：111

城背溪遗址南区 T6 出土牛骨、鹿角、鳖甲

1.A型石斧 T10③:49　　2.B型石斧 T10③:56

3.石锛 T10③:52　　4.C型石斧 T10③:50

5.A型Ⅰ式陶钵 T10③:5

6.夏商Aa型陶罐 T8②b:1

7.夏商陶器盖 T10③:44

城背溪遗址北区 T10 和南区 T8 出土石斧、锛,夏商陶钵、罐、器盖

1. 遗址近景(由东向西)

2. T4 发掘现场(由东向西)

金子山遗址

1.A 型石斧 T2③:1　　2.C 型石斧 T4②:20　　3. 石核 T2③:6

5.Cc 型 Ⅲ 式陶罐 T4②:2

4.Cc 型 Ⅰ 式陶罐 T4②:1

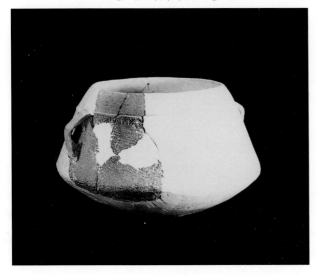

6.Ⅱ式陶小杯 H1:5　　7.Ⅰ式陶小杯 H1:4

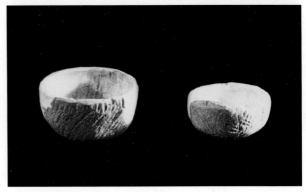

金子山遗址出土石斧、核，陶罐、小杯

1. 罐碎片

2. A型釜 T2⑤:2

栗树窝遗址出土城背溪文化陶罐碎片、釜

枝城北遗址全景（由西向东）

1.C型石斧 T2④:1
2.石锤 H1:51

3.A型Ⅰ式陶釜 H1:18

4.A型Ⅲ式陶釜 H1:7

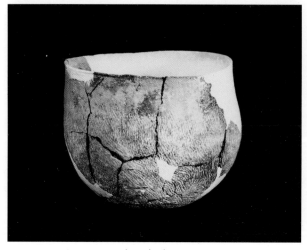

5.C型Ⅰ式陶釜 H1:1

6.C型Ⅱ式陶釜 H1:8

枝城北遗址出土石斧、锤,陶釜

1. Aa 型 Ⅱ 式罐 H1:2

2. Ba 型 Ⅱ 式罐 H1:13

4. Aa 型 Ⅲ 式尊 H1:5

3. Bb 型罐 H1:12

5. Ba 型尊 H1:4

枝城北遗址出土陶罐、尊

1. Ⅰ式钵 H1⑤:2

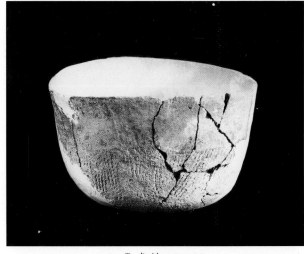

2. Ⅰ式钵 H1:15

3. Ⅱ式钵 H1:9

4. Ⅱ式钵 H1:16

5. Ⅱ式碟 T1⑤:1

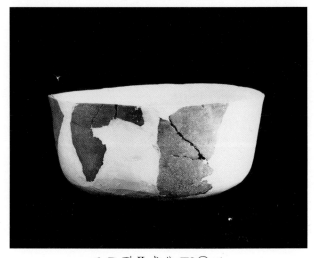

6. B型Ⅱ式盆 T2⑤:1

枝城北遗址出土陶钵、碟、盆

1.C型盆 H1:25

2.D型Ⅱ式盆 H1:3

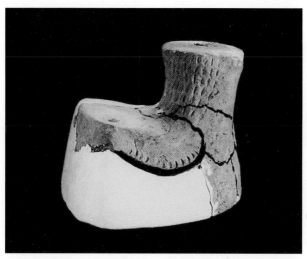

3.Ⅰ式支座 H1:20

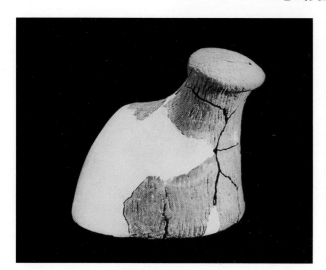

4.Ⅱ式支座 H1:24

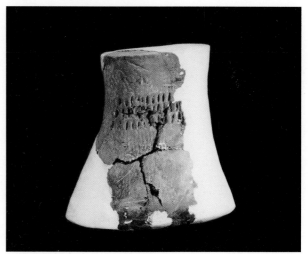

5.Ⅲ式支座采:03

枝城北遗址出土陶盆、支座

青龙山遗址（由西北向东南）

1. 遗址近景（由东南向西北）

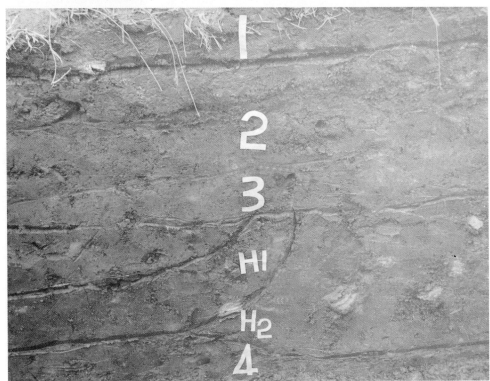

2. T3 南壁剖面（由北向南）

青龙山遗址

1.B型Ⅰ式盆 H2∶5

2.Ⅰ式筒型器 T2④∶2

3.A型支座 T3④∶3

青龙山遗址出土陶盆、筒型器、支座

1.A型斧 T6 ④a:6　　2.B型斧 T6③:4　　3.A型锛 T5③:2　　4.B型斧 T5③:3　　5. 小斧 T6 ④b:2　　6.C型斧 T6③:1　　7.C型锛 T5③:1　　8.B型斧 T2③:1　　9.C型锛 T6 ④a:1　　10. 凿 T3③:1　　11.B型铲 T5 ④a:1　　12. 凿 T6 ④a:4

孙家河遗址出土石斧、锛、凿、铲

1．A 型碗 T5③:6

2．Ⅱ式支座 T6④ₐ:16

3．Ⅲ式支座采:023

孙家河遗址出土陶碗、支座

1.A型斧 T2⑤:2　　2.B型斧采:03　　3.B型斧采:07　　4.A型锛采:05
5.B型锛采:04

花庙堤遗址出土城背溪文化石斧、锛

鸡脑河遗址发掘工地全景（由南向北）

1. Ⅰ式斧采：06　　2. Ⅰ式斧采：07　　3. Ⅱ式斧采：09　　4. Ⅰ式小斧 H3：7　　5. Ⅰ式小斧
采：04　　6. Ⅱ式小斧 H1：1　　7. Ⅱ式小斧采：03　　8. 刻刀 T3④：10　　9. 刀坯 H3：13
10. 弹丸 T1⑤：5

鸡脑河遗址出土石斧、刻刀、刀坯、弹丸

1.A型Ⅰ式釜 H2:29

2.A型Ⅱ式釜 H1:3

3.B型Ⅰ式釜 T1⑤:8

4.B型Ⅰ式罐 H2:18

5.A型Ⅲ式钵 H2:20

6.A型Ⅳ式钵 T1⑤:6

鸡脑河遗址出土陶釜、罐、钵

1.B型Ⅱ式罐 H2:15

2.B型Ⅲ式罐 H2:16

3.A型Ⅰ式杯 H2:27

4.A型Ⅰ式杯 H3:45

5.B型钵 H2:23

6.Ⅱ式擂钵 T2④:5

鸡脑河遗址出土陶罐、杯、钵、擂钵

1.A型豆 T1⑤:7

2.C型Ⅱ式豆 H2:21

3. 器盖 H2:14

4.Ⅲ式缸 H3:15

鸡脑河遗址出土陶豆、器盖、缸

1.西区全景(由东向西)

2.F1 房基的红烧土(由东南向西北)

茶店子遗址

1.F2 台基上面的
　鹅卵石

2.H2 坑底的陶釜

茶店子遗址

1. 斧 H21①:3　2. 斧 T3⑥:1　3. 斧 H5:1　4. 小斧 H2:2
5. 小斧 H2:3　6. 凿 H21③:2　7. 小斧 T3⑤:1　8. 镞 H4:3
9. 网坠 H7:3

茶店子遗址出土石斧、凿、镞、网坠

1.陶片上的刻划符号

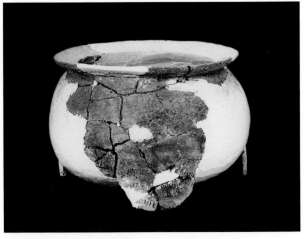

2.B型Ⅰ式鼎 H4:13

3.C型鼎 H6:9

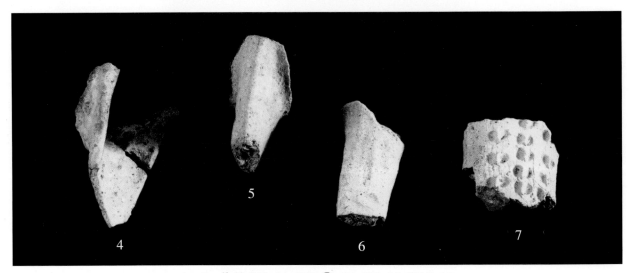

4~7.鼎足 H6:21、H21②:54、H4:15、H18:13

茶店子遗址出土陶片、鼎、鼎足

1.A型Ⅰ式 H21②:4

2.A型Ⅰ式 H21②:7

3.A型Ⅱ式 H4:4

4.A型Ⅱ式 H21②:8

茶店子遗址出土陶釜

1.A型Ⅱ式钵 H21②:17

2.A型Ⅲ式钵 M7:5

3.B型钵 H13:5

4.A型盆 M7:4

5.B型盆 H26:2

茶店子遗址出土陶钵、盆

1. Ⅰ式甑 H21②:19

2. Ⅱ式甑 H8:1

3. A型Ⅱ式盘 H21②:13

4. A型Ⅱ式盘 H21①:5

5. A型Ⅲ式盘 H21②:11

茶店子遗址出土陶甑、盘

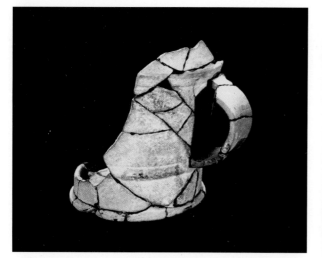

1.B 型杯 H14:8

2.C 型杯 H4:11

3.E 型杯 H21①:24

4.B 型豆 H4:8

5.A 型 I 式器盖 H21②:15

茶店子遗址出土陶杯、豆、器盖

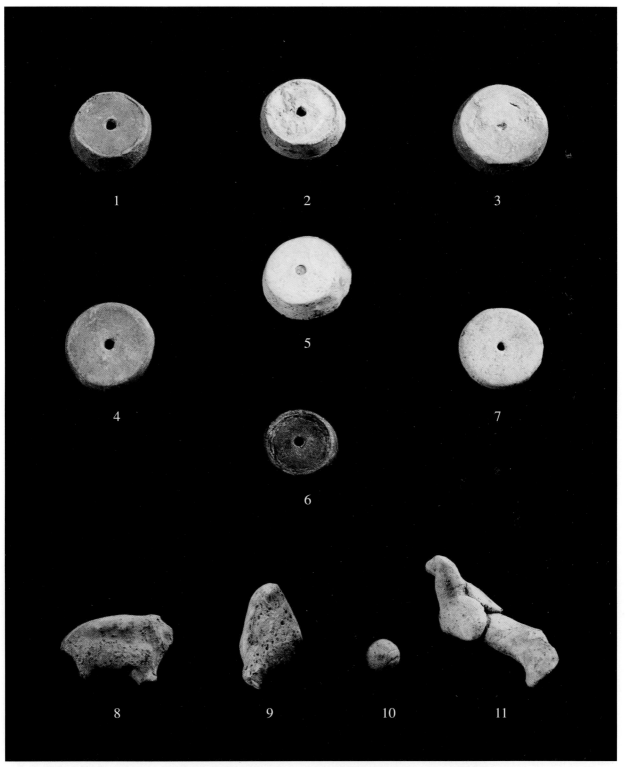

1. Ⅰ式纺轮 H18:1　　2. Ⅱ式纺轮 F1:2　　3. Ⅱ式纺轮 T1⑥:1　　4. Ⅱ式纺轮 H18:2
5. Ⅲ式纺轮 F1:1　　6. Ⅲ式纺轮 T1⑤:2　　7. Ⅲ式纺轮 H30:1　　8. 龟 H2:1　　9. 鸟 H14:3
10. 珠 H7:2　　11. 鸟 H4:2

茶店子遗址出土陶纺轮、珠、龟、鸟

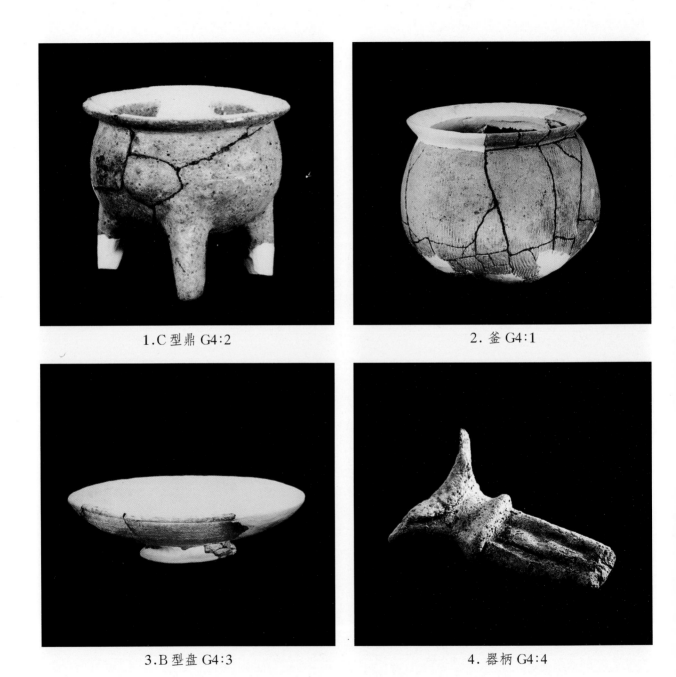

1.C型鼎 G4:2

2. 釜 G4:1

3.B型盘 G4:3

4. 器柄 G4:4

蒋家桥遗址出土陶鼎、釜、盘、器柄

1. 遗址发掘前情况

2. G3 内陶釜出土
情况

王家渡遗址

1. 斧 T2③:10　　2. 小斧 T2④:8　　3. 小斧 T2④:18　　4. Ⅰ式锛 T2④:9　　5. Ⅱ式锛 T2④:16

6. Ⅱ式锛 T2④:15　　7. 凿 T2④:14　　8. 刀 T2④:6　　9. 刻刀 T2④:13

王家渡遗址出土石斧、锛、凿、刀、刻刀

1. 釜 T2⑤:3

3. 人 G2:6

2. A 型罐 G3:7

王家渡遗址出土陶釜、罐、人

1. 西区发掘现场(由东向西)

2. 东区发掘现场(由东向西)

石板巷子遗址

1. Ⅱ式斧 G2:2　　2. 锛 T11④:12　　3. Ⅰ式小锛 T12④:2　　4. Ⅱ式小锛 T13④:2　　5. Ⅰ式凿 T15③b:2　　6. Ⅱ式凿 T13②:3　　7. 钺 T2⑥:1　　8. 刀 T11④:14　　9. 锥形器 T11④:15

石板巷子遗址出土石斧、锛、小锛、凿、钺、刀、锥形器

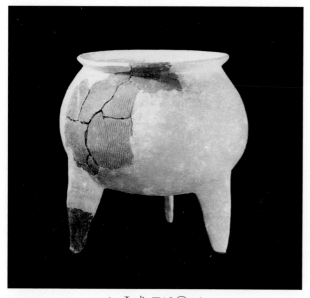

1. I 式 T12④:6

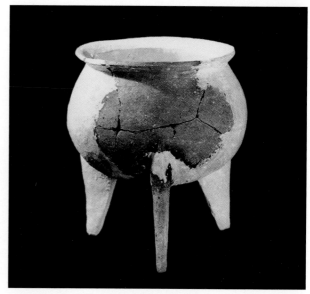

2. I 式 T15 ③a:1

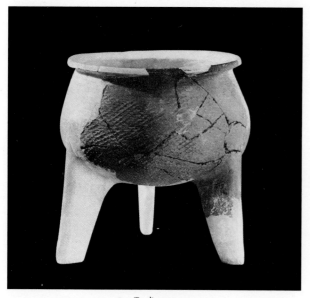

3. I 式 H1:1

4. II 式 T13④:3

石板巷子遗址出土陶鼎

1. Ⅱ式鼎 H8:1

2. Ⅱ式鼎 T15③ₐ:2

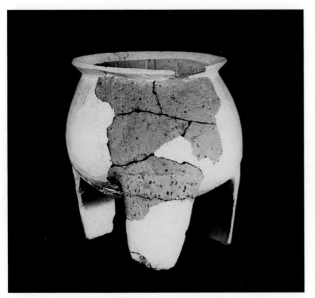

3. Ⅲ式鼎 H4:3

4. A型Ⅰ式釜 H11:1

石板巷子遗址出土陶鼎、釜

1.A型Ⅱ式釜 H8:2

2.A型Ⅲ式罐 H8:3

3.B型Ⅱ式罐 T12④:7

4.B型Ⅳ式罐 T5⑤:1

石板巷子遗址出土陶釜、罐

1.D型Ⅰ式罐 T12③b:2

2.D型Ⅰ式罐 T14③b:3

3.D型Ⅱ式罐 T14③b:9

4.B型Ⅰ式瓮 H10:2

石板巷子遗址出土陶罐、瓮

1. Ⅰ式钵 G2:1

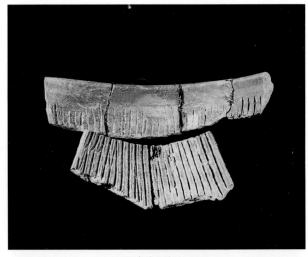

2. Ⅰ式擂钵 G2:9

3. Aa 型盘 T14④:2

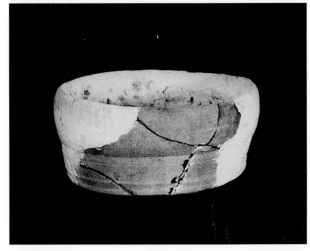

4. Ab 型盘 H7:1

5. Ac 型Ⅱ式盘 H11:2

6. B 型Ⅱ式盘 T14 ③b:12

石板巷子遗址出土陶钵、擂钵、盘

1. A型碗 H3:1

2. Ⅰ式器盖 T14④:5

4. Ⅰ式器盖 T14④:4

3. Ⅰ式器盖 T13④:4

5. Ⅰ式器盖 T13④:5

石板巷子遗址出土陶碗、器盖

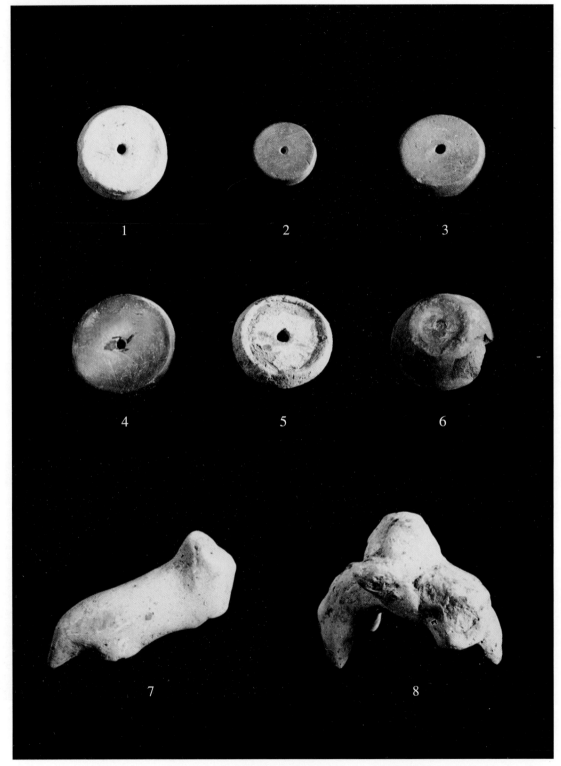

1. Ⅰ式纺轮 T13 ③b:1　　2. Ⅰ式纺轮 T14 ③b:2　　3. Ⅱ式纺轮 T13 ③b:5
4. Ⅱ式纺轮 H4:1　　5. Ⅲ式纺轮 T11④:7　　6. Ⅳ式纺轮 T14④:1
7. 小动物 T14 ③b:8　　8. 小动物 T13 ③b:7

石板巷子遗址出土陶纺轮、小动物